MÉMOIRES

TOUCHANT

LA VIE ET LES ÉCRITS

DE MARIE DE RABUTIN-CHANTAL,

DAME DE BOURBILLY,

MARQUISE DE SÉVIGNÉ,

SUIVIS

De Notes et d'Éclaircissements,

PAR C. A. WALCKENAER.

DEUXIÈME PARTIE.

DURANT LE MINISTÈRE DU CARDINAL MAZARIN
ET LA JEUNESSE DE LOUIS XIV.

QUATRIÈME ÉDITION, REVUE ET CORRIGÉE.

PARIS,

LIBRAIRIE DE FIRMIN-DIDOT ET Cⁱᵉ,

IMPRIMEURS DE L'INSTITUT DE FRANCE,

RUE JACOB, 56.

MÉMOIRES

SUR MADAME

DE SÉVIGNÉ.

DEUXIÈME PARTIE.

TYPOGRAPHIE DE H. FIRMIN DIDOT. — MESNIL (EURE).

MÉMOIRES

TOUCHANT

LA VIE ET LES ÉCRITS

DE MARIE DE RABUTIN-CHANTAL

DAME DE BOURBILLY

MARQUISE DE SÉVIGNÉ,

DURANT LE MINISTÈRE DU CARDINAL MAZARIN
ET LA JEUNESSE DE LOUIS XIV.

SUIVIS

De Notes et d'Éclaircissements,

PAR

M. LE BARON WALCKENAER.

TROISIÈME ÉDITION,

REVUE ET CORRIGÉE.

PARIS,

LIBRAIRIE DE FIRMIN DIDOT FRÈRES, FILS ET Cⁱᵉ,

IMPRIMEURS DE L'INSTITUT DE FRANCE,

RUE JACOB, 56.

1856.

MÉMOIRES
TOUCHANT LA VIE ET LES ÉCRITS

DE

MARIE DE RABUTIN-CHANTAL,

DAME DE BOURBILLY,

MARQUISE DE SÉVIGNÉ.

CHAPITRE PREMIER.
1654 — 1655.

Projets de Mazarin. — Fausse position de Condé. — Il est le seul espoir des partis intérieurs qui s'opposent à Mazarin. — Dix mille Français ont suivi Condé. — L'absence des plus notables se fait remarquer au sacre du roi. — Nouvelle crise des affaires de France. — Siége d'Arras par Condé. — Projet d'Hocquincourt. — Menaces des parlements. — Turenne fait lever le siége d'Arras. — La duchesse de Châtillon est employée pour traiter avec d'Hocquincourt. — Le jeune roi intervient en personne pour imposer silence au parlement. — Différence qui existe entre la position du roi d'Angleterre et celle du roi de France. — Le parlement hasarde des remontrances. — Mazarin fait des coups d'autorité. — Il y joint la flatterie et la corruption. — Embarras que cause à Mazarin l'inimitié de Retz. — Fautes de celui-ci. — Il donne la démission de son archevêché. — Est transporté à Nantes. — S'en échappe. — Se fracasse l'épaule. — Est sur le point d'être pris. — Il traverse l'Espagne, et arrive à Rome assez à temps pour l'élection d'un nouveau pape. — Il intrigue contre Mazarin. — Lettre de Retz à Mme de Sévigné. — Différends entre Ménage et le cardinal de Retz. — Ménage brouillé aussi avec Bussy. — Lettre de madame de Sévigné à Ménage. — Elle y fait mention de Girault. — Détails sur Girault.

Nous avons laissé, dans la première partie de ces Mémoires, madame de Sévigné à sa terre des Rochers. Ses liaisons de parenté et d'amitié avec le cardinal de Retz l'enchaînaient aux événements politiques qui complétèrent le dénoûment de la Fronde ; et comme ils devaient aussi l'occuper dans sa solitude, il est nécessaire de les faire connaître.

Au milieu de toutes les fêtes et de toutes les intrigues secrètes, tandis que Louis grandissait, et que des maîtres habiles, ou mieux encore les événements de chaque jour, achevaient son éducation d'homme et de roi, Mazarin poursuivait ses projets, Condé et les Espagnols les leurs. Mazarin fondait son ambition sur le rétablissement du pouvoir royal et sur la grandeur de la France ; Condé, sa puissance sur le renversement du ministre et sur l'ascendant que lui promettait la victoire ; mais il était obligé de se prémunir contre les faveurs qu'il savait lui ravir, pour qu'elles ne tournassent pas uniquement au profit des Espagnols. Ceux-ci, de leur côté, ne secondaient qu'avec défiance le génie de Condé, craignant toujours qu'au lieu d'être un instrument de leur puissance, il ne devînt un obstacle par les succès même obtenus avec leurs propres troupes.

Cette fausse position de Condé faisait la force de la France et la faiblesse de ses ennemis. Elle aurait fourni les moyens de terminer promptement la lutte, si cet état de choses n'avait pas été la suite et le résultat de divisions intestines. Les partis étaient comprimés, mais non anéantis ; leurs débris s'étaient réunis. Les partisans des princes et ceux de Retz et des parlements, c'est-à-dire les *princistes*, les indépendants, les frondeurs, et même les royalistes mécontents, ne formaient plus qu'une seule phalange agissant contre Mazarin, leur ennemi commun. Ils entretenaient entre eux une correspondance active. Trop faibles pour renouveler leurs attaques à force ouverte, ils conspiraient dans l'ombre contre le gouvernement, et surtout contre la vie du premier ministre[1]. Toutes leurs espérances se rattachaient à Condé, qu'un arrêt du parlement avait reconnu criminel de lèse-majesté, et condamné à perdre ses biens, ses honneurs et sa vie, déclarant en même temps sa postérité déchue de tous ses droits à la couronne[2]. Dix mille Français qui avaient suivi Condé se trouvaient proscrits avec lui, et à leur tête on comptait des Montmorency, des Foix, des Duras, des La Trémouille, des Coligny. Le sacre du jeune roi, qui eut lieu à Reims le 7 juin[3], montra, par l'absence de ceux auxquels des droits imprescriptibles assuraient une part dans cette auguste cérémonie, de quels puissants soutiens le trône se trouvait privé, combien était large et profonde la blessure que la révolte faisait à la monarchie.

L'occupation que le sacre donna au gouvernement français, la pénurie d'argent qu'éprouvaient les Espagnols, firent que le mois de juin arriva sans que dans le nord on fût entré en campagne. Mais depuis lors les opérations de la guerre, les négociations, et les intrigues, non moins efficaces, des ruelles furent poussées avec une prodigieuse activité, et mirent encore les affaires de la France dans une crise qui la plaçait sur le penchant de l'abîme. Arras était assiégé par Condé; des lignes formidables

---

[1] Motteville, *Mém.*, t. XXXIX, p. 364, 365.
[2] Desormeaux, *Histoire de Louis de Bourbon, prince de Condé, second du nom*, 1779, in-12, t. IV, p. 14 et 15. — Loret, liv. V, p. 12, 24 janvier 1654, p. 37, 40. — Monglat, *Mém.*, t. L, p. 430.
[3] Brienne, *Mém.*, t. XXXVI, p. 219. — Monglat, *Mém.*, t. L, p. 534. — Montpensier, *Mém.*, t. XLI, p. 444. — Loret, lib. V, p. 72, 13 juin 1654.

entouraient cette ville ; sa prise paraissait certaine. Le duc de Lorraine, sacrifié par Fuensaldagne aux ressentiments et aux craintes qu'inspirait sa perfidie, avait été arrêté ; toutes les forces d'une grande et guerrière province étaient tournées contre la France, et donnaient les moyens de pénétrer jusqu'à sa capitale [1]. Les séductions de la duchesse de Châtillon avaient arraché au maréchal d'Hocquincourt la promesse de livrer au prince de Condé Péronne et Ham, deux des principales clefs du royaume [2]. Les parlements essayaient de ressaisir le pouvoir qu'ils avaient perdu. Tous ces graves événements donnèrent à Mazarin et à Turenne des occasions de déployer l'activité de leur génie.

Le siége d'Arras fut levé par la hardiesse de Turenne, qui pénétra dans ces redoutables retranchements, réputés infranchissables. Condé prévint la destruction de l'armée espagnole par une savante retraite, et couvrit la Flandre, qui eût été aussitôt envahie par l'armée française après sa victoire. Quand tout paraissait perdu, il sauva tout [3] ; et de son côté Turenne raffermit la fortune de la France au moment même où elle paraissait le plus ébranlée. La prise du Quesnoy et celle de Clermont en Argonne ne furent que les moindres conséquences de son succès. Les génies

---

[1] DESORMEAUX, *Hist. de Condé*, t. IV, p. 18. — MONGLAT, *Mém.*, t. L, p. 438. — MOTTEVILLE, t. XLI, p. 427. — LORET, liv. V, p. 30, 33, 82, 14 mars et 4 juillet 1654.

[2] *Mss. de l'hôtel de Condé* cités par DESORMEAUX dans l'*Hist. de Condé*, t. IV, p. 45, 68. — NAVAILLES, *Mém.*, 1701, in-12, p. 167. — BUSSY, *Hist. am. des Gaules*, t. I, p. 199, édit. 1754. — Ibid., *Hist. am. de France*, p. 216 et 239. — Ibid., *Hist. am. de France*, édit. de Liége, p. 160 à 189, édit. 1re ; p. 130 et 154, édit. 2e.

[3] DE RAMSAY, *Hist. de Turenne*, liv. IV, t. II, p. 18, édit. in-12, et la planche 6 de l'atlas.

de ces deux grands capitaines parurent dans ces circonstances avoir changé de nature. Turenne déploya la brillante audace et l'irrésistible impétuosité de Condé, et Condé fit voir ce prudent courage, ces admirables prévoyances par où Turenne s'était rendu célèbre.

Hocquincourt commandait dans Péronne, et l'on savait que les Espagnols lui offraient pour leur remettre cette place un prix supérieur à celui que le gouvernement de France lui promettait pour rester fidèle. La trahison qu'il méditait fut empêchée par la duchesse de Châtillon, qu'il aimait. Mazarin la mit en chartre privée chez l'abbé Fouquet, qui la força d'écrire au maréchal d'Hocquincourt, afin de l'engager à procurer sa délivrance, en acceptant les propositions qui lui étaient faites par le premier ministre[1]. La maréchale d'Hocquincourt, adroite et spirituelle, fut aussi habilement employée par Mazarin en cette négociation. Elle détermina son mari à accepter les six cent mille livres qui lui étaient proposées, et obtint son consentement pour que Péronne fût livrée à leur fils aîné, qu'elle en fit nommer gouverneur. La duchesse de Châtillon fut, en vertu des mêmes stipulations, remise en liberté; mais le maréchal d'Hocquincourt acquit bientôt la preuve de ses nombreuses infidélités. Il s'était trop engagé, pour oser se replacer sans crainte sous la puissance du roi; il se jeta dans Hesdin, révolté, passa ensuite du côté des Espagnols, et fut tué en défendant Dunkerque[2].

Le parlement, enhardi par les embarras du gouverne-

---

[1] Desormeaux, *Hist. de Condé*, t. IV, p. 49. — Loret, liv. V, p. 118, 12 septembre 1654. — Raguenet, *Hist. du vicomte de Turenne*, p. 238 à 255.

[2] Monglat, *Mém.*, t. L, p. 469. — Motteville, t. XXXIX, p. 426, 429. — De Ramsay, *Hist. de Turenne*, t. II, p. 47 et 87, édit. in-12.

ment et les progrès que faisait l'armée de Condé, voulut délibérer de nouveau sur les édits relatifs aux impôts vérifiés en lit de justice, sous prétexte qu'alors la présence du roi avait ôté la liberté des suffrages. Dans cette circonstance critique, Mazarin employa utilement l'intervention personnelle du jeune monarque, et jugea que s'il n'était pas encore assez mûr pour gouverner, il était d'âge à commencer à régner. Louis XIV partit donc un jour de Vincennes, et entra dans la salle du parlement assemblé, en justaucorps rouge, un fouet à la main, un chapeau gris sur la tête, et suivi de son cortége, comme lui vêtu en équipage de chasse. Il parla avec toute la hauteur du commandement, et déclara que sa volonté était que son parlement s'abstînt à l'avenir de toute délibération concernant l'administration de son royaume[1]. Mazarin avait compris que, dans une monarchie telle que la France, il ne suffisait pas au ministre d'exercer l'autorité au nom du roi, mais que pour s'assurer une obéissance prompte, facile, exempte de trouble et de résistance, il fallait encore qu'on fût bien convaincu que les ordres que ce ministre donnait étaient conformes à la volonté propre du monarque. Ceux qui de nos jours ont rêvé en France la possibilité d'un roi trônant sans gouverner, et qui, dans leur jargon, ont appelé monarchie constitutionnelle celle dont le chef n'aurait qu'un pouvoir de délégation; dont le rôle tout passif se réduirait à accepter pour ministres, et à reconnaître pour seuls maîtres de la direction des affaires, des hommes désignés par des assemblées n'ayant d'autre contrôle que leur volonté, d'autre impulsion que leurs passions; ceux-là n'ont connu ni le caractère natio-

---

[1] Motteville, t. XXXIX, p. 363. — Monglat, t. L, p. 458.

nal, ni la nature humaine, ni les vrais principes qui doivent régir une grande nation continentale, forcée de maintenir son indépendance au milieu d'autres nations également puissantes. Là le chef du pays est nécessairement le chef de l'armée, et le chef de l'armée doit aussi indispensablement être le chef du gouvernement, et de droit et de fait. Le roi et le royaume, le souverain et ses sujets, la couronne et le sol, sont inséparables. A ce pouvoir nécessaire il faut tracer des limites ; contre cette puissance obligée, il faut établir des garanties ; mais si vous les cherchez dans des institutions qui dénaturent son principe et arrêtent son action, vous affaiblissez l'État, vous le rendez incapable de soutenir la lutte incessante contre les forces extérieures qui tendent à l'anéantir, vous forgez pour lui le joug de l'étranger, vous préparez son asservissement et sa mort. Dans cette puissante machine qui opère tant de prodiges, si vous absorbez par une seule goutte d'eau froide le calorique qui donnait une si grande force d'expansion à la vapeur, le piston retombe : ainsi s'affaisse subitement tout gouvernement dont le principe est détruit.

Le parlement se tut devant le roi ; mais cependant il ne lui obéit pas entièrement, et hasarda des remontrances. Mazarin alors se vit forcé de déployer, comme Richelieu, les rigueurs du pouvoir royal. Plusieurs conseillers furent exilés, d'autres furent mis à la Bastille [1]. A ces mesures l'habile ministre sut joindre la flatterie, la persuasion, et, au besoin, la corruption. Il parvint ainsi à obtenir, sans résistance et sans retard, la vérification et l'enregistrement des édits qui créaient de nouvelles taxes. Pour dési-

---

[1] GOURVILLE, *Mém.*, LII, p. 301.

gner les conseillers qu'il fallait écarter par l'exil ou la prison, il s'était servi de l'abbé Fouquet; pour connaître ceux qu'il pouvait gagner, il employa Gourville, auquel ses liaisons et ses intrigues avec les anciens frondeurs avaient donné une parfaite connaissance de ceux qui dans le parlement étaient les plus accessibles aux insinuations et aux propositions qu'il fut chargé de leur faire [1].

Le cardinal de Retz était destiné à occasionner à Mazarin des embarras moins grands, mais plus prolongés, que ceux que lui avaient présentés les parlements. Après la mort de son oncle, Retz, quoique captif, se trouva, par sa seule déclaration et le secours de ses amis, canoniquement et légalement archevêque de Paris. C'est alors qu'il eût pu résister avec avantage à son puissant ennemi [2]. Il était soutenu par tous les curés de Paris, qui au nom de la religion demandaient au roi que le prélat fût rendu à son clergé et à son troupeau. Défendu avec chaleur par le pape, qui voyait avec indignation qu'on retînt en prison un prince de l'Église et qu'on violât des immunités ecclésiastiques, Retz eût obtenu promptement sa liberté, et eût pu présenter de grands obstacles à vaincre au ministre, qui voulait anéantir entièrement son influence : mais ces obstacles, Retz les fit de lui-même disparaître par ses imprudences, son défaut de jugement, de fermeté et de constance. Il montra pour sa propre cause moins d'habileté et d'intrépidité que Caumartin, Joly et d'Hacqueville, et déconcerta tous les efforts de leur dévouement pour le triomphe de ses intérêts. Il s'ennuya de sa prison, et ne put supporter les privations qu'elle lui imposait. Il craignit ou feignit de craindre que Ma-

---

[1] GOURVILLE, *Mém.*, t. LII, p. 397.
[2] RETZ, *Mém.*, t. XLVI, p. 243. — GUY-JOLY, t. XLVII, p. 262.

zarin ne le fît assassiner; et, contre l'avis de ses fidèles amis, il se dépouilla du seul bouclier qui lui restait, de la seule arme qu'il avait en main. Il remit au roi sa crosse pastorale; il se démit de son archevêché [1]. Par ce grand sacrifice, Retz n'obtint même pas la liberté après laquelle il soupirait; il échangea seulement son donjon contre une détention moins triste et moins dure, dans le château de Nantes, où le maréchal de La Meilleraye le fit garder avec autant de soin et de vigilance qu'il l'était précédemment [2]. La démission de Retz ne fut point acceptée par le pape, et Retz se proposa de la faire annuler, comme ayant été le résultat de la violence; mais la faiblesse qu'il avait eue de consentir à la donner découragea tous ses adhérents. On s'approche pour secourir l'homme que l'on voit lutter avec courage dans un combat inégal; on s'écarte de celui qui fuit, ou l'on reste en place pour le voir passer. Cette faute ne fut pas la seule que commit Retz. A Nantes il aurait pu, par sa conduite, trouver dans les fonctions de son ministère, dans l'étude et dans la retraite, des moyens certains d'intéresser à son sort et de changer sur son compte l'opinion, toujours indulgente envers le malheur, toujours sévère pour l'autorité, lorsqu'elle abuse ou même lorsqu'elle use de sa force. Il aurait ainsi réveillé le zèle de son clergé et de ses partisans, qui répugnaient à se détacher de lui. Au contraire, oubliant la gravité des circonstances, on le voit uniquement occupé à jouir des agréments de la société dont le maréchal de La Meilleraye eut soin de l'entourer [3]; et dans les adoucis-

[1] Guy-Joly, *Mém.*, t. XLVII, p. 292.
[2] Retz, *Mém.*, t. XLVI, p. 253 et 254.
[3] Guy-Joly, *Mém.*, t. XLVII, p. 294. — Retz, *Mém.*, t. XLVI, p. 253.

sements apportés à sa captivité, il ne voit d'autre avantage que celui de pouvoir se livrer à sa passion pour les femmes, à ses goûts pour le monde. C'est à cette époque qu'il essaya, mais en vain, de séduire mademoiselle de La Vergne, cette amie intime de madame de Sévigné. « Le maréchal de La Meilleraye, dit-il, ne pouvait rien ajouter à la civilité avec laquelle il me garda. Tout le monde me voyait; on me cherchait même tous les divertissements possibles; j'avais presque tous les soirs la comédie; toutes les dames s'y trouvaient, elles y soupaient souvent. Madame de La Vergne, qui avait épousé en secondes noces M. le chevalier de Sévigné, et qui demeurait en Anjou avec son mari, m'y vint voir, et amena mademoiselle sa fille, qui est présentement madame de La Fayette. Elle était fort jolie et fort aimable, et elle avait de plus beaucoup d'air de madame de Lesdiguières. Elle me plut beaucoup, et la vérité est que je ne lui plus guère, soit qu'elle n'eût pas d'inclination pour moi, soit que la défiance que sa mère et son beau-père lui avaient donnée dès Paris même, avec application, de mes inconstances et de mes différentes amours, la missent en garde contre moi. Je me consolai de sa cruauté avec la facilité qui m'était assez naturelle, et la liberté que le maréchal de La Meilleraye me laissait avec les dames de la ville, qui, étant à la vérité très-entière, m'était d'un fort grand soulagement[1]. » Quoique Retz eût donné sa parole de ne point chercher à s'échapper, le maréchal de La Meilleraye, qui ne s'y fiait pas, le faisait garder à vue. Cette gêne continuelle, la crainte de se voir confiné de nouveau dans une prison, ou transporté à Brest, lui firent prendre la résolu-

---

[1] Retz, *Mém.*, t. XLVI, p. 253, ou p. 437 de l'édit. Champollion.

tion de recouvrer sa liberté. Aucun roman ne présente un intérêt égal à celui de sa fuite. Les moyens en furent concertés par Joly, le duc de Brissac et le chevalier de Sévigné. Il s'évada en plein jour, en présence même des surveillants et des sentinelles qui le gardaient [1]. Ils pouvaient l'arrêter dans sa course en faisant feu sur lui, mais ils ne pouvaient courir après lui et se saisir de sa personne avant d'avoir rompu la porte à jour par où il était sorti, et qu'il avait refermée sur eux. Cela lui donna le temps de descendre, et de remonter avec des cordes les murs d'un bastion de quarante pieds de haut, puis de s'enfuir à toute bride sur un cheval qu'on lui avait préparé [2]. A quelques lieues de Nantes, le cheval s'effraye, fait un écart : Retz tombe et se fracasse l'épaule; il se remet en selle, continue à courir, près de s'évanouir à chaque instant par la violence de la douleur. Ceux qui le poursuivent sont sur le point de l'atteindre; il se jette dans une meule de foin, et il y reste caché sept mortelles heures, entendant sans cesse marcher près de lui ceux qui le cherchaient; vingt fois au moment d'être découvert; étouffant les gémissements que les angoisses de sa blessure lui arrachaient. Enfin il arrive à Machecoul, dans le pays de Retz, chez son frère : il y séjourne peu de temps, et, avec son épaule mal remise et tourmenté par la fièvre, il passe dans une nacelle le petit bras de mer qui le sépare de Belle-Isle, s'embarque dans cette île [3], aborde en Espagne, traverse ce royaume dans la litière que Philippe IV lui a envoyée, et refuse les présents de ce monarque, ennemi de la France et en guerre avec elle. En Aragon il n'est point atteint

[1] Retz, t. XLVI, p. 258, 261 et 273.
[2] Ibid., p. 271. — Guy-Joly, *Mém.*, t. XLVII, p. 312 à 317.
[3] Retz, *Mém.*, t. XLVI, p. 281.

par la peste qui ravage cette province, et s'attendrit sur les malheurs qu'elle cause. A la vue des belles et fertiles campagnes de cet Éden enchanteur qu'on nomme le royaume de Valence, il ne peut contenir son ravissement. Plus délicieusement encore ses yeux sont réjouis par une nation de belles femmes dans l'île de Majorque. Là, des religieuses toutes jeunes, fraîches, et gracieuses sous le voile, se présentent à lui avec leur maintien doux et virginal, et lui donnent dans leur couvent d'harmonieux concerts; elles chantent, en baissant leurs longues paupières, des airs plus passionnés, dit-il, que ceux de Lambert[1]. A Minorque, il est frappé de la pittoresque magnificence de ces montagnes en amphithéâtre qui entourent le beau port de Mahon[2]. Par un naufrage il est forcé d'aborder en Corse. A peine rembarqué, poursuivi par une galère turque, sur le point d'être fait prisonnier, il éprouve des dangers plus terribles encore : une tempête furieuse l'assaille, et lui montre la mort sous mille formes. Pourtant il touche un instant à cette imprenable forteresse de Porto-Longone[3], et trouve enfin terre et liberté à Piombino. Il termine sur la côte riante de la Toscane sa périlleuse navigation, et fait ensuite son entrée dans Rome[4], où la mort d'Innocent X, son protecteur[5], a lieu presque aussitôt son arrivée. Il se trouve en mesure pour assister au conclave qui va s'ouvrir.

Ainsi ce captif, ce banni, cet intrigant politique, ce tribun turbulent, cet échappé des ruelles, semble n'avoir été

---

[1] Retz, *Mém.*, t. LXVI, p. 285. — Guy-Joly, t. XLVII, p. 238.
[2] Retz, *Mém.*, t. XLVI, p. 287.
[3] Ibid., p. 293.
[4] Guy-Joly, t. XLVII, p. 345 (le 28 novembre 1655).
[5] Retz, *Mém.*, t. XLVI, p. 303.

éprouvé par tant d'aventures, sauvé miraculeusement de tant de périls, que pour venir à temps, avec toute la pompe et la magnificence d'un prince de l'Église, siéger parmi les membres de ce sénat auguste, dont les libres suffrages doivent donner au monde entier un souverain pontife [1].

A Rome comme à Paris, Retz devint l'âme de toutes les intrigues qui s'agitaient contre Mazarin. Il se montra même un ennemi plus redoutable dans le conclave qu'il ne l'avait été dans le parlement, puisqu'il réussit à faire nommer pape le cardinal Chigi, que Mazarin repoussait. En même temps l'intrépide Chassebras, un de ses vicaires, quoique banni par arrêt du parlement et obligé de se cacher, parvenait à déconcerter toutes les mesures de la police, et faisait afficher dans les carrefours et les rues de la capitale des exhortations, des ordres, des mandements propres à fomenter les passions religieuses parmi le peuple, à produire un schisme dans le diocèse. Chassebras en aurait mis toutes les églises en interdit, si son archevêque l'avait voulu [2]. Retz ne sut pas profiter de ce retour de la fortune. Plus habile à entraver qu'à diriger, comme dans tout le cours de sa vie politique, il voulait toujours marcher à un but mal défini, sans prendre conseil des événements. De ce qu'il avait contribué à la nomination de Chigi, il s'était persuadé que celui-ci se laisserait gouverner par ses conseils. Mais il s'était trompé sur son caractère. Alexandre VII, assis sur le trône pontifical, oublia bientôt les promesses et les engagements du cardinal Chigi; il se souvint seulement

---

[1] Retz, t. XLVI, p. 305, 348. — Guy-Joly, *Mém.*, t. XLVII, p. 372 et 374. — Monglat, t. L, p. 471.

[2] Guy-Joly, t. XLVII, p. 387 et 388.

qu'il était pape et le père commun des fidèles. Il suivit dans sa politique un système tout contraire à celui qui eût été favorable à Retz, et dans lequel celui-ci aurait voulu l'engager. Au lieu de chercher à tout diviser, il s'efforça de tout concilier, et fit les plus grands efforts pour procurer entre la France et l'Espagne une paix stable. Il se trouva par là engagé à soutenir Mazarin, qui tendait au même but. Alors Retz s'aperçut, mais trop tard, qu'il avait eu encore cette fois tort de ne pas suivre les conseils de ses amis, qui l'engageaient à accepter l'appui que Lyonne, l'envoyé de Mazarin, lui avait offert. Il fut obligé de reconnaître qu'il s'était encore une fois perdu par son trop de confiance en lui-même; il vit que l'or qu'il avait prodigué, les dettes qu'il avait contractées, ses intrigues, si habiles et si multipliées, par lesquelles il était parvenu à surprendre les secrets et la correspondance de Lyonne, en favorisant les désordres de sa femme, et en fomentant la division parmi ses domestiques, n'avaient servi qu'à le conduire à des résultats contraires à ceux qu'il s'était proposé d'obtenir [1].

Lors de sa fuite, durant le court séjour qu'il fit soit à Machecoul, soit à Belle-Isle [2], il éprouva le besoin de se justifier auprès du maréchal de la Meilleraye, dont il n'avait eu qu'à se louer, et qu'il compromettait gravement en lui manquant de parole. Mais comme il ne pouvait communiquer avec lui sans le compromettre encore plus, il prit le parti d'écrire à la marquise de Sévigné, qu'il savait être en relation avec le maréchal. Il l'instruisit donc de son évasion, en expliqua les motifs, et colora son

---

[1] Retz, t. XLVI, p. 344. — Joly, t. XLVII, p. 372-374.

[2] Guy-Joly, t. LXVII, p. 322, 323, 330. — Sévigné, *Lettres*, 1820, in-8°, t. Ier, p. 28. Cette lettre de Retz ne fut point écrite d'Espagne.

manque de foi le mieux qu'il put. Craignant que cette lettre ne fût interceptée, il l'envoya à Ménage pour qu'il la fît parvenir à madame de Sévigné, en lui indiquant en même temps l'usage qu'elle en devait faire. Ménage avait eu avec le cardinal de Retz quelques démêlés, dont la gazette de Loret avait retenti [1]; mais Ménage, après avoir occupé une place dans la maison du cardinal, était trop honnête homme pour ne pas oublier tous les sujets de plainte qu'il pouvait avoir eus contre lui, et pour ne pas lui rester fidèle dans le malheur : il paraît aussi que Ménage s'était brouillé, puis réconcilié, avec Bussy. On voit, d'après la réponse de madame de Sévigné à Ménage, que tout ce qui concernait son cousin Bussy l'intéressait vivement. Elle montre un grand empressement à connaître les motifs du raccommodement qui avait eu lieu entre lui et Ménage. Sa lettre est datée des Rochers, le 1er octobre 1654. Elle commence par rendre grâce à Ménage de la diligence qu'il a mise à lui faire parvenir la lettre du cardinal, qu'elle nomme toujours le coadjuteur, par habitude, quoiqu'à cette époque il ne portât plus ce titre. Elle ne doute pas que cette lettre, qu'elle a envoyée au maréchal, ne fasse impression sur lui; puis elle ajoute : « Mais voici qui est admirable, de vous voir si bien avec toute ma famille; il y a six mois que cela n'était pas du tout si bien. Je trouve que ces changements si prompts ressemblent fort à ceux de la cour. Je vous dirai pourtant qu'à mon avis cette bonne intelligence durera davantage; et pour moi, j'en ai une si grande joie que je ne puis vous la dire, au point qu'elle est. Mais, mon Dieu! où avez-vous été pêcher ce monsieur le grand prieur, que

---

[1] LORET, *Muse historique*, liv. III, p. 140, 5 octobre 1652; *Ménagiana*, t. II, p. 5

M. de Sévigné appelait toujours *mon oncle le Pirate?* Il s'était mis dans la tête que c'était sa bête de ressemblance, et je trouve qu'il avait raison. Dites-moi donc ce que vous pouvez avoir à faire ensemble, aussi bien qu'avec le comte de Bussy? J'ai une curiosité étrange que vous me contiez cette affaire, comme vous me l'avez promis [1]. »

Elle demande ensuite à Ménage d'accorder son amitié à l'abbé de Coulanges, qui se trouvait alors avec elle aux Rochers. « S'il est vrai, dit-elle, que vous aimiez ceux que j'aime, et à qui j'ai d'extrêmes obligations, je n'aurai pas beaucoup de peine à obtenir cette grâce de vous. »

Ménage, un jour, enchanté d'une lettre que lui avait écrite mademoiselle de Chantal lorsqu'elle était son écolière, dit qu'il ne la donnerait pas pour trente mille livres. Madame de Sévigné, plaisantant sur ce fait de sa jeunesse (jamais aucune femme n'oublie ce qui a été dit ou fait de satisfaisant pour son amour-propre), termine ainsi sa lettre : « Je vous assure que vous devez être aussi content de moi que le jour où je vous écrivis une lettre de dix mille écus. » Puis, par un trait de coquetterie aimable, elle signe *Marie de Rabutin-Chantal*, de même qu'était signée la lettre de dix mille écus.

Dans le post-scriptum de cette même lettre elle dit : « Un compliment à M. Girault ; je n'ai point reçu son livre. » Ce livre était les *Miscellanea*, ou les Mélanges de Ménage, dont nous avons parlé ; car dans la préface latine de ce recueil Ménage nous apprend que ce fut M. Girault qui prit soin de recueillir et de mettre en ordre les pièces qui s'y trouvent. Lorsque madame de

---

[1] SÉVIGNÉ, *Lettres*, t. I, p. 1, 28 et 29 (1er octobre 1654), édit. 1820, et t. I, p. 34 et 37, édit. de G. de St.-G.

Sévigné écrivait cette lettre, cet ouvrage venait de paraître; et comme elle y était louée, nul doute qu'elle n'en eût entretenu Ménage, si elle en avait eu connaissance. Girault était un ecclésiastique, bel homme et de bonne compagnie, qui fut le secrétaire de Ménage, et devint ensuite chanoine du Mans. Ce canonicat lui fut cédé par Scarron [1]. Girault était en correspondance avec plusieurs beaux esprits, et s'en faisait aimer par l'empressement qu'il mettait à les tenir au courant de toutes les nouveautés littéraires [2]. Son admiration pour Ménage lui fit donner une place dans les satires, les épigrammes et les diatribes que cet écrivain s'attira par sa plume caustique, guerroyante et pédantesque [3].

---

[1] *Ménagiana*, t. II, p. 5; t. III, p. 192 et 193. — BRUZEN DE LA MARTINIÈRE, *Hist. de M. Scarron*, t. I, p. 58 des *Œuvres*, édit. 1737, in-18. — Voyez la première partie de ces Mémoires, p. 452.

[2] TALLEMANT DES RÉAUX, t. V, p. 257, édit. in-8°; t. IX, p. 123, édit. in-12.

[3] Jean BERNIER, *Anti-Ménagiana*, p. 43. — Gilles BOILEAU, *Avis à M. Ménage sur son églogue intitulée Christine*, dans le *Recueil des pièces choisies* de LA MONNOYE, 1714, t. I, p. 278, préface.

CHAPITRE II.

1655 — 1656.

Succès de Turenne. — Tranquillité de la capitale. — Ballets royaux. — Le goût des spectacles se répand jusque dans les colléges des jésuites. — On mêlait les concerts aux sermons. — Pièce de Quinault qui renferme tous les genres. — Mariages et visites de princes étrangers; fêtes à cette occasion. — Le roi recevait des fêtes et en donnait. — Il dansait dans les ballets. — Carrousel pendant le carême. — Les ducs de Candale et de Guise s'y font remarquer. — Goût pour les devises, partagé par madame de Sévigné. — Elle ne quitte point Paris ni les environs. — Le maréchal de La Meilleraye ouvre les états généraux de Bretagne. — Mariage de mademoiselle de La Vergne avec le comte de La Fayette. — Madame de Sévigné se livre aux plaisirs du monde, et résiste à toutes les séductions. — Occupations de mademoiselle de Montpensier pendant son exil. — Madame de Sévigné va lui rendre visite à son château de Saint-Fargeau.

La victoire d'Arras et la continuité des succès de Turenne pendant toute la campagne[1] firent naître dans la capitale et dans tout le royaume une sécurité que ne purent troubler ni les écrits que Retz publia pour sa défense, ni les résistances de son vicaire Chassebras, secrètement appuyées par les solitaires de Port-Royal et par leurs nombreux amis[2].

On se livra aux plaisirs et à la joie que le retour du jeune roi dans la capitale, après ses campagnes, ne manquait jamais de ramener; et ce fut avec une chaleur, une unanimité qui surpassèrent encore celles de toutes les an-

---

[1] MONGLAT, *Mém.*, t. L, p. 459. — RAMSAY, *Hist. de Turenne*, t. II, liv. IV, p. 17 à 69, édit. in-12.

[2] RETZ, *Mém.*, t. XLVII, p. 382, 391, 535.

nées précédentes [1]. Les occasions ne manquèrent pas : l'entrée dans Paris du comte d'Harcourt, qui ressembla à une pompe triomphale ; les fiançailles du fils du duc de Modène avec une des filles de Martinozzi, nièce du cardinal [2]; l'arrivée de ce même duc et celle du duc de Mantoue [3]; du duc François, frère du duc de Lorraine ; de la princesse d'Orange [4]; le mariage d'une des demoiselles de Mortemart [5] avec le marquis de Thianges; celui de la Ferté; celui de Loménie de Brienne [6], fils du ministre d'État, avec la seconde fille de Chavigny, fournirent des occasions fréquentes au roi et à Mazarin de donner des festins et des fêtes et d'en recevoir [7]. Non-seulement le jeune monarque ne dédaignait pas d'accepter des invitations qui lui étaient faites, mais il dansait et jouait dans les ballets qui faisaient partie des fêtes qu'on lui donnait, comme dans ceux qu'il faisait représenter à sa cour. Il y fit jouer trois nouveaux ballets, qui tous furent d'une richesse d'exécution que l'on crut ne pouvoir jamais être égalée [8]. Cependant le dernier, intitulé *Psyché*, surpassa les deux autres en magnificence. Un essaim de beautés y figuraient avec le roi et l'élite des meilleurs artistes :

---

[1] LORET, *Muse historique*, t. II, liv. VI, p. 17, *lettre* en date du 30 janvier 1655.—Ibid., p. 6 et 12.—MOTTEVILLE, t. XXXIX, p. 369.

[2] LORET, liv. VI, p. 79, 106; liv. VII, p. 6, 7 et 19.

[3] LORET, liv. VI, p. 141, 190 et 199, *lettre* en date du 24 déc. 1655.

[4] LORET, liv. VII, p. 22, *lettre* 6, en date du 5 février.

[5] LORET, liv. VI, p. 82.

[6] LORET, liv. VI, p. 193, *lettre* en date du 18 décembre 1655, et liv. VII, p. 13, *lettre* en date du 12 janvier 1656. Ce Brienne est celui dont M. Barrière a publié les Mémoires.

[7] LORET, liv. V, p. 77 ; liv. VII, p. 32 et 33, et p. 37, en date du 4 mars 1656.

[8] BENSERADE, *OEuvres*, t. II, p. 117 — LORET, liv. VII, p. 29, en date du 19 février 1656.

Fouilloux et Menneville, qu'on nommait toujours ensemble quand il fallait citer des modèles de grâce; cette belle duchesse de Roquelaure, dont nous avons fait connaître la tragique destinée; la douce et mélancolique Manicamp, qui ne se prêtait plus que par obéissance à ces jeux mondains, et qui se fit carmélite aux jours saints; puis la folâtre Villeroy, et Neuillant, et Gramont, et beaucoup d'autres[1]. Cependant leurs attraits ne pouvaient distraire le roi de cette aînée des Mancini, qui leur était bien inférieure en beauté. Loret, dans les longues descriptions dont il remplissait sa *Gazette*, ne manque pas de faire mention de ces attentions de Louis pour elle:

> Le roi, notre monarque illustre,
> Menait l'infante Manciny,
> Des plus sages et gracieuses,
> Et la perle des précieuses[2].

Ce qui donna un caractère particulier au carnaval de cette année fut le grand nombre de mascarades et de folâtres divertissements dont Louis XIV et son frère donnaient les premiers l'exemple, et dont ils s'amusaient beaucoup. Aussi Loret remarque que

> Paris, dans la joie inondé,
> Est tellement dévergondé,
> Qu'on n'y voit que réjouissances,
> Que des bals, des festins, des danses,
> Que des repas à grands desserts,
> Et de mélodieux concerts[3].

---

[1] Loret, liv. VI, p. 12, 67, 69, 107, 141, 143, 193. — Motteville, *Mém.*, t. XXXIX, p. 369. — Loret, liv, VII, p. 2, 3, 5, 14, 15, 19, 43 (*lettre* du 25 janvier); liv. VIII, p. 43. — Benserade, *Œuvres*, t. II, p. 172.

[2] Loret, liv. VI, p. 141, 142, 143; liv. VII, p. 23 et 25.

[3] Loret, *Muse hist.*, liv. VI, p. 17, *lettre* en date du 30 janvier 1655, et ibid., p. 6 et 12.—Motteville, *Mém.*, t. XXXIX, p. 307, 369.

Cependant, de tous les genres de plaisirs, ceux que l'on préférait, ceux auxquels on revenait toujours, étaient les représentations théâtrales. Jamais les théâtres publics n'avaient attiré plus de spectateurs. Ce goût se répandit si généralement, que les jésuites, si habiles à suivre la pente de leur siècle, et auxquels était principalement confiée l'éducation de la haute noblesse, composèrent dès lors des tragédies latines, et les firent représenter par l'élite de la belle jeunesse qui s'élevait dans leurs colléges. Ces représentations eurent lieu devant de nombreuses assemblées de dignitaires de l'Église, de gens de cour, et de ce que Paris renfermait de plus illustre dans les lettres et dans l'État[1]. Elles eurent le plus grand succès. Cet usage des jésuites a commencé sous la jeunesse de Racine, et a été continué sans interruption bien au delà de l'époque de la jeunesse de Voltaire, dont le maître, le père Porée, était un jésuite, auteur des meilleures de ces tragédies latines. C'est à ces premières impressions de collège, c'est à l'influence de ces maîtres habiles sur ceux qui devaient un jour illustrer notre littérature, et sur ceux qui devaient être les juges de leurs productions, que l'on doit, suivant nous, ce goût grec et romain, ces formes régulières, et un peu uniformes, qu'a prises la tragédie sous la plume des deux grands maîtres que nous venons de nommer, et sous celle de leurs nombreux imitateurs. Mais le grand Corneille, par la diversité de ses ouvrages, semblait avoir épuisé tous les genres de compositions scéniques : et à l'époque dont nous traitons, c'està-dire dans les années 1655 et 1656, la satiété commençait déjà à exiger la réunion de tous les genres, mais

---

[1] Loret, t. II, liv. IV, p. 118 et 127 (7 et 21 août 1655).

non pas encore leur mélange. Ce fut cette année que Quinault donna au théâtre du Marais une pièce intitulée *la Comédie sans comédie*, qui renfermait à la fois, dans un même cadre et en quatre actes, les quatre sortes de poëmes dramatiques connus alors, une pastorale, une comédie, une tragédie, et une tragi-comédie ou une pièce ornée de machines et de danses, c'est-à-dire un opéra. Remarquons que le dernier acte de cette pièce était une première et intéressante ébauche du plus bel ouvrage que Quinault composa depuis, l'opéra d'*Armide* [1].

Le carême força de suspendre les danses, les ballets, les mascarades ; mais la fougue qui entraînait le jeune monarque et toute la société vers les plaisirs fit imaginer des moyens de les prolonger : on allia ces divertissements aux pompes mêmes de la religion, ou on leur donna le caractère de cette chevalerie antique que la religion avait autrefois encouragée et approuvée. C'est alors que commencèrent ce qu'on appelait les concerts de dévotion, qu'on nomma depuis *spirituels* ; et ces brillants carrousels, image de nos vieux tournois, qui disparurent avec les années prospères du règne de Louis XIV, et lorsque les derniers vestiges des mœurs, des habitudes et des temps qu'ils rappelaient se furent effacés. Loret a décrit, de la même manière qu'il décrivait les ballets de cour, le grand concert de dévotion qui fut exécuté au monastère de Charonne, à l'heure de vêpres, par les plus célèbres musiciens, les plus fameux chanteurs et les meilleures cantatrices de cette époque, en présence du roi, de toute la cour, et d'une nombreuse as-

---

[1] Frères PARFAICT, *Histoire du Théâtre François*, t. VIII, p 129 à 140. — QUINAULT, *Œuvres*, 1715, in-12, t. Ier, p. 260 à 358.

semblée de beau monde; concert qui fut terminé par un sermon du père Senault.

> Le père Senault y prêcha,
> Et son éloquence toucha
> De même qu'à l'accoutumée;
> Bref, chacun eut l'âme charmée,
> En ce saint lieu de grand renom,
> Tant du concert que du sermon [1].

Le carrousel que le roi donna au Palais-Royal sembla réaliser les descriptions des romanciers, par la beauté des coursiers, les richesses et la singularité des costumes, l'éclat des armures, la rapidité des évolutions exécutées aux sons bruyants de la musique guerrière. Cette fête chevaleresque fut comme l'annonce de celles que Louis XIV devait donner par la suite, et dont la magnificence fut un sujet d'étonnement pour l'Europe entière [2].

Après le roi, ceux qui se firent le plus remarquer dans ce carrousel furent le duc de Candale et le duc de Guise. En voyant ce dernier, on se rappelait ses intrigues avec la princesse de Gonzague, ses amours avec la comtesse de Bossu, qui furent suivis d'un mariage et d'une séparation; la constance de sa passion pour mademoiselle de Pons, qui le trahissait et favorisait son écuyer Malicorne; ses deux expéditions pour conquérir le royaume de Naples; sa captivité en Espagne et son arrivée à Paris, qui eut lieu juste au moment où il dut se rendre au lit de justice qui condamna à l'exil Condé, auquel il devait sa délivrance. Cette vie martiale, galante, si pleine d'aventures; le costume dont il était revêtu, sa grâce, son

---

[1] LORET, t. II, liv. VI, p. 127, *lettre* 31, en date du 25 août 1655.
[2] MONTPENSIER, *Mém.*; t. XLII, p. 58, 60. — SAUVAL, *Galanteries des Rois de France*, 1738, t. II, p. 10.

adresse dans le carrousel, tout contribuait à le rendre le type achevé des chevaliers du moyen âge ; non tels qu'ils étaient en réalité, mais tels que les représentent à l'imagination, dans un siècle plus poli et sous des couleurs plus brillantes, les fictions de l'Arioste [1].

Les boucliers de tous ceux qui figurèrent dans ce carrousel étaient ornés d'emblèmes ingénieux, accompagnés de paroles en langue espagnole, italienne ou française ; et ce fut sans doute à ces jeunes guerriers et à l'esprit de galanterie qui régnait alors, à nos liaisons avec l'Espagne, que l'on dut ce goût pour les allégories et les devises qui domina durant tout ce règne, et que madame de Sévigné partagea [2].

Elle était restée à Paris pendant tout l'hiver ; et elle ne retourna point même, selon sa coutume, à sa terre des Rochers pendant la belle saison. On peut croire que les plaisirs si animés de la capitale contribuèrent à l'y retenir. Les fêtes de la cour, auxquelles elle était invitée, furent prolongées pendant tout le printemps, et ne cessèrent même pas lorsque le roi se fut transporté à Compiégne. Ce fut dans cette ville qu'on joua, le 30 mai, le nouveau ballet royal des *Bienvenus*, lorsque le prince Eugène épousa, par procuration, au nom du fils du duc de Modène, la fille de Martinozzi [3]. C'était d'ailleurs uniquement par raison d'économie que madame de Sévigné allait se renfermer tous les ans dans son triste château de Bretagne, et c'était la même raison qui l'empêchait cette année de s'y rendre. Le maréchal de La Meilleraye fit le 20 juin l'ouverture des états de Bretagne. Il était d'usage

---

[1] *Mémoires de* Guise. — Pastoret fils, *Révolution de Naples.*
[2] Motteville, *Mém.*, t. XXXIX, p. 372.
[3] Loret, liv. VI, p. 78, 79, 81. — Benserade, *Œuvres*, t. II, p. 113.

dans ces occasions, parmi la haute noblesse, de se donner mutuellement des festins, et madame de Sévigné avait éprouvé, du vivant de son mari, combien cet usage était dispendieux; il l'eût été encore plus pour elle cette fois. L'ouverture des états se faisait à Vitré[1], c'est-à-dire à sept kilomètres de son château, et une si grande proximité de l'auguste assemblée lui eût attiré un nombre illimité d'importuns visiteurs. Son titre de veuve et la prolongation de son séjour à Paris donnaient à madame de Sévigné les moyens de se soustraire à ces inconvénients, et elle en profita. D'autres motifs encore ont pu l'engager à s'écarter de ses habitudes. Mademoiselle de La Vergne épousa le 20 février de cette année (1655) François Mottier, comte de La Fayette, lieutenant des gardes françaises. Le désir de pouvoir accompagner sa jeune amie dans les nouvelles assemblées où son mari la présenta dut déterminer madame de Sévigné à agrandir encore le cercle de ses relations, et ajoutait aux motifs qu'elle avait de renoncer au voyage de Bretagne. De plus, le président de Maisons et plusieurs autres personnages qu'elle comptait au nombre de ses amis furent rappelés de leur exil, et revinrent dans la capitale précisément à l'époque où elle avait coutume de la quitter. Le besoin qu'elle éprouvait de s'entretenir avec eux, la satisfaction qu'elle avait de les revoir, l'auraient engagée à ne pas partir, lors même que tant d'autres causes ne l'auraient pas déterminée à rester.

Madame de Sévigné, en s'abandonnant ainsi au tourbillon du monde, en se prévalant des succès qu'elle y obtenait par sa jeunesse, ses charmes, son esprit; en cédant

---

[1] *Registres des états de Bretagne*, mss. Bibl. du roi; Bl. Mant., n° 75, p. 324 à 329.

à l'orgueil naturel à son sexe de faire naître des passions, sans vouloir les partager, augmentait les dangers auxquels était exposée, sinon sa personne, au moins sa réputation; son état de veuve rendait à cet égard sa position plus critique. Plus elle avait d'indépendance, plus elle en jouissait, plus il était facile à la calomnie de la noircir. Quand on pense aux mœurs de cette époque, aux moyens puissants de séduction de tous ceux qui affichaient hautement à son égard leur amour et leurs espérances, on ne pourrait croire qu'elle fût jamais parvenue à échapper à tant d'écueils, si tous les témoignages contemporains ne concouraient à nous prouver qu'elle en est sortie non-seulement sans recevoir aucune atteinte, mais même pure de tout soupçon.

Durant les mois d'été, le séjour de Paris, alors resserré par ses remparts, était encore plus incommode qu'il ne l'est actuellement; aussi madame de Sévigné passa presque entièrement cette partie de la belle saison à Livry, qu'elle appelait son désert; mais ce désert se trouvait aussitôt peuplé par une société nombreuse, aimable et brillante, lorsqu'elle s'y transportait. Elle fit cependant encore à cette époque une courte et plus lointaine excursion hors de la capitale; ce fut, en quelque sorte, pour satisfaire à un devoir que le monde, mais non pas elle, considérait alors comme un acte de courage. Ceci réclame quelques détails qui feront connaître l'esprit et les mœurs du temps et les différents intérêts qui divisaient alors la cour et la haute société.

Mademoiselle de Montpensier n'avait vu qu'avec peine le triomphe de Mazarin et de la cause royale. Elle correspondait en secret avec le prince de Condé, et n'avait pas perdu entièrement l'espérance de pouvoir l'épouser un jour. Elle se fit un grand chagrin des succès de Turenne ; mais son père lui causa des peines bien plus vives, et dont les motifs étaient plus réels. Gaston convoitait les grands biens de sa fille aînée, et il voulait l'obliger à en céder une partie aux deux filles qu'il avait eues de Marguerite de Lorraine, sa seconde femme. Il avait épousé celle-ci par amour, et elle conservait un grand empire sur lui. Peut-être mademoiselle de Montpensier, naturellement grande et généreuse, se serait-elle montrée disposée à des arrangements de cette nature, si on lui en avait parlé comme d'un sacrifice qu'il lui fallait faire en faveur de ses sœurs dépourvues de fortune, si on lui avait demandé ce sacrifice comme un don, comme une générosité de sa part, purement gratuite, dont on lui aurait su gré ; mais il n'en était pas ainsi. Son père cherchait à lui arracher une portion de son patrimoine par la ruse et la fraude, et au moyen d'un compte de tutelle, où les dettes qu'il avait contractées envers sa fille étaient atténuées ou déguisées ; où il faisait figurer les répétitions non fondées qui lui étaient allouées par des arbitres vendus à ses intérêts. De tels procédés exaspérèrent mademoiselle de Montpensier, elle résista avec hauteur et fermeté ; mais, quoique majeure, comme elle n'était point mariée, elle se trouvait, comme princesse du sang, sous la puissance paternelle, relativement au choix de ses dames d'honneur, de ses gens d'affaires et de tous ceux qui composaient sa maison. Gaston éloignait d'elle arbitrairement tous ses serviteurs les plus dévoués. Il y eut alors dans la petite cour de MADEMOISELLE des démêlés et des intrigues dont elle nous a, dans ses Mémoires, donné les détails avec une fatigante prolixité. Comme Gaston négociait avec le ministre, et cherchait à rentrer en grâce, mademoiselle de Montpensier, qui, au contraire, se montrait hostile, craignit qu'on ne fît à son égard un coup d'autorité. Elle se soumit donc en partie à ce qu'on exigeait d'elle, mais non sans beaucoup de dépit et de douleur et sans répandre bien des larmes. Elle s'était, au mois de février, approchée de Paris, et elle était venue jusqu'à Lesigny, pour voir une maison qu'elle avait intention d'acheter[1]. Pendant les trois ou quatre jours qu'elle résida dans ce lieu, elle éprouva ce que pouvait la disgrâce du souverain, même à l'égard d'une princesse généralement aimée et qu'on aurait désiré voir revenir dans la capitale. « Il vint du monde de Paris me voir, dit-elle : j'eus néanmoins plus de compliments que de visites ; j'avais fait tout le monde malade. Tous ceux qui n'osaient me mander qu'ils craignaient se brouiller avec la cour feignirent d'être malades ou qu'il leur était arrivé quelque accident. »

Madame de Sévigné ne fut point au nombre de ces lâches moribonds ; nous en avons une preuve non douteuse, car nous savons qu'au mois de juillet de cette même année elle quitta Paris pour se rendre à Saint-Fargeau, et tout exprès pour faire sa cour à l'illustre exilée. C'est MADEMOISELLE qui nous apprend elle-même ce fait dans ses Mémoires ; et son récit nous fait entrevoir que ce petit voyage, fait en compagnie avec madame de Monglat et madame de Lavardin, ne fut pas sans agrément pour notre jeune veuve.

« J'étais, dit MADEMOISELLE, dans mon château de Saint-Fargeau, où, après avoir donné ordre à mes affaires[2] (ce que je faisais deux fois la semaine), je ne son-

---

[1] MONTPENSIER, *Mém.*, t. XLI, p. 487.

[2] Sur les constructions et les embellissements que MADEMOISELLE

geais qu'à me divertir. Madame la comtesse de Maure et Mademoiselle de Vandy me vinrent voir, comme elles revenaient de Bourbon; ce me fut une visite très-agréable. Elles étaient des personnes d'esprit et de mérite, et que j'estime fort. Mesdames de Monglat, Lavardin et de Sévigné y vinrent exprès de Paris : la première y était déjà venue deux fois; madame de Sully y vint pendant qu'elles y étaient, et M. et madame de Béthune, qui s'en allaient aux eaux de Pougues : tout cela faisait une cour fort agréable. M. de Matha y était aussi; il commençait à être amoureux de madame de Frontenac. Le mari de cette dernière, Saujon et d'autres, s'y trouvèrent. Nous allions nous promener dans les plus jolies maisons des environs de Saint-Fargeau, où l'on me donnait de fort belles collations; j'en donnais aussi dans de beaux endroits des bois, avec mes violons : on tâchait de se divertir [1]. »

fit alors exécuter à son château de Saint-Fargeau, consultez M. le baron CHAILLOU DES BARRES, *Châteaux d'Ancy-le-Franc, de Saint-Fargeau et de Tanlay*, 1845, in-4°, p. 71.

[1] MONTPENSIER, *Mém.*, t. XLI, p. 473 et 474.

CHAPITRE III.

1655.

Bussy continue ses assiduités auprès de madame de Sévigné. — Ses intrigues avec madame de Monglat. — Il se laisse aller aux séductions de la marquise de Gouville. — Positions des grands personnages pendant les troubles de la Fronde. — Le besoin que les princes avaient de leurs serviteurs et des nobles dans leur dépendance rapprochait les rangs. — Comment cet état de choses produisait le dérèglement des mœurs. — Des filles d'honneur d'Anne d'Autriche. — La marquise de Gouville attachée à la princesse de Condé. — Détails sur cette princesse. — Lenet devient son conseiller. — Peinture qu'il fait de la cour de cette princesse à Chantilly. — Détails sur la marquise de Gouville. — Bussy lui plaît. — Le rendez-vous qu'il en reçoit l'empêche de faire ses adieux à madame de Sévigné avant de partir pour l'armée.

Pendant cette année Bussy sut mettre à profit pour ses amours tout le temps de son séjour à Paris, qui se prolongea jusqu'au moment de son départ pour l'armée. Sa cousine madame de Sévigné était encore, de toutes les femmes qu'il courtisait, celle dont l'esprit le charmait le plus, celle dont la conquête lui eût été le plus agréable; peut-être parce qu'elle était celle qui offrait le plus de difficultés. Cependant cette amitié et cette confiance qu'il en obtenait, les préférences dont elle le rendait l'objet, répandaient tant d'agrément sur sa vie, qu'il se montrait auprès d'elle aussi empressé et aussi assidu que le lui permettaient les liaisons, d'une autre nature, qu'il avait formées. Assuré de madame de Monglat comme d'un bien qui désormais lui appartenait, et qu'il croyait ne pouvoir jamais lui échapper, il se laissa entraîner aux séductions de la marquise de Gouville.

Plusieurs causes contribuèrent, durant les troubles de la Fronde, au déréglement des mœurs. Les princes et les princesses qui étaient à la tête des partis, jeunes eux-mêmes, étaient entourés d'une jeunesse active et dévouée. La prudence de l'âge mûr ou la froideur de la vieillesse eussent été peu propres à ces intrigues aventureuses, à ces agitations continuelles, à ces périls toujours renaissants, à ces rapides vicissitudes d'opinions et de partis. Ces grands personnages, souvent réduits par des revers subits à de cruelles extrémités, recevaient de la part de la jeune noblesse qui les entourait, et qui était à leurs gages, des preuves de fidélité et de dévouement d'une nature telle, qu'aucune richesse ne pouvait les payer, qu'aucun honneur ne pouvait les récompenser. Alors il était naturel qu'il s'établît une sorte d'égalité entre le supérieur et l'inférieur, entre le chef et le subordonné, tous deux liés à la même cause, tous deux risquant également pour elle leur fortune et leur vie. Cet état de choses était peu favorable à une sévère morale; et les princes, dans l'âge où l'on se laisse facilement emporter à la fougue des passions, non-seulement ne s'inquiétaient pas des déréglements qui avaient lieu autour d'eux, mais ils en donnaient eux-mêmes l'exemple. Quant aux princesses, lors même qu'elles eussent toutes été à l'abri du reproche à cet égard (et il était loin d'en être ainsi), elles ne pouvaient ni surveiller, ni scruter rigoureusement la conduite de jeunes femmes souvent forcées, pour les servir, d'entreprendre seules des voyages périlleux, d'user de continuels subterfuges et de travestissements. Lorsque leur inconduite leur était dévoilée, elles étaient d'autant moins tentées de s'en courroucer et d'y mettre un terme, que c'était à ces liaisons coupables qu'elles devaient souvent les succès des intrigues qu'elles ourdissaient pour le triomphe de leur cause. Ceci explique cette multitude d'aventures galantes qui donnèrent un caractère si particulier aux troubles de la Fronde, où les tempêtes populaires et les combats sanglants se rattachaient sans cesse aux agitations des ruelles et aux rivalités d'amour. La cour même d'Anne d'Autriche ne fut pas exempte de la contagion générale. Des six filles d'honneur de cette reine, Ségur, la seule qui n'eût point d'attraits, fut la seule qui n'eut point d'amant [1].

Durant ce temps de désordres, la marquise de Gouville avait résidé près d'une princesse plus âgée qu'Anne d'Autriche, mais dont la cour, soit parce qu'elle était réunie à celle de sa belle-fille, soit par l'effet de son choix, était uniquement composée de femmes jeunes, jolies, spirituelles, et propres à seconder les entreprises les plus hasardeuses. C'était cette princesse qui faillit allumer une guerre générale en Europe, quand Henri IV vieillissant s'éprit pour elle d'une folle passion; c'était cette princesse qui dans un âge plus avancé, encore vaniteuse et coquette, se vantait d'avoir eu pour amants des papes, des rois, des cardinaux, des princes, des ducs, et de simples gentils-hommes; c'était, enfin, cette Montmorency autrefois si belle, la princesse de Condé douairière, la mère du grand Condé [2].

Lenet, du parlement de Dijon, qui était son conseiller intime, nous a donné une peinture intéressante et animée de la position critique où elle se trouva à Chantilly, lors-

---

[1] SAUVAL, *Galanteries des Rois de France*, édit. 1738, t. II, p. 59.
[2] MOTTEVILLE, *Mém.*, t. XLI, p. 95.

que Condé, en 1650, et dans le plus fort de la guerre civile, en lui laissant sa femme et son fils, se fut réfugié dans son gouvernement et eut levé l'étendard de la révolte. La princesse douairière avait besoin de correspondre continuellement avec ce prince, afin d'échapper à la surveillance de Mazarin, qui cherchait à s'emparer de sa belle-fille et de son petit-fils. Toutes les jeunes femmes qui composaient sa cour étaient continuellement agitées par des alternatives de crainte et d'espérance, selon les nouvelles que l'on recevait de Paris ou de Guienne; et, au milieu de toutes ces anxiétés et de ces peines, leurs inclinations pour le plaisir s'augmentaient encore par les chances de malheur auxquelles elles étaient exposées et par l'incertitude de leur sort dans l'avenir.

On était alors à la fin du mois d'avril, et jamais on ne vit dans un séjour plus enchanteur, sous un ciel plus pur et par une plus douce température, un plus grand nombre de beautés occupées d'autant d'intrigues. Le matin, dispersées dans les jardins, sur la terrasse, sur les balcons du château, elles se promenaient solitaires, ou se réunissaient en groupes. Les unes, folâtres, chantaient ou récitaient entre elles des madrigaux, des sonnets, ou improvisaient des charades, des bouts-rimés, des énigmes; d'autres, plus sérieuses, se parlaient bas, s'écartaient, s'enfonçaient mystérieusement, et à pas lents, dans des allées du parc, ou dans des bosquets reculés; plusieurs, couchées sur la pelouse, assises sur les bords de l'étang, occupées de la lecture d'un roman ou d'une lettre, n'apercevaient rien de ce qui se passait autour d'elles.

Dans la soirée on se réunissait dans la chapelle, où la prière se faisait en commun; toutes les dames passaient ensuite dans l'appartement de la princesse, et les hommes les y suivaient. Là on tenait conseil; on lisait les lettres que l'on avait reçues de la duchesse de Longueville, les écrits plaisants ou sérieux que l'on faisait circuler en faveur des princes; on se divertissait des satires, des chansons et des bouffonneries qui pullulaient contre le cardinal Mazarin; puis l'on jouait à divers jeux, et le salon retentissait des bonds, des claquements de mains, des ris bruyants de la troupe enjouée. Tout à coup un grand silence succédait, on se rassemblait près de la princesse douairière, on se pressait autour du grand fauteuil de cette matrone de la galanterie. On était tout attention, tout oreille, quand elle consentait à raconter, avec une grâce qui lui était particulière, les faits de sa vie passée; les intrigues amoureuses de la cour de Henri IV; ses premières entrevues avec ce glorieux monarque; comment elle le reconnut un jour dans la cour du château qu'elle habitait, au milieu de l'escorte d'un capitaine de sa vénerie, revêtu de la livrée d'un piqueur, avec un large emplâtre sur la figure, et conduisant deux lévriers en laisse. Tous ces récits étaient trop du goût d'un tel auditoire pour qu'ils ne fussent pas préférés à toute autre occupation, à toute autre distraction [1].

« C'était, dit Lenet, un plaisir très-grand de voir toutes les jeunes dames qui composaient cette cour-là, tristes ou gaies, suivant les visites rares ou fréquentes qui leur venaient, et suivant la nature des lettres qu'elles recevaient; et comme on savait à peu près les affaires des unes et des autres, il était aisé d'entrer assez avant pour s'en divertir. Il y en avait qui étaient servies d'un même galant; d'autres qui croyaient l'être de plusieurs, et qui ne l'é-

---

[1] LENET, t. LIII, p. 139, 140, 142, 143.

taient de personne, et d'autres qui l'auraient voulu être d'un autre que de celui qui les galantisait ; d'autres encore qui eussent souhaité d'être les seules qui eussent été servies de tous ; et en vérité elles méritaient toutes de l'être [1]. »

La marquise de Gouville était, de toutes les jeunes femmes qui composaient la cour de Chantilly, celle qui, par ses charmes et la vivacité de son esprit, s'attirait le plus d'adorateurs. Son mari était à l'armée du prince de Condé [2], et elle se trouvait sous la surveillance de sa mère, la comtesse de Tourville ; surveillance légère, qui servit plutôt à voiler qu'à empêcher les poursuites des comtes de Cessac, de Meille, de Lorges et de Guitaut, qui étaient devenus amoureux d'elle : ce dernier l'emporta sur ses rivaux [3].

A Paris, en 1655, la marquise de Gouville fut une des beautés qui contribuèrent le plus à l'agrément des fêtes nombreuses qui eurent lieu. Elle-même en donna plusieurs, et réunit la société la plus brillante. On jouait chez elle des ballets, et le bal succédait à la comédie [4]. Au milieu de ce grand monde de la capitale, dont elle faisait partie, et dont elle attirait les regards à tant de titres, le nombre de ses adorateurs devint bien plus considérable que lorsqu'au commencement de son mariage elle se trouvait sous la tutelle maternelle, et attachée à la petite cour de la princesse de Condé. Le maréchal Duplessis [5], du Lude, le beau

---

[1] Lenet, *Mém.*, t. LIII, p. 112, 143, 155.

[2] Montpensier, *Mém.*, t. XLI, p. 190.

[3] Lenet, *Mém.*, t. LIII, p. 112, 113, 154, 155, 239, 266 et 513 ; t. LIV, p. 213. — Coligny-Saligny, *Mém.*, 1841, in-8°, p. 24 à 31.

[4] Loret, liv. VI, p. 106, du 17 juillet 1655.

[5] Segrais, *Mém.*, t. II, p. 122.

Candale, le présomptueux Barlet, étaient alors ceux qui se disputaient ses faveurs [1]. Elle vit Bussy, et il lui plut. Bussy, malgré ses engagements avec madame de Monglat, ne put se refuser à une aussi agréable conquête ; mais elle fut cause qu'il se conduisit envers madame de Sévigné d'une manière à se donner les apparences de l'oubli et de l'indifférence. Madame de Sévigné était à Livry lorsque Bussy se disposait à partir pour l'armée [2]. Bussy avait promis à sa cousine d'aller la voir dans sa retraite champêtre ; mais fort occupé, dans les derniers moments, de son double amour et de ses équipages de guerre, il différa cette visite jusqu'à la veille de son départ. Comme il se disposait à se rendre à Livry, il reçut un billet d'une de ses maîtresses, qui l'invitait à venir la trouver. Madame de Sévigné, qui attendait Bussy, ne le voyant point arriver, envoya fort tard lui demander s'il ne viendrait pas lui dire adieu. Le messager de madame de Sévigné revint avec la lettre qu'elle lui avait remise, et lui annonça qu'il n'avait point trouvé M. de Bussy au Temple, ni pu savoir où il était. Le lendemain matin, Bussy, après avoir passé hors de chez lui la nuit entière, ne trouva plus un seul moment à sa disposition, et il partit sans avoir vu sa cousine, et sans savoir qu'elle lui avait écrit [3].

[1] Conrart, *Mém.*, t. XLVIII, p. 266.
[2] Sévigné, *lettres* (26 juin et 3 juillet 1655), t. I, p. 30 et 32, édit. M. ; t. I, p. 38 et 40, édit. G. C'est bien de la marquise de Gouville qu'il est question en cet endroit.
[3] Bussy, *Mém.*, édit. 1721, t. II, p. 14, et t. II, p 17 de l'édit. in-4°.

CHAPITRE IV.

1655.

Bussy, pour s'excuser, écrit à sa cousine qu'il avait passé la nuit chez le baigneur. — Explication sur ce mot. — Ce qu'étaient les hôtels garnis et les bains publics sous le siècle de Louis XIV. — Madame de Sévigné devine Bussy, ou est instruite de ses actions. — Lettre qu'elle lui écrit. — Bussy lui avoue tout. — Il lui demande réciprocité de confiance. — L'interroge sur l'amour qu'a pour elle le surintendant. — Réponse de madame de Sévigné. — Correspondance qui s'établit entre eux. — Nouvelle lettre de madame de Sévigné à Bussy. — Cette correspondance augmente l'inclination qu'ils avaient l'un pour l'autre. — Bussy se plaint de n'être pas assez aimé de sa cousine. — Comment madame de Sévigné se défend, et se justifie de désirer que Bussy reste à l'armée. — Bussy envoie un messager à Paris, avec des lettres pour ses deux maîtresses, sans écrire à madame de Sévigné. — Reproche que fait à Bussy madame de Sévigné.

Lorsque Bussy fut arrivé devant Landrecies, dont l'armée royale avait formé le siége, il n'eut rien de plus pressé que d'écrire à sa cousine pour s'excuser d'avoir manqué à lui faire ses adieux; et pour ne pas révéler le secret de ses amours, il lui dit que dans la nuit qui avait précédé son départ il avait été coucher chez le baigneur. Pour bien comprendre la réponse que lui fit madame de Sévigné, et avoir une idée exacte des mœurs et des habitudes de cette époque, il faut expliquer à nos lecteurs ce qu'on entendait par *le baigneur*, lors de la jeunesse de Louis XIV.

Il y avait alors à Paris, en plus grand nombre qu'aujourd'hui, des bains chauds nommés étuves pour la bourgeoisie, et même pour les gens de bas étage [1]. On comptait aussi dans cette ville une quantité d'auberges et d'hôtelleries pour toutes les conditions, puis quelques hôtels garnis magnifiquement meublés [2], mais en très-petit nombre. Ces hôtels étaient principalement à l'usage de ceux de la haute noblesse qui ne faisaient pas partie de la cour, et qui n'avaient à Paris ni maison ni hôtel à eux. Pour ceux de cette classe qui en possédaient, pour les grands seigneurs et les gens de cour qui résidaient dans la capitale, il existait encore une ou deux maisons, un ou deux établissements d'un genre particulier, qu'il est difficile de définir, parce qu'il n'y en a plus de semblable : c'était bien un hôtel garni, où l'on se trouvait pourvu avec luxe de tous les besoins et de toutes les commodités de la vie, mais où l'on pouvait s'en procurer encore d'autres, qui n'existaient pas dans les meilleurs et les plus somptueux hôtels garnis.

Ces maisons étaient ordinairement tenues par des hommes experts dans tout ce qui concernait la toilette, et renommés par leur habileté à coiffer les hommes et les femmes. Les barbiers et les baigneurs ne formaient alors qu'une seule et même profession; ils étaient constitués en corporation, sous le titre de barbiers-étuvistes; mais le maître de l'établissement dont nous parlons, et qu'on nommait *le baigneur* par excellence, n'était point soumis aux règlements de cette corporation. Il exerçait son état par un privilége spécial émané du roi lui-même, ou d'un des officiers de sa maison.

[1] Sauval, *Antiquités de Paris*, t. II, p. 650.
[2] *Livre commode, contenant les adresses de la ville de Paris*, 1692, in-8°, p. 54 à 89.

On se rendait chez le baigneur par différents motifs. D'abord par raison de santé et de propreté : c'était là que l'on prenait les meilleurs bains, les bains épilatoires, les bains mêlés de parfums et de cosmétiques, par lesquels on donnait plus de vigueur au corps, plus de douceur à la peau, plus de souplesse aux membres. Cette maison était pourvue d'un grand nombre de domestiques soumis, réservés, discrets, adroits. On s'y enfermait la veille d'un départ, ou le jour même d'un retour, afin de se préparer aux fatigues qu'on allait éprouver, ou pour se remettre de celles qu'on avait essuyées. Voulait-on disparaître un instant du monde, fuir les importuns et les ennuyeux, échapper à l'œil curieux de ses gens, on allait chez le baigneur : on s'y trouvait chez soi, on était servi, choyé ; on s'y procurait toutes les jouissances qui caractérisent le luxe ou la dépravation d'une grande ville. Le maître de l'établissement et tous ceux qui étaient sous ses ordres devinaient à vos gestes, à vos regards, si vous vouliez garder l'incognito ; et tous ceux qui vous servaient, et dont vous étiez le mieux connu, paraissaient ignorer jusqu'à votre nom. Votre entrée et votre séjour dans cette maison étaient pour eux comme un secret d'État, qu'ils ne révélaient jamais. Aussi c'était chez le baigneur que les femmes qui ne pouvaient autrement échapper aux yeux qui les surveillaient se rendaient déguisées, le visage masqué, seules, ou conduites par leurs amants. Enfin de jeunes seigneurs, amis des plaisirs sans contrainte, ou d'une vie peu réglée, faisaient la partie de se rendre ensemble chez le baigneur, et y séjournaient quelquefois plusieurs jours, afin de se livrer plus facilement et plus secrètement à leur goût pour le jeu, le vin et la débauche. Pourtant cette maison était tellement grande et si bien distribuée en corps de logis séparés, que les personnes sages, tranquilles ou infirmes, que des motifs de santé ou les aisances qu'on y trouvait y avaient conduites, n'étaient nullement troublées par ces hôtes bruyants et dissolus : elles ne pouvaient même soupçonner leur présence dans un lieu où régnaient toujours pour elles l'ordre la décence et un calme profond.

La faculté de tenir un établissement de ce genre était une sorte de privilége exclusif, qui ne pouvait s'exercer qu'au moyen d'un haut patronage. C'était donc pour ceux qui y étaient propres, et qui n'y répugnaient pas, un moyen assuré de faire fortune. Ils étaient nécessairement les intermédiaires de beaucoup d'intrigues, les confidents de plusieurs grands personnages, les dépositaires d'importants secrets. Aussi les écrits du temps, qui se taisent sur plusieurs faits historiques, nous ont fait connaître le nom du plus fameux baigneur de cette époque : ce fut Prudhomme[1], auquel succéda plus tard La Vienne, chez lequel le roi lui-même, dans le temps de ses premières amours, allait se baigner et se parfumer. La Vienne devint par la suite son premier valet de chambre[2].

Nos lecteurs, qui savent actuellement ce que c'était que *le baigneur,* comprendront mieux la réponse que fit à Bussy madame de Sévigné. Elle ne fut pas dupe de la feinte de son cousin, ou elle fut instruite de quelle manière

---

[1] CHAVAGNAC, *Mém.*, 1699, in-12, t. I, p. 207. — CHOISY, *Mém.*, t. LXIII, p. 304 (Prud'homme fournissait de l'argent au duc de la Feuillade).

[2] *France galante, ou Hist. am. de la Cour*, 1695, in-12, p. 134 ; *Hist. am. des Gaules*, 1754, t. II, p. 326, 331. — SÉVIGNÉ, *Lettres* (4 avril 1671), t. II, p. 3, édit. de Monmerqué, — SAINT-SIMON, *Œuvres complètes*, 1791, in-8°, t. 1er, p. 75. — Ibid., *Mém. authentiques*, t. II, p. 81, 82. Voyez ci-après, p. 54.

il avait passé la nuit la veille de son départ. La lettre de Bussy lui était parvenue à Livry, et c'est de ce lieu que sa réponse est datée, le 26 juin :

« Je me doutais bien que tôt ou tard vous me diriez adieu, et que si ce n'était chez moi, ce serait du camp devant Landrecies. Comme je ne suis pas une femme de cérémonie, je me contente de celui-ci, et je n'ai pas songé à me fâcher que vous eussiez manqué à l'autre. Je m'étais déjà dit vos raisons, avant que vous me les eussiez écrites ; et je suis trop raisonnable pour trouver étrange que la veille d'un départ on couche chez le baigneur. Je suis d'une grande commodité pour la liberté publique ; et pourvu que les bains ne soient pas chez moi, je suis contente : mon zèle ne me porte pas à trouver mauvais qu'il y en ait dans la ville [1]. »

Bussy s'aperçut que madame de Sévigné avait tout appris ou tout deviné, et il chercha à se faire tout pardonner, en l'amusant par le récit de son entrevue et de ses adieux. Il le fait avec beaucoup d'esprit et de gaieté, et parvient à tout dire, en conservant les convenances et une grande décence d'expression. Mais il voudrait ne pas faire à sa cousine, avec abandon, confidence de tout ce qui le concerne, sans obtenir d'elle la même réciprocité.

« Mandez-moi, lui dit-il, je vous prie, des nouvelles de l'amour du surintendant ; vous n'obligerez pas un ingrat. Je vais vous dire, à la pareille, des nouvelles du mien pour ma Chimène : il me semble que je vous fais un honnête

---

[1] *Supplément aux Mém. et Lettres de M. le comte de Bussy*, t. I, p. 49. — Bussy, *Mém.*, 1721, in-12, t. II, p. 14 ; t. II, p. 17 de l'édit. in-4°. — Sévigné, *Lettres* (3 juillet 1655), t. I, p. 30 et 32, édit. Monmerqué ; ou t. I, p. 38 et 40 de l'édit. de G. de S.-G.

parti, quand je vous offre de vous dire un secret pour des bagatelles. »

En terminant, Bussy insiste encore pour que sa cousine lui mande l'histoire de l'amour du surintendant, quelle qu'elle soit. Elle lui répond sur cet article dans une lettre datée de Paris le 19 juillet, écrite au retour du voyage qu'elle avait fait à Saint-Fargeau, et dont elle fait mention dans cette lettre. Ce qu'elle dit nous prouve combien Fouquet mettait d'insistance dans le désir qu'il avait de la séduire, et nous éclaire sur la conduite qu'elle tenait à son égard, et sur son plan de défense.

« Quoiqu'il n'y ait rien de plus galant que ce que vous me dites sur toute votre affaire, je ne me sens point tentée de vous faire une pareille confidence sur ce qui se passe entre le surintendant et moi; et je serais au désespoir de pouvoir vous mander quelque chose d'approchant. J'ai toujours avec lui les mêmes précautions et les mêmes craintes; de sorte que cela retarde notablement les progrès qu'il voudrait faire. Je crois qu'il se lassera enfin de vouloir recommencer toujours la même chose. Je ne l'ai vu que deux fois depuis six semaines, à cause d'un voyage que j'ai fait. Voilà ce que je puis vous en dire et ce qui en est. Usez aussi bien de mon secret que j'userai du vôtre; vous avez autant d'intérêt que moi de le cacher[1]. »

Dans la correspondance qui s'établit pendant cette campagne entre madame de Sévigné et Bussy, dont ce dernier a enrichi ses Mémoires, on les voit tous deux mutuellement charmés de leur esprit, et fiers de s'appartenir.

---

[1] SÉVIGNÉ, *Lettres*, t. I, p. 36, édit. de M.; ou p. 46, édit. de G.; *Supplément aux Mém. de* Bussy, t. I, p. 51; *Mém.*, t. II, p. 27, édit. in-12, et p. 35 de l'édit. in-4°.

Madame de Sévigné éprouve une joie sensible lorsqu'elle reçoit la nouvelle que son cousin s'est distingué à Landrecies[1], qu'il a reçu les éloges de Turenne ; que Mazarin, le roi et toute la cour ont dit du bien de lui. Et Bussy, de son côté, tout amoureux qu'il est de sa cousine, et fort disposé à s'en montrer jaloux, apprend cependant toujours avec plaisir l'effet produit par ses charmes sur quelques personnages importants.

« Il y a deux ou trois jours qu'en causant, lui dit-il, avec M. de Turenne, je vins à vous nommer. Il me demanda si je vous voyais : je lui dis que oui, et qu'étant cousins germains et de même maison, je ne voyais pas une femme plus souvent que vous. Il me dit qu'il vous connaissait, et qu'il avait été vingt fois chez vous sans vous rencontrer ; qu'il vous estimait fort, et qu'une marque de cela était l'envie qu'il avait de vous voir, lui qui ne voyait aucune femme. Je lui dis que vous m'aviez parlé de lui, que vous aviez su l'honneur qu'il vous avait fait, et que vous m'aviez témoigné lui en être obligée. A propos de cela, madame, il faut que je vous dise que je ne pense pas qu'il y ait au monde une personne si généralement estimée que vous. Vous êtes les délices du genre humain ; l'antiquité vous aurait dressé des autels, et vous auriez assurément été déesse de quelque chose. Dans notre siècle, où l'on n'est pas si prodigue d'encens, et surtout pour le mérite vivant, on se contente de dire qu'il n'y a point de femme à votre âge plus vertueuse ni plus aimable que vous. Je connais des princes du sang, des princes étrangers, des grands seigneurs façon de princes, des

---

[1] Monglat, *Mémoires*, t. L, p. 461 ; *Histoire de la Monarchie françoise sous le règne de Louis le Grand*, 4ᵉ édition, 1697, in-12, p. 72.

grands capitaines, des gentils-hommes, des ministres d'État, des magistrats et des philosophes, qui fileraient pour vous si vous les laissiez faire. En pouvez-vous demander davantage? A moins que d'en vouloir à la liberté des cloîtres, vous ne sauriez aller plus loin [1]. »

On ne peut donner à une femme des éloges plus satisfaisants pour son orgueil; et ce qui devait les rendre plus acceptables, c'est qu'ils étaient l'expression de la vérité, et non celle d'une fade adulation ou d'un sot enthousiasme. Madame de Sévigné ne montre pas pour son cousin la même admiration qu'il témoigne pour elle; cependant elle loue son esprit avec une sincère effusion. « Je ne crois pas, lui écrit-elle, avoir jamais rien lu de plus agréable que la description que vous me faites de l'adieu de votre maîtresse. Ce que vous dites, que l'Amour est un vrai *recommenceur*, est tellement joli et tellement vrai, que je suis étonnée que, l'ayant pensé mille fois, je n'aie pas eu l'esprit de le dire [2]. »

Bussy se plaint que sa cousine montre trop peu de tendresse pour lui, en paraissant si préoccupée de sa gloire et de son avancement. « Quand on aime bien les gens qui vont à l'armée, dit-il avec justesse, on a plus de crainte pour les dangers de leur personne que de joie dans l'espérance de l'honneur qu'ils vont acquérir [3]. » Cependant, comme en même temps Bussy devine qu'il y a plus de

---

[1] Bussy, *Mém.*, t. II, p. 47, in-12, et p. 56 de l'in-4°. — Sévigné, *Lettres* (7 octobre 1655), t. I, p. 42, édit. M.; t. I, p. 52, édit. G.

[2] Sévigné, *lettre* en date du 19 juillet 1655, t. I, p. 136, et t. I, p. 45, édit. de G. de S.-G.

[3] *Lettre de Bussy*, en date du 13 août 1655. — Dans Sévigné, *Lettres*, t. I, p. 40, édit. M.; p. 49. — Bussy, *Mém.*, t. II, p. 32, in-12, et dans l'édit. in-4°, t. II, p. 38.

dépit dans ce que sa cousine a écrit sur ce sujet, que d'absence de sentiment, et qu'il a la fatuité de le lui dire, elle lui répond de manière à tâcher de le convaincre que c'est bien véritablement qu'elle mérite le reproche qu'il lui adresse, et qu'elle ne désire pas qu'il en soit autrement. Ayant appris qu'il sollicitait la permission de rester à l'armée pendant tout l'hiver, elle lui dit : « Comme vous savez, mon pauvre Comte, que je vous aime un peu rustaudement, je voudrais qu'on vous l'accordât; car on dit qu'il n'y a rien qui avance tant les gens, et vous ne doutez pas de la passion que j'ai pour votre fortune [1]. »

Cependant la lettre dont Bussy se plaignait montrait bien évidemment que sa cousine conservait de la rancune pour la manière dont il avait agi à l'époque de son départ pour l'armée. Elle était piquée d'avoir été sacrifiée alors au désir de passer quelques heures de plus avec une maîtresse. Bussy avait raison d'avoir cette pensée; mais il avait tort de la manifester.

« Je serais, lui avait-elle dit, une indigne cousine d'un si brave cousin si j'étais fâchée de vous voir cette campagne à la tête du plus beau corps qui soit en France, et dans un poste aussi glorieux que celui que vous tenez. Je crois que vous désavoueriez des sentiments moins nobles que ceux-là. Je laisse aux *baigneurs* d'en avoir de plus tendres et de plus faibles. Chacun aime à sa mode : pour moi, je fais profession d'être brave aussi bien que vous. Voilà les sentiments dont je veux faire parade [2]. »

Dans une autre occasion, l'empressement qu'elle met à

---

[1] Sévigné, *Lettres* (25 novembre 1655), t. I, p. 56, édit. G., p. 45, édit. M.

[2] Sévigné, *Lettres* (26 juin 1655), t. I, p. 31, édit. M., ou p. 39, édit. G. — Bussy, *Mém.*, t. II, p. 15 de l'in-12; de l'édit. in-4°, p. 18.

écrire à son cousin, lorsqu'il la néglige, nous prouve avec quel soin elle cherchait à écarter d'elle tout soupçon de dépit ou de sentiment jaloux, quoiqu'elle ne puisse s'empêcher d'en laisser toujours percer quelque chose. Bussy avait envoyé à Paris un messager avec des lettres pour ses deux maîtresses, et il ne lui avait rien remis pour madame de Sévigné. Celle-ci profita cependant de ce même messager pour écrire à son cousin, afin de le féliciter sur les succès qu'il avait obtenus à la guerre, et dont la renommée l'avait instruite. Dans une autre lettre, où elle avait besoin de rappeler toutes celles qu'elle lui avait adressées depuis quelque temps, elle dit : « Je vous ai encore écrit par un laquais que vous avez envoyé ici, lequel était chargé de plusieurs lettres pour de belles dames. Je ne me suis pas amusée à vous chicaner de ce qu'il n'y en avait pas pour moi, et je vous fis une petite lettre en galoppant[1]. »

Voici en quels termes elle avait écrit à Bussy sur ce point délicat, dans cette petite lettre faite en *galoppant* :

« Je me trouvai hier chez madame de Monglat, qui avait reçu une de vos lettres, et madame de Gouville aussi : je croyais en avoir une chez moi, mais je me suis trompée dans mon attente, et je jugeai que vous n'aviez pas voulu confondre tant de rares merveilles. J'en suis bien aise, et je prétends avoir un de ces jours *une voiture à part.* »

L'allusion qu'elle fait ici à la haute renommée de Voiture comme épistolographe, et à la double signification

---

[1] SÉVIGNÉ, *Lettres* (14 juillet, t. I, p. 33), édit. M. — BUSSY, *Mém.*, t. II, p. 23 de l'édit. in-12, et t. II, p. 28 de l'édit. in-4°. — *Lettres de* SÉVIGNÉ, t. I, p. 42 et 45 de l'édit. de G. de S.-G.; t. I, p. 35 et 36, édit. M. (19 juillet).

de son nom, qui ne serait dans toute autre occasion qu'un simple calembour, devient dans cette circonstance un éloge flatteur, et un reproche aimable, empreint du sentiment d'une noble et juste fierté.

CHAPITRE V.

1655.

Madame de Gouville donne une fête peu de jours après l'avanie faite à Bartet, son amant. — Détails sur Bartet. — Il est employé pendant la Fronde à d'importantes négociations. — Aventures de sa jeunesse, et comment il était parvenu. — Sa présomption et sa vanité. — Ressentiments qu'elles excitent. — Il obtient les faveurs de la marquise de Gouville. — Il tient un propos outrageant sur le duc de Candale. — Le duc de Candale s'en venge en lui faisant une avanie. — Pourquoi Mazarin abandonne Bartet dans cette circonstance. — Tout le monde rit de l'aventure de Bartet. — Épigramme à ce sujet. — Bussy mande à madame de Sévigné la querelle entre le marquis d'Humières, le comte de Nogent et la Châtre. — Détails sur Bautru, comte de Nogent. — Plaisanteries qu'il se permet au sujet de Roquelaure. — Passage d'une des lettres de madame de Sévigné sur la duchesse de Roquelaure. — Querelle entre le prince d'Harcourt et la Feuillade. — Madame de Sévigné trouve plaisante la captivité de la duchesse de Châtillon chez Fouquet. — Réflexions à ce sujet. — Bussy se rend à Compiègne. — Il sollicite de Mazarin de servir pendant l'hiver, et n'obtient rien. — Revient à Paris. — Y séjourne. — Repart pour se rendre à l'armée de Turenne.

Le même jour que madame de Sévigné écrivit la lettre que nous venons de citer, la marquise de Gouville donnait dans son hôtel, à Paris, une fête dont le récit remplit une page entière de la Gazette de Loret[1] : il décrit le ballet, les scènes grotesques, les danses, le concert, et la collation. Cependant, lorsque la marquise de Gouville donnait cette fête, l'avanie qu'à cause d'elle avait

---

[1] Loret, liv. VI, p. 106, *lettre* 28 juillet 1655.

éprouvée Bartet, un de ses amants, venait d'avoir lieu, et était l'objet des conversations générales. Madame de Sévigné en parle dans une lettre écrite à Bussy trois jours après celle dont nous avons fait mention en dernier, c'est-à-dire le 19 juillet[1]; mais elle en parle brièvement et en passant, afin de ne pas blesser son cousin. Pour bien la comprendre, il faut suppléer aux détails qu'elle n'a pas eu besoin de donner en écrivant à Bussy, qui était parfaitement instruit sur ce qui concernait celui qui faisait l'objet de cette aventure.

Quand Mazarin était exilé et proscrit par des arrêts du parlement, du consentement du roi, c'est-à-dire de la reine régente, qui parlait en son nom, il n'en continuait pas moins, des bords du Rhin ou de la solitude des Ardennes, où il s'était réfugié, à diriger les affaires. Le gouvernement n'était pas dans le cabinet des ministres, dans la salle du conseil, dans les actes authentiques publiés au nom du roi, mais dans les résolutions et les déterminations prises par la reine régente dans les conciliabules qui avaient lieu dans la chambre de l'exilé ou dans l'oratoire de la reine. Il était alors nécessaire que la reine et son ministre pussent communiquer entre eux continuellement, et de manière à ce qu'il ne restât aucune trace de ces communications ; que le secret le plus profond et le plus impénétrable fût gardé sur leur but et sur leur résultat. De là naquit l'importance des courriers de cabinet, et l'influence que ces personnages subalternes prirent à cette époque. Comme ils auraient pu être arrêtés par les partisans de la Fronde ou des princes, jugés et condam-

---

[1] SÉVIGNÉ, *Lettres* (19 juillet 1655), t. I, p. 37, édit de M., et t. I, p. 46, édit. de G. de S.-G. — BUSSY, *Mém.*, t. II, p. 28, in-12, et de l'in-4°, t. II, p. 34.

nés par les parlements, à cause de leur correspondance avec un banni déclaré ennemi de l'État, ils n'étaient chargés d'aucune dépêche, d'aucune note, d'aucun papier; mais dépositaires des pensées et des intentions secrètes du cardinal et de la reine, ils allaient et venaient continuellement, portaient les paroles de l'un et de l'autre, et prenaient à l'égard des tiers des engagements en leurs noms. On voit que durant ces temps de troubles ces courriers de cabinet n'étaient pas seulement des porteurs de dépêches, mais de véritables négociateurs. A une époque aussi agitée, lorsque les intérêts variaient sans cesse et si rapidement, lorsqu'il y avait tant d'intrigues différentes, et qu'il fallait pour les conduire tant de dissimulation et d'audace; lorsque les troupes des différents partis envahissaient le pays, et empêchaient qu'on ne pût faire le plus petit trajet sans travestissement, ce rôle de courrier de cabinet donnait à tous ceux qui l'exerçaient une réputation de capacité, de courage, de prudence et de fidélité, qui ennoblissait leurs fonctions, et les faisait jouir d'une considération supérieure à celle de la charge dont ils étaient revêtus. Bartet fut un de ceux que la reine et Mazarin employèrent en cette qualité le plus souvent et avec le plus de succès.

Il était fils d'un paysan du Béarn. Son père lui ayant donné de l'éducation, il devint avocat au parlement de Navarre. Il séduisit la femme de chambre de l'épouse d'un conseiller de ce parlement. On voulut le forcer à épouser cette fille, très-chérie de sa maîtresse : il s'y refusa, quitta le pays, s'en alla à Rome, et, recommandé par des jésuites, il s'attacha au duc de Bouillon, puis ensuite au prince Casimir, frère du roi de Pologne, et qui lui succéda au trône. Celui-ci, lorsqu'il fut roi, nomma Bartet son résident en France. Bartet se fit ainsi connaître de Mazarin et des autres ministres de la reine, et il obtint, par l'entremise de la princesse Palatine, d'être nommé secrétaire du cabinet[1]. Bientôt il eut toute la confiance de la reine et de son ministre, et fut initié aux plus importants secrets d'État[2]. Fier de ses succès, il se fit de nombreux ennemis par sa suffisance, sa fatuité, son ton et ses manières, qui auprès des personnages élevés auxquels il avait affaire contrastaient si fort avec son humble origine. La manifestation de notre propre supériorité choque l'orgueil naturel d'autrui, lors même qu'elle semble justifiée par la prééminence du talent, de la naissance ou de la fortune; mais l'insolence d'un parvenu semble une atteinte portée à tous les droits acquis : elle blesse comme une usurpation, et révolte comme une ingratitude. Tels étaient les sentiments que faisait naître Bartet, dont la causticité d'ailleurs n'épargnait personne, pas même ses amis et ses bienfaiteurs. Bartet devint amoureux de la marquise de Gouville. Cette femme séduisante était en même temps courtisée par le duc de Candale, dont la vie fut si courte et les aventures si nombreuses[3]. Bartet, si inférieur au

---

[1] CONRART, *Mém.*, t. XLVIII, p. 267.

[2] CONRART, t. XLVIII, p. 260 à 270. — MONTPENSIER, *Mém.*, t. XLI, p. 136, 326, 488; t. XLII, p. 22. — MOTTEVILLE, *Mém.*, t. XXXIX, p. 115, 116 et 210. — RETZ, t. XLV, p. 279, 282, 380, 388, 412, 422, 459; t. XLVI, p. 329. — GUY-JOLY, t. XLVII, p. 230. — NEMOURS, t. XXXIV, p. 510. — CONRART, t. XLVIII, p. 230. — LA ROCHEFOUCAULD, t. LI, p. 95 et 96. — DUPLESSIS, t. LVII, p. 370 et 372. — LORET, liv. III, 1552, p. 178; liv. V, 1654, p. 17.

[3] CHAVAGNAC, *Mém.*, t. I, p. 165, 185, 208, 210, 220, 226, 227. — MOTTEVILLE, t. XXXIX, p. 210. — MONGLAT, *Mém.*, t. L, p. 394. — CONRART, t. XLVIII, p. 265. — BUSSY, *Hist. am. des Gaules*, t. I, p. 1 à 42, édit. 1754. — SAUVAL, *Galanteries des Rois de France*

duc de Candale pour la figure et la tournure, l'emportait sur lui par certains avantages auxquels la marquise de Gouville se montrait fort sensible. Au lieu de jouir en secret d'un bonheur qui pouvait lui faire un ennemi puissant. Bartet eut l'impudence de faire parade de sa conquête d'une manière injurieuse pour son rival. En présence d'un grand nombre de personnes, dont quelques-unes faisaient l'éloge du duc de Candale comme du plus bel homme de l'époque et le plus propre à plaire aux femmes, Bartet dit, avec un ton dédaigneux, « que si on ôtait à ce beau duc ses grands cheveux, ses grands canons, ses grandes manchettes et ses grosses touffes de galants, il ne serait plus qu'un squelette et un atome. » Candale, outré de l'insolence de Bartet, et regardant comme au-dessous de lui de se mesurer avec un tel homme, se vengea en grand seigneur, ou, si l'on veut, en vrai brigand. Laval, son écuyer, à la tête de onze hommes à cheval, arrête en plein jour, dans la rue Saint-Thomas du Louvre, la voiture de Bartet. Deux des cavaliers se saisissent des chevaux, deux autres portent le pistolet à la gorge du cocher, deux autres mettent pied à terre, et entrent dans le carrosse le poignard à la main; ils se précipitent sur Bartet, lui coupent avec des ciseaux les cheveux d'un côté, et une moustache de l'autre; ils lui arrachent son rabat, ses canons et ses manchettes; et, après lui avoir appris que cette opération a lieu par ordre de monseigneur le duc de Candale, ils le laissent aller [1].

---

t. II, p. 60, 61, 206. — RETZ, t. XLV, p. 113. — SAINT-ÉVREMOND, Œuvres, 1753, in-12, t. I, p. v et p. 34; t. III, p. 154 à 180; t. VII, p. 42.

[1] CHAVAGNAC, Mém., t. I, p. 220. — MONTPENSIER, Mém., t. XLI, p. 489. — CONRART, Mém., t. XLVIII, p. 265.

Sous Richelieu, le personnage, quelque élevé qu'il fût, qui aurait ainsi traité le plus obscur et le plus infime de ses affidés, eût été obligé de fuir, et aurait eu à supporter le poids d'une procédure criminelle. Mazarin, auquel Bartet se plaignit, lui promit justice, fit même commencer quelques procédures, mais n'osa pas les faire continuer. Candale avait rendu de grands services à Mazarin, qui s'était donné des torts envers lui, en ne réalisant pas la promesse qu'il avait faite de lui faire épouser sa nièce Martinozzi, mariée au prince de Conti. Mazarin ne fut donc pas fâché d'avoir occasion de montrer des égards pour ce seigneur, afin de le retenir dans son parti. D'ailleurs, Bartet avait été le protégé de la reine plus encore que celui de Mazarin, qui, dans sa correspondance écrite avec Anne d'Autriche, avait cherché à la prémunir contre les défauts du caractère de ce confident, et l'avait engagée à ne se fier à lui qu'avec précaution[1]. Toute la haute noblesse était indignée de l'insolence de Bartet, et applaudissait à l'avanie qui lui était faite. Chavagnac, en racontant cette aventure, dit qu'elle fit plus de bruit qu'elle ne méritait[2]. Madame de Sévigné n'en parle qu'en plaisantant, et la trouve tout à fait bien imaginée; elle ne doute pas que son cousin ne s'en soit fort diverti[3]. On rit beaucoup aux dépens de Bartet, et l'on fit sur lui le couplet suivant, qui courut tout Paris :

> Comme un autre homme
> Vous étiez fait, monsieur Bartet :

[1] *Lettres du cardinal Mazarin à la reine*, 1836, in-8°, p. 419; lettre en date du 27 novembre 1641.
[2] CHAVAGNAC, t. I, p. 220.
[3] SÉVIGNÉ, *Lettres* (19 juillet 1655), t. I, p. 37, édit. de Monmerqué; t. I, p. 47, édit. de G. de S.-G.

> Mais quand vous iriez chez Prudhomme,
> De six mois vous ne seriez fait
> Comme un autre homme [1].

Non-seulement Bartet n'obtint aucune réparation de l'affront qu'il avait éprouvé, mais plus tard on le força de s'exiler de la cour, lorsque le duc de Candale s'y trouvait [2]. Ainsi la différence des rangs était alors si fortement marquée, que ceux qui osaient s'en prévaloir pour conserver leurs priviléges d'insolence et de domination pouvaient encore faire violence à la justice et braver la faveur.

Bussy et madame de Sévigné se faisaient part mutuellement dans leurs lettres des nouvelles qui pouvaient les intéresser : lui, celles de l'armée; elle, celles de la cour. Bussy, dans sa lettre du 17 octobre [3], entretient sa cousine de la querelle qui s'est élevée entre le marquis d'Humières et le comte de Nogent, querelle si peu honorable pour ce dernier. Il avait été provoqué en duel par la Châtre, beau-frère d'Humières, et il avait refusé de se battre. D'Humières, toujours bien auprès du roi et des ministres, devint depuis maréchal de France. Le luxe du grand seigneur le suivait même à l'armée. Il fut le premier qui s'y fît servir en vaisselle d'argent, et avec les mêmes recherches et la même variété de mets que dans son hôtel. Comme la guerre continua, et se régularisa en quelque sorte, ce genre de luxe fut imité par tous les officiers généraux, et même par les simples colo-

---

[1] Conrart, *Mém.*, t. XLVIII, p. 263, note 1. Voyez ci-dessus, p. 40.
[2] Montpensier, *Mém.*, t. XLII, p. 22.
[3] Bussy, dans les *Lettres de* Sévigné, t. I, p. 43 de l'édit. M.; t. I, p. 53 de l'édit. de G. de S.-G.

nels et les mestres de camp[1]. La Châtre nous est connu pas ses liaisons avec Ninon[2]. Armand, comte de Nogent, qui se noya depuis au fameux passage du Rhin[3], était le fils de Nicolas de Bautru, modèle du courtisan fin, spirituel et bouffon. Celui-ci, arrivé à la cour d'Anne d'Autriche avec huit cents livres de rente, en avait cent cinquante mille lorsqu'il mourut. Sa femme se fit connaître par des désordres honteux. Il en demanda vengeance à la justice, et fit condamner un de ses valets, qui fut mis aux galères[4]. Il se rendait un jour chez la reine, lorsque cette affaire était encore récente; et la cynique plaisanterie qu'il se permit pour faire rejaillir sur le duc de Roquelaure le ridicule dont celui-ci avait voulu le couvrir en présence de toute la cour, prouve qu'une partie du secret de la mystérieuse intrigue de la duchesse de Roquelaure n'avait pas échappé aux regards scrutateurs des jeunes courtisans[5]. Cet indécent quolibet, qui fit rougir la reine, sert en même temps à expliquer le passage suivant de la lettre que madame de Sévigné écrivit à Bussy le 25 novembre[6].

« Madame de Roquelaure est revenue tellement belle, qu'elle défit hier le Louvre à plate couture[7] : ce qui donne une si terrible jalousie aux belles qui y sont, que

---

[1] Gourville, *Mém.*, t. LII, p. 287.
[2] Voyez la première partie de ces Mémoires, ch. xvi, p. 244.
[3] Sévigné, *Lettres* (17 juin 1672), t. II, p. 468, édit. M., et t. III, p. 61, édit. G. de S.-G.
[4] *Ménagiana*, t. I, p. 67, 140, 267.
[5] *Ibid.*, t. III, p. 48 et 49.
[6] Sévigné, *Lettres* (25 novembre 1655), t. I, p. 46, édit. de M.; t. I, p. 59, édit. de G. de S.-G. — Bussy, *Mém.*, t. II, p. 54 édit. in-12.
[7] Conférez Montpensier, *Mém.*, t. XLII, p. 137.

par dépit on a résolu qu'elle ne serait pas des après-soupers, qui sont gais et galants comme vous savez. Madame de Fiennes voulut l'y faire demeurer hier; mais on comprit par la réponse de la reine qu'elle pouvait s'en retourner. »

Madame de Sévigné paraît avoir ignoré le véritable motif de l'exclusion de la duchesse de Roquelaure des après-soupers; mais la duchesse de Roquelaure a dû le connaître ou le deviner. Les chagrins causés par des humiliations de cette nature, et par les remords de les avoir mérités, ont pu contribuer, autant que les infidélités de Vardes, à précipiter dans la tombe cette intéressante victime d'un premier amour. Une autre raison devait encore déterminer à ne pas admettre la duchesse de Roquelaure dans ces réunions familières. Le jeune duc d'Anjou manifestait du penchant pour elle; et le chagrin qu'il témoigna lorsqu'il apprit sa mort montra quelle était déjà la violence de sa passion [1].

Madame de Sévigné, qui ne veut rien laisser ignorer à Bussy de ce qui se passe dans le monde, raconte aussi dans la même lettre une querelle assez ridicule, mais qui n'eut aucune suite, entre le prince d'Harcourt, la Feuillade, qui fut depuis maréchal de France, et le chevalier de Gramont, si connu par l'histoire que le spirituel Hamilton nous a donnée de ses aventures galantes. La chose se passa chez Jannin de Castille, financier, assez bel homme, peu spirituel, et fort riche. Bussy a fait lui-même connaître les liaisons de ce personnage avec la comtesse d'Olonne [2], et

[1] MONTPENSIER, *Mém.*, t. XLII, p. 268 et 269.
[2] BUSSY, *Histoire amoureuse de la France*, édit. 1710, p. 26, 31, 55. — *Histoire amoureuse des Gaules*, édit. 1754, t. I, p. 23, 28, 32, 42, 52.

Sauval a révélé celles qu'il eut avec mademoiselle de Guerchy, une des filles d'honneur de la reine[1]. Mademoiselle de Guerchy fut depuis la maîtresse du duc de Vitry, et périt victime des moyens qu'employa pour la faire avorter une sage-femme nommée Constantin, qui fut pendue pour ce crime. Le comte Gaspard de Chavagnac, qui, pour obliger Vitry, son ami, avait conduit l'infortunée Guerchy chez la Constantin, fut mis en cause, et subit même une condamnation, qui ne fut pas capitale. Lui, qui était la bravoure même, raconte naïvement dans ses Mémoires la frayeur qu'il éprouva « quand il vit les mêmes juges avec lesquels il faisait tous les jours la débauche l'interroger avec un visage si sévère[2] ».

Madame de Sévigné apprit, sans en connaître la cause, que la duchesse de Châtillon se trouvait captive chez l'abbé Fouquet; et, dans sa lettre du 5 novembre, elle mande cette nouvelle à son cousin en une seule ligne, en ajoutant : « Cela paraît fort plaisant à tout le monde[3]. » Singulière époque que celle où l'on trouvait plaisant qu'une femme de ce rang, de cette naissance, qu'une Montmorency, que la veuve d'un Gaspard de Coligny, duc de Châtillon, fût retenue d'autorité en chartre privée, chez un abbé, son amant! Cependant la chose paraîtra moins étrange lorsque l'on saura que l'abbé Fouquet avait avec lui sa mère, qui était la vertu même[4].

Quand Bussy reçut, le 22 novembre, cette dernière lettre

---

[1] SAUVAL, *Galanteries des Rois de France*, 1738, t. II, p. 73.
[2] GASPARD, comte de CHAVAGNAC, *Mém.*, t. I, p. 220 à 222, édit. de Besançon, 1699, in-12.
[3] SÉVIGNÉ, *Lettres* (25 novembre 1655), t. I, p. 45, et p. 56 de l'édit. de G. de S.-G.
[4] MONTPENSIER, t. XLII, p. 148.

de madame de Sévigné, il n'était plus à l'armée. Pour être placé sur les cadres de ceux qui continuaient à servir pendant la saison rigoureuse, il s'était rendu à Compiègne, où la cour résidait. Le cardinal lui promit de faire ce qu'il demandait; mais il ne lui tint pas parole. Bussy revint vers la fin de décembre à Paris; et, après y avoir séjourné tout l'hiver, il repartit le 12 mars pour Amiens, où le maréchal de Turenne avait assigné le rendez-vous de tous les officiers généraux qui dans la campagne prochaine devaient servir sous ses ordres[1].

[1] Bussy, *Mém.*, t. II, p. 54 et 57 de l'édit. in-12. — Ibid., t. II, p. 65 et 68 de l'édit. in-4°.

CHAPITRE VI.

1656.

Madame de Sévigné est recherchée par les femmes âgées comme par les jeunes. — Sa jeunesse s'est passée sous le ministère de Mazarin. — Ses souvenirs embrassent l'époque qui l'a précédé, une partie du siècle de Louis XIII, puis la régence d'Anne d'Autriche et presque tout le siècle de Louis XIV, et les personnes qui brillèrent sous la régence du duc d'Orléans et qui moururent sous Louis XV. — Elle était liée avec madame de Chevreuse, avec la maréchale de Schomberg, née Marie de Hautefort. — Portrait de mademoiselle de Hautefort : elle est placée près d'Anne d'Autriche pour la surveiller. — Elle s'attache à elle. — S'attire, en la servant, les persécutions de Richelieu. — A la mort de ce ministre, elle est rappelée de son exil par la reine, qui reçoit mal ses observations relativement au cardinal Mazarin. — Brouillerie et raccommodement entre elle et la reine. — Mademoiselle de Hautefort reçoit l'ordre de quitter le Palais-Royal. — Elle se retire dans un couvent. — Épouse le maréchal de Schomberg. — S'efforce de se réconcilier avec Anne d'Autriche. — Est de nouveau repoussée. — Ses torts envers la reine. — Différence de la conduite d'Anne d'Autriche envers elle et envers la duchesse de Chevreuse. — Réflexions à ce sujet. — Le maréchal de Schomberg et sa femme se retirent dans leur gouvernement de Metz. — Ils sont les protecteurs des gens de lettres. — La mort de sa grand'mère force la maréchale de Schomberg de revenir à Paris. — Nombre de personnes vont à sa rencontre. — Madame de Sévigné, qui ignorait ce retour, n'est pas de ce nombre. — Regret qu'elle en éprouve. — Citation de la Gazette de Loret à ce sujet. — Mort de la maréchale de Schomberg.

La jeunesse de madame de Sévigné s'est écoulée tout ntière pendant la durée du ministère du cardinal de Mazain ; mais les femmes qui avaient passé la leur sous le règne e Richelieu, attirées par la précoce maturité du jugement e notre jeune veuve, par son discernement, par sa discrétion, sa franchise, ne cultivaient pas son amitié avec moins d'empressement que celles dont l'âge se rapprochait du sien. Dans sa vieillesse, son indulgente gaieté, la réputation qu'elle s'était acquise par son esprit, l'égalité de son humeur et les agréments de son commerce, la firent rechercher par celles qui commençaient à briller comme des astres nouveaux levés sur l'horizon, vers la fin du siècle de Louis XIV. Celles-ci se montrèrent dans tout leur éclat sous la régence du duc d'Orléans, et terminèrent leur existence sous Louis XV. Jamais madame de Sévigné ne se retira du monde, et jamais le monde aussi ne se retira d'elle. Toujours elle aima à se répandre dans la société : elle lui appartint toujours. Sa vie et ses écrits sont donc propres à nous éclairer sur les mœurs, les habitudes de plusieurs générations successives et de trois règnes différents.

Nous avons déjà vu la liaison qu'elle avait contractée avec la duchesse de Chevreuse, qui sous le règne de Louis XIII s'était illustrée par sa résistance au despotisme de Richelieu. Madame de Sévigné avait conquis l'amitié d'une autre femme, qui, sans posséder l'avantage d'une aussi grande naissance, n'avait pas donné à la reine de moindres preuves de dévouement et de courage que madame de Chevreuse : c'était Marie de Hautefort, femme du maréchal duc de Schomberg.

On se souvenait encore à l'époque dont nous nous occupons, de l'impression qu'avait faite à la cour de Louis XIII cette blonde aux yeux grands et pleins de feu, aux traits si réguliers, aux dents si blanches, au teint d'une si ravissante fraîcheur. On se ressouvenait encore de cette gorge parfaitement belle, dont la seule vue protégea, contre la main scrupuleuse d'un monarque dévot, le billet dépositaire du secret de la reine[1]. Placée comme dame d'atour auprès d'Anne d'Autriche par un ministre soupçonneux et un mari jaloux, mademoiselle de Hautefort s'indigna du vil rôle auquel on l'avait crue propre. Au lieu d'être, comme on le voulait, la surveillante et la délatrice d'une reine dont elle ressentait vivement le malheur, elle en devint l'amie la plus sincère, la confidente la plus intime[2]. Pour lui procurer plus de liberté, pour diminuer l'oppression que Richelieu faisait peser sur elle et sur tout ce qui l'entourait, mademoiselle de Hautefort se prévalut des sentiments de préférence qu'elle inspira à un roi si froid, si faible, si scrupuleux. Pour capter sa confiance, elle supporta l'ennui d'un amour qui ne se laissait deviner que par des traits d'une jalousie bizarre ou ne se manifestait que par d'insipides entretiens. Marie de Hautefort montra pour Anne d'Autriche plus de courage et de dévouement encore, en bravant la colère et les persécutions de Richelieu, qui, ne la voyant pas répondre à ses desseins, la fit exiler. Il eut l'air d'envelopper dans la même disgrâce Chemerault, autre dame de la reine; mais c'était pour être instruit par elle de toutes les démarches, de tous les secrets de mademoiselle de Hautefort, qui la croyait son amie[3].

---

[1] SAUVAL, *Galanteries des Rois de France*, 1738, in-12, t. II, p. 18 et 277. — DREUX DU RADIER, *Mémoires et Anecdotes des Reines et Régentes de France*; Amsterdam, 1782, t. VI, p. 294. — MOTTEVILLE, *Mém.* t. XXXVI, p. 370 et 379. — MONGLAT, t. XLIII, p. 63.

[2] MOTTEVILLE, *Mém.*, t. XXXVI, p. 378 et 379. — MONGLAT, *Mém.*, t. XLIII, p. 251. — LA PORTE, *Mém.*, t. LIX, p. 394. — SCARRON, *Œuvres*, t. VIII, p. 399.

[3] MOTTEVILLE, *Mém.*, loc. cit. — MONGLAT, *Mém.*, t. XLIII, p. 241. — LA PORTE, *Mém.*, t. LIX, p. 394.

Lorsque Anne d'Autriche devint régente, elle s'empressa de rappeler, par une mesure générale, toutes les personnes qui avaient été exilées sous Richelieu ; mais elle écrivit de sa propre main à mademoiselle de Hautefort de revenir près d'elle, lui disant qu'elle mourait d'impatience de la voir [1]. Mademoiselle de Hautefort revint ; mais elle ignorait que la nature des relations doive changer avec les situations : elle crut que tout devait être inaltérable comme ses sentiments, et elle éprouva combien sont différentes les affections de cœur dans l'infortune ou dans la prospérité, dans l'abaissement ou dans la puissance. Elle avait fait naître des passions très-vives ; mais toutes les tentatives qu'on avait faites pour la séduire n'avaient servi qu'à donner un nouveau lustre à sa vertu [2]. Cette vertu s'appuyait sur une piété fervente [3], qui avait trouvé un nouvel aliment dans le malheur et dans les persécutions. Revenue à la cour après une si longue absence, elle fut singulièrement frappée des changements qui s'y étaient opérés. Elle vit avec peine l'ascendant que Mazarin avait pris sur la reine : cet ascendant ne lui paraissait pas suffisamment justifié par les talents de ce ministre et le besoin qu'Anne d'Autriche avait de lui. L'espèce d'intimité et de familiarité qui régnaient entre la reine et son ministre, en écartant même toute pensée de liaison illicite, choquaient ses scrupules religieux, et étaient contraires aux idées qu'elle s'était faites de la dignité de son sexe et de la majesté royale.

---

[1] Motteville, *Mém.*, t. XXXVII, p. 71.

[2] La Porte, *Mém.*, t. LIX, p. 391 et 392. — Scarron, *Œuvres*, t. VIII, p. 190.

[3] Motteville, *Mém.*, t. XXXVII, p. 63. — La Porte, t. LIX, p. 407. — Scarron, t. VIII, p. 160, 162, 168.

CHAPITRE VI. 63

Elle savait combien la malignité publique aimait à s'exercer sur ce chapitre ; elle connaissait une partie des chansons, des satires, des épigrammes qui avaient cours : son amitié vive et sincère lui fit désirer ardemment d'ôter à cet égard tout prétexte à la calomnie. Naturellement franche, elle s'expliqua sans réticence et sans détour sur ce sujet délicat. La reine, blessée, ne lui répondit que par des paroles dures et des reproches sévères [1]. Il y eut des larmes répandues, des explications vives, des réconciliations, des promesses, des pardons donnés et reçus [2], puis de nouveaux accès d'humeur et d'une brusque franchise. Enfin, au moment où on s'y attendait le moins, un ordre fut donné à mademoiselle de Hautefort de quitter le Palais-Royal [3]. La sensible confidente, qui n'avait jamais prévu que son amitié, toujours la même, que son dévouement, toujours entier, pussent avoir ce résultat, sentit son cœur se briser par tant d'ingratitude [4]. Elle partit, aimée, vénérée de toute la cour; l'admiration qu'avaient inspirée sa loyauté, sa générosité, sa vertu, s'augmenta encore de toute la haine amassée contre le cardinal, auquel elle était sacrifiée. La reine, quoiqu'elle en témoignât son mécontentement, ne put empêcher que les personnes qui lui étaient le plus attachées, le plus dans sa dépendance, n'allassent consoler mademoiselle de Hautefort et ne plaignissent hautement son malheur.

Elle se retira dans un couvent, et on craignit pendant quelque temps qu'elle ne se fît religieuse. Heureusement pour le monde, dont elle devait être le modèle, qu'un

---

[1] MOTTEVILLE, t. XXXVII, p. 32.
[2] *Ibid.*, p. 36.
[3] *Ibid.*, p. 63. — LA PORTE, t. LIX, p. 407.
[4] *Ibid.*, p. 65. — LA PORTE, *loc. cit.*

homme instruit, spirituel, joignant aux talents du guerrier tous ceux qui font briller en société ¹, la rechercha, et lui fit agréer ses vœux. Elle épousa en 1646 le maréchal duc de Schomberg. Son mari, qui avait acquis tous ses grades sous le règne précédent, désira, dans l'intérêt de son ambition, que sa femme reparût à la cour; qu'elle tâchât de se prévaloir de l'ancienne et longue affection que la reine avait eue pour elle, et qu'il ne pouvait croire entièrement éteinte. Pour lui obéir, elle se contraignit, et se dépouilla d'une fierté qui lui avait semblé noble et légitime. Ses efforts pour rentrer en grâce auprès d'Anne d'Autriche furent repoussés avec tant de hauteur, qu'elle ne put parvenir à déguiser la douleur qu'elle en ressentait, ni s'empêcher de montrer encore devant cette reine altière, et en présence de toute la cour, son visage baigné de larmes ².

On doit dire que pendant la Fronde la maréchale de Schomberg s'était liée avec la duchesse de Longueville, et que, sans s'engager dans aucun parti, elle avait paru cependant plutôt favorable que contraire à ceux qui étaient opposés à Mazarin; mais son mari était resté neutre. La duchesse de Chevreuse, qui s'était montrée hostile, non-seulement avait obtenu son pardon, mais elle avait reconquis toute la faveur et toute l'influence qu'elle avait eues autrefois auprès d'Anne d'Autriche. Cependant il existait entre la duchesse de Chevreuse et la maréchale de Schomberg toute la distance qui sépare

---

[1] SCARRON, *Épithalame ou ce qu'il vous plaira sur le mariage de M. le maréchal de Schomberg et de madame de Hautefort*, Œuvres, t. VIII, p. 252 et 254.

[2] MOTTEVILLE, *Mém.*, t. XXXVII, p. 277.

le vice de la vertu ; l'honneur, de l'intrigue ; la loyauté, de la duplicité.

Le maréchal de Schomberg et sa femme ne firent plus d'autre tentative auprès d'Anne d'Autriche et de Mazarin. Ils se retirèrent dans leur gouvernement de Metz ; et, sans jamais donner de marque de mécontentement, ils s'acquirent par leur zèle ardent pour tout ce qui pouvait contribuer au bien public, l'estime et l'affection de tout le monde : par leur conduite ils finirent par obtenir les égards de la reine et de son ministre, et même par se concilier leur bienveillance. Ils se montrèrent tous deux protecteurs des gens de lettres : Scarron et le gazetier Loret étaient au nombre de leurs pensionnaires[1]. Ils furent les protecteurs de Bossuet, et comme les promoteurs de son génie. Ce grand homme commença par être archidiacre à Metz, où son père résidait[2].

Au commencement de l'année 1656, madame de La Flotte, grand'mère de la maréchale de Schomberg, mourut, âgée de quatre-vingt-sept ans ; elle était la doyenne des dames d'atour de la reine. De tout temps vénérée par sa piété, elle s'était maintenue dans sa place en restant étrangère à toutes les intrigues, et en y donnant l'exemple de toutes les vertus. Personne à la cour ne s'abstint d'aller jeter de l'eau bénite sur sa tombe, et le roi s'y rendit comme les autres. Loret rapporte que le jeune monarque voulut voir le visage de cette défunte octogénaire, et en le contemplant il dit : « Voilà le destin qui m'attend ; et ma couronne ne m'en exemptera pas[3]. »

[1] SCARRON, Œuvres, t. VIII, p. 160, 162, 168, 247 et 399.
[2] DE BAUSSET, Hist. de Bossuet, 1814, in-8°, t. I, p. 38 et 39.
[3] LORET, t. VII, p. 62, lettre en date du 22 avril 1656.

Cet événement força la maréchale de Schomberg et son mari de se rendre à Paris, où depuis longtemps ils n'avaient point paru. Le jour de leur arrivée fut connu de plusieurs personnes, qui allèrent à leur rencontre. Le nombre en fut si grand, que la file des carrosses s'étendait, si l'on en croit Loret, depuis les remparts de la ville jusqu'au Bourget[1].

Madame de Sévigné, quoique liée intimement avec la maréchale de Schomberg, ne fut pas prévenue du jour de son arrivée à Paris, et ne fit point partie du nombreux cortége qui l'accompagna à son entrée. La contrariété qu'elle en ressentit et la touchante expression de ses regrets firent assez de sensation dans le beau monde pour que Loret en parlât dans sa Gazette.

> Même trois jours après, je sus
> Que madame de Sévigny,
> Veuve de mérite infini,
> Et dont le teint encor mieux brille
> Que de la plus aimable fille,
> N'ayant su le temps ni le jour
> Du susdit glorieux retour
> (Ignoré dans chaque paroisse),
> Faillit s'en pâmer d'angoisse.
> Son chagrin ne peut s'égaler;
> Et quand on la veut consoler
> Avec des fleurs de rhétorique,
> Sa divine bouche s'explique
> (Comme elle a l'esprit excellent)
> D'un air si noble et si galant,
> Et qui jamais ne l'abandonne,
> Que de bon cœur je lui pardonne[2].

---

[1] LORET, *Muse historique*, liv. VII, p. 63, *lettre* 16, en date du 22 avril 1656.

[2] *Ibid.*

Le maréchal de Schomberg ne jouit pas longtemps de cette manifestation de l'opinion publique, si glorieuse pour lui et pour sa femme, ni de l'accueil flatteur que lui firent le roi et la reine mère. Il mourut deux mois après son arrivée à Paris; son corps fut porté au château de Nanteuil, dans le lieu de sépulture de ses ancêtres, où sa veuve, qui lui survécut longtemps, lui fit ériger un monument, près duquel Bossuet ne manquait jamais d'aller prier toutes les fois qu'il passait à Nanteuil[1].

[1] LORET, *Muse historique*, liv. VII, p. 68, *lettre* 17, en date du 29 avril 1656, p. 97, *lettre* 25, en date du 24 juin. — DE BARANTE, dans la *Biographie universelle*, art. *Bossuet*.

CHAPITRE VII.

1656.

Madame de Sévigné passe toute cette année à Paris. — Elle assiste aux fêtes nombreuses qui s'y donnent. — Elle a des occasions de s'entretenir familièrement avec le jeune roi. — Les partis se rapprochent. — Gaston s'arrange avec la cour. — On n'était pas satisfait du gouvernement. — Mort du grand prieur Hugues de Rabutin. — Cette mort n'interrompt pas les plaisirs de madame de Sévigné. — Bussy écrit à sa cousine les événemens de la campagne. — Condé délivre Valenciennes. — Turenne prend la Capelle. — Départ du roi pour l'armée, le 17 mai. — Bussy va en Bourgogne, et revient passer l'hiver à Paris. — Les plaisirs n'avaient pas cessé pendant l'été. — Plusieurs occasions y donnèrent lieu. — Premier voyage de la reine Christine en France. — Admiration qu'elle excite. — Réflexion sur ceux qui se démettent du trône. — Christine est reçue en France avec de grands honneurs. — Madame de Sévigné est du nombre des femmes qu'elle goûte le plus. — C'est avec la France que Christine avait ses principales correspondances. — La France avait alors la supériorité en tout, et attirait l'attention de l'Europe entière. — Un mouvement nouveau s'y faisait remarquer dans les esprits. — Entretien à ce sujet, rapporté par Saint-Évremond. — Portrait que Saint-Évremond trace des précieuses de cette époque, bien avant Molière. — Discussions produites par les jansénistes. — Courte exposition de ces discussions. — Publications des Provinciales. Jugement sur cet ouvrage. — Effet qu'il produit.

Cette circonstance de l'arrivée du maréchal et de madame la maréchale de Schomberg et les lettres de Bussy démontrent que madame de Sévigné continua de résider à Paris pendant le cours de cette année 1656[1]. Elle fut

---

[1] LORET, lettre du 22 avril 1656, liv. VII, p. 62. — BUSSY, dans

donc témoin de toutes les fêtes qui se donnèrent à la cour et chez les grands ; et peut-être figura-t-elle dans les ballets et les mascarades, pour lesquels le jeune roi montrait de jour en jour plus d'inclination, et auxquels la reine et Mazarin se prêtaient. Le roi aimait aussi les courses de chevaux, les jeux de bagues, les carrousels, et il les renouvela cette année. Pendant le carrousel, il se plut à courir par la ville avec son frère sous divers déguisements, et à s'affranchir de toute étiquette[1]. Madame de Sévigné eut avoir plus d'une occasion de s'entretenir avec lui, non-seulement au milieu de ces grands divertissements, mais chez la princesse de Conti, chez la duchesse de Mercœur, et chez d'autres jeunes femmes d'un moindre rang, auxquelles elle se complaisait à faire des visites fréquentes et familières ; et enfin chez le surintendant Fouquet, qui lui donnait, ainsi qu'au roi, à la reine et à toute la cour, de somptueux repas dans son château de Saint-Mandé[2]. Malgré tous ces moyens de dissipation, le théâtre et les concerts publics n'étaient pas moins fréquentés. La médiocre tragédie de Thomas Corneille (*Timocrate*) eut un succès qui rappela celui des chefs-d'œuvre de son frère, et les représentations en furent suivies tout l'hiver avec un

es *Lettres* de Sévigné, t. I, p. 48 et 51, lettres du 2 et 9 juillet 1656, éd. M.

[1] Loret, liv. VII, p. 1 et 2, *lettre* en date du 1ᵉʳ janvier 1656, p. 14, 15, 19, 29 ; *lettres* en date des 22 et 29 janvier, 19 février 1656. — Monglat, *Mém.*, t. LI, p. 1 et 2. — Benserade, *Œuvres*, t. II, p. 142 à 172. — Loret, liv. VII, p. 23, 61, *lettres* en date des 5 février et 2 avril 1656.

[2] Loret, t. VII, p. 35, *lettre* en date du 26 janvier 1656 ; *lettres* en date des 27 mai et 19 août 1656, p. 191 ; *lettre* en date du 2 décembre 1656, p. 50, 53, 54 ; *lettres* en date des 25 mars et 1ᵉʳ avril. — Motteville, t. XXXIX, p. 371.

empressement qui n'avait pas encore été égalé[1]. Le roi vint exprès au Théâtre du Marais, pour voir jouer cette pièce.

Les ressentiments que les divisions de partis avaient fait naître s'affaiblissaient et disparaissaient, par l'effet de ces fréquentes réunions, où l'on goûtait en commun les mêmes plaisirs. Les mariages, que des penchants mutuels ou des convenances de rang et de fortune faisaient contracter, formaient chaque jour des alliances étroites entre des familles que les haines politiques séparaient auparavant. Les exilés étaient presque tous rappelés, et le sort de ceux qui ne l'étaient pas était adouci[2]. On avait même permis à MADEMOISELLE de s'approcher de Paris, et elle avait profité de cette permission pour donner une fête superbe au roi et à la reine d'Angleterre, dans son château de Chilly. Gaston n'avait pas encore quitté Blois, mais il avait fait son arrangement avec la cour, et il devait bientôt y reparaître. Tous ces actes de clémence donnaient de la sécurité, et augmentaient l'allégresse générale. Elle se répandit dans les provinces, où l'on cherchait aussi à imiter la capitale, qui elle-même se modelait sur la cour.

---

[1] Frères PARFAICT, *Hist. du Théâtre François*, t. VII, p. 178 à 182. — LORET, liv. VII, p. 198, du 16 décembre 1656. — Ibid., p. 176, apostille de la *lettre* en date du 5 novembre 1656.

[2] MONTPENSIER, *Mém.*, t. XLII, p. 48, 51. — LORET, liv. VII, p. 3; *lettre* en date du 1er janvier 1656. — SÉVIGNÉ, *lettre* de madame de Coulanges du 24 juin. 1695. — LORET, liv. VII, p. 78, en date du 20 mars 1656, et p. 29, 30, 35, 36, 103; *lettres* en date des 19 février, 18 avril, 24 juin et 1er juillet 1656. — SÉVIGNÉ, *lettre* en date du 15 mai 1671, t. II, p. 72, édit. de G. de St.-G., et 2 novembre 1673, t. III, p. 203. — LORET, liv. VII, p. 104, *lettre* en date du 1er juillet 1656.

Ce n'est pas qu'on fût complétement satisfait : les changements dans les monnaies occasionnèrent des murmures; on avait, sur de simples soupçons, renfermé plusieurs personnes à la Bastille : mais ces sujets de mécontentement ne pouvaient contre-balancer le bien-être que l'on éprouvait de se voir délivré des factions et des guerres civiles, par le rétablissement de l'autorité royale.

La mort de Hugues de Rabutin, grand prieur du Temple, qui eut lieu cette année, vers le commencement de juin, ne mit point obstacle aux plaisirs auxquels madame de Sévigné se livrait à cette brillante époque de son existence. Ce grand prieur avait les manières rudes et impolies d'un corsaire; il en avait aussi les mœurs dissolues : il rappelait à madame de Sévigné tous les défauts et les vices de son mari, sans aucune de ses qualités. Au grand contentement de notre jeune veuve, Hugues de Rabutin donna tout ce qu'il possédait à son neveu, le comte de Bussy.

Celui-ci, dans les lettres qu'il écrivait à sa cousine, lui rendait compte des événements de la campagne[1]; et par la part qu'il y eut, par le grade qu'il occupait dans l'armée, les détails auxquels il se livre sont précieux pour l'histoire, et plus certains que ceux des relations officielles; car la politique, l'intérêt du moment, tendent toujours dans ces sortes de relations à fausser la vérité. Nous apprenons encore par ces lettres de Bussy qu'il était en correspondance réglée avec Corinelli, et que celui-ci communiquait exactement à madame de Sévigné toutes les nouvelles qu'il recevait par

---

[1] Bussy, *Mém.*, t. II, p. 65 et 72 de l'in-12. — Ibid., t. II, p. 78 et 87 de l'in-4°. — Sévigné, *Lettres*, édit. Monm., t. I, p. 48 et 51; t. I, p. 59 et 62, édit. de G. de St.-G. (9 et 20 juillet 1656).

ce canal. Le marquis de la Trousse, cousin germain de madame de Sévigné, était dans l'armée ; elle s'intéressait vivement à lui, et Bussy a grand soin de faire part à sa cousine de tout ce qui concerne ce jeune homme [1].

Les événements qui font la matière des lettres de Bussy étaient d'une grande importance. Condé avait délivré Valenciennes avec autant de bonheur que Turenne avait fait pour Arras ; et Turenne, de même que Condé, s'était illustré par une savante retraite, qui aux yeux des gens de guerre contribua plus à sa réputation qu'une victoire ; ou plutôt cette défaite même, que l'obstination du maréchal de la Ferté avait causée, devint pour Turenne l'occasion d'un triomphe. Après une marche rapide et déguisée, il se présenta devant la Capelle, et prit cette place, avec tous les magasins que les ennemis y avaient déposés [2].

Quoique le jeune roi allât chaque année rejoindre l'armée et emmenât avec lui une portion de sa cour, cependant la guerre n'interrompait point les plaisirs ni le mouvement ordinaire de la capitale. Les armées de part et d'autre étaient alors peu nombreuses ; on ne s'était pas encore habitué, dans les calculs de l'ambition ou dans les combinaisons belliqueuses, à compter les hommes pour peu de chose, et l'on évitait d'ajouter aux effets destructeurs des combats ceux des rigueurs de l'hiver. D'un commun accord, on évitait de se mesurer avec ce terrible ennemi ; on se cantonnait, et l'on restait en repos tout le

---

[1] Sévigné, *Lettres*, t. I, p. 50, note *b*, édit. M. (9 juillet 1656).
[2] Desormeaux, *Histoire du grand Condé*, t. IV, p. 79, 86, 92 — Monglat, *Mém.*, t. LI, p. 7. — Gourville, *Mém.*, t. LII, p. 30. — Motteville, *Mém.*, t. XXXIX, p. 392. — Raguenet, *Hist. de Turenne*, édit. de 1769, p. 264. — Bussy-Rabutin, *Mém.*, t. II, p. 7, 80, 82, édit. in-12 ; *Discours de Bussy à ses Enfants*, p. 282, 30

temps que durait cet engourdissement de la nature; on entrait tard en campagne, et les officiers généraux ne se rendaient à l'armée que lorsque les opérations allaient commencer, c'est-à-dire en mai ou en juin; et ils revenaient souvent en ville en septembre et en octobre. Grâce au génie de Turenne, on redoutait peu les suites de la guerre. Avec lui toujours on espérait des succès; et lorsqu'il y avait des revers, on ne se laissait pas décourager, parce qu'on s'attendait à les voir presque aussitôt réparés. Ce grand capitaine prévoyait toutes les chances possibles de la fortune, et savait en effet la retenir avec fermeté au moment même où elle se disposait à lui échapper.

Ainsi cette année le roi ne partit que le 27 mai[1], et il était de retour au 9 octobre[2]. Bussy ne quitta l'armée que le 2 novembre[3], et se rendit en Bourgogne, où ses affaires l'appelaient; mais il passa par Paris, et revint y séjourner pendant l'hiver. Les plaisirs qu'on y goûtait n'avaient souffert aucune interruption; des occasions extraordinaires s'étaient présentées qui même leur avaient donné une nouvelle activité. Après le départ du duc de Modène, reçu avec une pompe et des honneurs qui excitèrent la jalousie et blessèrent l'orgueil du duc de Mantoue[4], vint la visite de la princesse d'Orange à sa mère la reine d'Angleterre[5], puis ensuite le premier voyage de la reine Christine en France. Le gouvernement du jeune monarque se surpassa en magnificence et en générosité

---

[1] LORET, liv. VII, p. 84, *lettre* en date du 27 mai 1656.
[2] MONGLAT, *Mém.*, t. LI, p. 10.
[3] BUSSY, *Mém.*, t. II, p. 84 et 86. — LORET, liv. VII, p. 181, *lettre* en date du 18 novembre 1656.
4 MONGLAT, *Mém.*, t. LI, p. 1.
[5] LORET, liv. VII, p. 22, *lettre* en date du 5 février.

hospitalière et chevaleresque, par la réception qui fut faite à cette reine virile. La curiosité qu'elle excita fut si vive et si générale, qu'elle fit quelque temps diversion à l'attention que l'on portait aux événements de la guerre, aux cercles des précieuses, et aux disputes religieuses, qui par la publication des premières Provinciales avaient acquis un nouveau degré de chaleur.

Cette fille du grand Gustave, qui parvint jeune à la couronne, s'était rendue célèbre par l'énergie de son caractère, son application aux affaires, ses liaisons et ses correspondances avec les savants et les hommes les plus éminents de son temps. Elle s'était faite leur disciple, et se montrait digne d'être leur émule; mais à vingt-huit ans elle résigna son sceptre, changea de religion, et se retira à Rome, pour se livrer sans distraction à ses penchants pour l'étude. Par cet acte extraordinaire elle s'attira des éloges universels, et fut l'objet de l'admiration générale; car c'est une opinion vulgaire et une erreur commune de penser qu'il n'y a rien de plus grand que le mépris des honneurs, des richesses, et de la puissance : le véritable héroïsme consiste à soutenir avec force le fardeau d'un rang éminent quand la destinée nous l'a imposé, et non pas à le répudier. Quiconque eut son berceau placé sur un trône ne doit quitter ce trône que pour un tombeau. En descendre, c'est se dégrader ; se démettre de ses devoirs n'est pas s'en affranchir, mais les méconnaître. L'histoire nous démontre, par tous ceux qui ont donné de tels exemples au monde, que les souverains qui veulent entrer dans la vie privée ne trouvent ni en eux-mêmes ni dans les autres les moyens de s'y faire admettre, et qu'en cherchant à éviter les soucis des grandeurs, ils ne peuvent se procurer les avantages des humbles conditions. On sait ce qu'ils ne sont plus, on ignore ce qu'ils sont, et on ne sait pas bien ce qu'ils veulent être. Dépossédés des avantages de la puissance, ils ne peuvent acquérir les douceurs de la liberté; les soupçons ombrageux de la politique poursuivent également le monarque qui est descendu du trône de plein gré et celui qui en a été précipité malgré lui : car en tous deux résident des droits indélébiles, que la force ou la volonté n'ont pu anéantir, et que la force ou la volonté peuvent faire renaître; tous deux éprouvent la même contrainte dans leurs actions et dans leurs paroles; ils sont hors des lois communes, et sont mal protégés par elles. Aussi les actes pareils à ceux de la reine Christine ont-ils été toujours suivis d'un long repentir : elle-même, malgré sa philosophie, ne put échapper à l'ordinaire destinée de ceux qui ont cessé de porter la couronne [1].

Les dames françaises dont Christine goûta le plus l'esprit et les manières furent Ninon [2], les comtesses de Brégy et de la Suze [3], et la marquise de Sévigné. Notre jeune veuve avait fait sur cette reine une impression dont elle

---

[1] LORET, liv. VII, p. 41, 46, *lettres* en date des 18 mai et 9 septembre 1656; p. 50, 119, 126, *lettre* en date du 12 août, et p. 143, 144, 150, 155, 178; liv. VIII, p. 180, 181, 183, *lettres* en date des 17 et 24 novembre 1657; liv. IX, p. 34, 42, 43, des 2 et 16 mars 1658. — MONGLAT, t. LI, p. 12. — MOTTEVILLE, t. XXXIX, p. 376, 384, 390 et 392. — MONTPENSIER, *Mém.*, t. XLII, p. 54, 55, 58, 73. — Ibid., t. XLII, p. 266 à 268. — BUSSY-RABUTIN, *Hist. am. des Gaules*, t. I, p. 180 à 190, édit. 1754. — CATTEAU-CATTEVILLE, *Hist. de Christine*, 1815, in-8°, t. II, p. 34, 37, 43, 48, 60, 61, 62. — Ibid., t. I, p. 29; *Ménagiana*, t. II, p. 257.

[2] MOTTEVILLE, *Mém.*, t. XXXIX, p. 392.

[3] CATTEAU-CATTEVILLE, *Hist. de Christine*, t. II, p. 61.

garda le souvenir; car lorsqu'elle fut de retour à Rome, elle en fit l'éloge dans une lettre qu'elle écrivit à un de ses correspondants de France [1].

C'est en effet avec la France que Christine entretenait la plus grande partie de ses relations littéraires [2]. Aucun autre pays n'offrait alors autant d'hommes remarquables et de génies supérieurs. Descartes et Corneille s'étaient, chacun dans leur genre, élevés à une hauteur à laquelle aucun de leurs contemporains en Europe ne pouvait prétendre. Les guerres qui avaient lieu n'étaient pas de celles où le sort des combats dépend uniquement de l'art de réunir à temps des masses énormes et nombreuses pour les précipiter les unes sur les autres, et où, après un immense carnage, celui qui pouvait faire donner la dernière réserve était certain de rester maître du champ de bataille. Les armées étaient peu nombreuses; elles pouvaient se mouvoir facilement : tout dépendait de l'habileté des chefs et de la valeur des troupes; et les nobles, qui s'y trouvaient en grand nombre et en formaient l'élite, leur donnaient l'exemple, et s'exposaient les premiers au péril. C'était pour la France un grand malheur, mais aussi un grand honneur, que les armées qui combattaient contre elle, comme celles qui combattaient pour elle, fussent commandées par des Français, et que ces Français eussent acquis la réputation d'être les plus grands capitaines de leur temps. L'Europe entière était attentive à cette lutte que

---

[1] *Lettres* de Costar, seconde partie, 1659, in-4°, *lettre* 199, p. 419. — Menagii *Poemata*, 1656, in-8°, p. 76. — *Lezione* d'Egedio Menagio *sopra in sonetto* VII *di messer Francesco Petrarca*, p. 62, 68 et 74, dans *Historia Mulierum Philosophorum*; Lugduni, 1690, in-12.

[2] *Ménagiana*, t. I, p. 220, t. IV, p. 24.

la suite des événements avait établie entre Condé et Turenne, et où tous deux déployaient un génie qui accroissait encore leur grande renommée et excitait l'admiration des plus illustres guerriers.

Ce spectacle n'était pas le seul qui fût digne de fixer alors l'attention des étrangers sur la France ; elle en offrait un autre, que Christine était bien capable d'apprécier. Un mouvement nouveau et extraordinaire se faisait remarquer dans les esprits. L'exemple donné par l'hôtel de Rambouillet fructifiait ; l'instruction se répandait, et devenait en honneur parmi ces nobles qui faisaient autrefois gloire de leur ignorance. Le spirituel Saint-Évremond a raconté avec sa grâce accoutumée une conversation dont il fut témoin, qui peint à merveille l'état de la cour, et le contraste qu'offraient à cette époque les jeunes seigneurs à la mode, et ceux qui, plus âgés, étaient restés partisans des anciennes mœurs et des anciennes habitudes.

La présence de la reine Christine en France fut l'occasion de ce dialogue, dont les principaux interlocuteurs étaient Guillaume Bautru, comte de Serrant, connu par ses bons mots et son savoir, et d'autant plus grand partisan de la reine Christine qu'il en avait été fort goûté ; le commandeur de Jars, de la maison de Rochechouart, bon guerrier, homme de grand sens, mais qui se vantait de ne rien devoir aux lettres ni aux sciences, et qui faisait gloire de mépriser ce qu'il appelait leur jargon [1] ; de Lavardin, évêque du Mans, fort décrié par ses mœurs, recherché pour les délices de sa table, beau parleur, l'ornement des cercles des précieuses, qui admiraient son

---

[1] Saint-Évremond, *Œuvres*, édit. 1753, t. II, p. 79 à 83.

langage fleuri, correct, mais diffus[1]. D'Olonne et Saint-Évremond, tous deux présents, se contentèrent d'écouter, et ne prirent point de part à cet entretien. Mais comme avant qu'il ne fût terminé le comte d'Olonne quitta le salon, Saint-Évremond crut devoir lui envoyer dans une lettre le récit suivant, dont nous allons emprunter la substance.

Bautru entama un éloge pompeux de la reine Christine, qui, disait-il, parlait huit langues, et ne s'était montrée étrangère à aucun genre de connaissances. Tout à coup le commandeur de Jars se leva, et ôtant son chapeau d'un air tout particulier : « Messieurs, dit-il, si la reine de Suède n'avait su que les coutumes de son pays, elle y serait encore : pour avoir appris notre langue et nos manières, pour s'être mise en état de réussir huit jours en France, elle a perdu son royaume. Voilà ce qu'ont produit sa science et ses lumières, que vous nous vantez. » Alors Bautru de perdre patience, de s'étonner qu'on puisse être si ignorant ; puis de citer Charles-Quint, Dioclétien, Sylla, et tous ceux qui se sont montrés admirables en se démettant du souverain pouvoir ; puis enfin de mettre en avant Alexandre, César, M. le prince de Condé, M. de Turenne, et tous les grands capitaines qui ont estimé les lettres et les ont cultivées..... Bautru aurait continué longtemps, si le commandeur, impatienté, ne l'eût interrompu avec tant d'impétuosité, qu'il fut contraint de se taire. « Vous nous en contez bien, dit-il, avec votre César et votre Alexandre. Je ne sais s'ils étaient savants ou non savants : il ne m'importe guère ; mais je sais que de mon temps on ne faisait étudier les

---

[1] Des Maizeaux, *Vie de Saint-Évremond*, dans les *Œuvres*, t. I, p. 78, 83.

gentils-hommes que pour être d'Église ; encore se contentaient-ils le plus souvent du latin du bréviaire. Ceux que l'on destinait à la cour ou à l'armée allaient honnêtement à l'académie ; ils apprenaient à monter à cheval, à danser, à faire des armes, à jouer du luth, à voltiger, un peu de mathématique, et c'était tout. Vous aviez en France mille beaux gens d'armes, galants hommes. C'est ainsi que se formaient les de Thermes[1] et les Bellegarde[2]. Du latin ! de mon temps du latin ! un gentil-homme en eût été déshonoré. Je connais les grandes qualités de M. le Prince, et suis son serviteur ; mais je vous dirai que le dernier connétable de Montmorency a su maintenir son crédit dans les provinces et sa considération à la cour sans savoir lire. Peu de latin, vous dis-je, et de bons Français ! »

Bautru, retenu par la goutte sur son fauteuil, ne pouvait se contenir ; il faisait des efforts pour se lever, et allait répliquer, quand le prélat, charmé de trouver une si belle occasion de faire briller son savoir et sa belle élocution, étendit les bras entre les deux interlocuteurs, trois fois toussa avec méthode, trois fois sourit agréablement à l'apologiste de l'ignorance ; puis, lorsqu'il crut avoir suffisamment composé sa physionomie, il dit qu'il allait concilier les deux opinions ; et il prononça un discours gonflé de fleurs de rhétorique, chamarré de comparaisons subtiles, embarrassé de distinctions frivoles, obscurci par d'inutiles définitions ; ne cessant, pendant qu'il parlait, d'accompagner sa voix de gestes méthodiques, marquant du doigt indicateur le commencement, le milieu et la fin

---

[1] Paul de la Barthe, maréchal de Thermes.
[2] Le duc de Bellegarde, grand écuyer.

de chacune de ses longues périodes. Le commandeur ne put y tenir. « Il faut finir la conversation, reprit-il brusquement ; j'aime encore mieux sa science et son latin que le grand discours que vous faites. » Bautru, de son côté, avoua qu'il préférait l'agréable ignorance du commandeur aux paroles magnifiques du prélat.

Ainsi finit cet entretien. L'évêque se retira en montrant une grande satisfaction de lui-même, et en paraissant avoir pitié de ces deux gentils-hommes, si peu en état d'apprécier la véritable éloquence et les savants artifices de l'argumentation, l'un parce qu'il n'avait aucune étude, l'autre à cause de la fausse direction des siennes [1].

Le parti de ceux qui prônaient la doctrine du commandeur de Jars était partout le plus faible ; le goût de l'instruction était général dans les hautes classes de la société ; l'ascendant des femmes et leur influence sur le bon ton, le savoir-vivre et la politesse des manières, s'accroissaient encore par les inclinations naissantes du jeune monarque, par les ballets, les réunions, les divertissements, devenus de plus en plus fréquents. Plusieurs cercles s'étaient établis à l'imitation de celui de l'hôtel de Rambouillet ; et quelques-uns offraient dans l'exagération de leur modèle des côtés ridicules, qui furent aussitôt saisis par les bons esprits, et que Saint-Évremond fit ressortir dans une satire intitulée *le Cercle* [2]. Cette pièce, faiblement versifiée, offre des tableaux moins comiques, mais peut-être plus exacts, que ceux de la comédie de Molière sur les précieuses, qui ne fut écrite que trois ans après.

---

[1] Saint-Évremond, t. II, p. 83.
[2] Ibid., p. 83, 85.

Saint-Évremond, dans sa satire, nous présente d'abord le portrait d'un habitué

>De certaine ruelle
>Où la laide se rend aussi bien que la belle,
>Où tout âge, où tout sexe, où la ville et la cour
>Viennent prendre séance en l'école d'amour.

D'abord il peint la prude

>qui partage son âme
>Entre les feux humains et la divine flamme ;

la coquette surannée, et la jeune coquette, qui n'a que la vanité en tête,

>Contente de l'éclat que fait la renommée ;

et la coquette solide, qui,

>opposée à tous ces vains dehors,
>Se veut instruire à fond des intérêts du corps.

Puis

>L'intrigueuse vient là, par un esprit d'affaire ;
>Écoute avec dessein, propose avec mystère ;
>Et, tandis qu'on s'amuse à discourir d'amour,
>Ramasse quelque chose à porter à la cour.

Mais le portrait de la vraie précieuse, de la précieuse sentimentale, platonique, de la précieuse subtile et doctrinaire, est celui qui est tracé avec le plus de bonheur et de vérité :

>Dans un lieu plus secret, on tient la précieuse
>Occupée aux leçons de morale amoureuse.
>Là se font distinguer les fiertés des rigueurs,
>Les dédains des mépris, les tourments des langueurs.
>On y sait démêler la crainte et les alarmes ;
>Discerner les attraits, les appas, et les charmes :
>On y parle du temps que forme le désir
>(Mouvement incertain de peine et de plaisir).

Des premiers maux d'amour on connaît la naissance ;
On a de leurs progrès une entière science ;
Et toujours on ajuste à l'ordre des douleurs
Et le temps de la plainte et la saison des pleurs.

On sait que la reine Christine ayant demandé qu'on lui donnât une définition des précieuses, Ninon lui répondit que « c'étaient les jansénistes de l'amour ».

Les jansénistes faisaient alors encore plus de bruit dans le monde que les précieuses ; mais s'ils condamnaient les faiblesses en religion comme les précieuses en amour, ils ne réduisaient pas le culte au sentiment, ils mettaient en pratique ses préceptes. Le nombre des solitaires de Port-Royal s'était accru : cependant il n'allait pas au delà de vingt-sept ; mais ces vingt-sept personnes, par leur conviction profonde, par leur zèle ardent, leurs vertus, leur abnégation pour le monde, leur savoir, leur indépendance, le génie supérieur de quelques-uns d'entre eux, leurs amis et leurs nombreux sectateurs, partout répandus, formaient une association qui luttait avec l'ordre puissant des jésuites, avec les abus de la cour de Rome, et la molle complaisance des ecclésiastiques envers les puissants.

La publication du livre d'Arnauld sur la *fréquente communion* avait réveillé la haine des jésuites contre la secte qui s'était attachée à l'*Augustinus* de Jansénius, contenant, selon eux, la véritable exposition de la foi catholique. A l'occasion de ce livre de Jansenius, on fit rédiger cinq propositions, qu'on prétendit être le résumé de sa doctrine, et on les déféra au pape, qui les condamna. Les jansénistes souscrivirent à cette condamnation des cinq propositions, mais ils soutinrent qu'elles n'étaient point dans Jansenius. Une assemblée d'évêques, suscitée par Mazarin et les jésuites, sur le rapport des commissaires qu'elle avait nommés, décida que les cinq propositions étaient dans Jansenius. Le livre d'Arnauld sur la fréquente communion fut en même temps déféré à la Sorbonne, où les docteurs se divisèrent. La dispute s'échauffa : soixante-dix docteurs furent expulsés. Le livre d'Arnauld fut censuré. Une nouvelle bulle du pape reconnut que les propositions étaient dans Jansenius : on rédigea un acte ou formulaire, que tous les prêtres, les religieux et les religieuses devaient souscrire, en signe de leur orthodoxie et de leur entière union avec le saint-siége. On avait à combattre une opinion évidemment contraire aux dogmes de l'Église comme à une saine philosophie; une opinion qui introduisait dans la religion la doctrine du fatalisme, et enlevait à l'homme son libre arbitre. Au lieu de recourir aux moyens de douceur et de persuasion, les seuls permis aux défenseurs de la foi, on employa la rigueur et la persécution; et en intéressant ainsi toutes les âmes généreuses au sort de ceux que l'erreur avait égarée, on fit son succès, on contribua à la propager.

Les jansénistes voulaient à la fois résister aux décisions du pape et se considérer comme des fidèles qui lui étaient soumis comme au chef de l'Église : c'est alors que, pour justifier leur résistance et tranquilliser leurs consciences, ils imaginèrent la subtile distinction du fait et du droit. Ils reconnaissaient que pour être sauvé on devait une soumission entière, une foi divine au pape et à l'Église, dans tout ce qui concernait le dogme, parce que le pape et l'Église avaient dans ces matières une autorité divine; mais que quand il s'agissait d'un fait, le pape et l'Église ne pouvaient réclamer des fidèles qu'une foi humaine, c'est-à-dire que chacun était libre de décider selon sa conscience. On devait donc condamner les cinq propositions, d'après la décision du pape; mais on n'était pas forcé de croire d'après la seule assertion du pape et des évêques, que ces cinq propositions fussent dans Jansenius.

Il y a trois principes de nos connaissances, de nos convictions : les sens, la raison, et la foi. Tout ce qui est surnaturel et touche à la révélation se juge par l'Écriture et les décisions de l'Église, et est du ressort de la foi; tout ce qui est naturel, et n'est pas relatif à la révélation, se décide par la raison naturelle. Quant aux faits, on n'est tenu qu'à en croire ses sens. Les propositions qui ne reposent que sur des faits, c'est aux sens seuls qu'il appartient d'en connaître. Dieu n'a pas voulu que jamais la foi pût anéantir la conviction qui résulte du témoignage des sens, ni que cette conviction pût être soumise en nous à aucune autorité; car c'eût été vouloir l'impossible, et anéantir notre propre nature. Les décisions du pape et de l'Église ne peuvent donc enchaîner la conscience en ce qui concerne les faits non révélés.

Ainsi raisonnaient les jansénistes; et comme ils soutenaient que les propositions condamnées n'étaient pas dans Jansenius, ils refusaient de se soumettre à la bulle du pape qui déclarait qu'elles y étaient; ils prétendaient que le pape avait été surpris et trompé. Toute cette contestation reposait sur une subtilité qui semble presque puérile. Il était bien constant qu'on ne pouvait trouver textuellement les cinq propositions dans le livre de l'évêque d'Ypres; mais, selon les juges les plus impartiaux sur ces matières, ces cinq propositions résultaient des doctrines exposées dans ce livre, et en étaient la substance. Il fallait bien cependant que les jansénistes ne pensassent point ainsi, puisqu'ils donnaient leur consentement à la bulle qui les condamnait.

Quoi qu'il en soit, le refus de reconnaître que ces cinq propositions fussent dans le livre de Jansenius devint le prétexte d'une persécution contre les vingt-sept solitaires de Port-Royal. On les expulsa de leur champêtre asile, et on les força de se disperser. Seulement Arnault d'Andilly, qui avait rendu de grands services à l'État dans les hauts emplois de la diplomatie, dont l'attachement au gouvernement était connu, qui inspirait la plus entière confiance à la reine et à Mazarin, et était aimé d'eux, obtint qu'aucune violence ne serait exercée contre les paisibles habitants de la vallée. On se contenta de leur intimer les ordres du roi; et la promesse qu'Arnauld avait faite en leur nom, qu'ils y obéiraient sur-le-champ, fut exécutée. « Je ne dirai point à votre éminence, écrivait Arnauld au cardinal, que j'obéirai; mais je lui dirai que j'ai commencé à obéir en quittant la sainte maison où Dieu, par sa miséricorde, m'a donné le dessein de finir mes jours; et je continuerai d'obéir en allant demain à Pomponne, que je ne regarde plus comme ma maison, quoique je l'aie fort aimée, mais comme le lieu de mon exil, et d'un exil si douloureux, que rien ne m'y peut faire vivre que ma confiance en la bonté dont la reine et votre éminence m'honorent. Ainsi mon prompt retour dans mon heureuse retraite n'étant pas une simple grâce que je demande à votre éminence, mais une grâce qui m'importe de tout, je la supplie de considérer les jours de mon bannissement comme elle ferait les années pour d'autres [1]. »

C'est dans ces circonstances, c'est lorsque la violation de tous les droits, des actes d'une tyrannie arbitraire, avaient rendu les jansénistes l'objet de l'intérêt général,

---

[1] ARNAULD D'ANDILLY, *Mémoires*, t. XXXIV, p. 89, 94.

que parurent les lettres intitulées *les Provinciales*[1] : la première est datée du 23 janvier 1656, et la dernière du 24 mars 1657.

Jamais pamphlets ne produisirent un effet plus puissant; jamais une cause ne fut défendue avec plus de talent; jamais une attaque ne fût dirigée avec une si terrible énergie, ni combinée et graduée avec un art plus subtil. Pour concevoir le succès que durent avoir ces écrits, qui paraissaient de mois en mois, il faut se rappeler ce que nous avons déjà dit, qu'à cette époque, où l'on remarquait tant d'ardeur pour le plaisir, tant d'intrigues immorales, tant d'aventures scandaleuses, le sentiment religieux était fortement empreint dans les esprits : ceux qui étaient le plus plongés dans les délices du monde les interrompaient souvent pour satisfaire ce besoin de l'âme ; et même quelquefois ils les quittaient pour toujours, afin de s'occuper uniquement de Dieu et de leur salut. Leurs compagnons de plaisirs admiraient et enviaient leurs résolutions ; et, dans le vide et l'ennui que laissent toujours après elles les passions satisfaites, ils regrettaient fréquemment de n'avoir pas le courage de les imiter.

Avec une telle disposition des esprits, comment pouvait-on ne pas être charmé d'un écrivain qui donnait aux raisonnements les mieux enchaînés, aux discussions les plus savantes, la forme d'un dialogue animé, la gaieté d'une scène comique, le sel mordant d'une satire enjouée, l'au-

---

[1] *Les Provinciales, ou les Lettres écrites par Louis de Montalte à un provincial de ses amis et aux RR. PP. jésuites, sur le sujet de la morale et de la politique des saints Pères;* Cologne, 1657, in-18, Elzeviers, p. 1 et 369.

torité d'une doctrine irréfragable, l'entraînement de la plus sublime éloquence? L'intérêt qu'inspiraient de tels écrits s'augmentait encore quand on savait qu'ils étaient composés pour venger des solitaires vertueux et inoffensifs, de saintes et faibles religieuses, des hommes admirés de l'Europe entière par le noble usage qu'ils faisaient de leur génie et de leurs loisirs, des femmes d'un mérite supérieur, gloire et modèle de leur sexe; quand on songeait qu'ils étaient opprimés au nom de la religion par un ministre qui, après avoir enlevé à tous la liberté politique avec une armée de soldats, voulait avec une armée de religieux ravir aussi à tous la liberté de conscience, et anéantir toute discussion sur les intérêts spirituels, comme il l'avait déjà fait sur les intérêts temporels.

Qu'on ne s'étonne pas qu'un livre composé pour une lutte qui n'existe plus, et pour un temps si différent du nôtre, ait survécu à l'époque qui le vit naître, aux motifs qui le firent écrire, et qu'il captive encore tellement notre attention, qu'on ne peut en quitter la lecture, lorsqu'une fois on l'a commencée. Ceux-là même qui l'ont le plus loué n'y ont vu qu'un livre de controverse religieuse, qu'un ouvrage de circonstance, et n'ont pas su apercevoir, sous la forme spéciale et théologique qui la déguise, toute la grandeur des questions qui y sont traitées. Les vérités qu'on y agite ne sont ni fugitives ni périssables; ce sont celles qui intéressent le plus l'homme sociable et l'homme religieux. Le système des opinions probables et de la direction d'intention, qu'est-ce autre chose que la vieille dispute des stoïciens et des sceptiques? Quel est celui qui ne fait pas un retour plein d'effroi sur lui-même, alors que l'auteur des Provinciales prouve, avec une évidence qui s'accroît à chaque page, que les principes de la morale ne peuvent se modifier ni se laisser fléchir; et que si par la faiblesse de notre nature on est amené à se permettre la moindre déviation, le premier pas nous conduit, par une route de plus en plus divergente, jusque dans l'abîme du crime et de la folie? Ne sentons-nous pas que nos passions, nos vices et notre égoïsme sont des casuistes toujours prêts à égarer notre conscience, et l'obligent à des capitulations qui tendent à altérer sa pureté, et même à la pervertir entièrement? Ces disputes, qui paraissent toutes théologiques, sur la grâce suffisante et insuffisante, diffèrent-elles en rien des doutes et des croyances sur l'absence ou l'existence de l'intervention céleste dans les choses terrestres, et sur la liberté de l'homme dans ses rappors avec Dieu? A quelle époque et chez quel peuple civilisé les philosophes ont-ils cessé de se partager sur ces questions, ou se sont-ils abstenus de les discuter? En est-il en effet de plus hautes? en est-il qui intéressent plus l'homme en général? En est-il qui embrassent d'une manière plus complète toute sa destinée dans sa vie présente et mortelle et dans son immortel avenir?

Le voile dont se couvrait l'auteur de ces lettres, et qui fut quelque temps avant de pouvoir être soulevé, contribua encore à leur réputation. Quand on sut quel était le nom célèbre que cachait le nom obscur de Montalte, et que Blaise Pascal, connu par ses sublimes découvertes en physique et en mathématiques, était celui que l'on cherchait, la surprise se mêla à l'admiration. Tout le monde voulut lire ces écrits théologiques du jeune et savant géomètre. Madame de Sévigné, qui avait parmi les solitaires de Port-Royal des amis dévoués, lut donc aussi les *Petites Lettres* (c'est ainsi qu'on les appelait alors); elle les lut avec l'intérêt puissant qu'excitaient en elle le sujet et les personnages ; elle se pénétra des doctrines qu'elles contenaient. Nous nous en apercevons souvent en lisant ce qu'elle a écrit, et par cette raison nous avons dû signaler l'époque de leur apparition comme une circonstance essentielle dans sa vie.

L'effet des *Provinciales* ne se borna pas à exciter une stérile admiration. L'opinion publique fut tellement émue par elles ; elles excitèrent une telle clameur, qu'elles forcèrent en quelque sorte l'autorité à permettre que les solitaires de Port-Royal reprissent possession de leur vallée chérie, et rouvrissent leur savante école : le gouvernement permit encore aux saintes vierges du couvent de les encourager par leurs prières, tandis qu'eux-mêmes les instruisaient par leurs discours et les édifiaient par leurs exemples [1].

[1] Petitot, *Notice sur Port-Royal,* dans la *Collection des Mémoires sur l'Hist. de France*, t. XXXIII, p. 137.

CHAPITRE VIII.

1657 — 1658.

Soins que madame de Sévigné donne à l'éducation de ses deux enfants. — Leur amitié prouve qu'ils ont été élevés ensemble. — Services rendus par les jésuites à l'éducation publique. — Révolution dans la philosophie, produite par Descartes. Elle donne l'impulsion aux écrivains de Port-Royal. — Bossuet paraît. — Sa doctrine, fondée sur les saintes Écritures, ne s'appuie ni sur Jansenius ni sur les jésuites. — Madame de Sévigné fait l'éducation de ses enfants sous l'influence de ces divers systèmes. — Elle les résume tous en elle. — Sa fille s'instruit dans la philosophie de Descartes, et est moins religieuse que sa mère. — Son fils est conduit par l'influence du jansénisme aux pratiques de la plus haute dévotion. — La vie de l'une comme celle de l'autre prouvent combien leur éducation fut soignée. — Caractère de madame de Grignan. — Caractère du marquis de Sévigné. — Différence d'opinion entre la mère, la fille, et le fils, en matière de littérature. — De l'abbé Arnauld, et de l'origine de sa liaison avec madame de Sévigné. — Ce qu'il dit d'elle lorsqu'il la rencontra pour la première fois avec ses enfants.

Les deux enfants de madame de Sévigné étaient tous deux parvenus à cet âge qui tient le milieu entre l'enfance et l'adolescence, et que les anciens exprimaient par un mot qui manque à notre langue. Les soins qu'elle donnait à leur éducation devenaient de jour en jour plus importants et plus nécessaires ; et sans doute une partie du temps qu'elle était habituée à sacrifier aux amusements du monde fut consacrée aux deux êtres qui lui étaient les plus chers, et vers lesquels se dirigeaient ses principales pensées.

Ce n'était pas à cause de ce titre d'excellente mère

qu'elle s'était attiré les prévenances et les assiduités d'un si grand nombre de ses contemporains et qu'elle était recherchée par les femmes les plus aimables de son temps ; les intérêts de la société, dont elle faisait le charme, se trouvaient, au contraire, en opposition avec ses devoirs maternels. Aussi les mémoires et les correspondances de ces temps ne nous donnent aucun détail sur la manière dont madame de Sévigné dirigea l'éducation de ses enfants. Mais l'amitié vive et sincère qui s'établit entre le frère et la sœur semble démontrer qu'ils ont été élevés ensemble et sous les yeux de leur mère.

On a souvent discuté les avantages et les désavantages de l'éducation publique et de l'éducation particulière, et cherché à déterminer quelle est celle des deux qui doit obtenir la préférence sur l'autre. Montaigne et Pascal n'eurent point d'autres précepteurs que leurs pères ; et nous savons que ceux-ci firent de l'éducation de leurs enfants l'œuvre principale de leur vie. Cependant ces exemples et plusieurs autres semblables ne décident point cette question, qui, comme beaucoup d'autres, n'est pas susceptible d'une solution absolue. Il en est des divers modes d'éducation comme des différentes formes de gouvernement, dont les perfections et les vices dépendent de ceux qui les dirigent. A l'époque dont nous parlons il régnait une grande émulation pour le perfectionnement de l'éducation publique. L'université de Paris, après avoir rendu d'immenses services pour la renaissance des lettres en Europe, était, comme toutes les corporations privilégiées ou sans rivales, restée stationnaire au milieu du mouvement progressif de la société et des esprits. Retranchée derrière ses vieux usages et ses antiques préjugés, elle serait devenue tout à fait impropre à remplir les fins de sa création, si les jésuites, en élevant partout des colléges qui ne ressortissaient pas à sa juridiction, et en admettant dans leur plan d'éducation tout ce que les mœurs et les progrès de la société rendaient nécessaires, n'avaient pas produit une heureuse émulation, et forcé l'université, au commencement du dix-septième siècle, à introduire quelques innovations dans ses statuts. Ces innovations furent en petit nombre et insuffisantes ; cependant l'université ne put se décider à les faire sans jeter de hauts cris contre ceux qui l'y contraignaient, et sans demander aux parlements que les écoles de ceux-ci fussent fermées. A la suite de ces nouveaux statuts, imprimés en 1601, elle compare l'ordre des jésuites à une nouvelle Carthage qui était venue établir son camp sur le territoire de Rome elle-même, et à un astre contagieux qui produit la flétrissure et la décadence des études à Paris et dans toutes les académies du royaume[1]. Mais, heureusement pour les progrès de l'enseignement en France et pour l'université elle-même, ses plaintes ne furent point écoutées. Les jésuites, protégés par le pape et les souverains, enlevèrent à l'université son monopole, et la forcèrent à faire de nouvelles altérations dans le plan des études, sous peine de voir déserter ses bancs.

Cette révolution dans l'instruction n'était que le prélude d'une plus grande. La philosophie d'Aristote était alors exclusivement enseignée par l'université comme par les jésuites ; et l'admiration pour le génie de cet ancien philosophe était telle, que ses axiomes de physique et de métaphysique semblaient être les dernières limites de la raison et celles dans lesquelles elle devait se renfermer.

---

[1] CRÉVIER, *Hist. de l'Université de Paris*, t. VII, p. 60.

On les regardait comme des principes aussi incontestables, aussi hors de toute discussion que les articles de foi, que la religion nous ordonne de croire. Les nier eût été une sorte de sacrilége ou une preuve de la plus grossière ignorance.

Un génie puissant, élevé chez les jésuites, venait, à l'époque dont nous nous occupons, de briser les entraves dans lesquelles la routine avait si longtemps enchaîné l'esprit humain, et de mettre en crédit une nouvelle philosophie : c'était Descartes. Toutes les intelligences vigoureuses s'empressèrent de se mettre à la suite de ce hardi novateur, de s'enrôler sous les drapeaux de ce nouveau chef, qui les appelait à une entière liberté, et les délivrait des chaînes qui jusque alors avaient arrêté leur essor. Les écrivains de Port-Royal durent au doute universel de Descartes et à ses écrits, au vaste horizon tracé par sa profonde métaphysique, cette méthode lumineuse de discussion, cette hauteur de vues, cette déduction sévère dans les raisonnements, cette lucidité d'expression, cette énergie de style qu'ils portèrent jusque dans les régions, auparavant si obscures, de la théologie. Par leur école, mais plus encore par leurs excellents livres élémentaires, ils opérèrent dans l'enseignement une réforme complète. Ils introduisirent surtout dans toutes les classes éclairées le goût des discussions en matière religieuse, et par là ils contribuèrent à accroître la ferveur de ceux dont la foi était ferme et sincère. Rien n'est plus propre à raffermir une croyance dont les semences, implantées dès l'enfance, ont jeté en nous de fortes et profondes racines, que les efforts qu'il nous faut faire pour repousser une autre croyance, que nous regardons comme fausse, et qu'on voudrait nous imposer. Ce qu'il y a de plus mortel pour l'esprit comme pour le cœur, c'est l'indifférence. Ce vers de la comédie de Gresset,

.... Rien n'est vrai sur rien; qu'importe ce qu'on dit?

est le résumé de la doctrine du type brillant et corrompu d'une société usée, qui n'a plus ni principe, ni croyance, ni morale, et où tout tend à se dissoudre.

Tandis que Descartes démontrait l'existence de Dieu et l'immortalité de l'âme par les seuls secours de la raison; que les jansénistes semblaient concentrer tous les principes de la religion et de la morale dans leur doctrine sur la grâce; que les jésuites plaçaient tout espoir de salut dans une soumission aveugle à l'autorité du pape, un jeune homme parut tout à coup, comme un soleil d'été, qui en se levant darde aussitôt sur l'horizon la lumière et la chaleur. Survenu au milieu de ces opinions opposées, mais qui toutes se proposaient le même but, il s'appuya sur ce que chacune d'elles lui offrait de conforme aux Écritures et aux décisions de l'Église. Par son génie, par sa vaste érudition, par son saint enthousiasme, par sa haute éloquence, il se créa un nouvel apostolat, qui ne se fondait ni sur une servile obéissance à Rome, ni sur les subtiles doctrines de Jansenius, ni sur les concessions jésuitiques. Ce jeune homme, tous nos lecteurs l'ont nommé, c'était Bossuet.

Ce fut en 1657 qu'il parut à Paris pour la première fois dans la chaire évangélique. Il prêcha le 10 mars à Saint-Thomas d'Aquin, et le 24 du même mois aux Feuillants, en présence de vingt-deux évêques; puis le 27 octobre suivant il prononça le panégyrique de sainte Thérèse, en présence de la reine mère et de toute sa cour. Dès ces premiers débuts il laissa bien loin derrière lui les

Boux, les Camus, les Lingende, et les Testu, qui à cette époque n'avaient point de rivaux dans la prédication.

Loret, qui l'entendit alors, et qui ne pouvait prévoir la réputation que ce jeune docteur, comme il l'appelle, devait acquérir un jour, qui ne vécut même point assez pour la connaître, atteste que jamais orateur chrétien n'a prêché avec un tel succès ; et il résume, avec une précision qui certes ne lui est pas ordinaire, tout ce qu'il a dit sur l'effet que produisait le nouveau prédicateur :

> Il presse, il enflamme, il inspire [1].

Telles étaient les diverses sortes d'influences sous lesquelles se trouvait placée madame de Sévigné lorsqu'elle s'occupait de l'éducation de ses enfants. Elle était liée particulièrement avec madame Duplessis-Guénégaud, une des amies intimes du jeune Bossuet, et elle dut le rencontrer fréquemment chez elle [2]. Par l'oncle de son mari et par le cardinal de Retz, elle avait toujours eu des communications fréquentes avec les plus célèbres solitaires de Port-Royal. Les écrits de Descartes sur la philosophie, dont plusieurs étaient adressés à des femmes, à la reine Christine ou à la princesse Élisabeth, se trouvaient, comme les Lettres provinciales, entre les mains de toutes les personnes dont l'éducation était cultivée. Enfin les plus savants, les plus illustres dans l'ordre des jésuites étaient admis à la cour et dans les maisons des grands ; ils se ré-

---

[1] Loret, liv. VIII, p. 36 et 162 (10 et 24 mars 1657).—Ibid., liv. VIII, p. 28, 48, 200. — De Bausset, *Vie de Bossuet*, 1814, in-8°, t. I, p. 130. M. de Bausset n'a pas bien connu ces premiers commencements de Bossuet, ni bien déterminé les dates de ses premières compositions. *Œuvres de Bossuet*; Versailles, 1816, in-8°, t. XVI, p. 463.

[2] De Bausset, *Hist. de Bossuet*, t. I, p. 21.

pandaient partout dans le monde, et ne pouvaient être évités. Aussi madame de Sévigné était liée avec quelques-uns d'entre eux, remarquables par leur esprit et leur savoir-vivre.

C'est par de bien justes motifs que nous détaillons ici les influences morales et religieuses qui agissaient alors sur la société en France; car toutes se sont réalisées sur madame de Sévigné et sur ses enfants. Ceux-ci ne subirent que l'effet de quelques-unes; mais pour elle, il semble qu'elle conserva des empreintes de toutes. Ses désirs de religion étaient tempérés par son goût pour les plaisirs; la sévérité de ses principes, modifiée par une imagination éprise des charmes de la belle littérature; la roideur et la subtilité des doctrines de son jansénisme, rectifiées par un jugement naturellement ennemi de tout ce qui l'éloignait du bon sens général et de la raison commune. Elle résumait en elle l'élégance galante et polie de l'hôtel de Rambouillet, le spiritualisme de Port-Royal, l'indulgence mondaine des disciples de Loyola, les vives résolutions d'un Bossuet, et quelque chose de la sensibilité pieuse et de l'amour mystique d'une sœur de Sainte-Thérèse. Sa fille, avec plus de beauté, eut moins d'esprit naturel, un savoir aussi varié et plus étendu, une tête plus forte et plus calme. Moins aimable, elle fut moins aimée, moins flattée par ses contemporains, qui l'ont jugée avec trop de sévérité, peut-être parce que, comme nous, ils la comparaient sans cesse à sa mère. Eh! quelle est la femme qui sortirait avec avantage d'une telle comparaison? Madame de Grignan avait étudié les œuvres de Descartes et les parties les plus abstruses de sa métaphysique; elle croyait avoir saisi l'ensemble du système de ce grand homme, et triomphé des difficultés qu'il offrait aux intelligences vulgaires. Devenue le disciple de cet apôtre du doute, elle se soumettait avec moins d'abandon que sa mère à ce que la foi commandait de croire ; elle cherchait plus souvent ses points d'appui dans la philosophie cartésienne que dans les lumières de la révélation. Son frère, né et élevé au milieu des doctrines de Port-Royal, y fut toute sa vie fidèle ; mais l'heureuse flexibilité du caractère de sa mère s'était chez lui convertie en une incurable légèreté : incapable d'éprouver aucune impression profonde et durable, il effleura tout, même le désordre. La femme qu'il épousa, et dont il n'eut point d'enfants, le ploya, dans sa vieillesse, aux habitudes de la plus haute dévotion.

L'éducation ne peut tout faire ; elle ne donne ni le génie, ni la force de réflexion, ni l'énergie de caractère, ni la constance des résolutions, ni la sensibilité de cœur. Nous pouvons perfectionner ou détériorer la nature, mais nous ne pouvons suppléer à ce qu'elle n'a pas, ni lui ôter ce qu'elle possède. Celui qui a eu occasion de remarquer combien différemment la même culture et la même instruction profite à des esprits différents, est d'avance convaincu de l'absurdité du système d'Helvétius, qui soutient que toutes les intelligences sont égales, et proclame la toute-puissance de l'éducation. Non, il n'est pas vrai que l'influence des objets extérieurs soit la seule cause des modifications que nous éprouvons. Les impressions reçues produisent des résultats divers, selon le sujet qui les reçoit. L'homme n'est point une matière inerte, qu'on puisse façonner à volonté. Le principe vital, selon le plus ou moins de chaleur du sang, décompose et recompose différemment, dans chaque être vivant, les substances qu'il s'assimile ; de même il y a en nous une âme qui élabore les sensations, les pensées, et qui fonctionne différemment dans chaque individu. Dans la multitude innombrable de créatures humaines répandues sur la surface de la terre, il n'y en a pas deux qui aient des visages semblables, des sens pareils, des facultés égales, des volontés identiques, ni les mêmes désirs, ni les mêmes passions, ni le même caractère. La lumière, telle qu'elle semble émaner du soleil, est pure de toute couleur, toujours semblable, toujours la même ; mais, selon les corps qui la divisent, la modifient, l'absorbent ou la réfléchissent, elle donne le rouge, le bleu, le jaune, le vert, le violet, l'orangé, le noir, le blanc, toutes les teintes, toutes les nuances. Voilà l'image de la même éducation, de la même instruction agissant sur les individus qui diffèrent par leur tempérament et leur organisation.

Ces mémoires, si nous y donnions une suite, feraient connaître les qualités et les défauts du fils et de la fille de madame de Sévigné, et la part que l'on doit faire en eux au naturel, au temps, aux circonstances. Mais nous pouvons juger dès à présent, par l'ensemble de leur vie, combien fut solide et brillante l'éducation que cette mère tendre et éclairée sut donner à ses enfants, et combien les résultats en furent heureux.

Sa fille, remarquable par son éclatante beauté, devint la femme d'un homme deux fois veuf, et beaucoup plus âgé qu'elle. Jamais elle ne fit soupçonner sa vertu : forcée, par le rang et la place qu'occupait son mari, à une représentation continuelle, elle suffit à toutes les exigences du grand monde. Contrainte, par le goût de M. de Grignan pour le faste et l'ostentation, à des dépenses ruineuses, elle sut, par l'ordre et l'économie, trouver des ressources à mesure qu'il les épuisait : quand il eut consumé presque

CHAPITRE VIII.

tout son bien, elle n'hésita pas à s'engager pour lui et à lui sacrifier une partie du sien.

Le fils de madame de Sévigné fut un militaire distingué : il se fit remarquer par son intrépidité et son habileté, en Orient, dans la petite croisade de la noblesse française contre les Turcs qui assiégeaient Candie; en Hollande, dans l'armée du maréchal de Luxembourg; au sanglant combat de Senef et à l'attaque meurtrière du prince d'Orange. Gai, aimable, prévenant, poli, blond comme sa mère et sa sœur, d'une figure agréable, il se fit chérir dans le monde, où il était fort répandu; il en adopta aussi les travers et les déréglements, mais sans les pousser jusqu'à ce degré qui entache. Après avoir brillé parmi les hommes de plaisir, il devint, dans sa vieillesse, le modèle des hommes vertueux. Sa piété, douce et indulgente, ne fut pas incompatible avec les délassements de l'esprit et le commerce des Muses; car sous le rapport de l'instruction les deux enfants de madame de Sévigné ne furent pas moins remarquables que sous celui des qualités sociales. Sa fille, qui savait un peu de latin et parfaitement bien la langue italienne, écrivait dans la sienne avec une pureté et un savoir qui a fait conclure de nos jours qu'elle devait être pédante : banale accusation, rarement méritée par les femmes qui s'élèvent au-dessus de la foule par des études sérieuses et profondes, et que renouvellent sans cesse l'ignorance et la frivolité, envieuses d'une supériorité qui les choque. Le fils de madame de Sévigné aimait les belles-lettres. Boileau et Racine, avec lesquels il fut lié, achevèrent de former son goût, qui était plus pur que celui de sa mère; mais les principes moins classiques de madame de Sévigné en littérature étaient peut-être plus favorables aux élans de l'imagination et à l'originalité du style. Le marquis de Sévigné avait un talent particulier pour bien lire, surtout les pièces de théâtre; ce qu'il dut peut-être à sa liaison intime avec la Champmêlé, dont il fut pendant quelque temps amoureux, autant qu'il pouvait l'être. Il cultiva toujours la langue latine, et s'y rendit très-habile. Vers la fin de ses jours, il eut une discussion avec le célèbre Dacier sur le sens d'un passage d'Horace; et sa dissertation, qui fut imprimée, lui attira l'approbation des érudits du temps [1].

Ces détails suffisent pour avoir une idée des soins que madame de Sévigné a donnés à l'éducation de ses enfants. Il est probable qu'à l'époque dont nous nous occupons leur instruction était le motif qui la retenait à Paris et la forçait d'y séjourner. Un passage des mémoires de l'abbé Arnauld semble prouver qu'elle ne les quittait que rarement de vue, et qu'il était difficile de la rencontrer sans eux.

L'abbé Antoine Arnauld était le fils aîné du célèbre Arnauld d'Andilly, dont il a été fait mention dans le chapitre précédent. L'abbé Arnauld avait d'abord, malgré la volonté de son père, choisi la profession des armes, qu'il quitta, parce que la mort de Feuquières lui avait ravi tout espoir d'avancement. Il embrassa à vingt-sept ans l'état ecclésiastique. Attaché à son oncle Henri Arnauld, abbé de Saint-Nicolas, qui fut depuis évêque d'Angers, quoique janséniste, l'abbé Arnauld séjourna pendant quelque temps

---

[1] *Dissertation critique sur l'Art poétique d'Horace, où l'on donne une idée générale des pièces de théâtre, où l'on examine si un poëte doit préférer les caractères connus aux caractères inventez;* Paris, chez Barthélemy Girin, M. DC. XVIII (sic), in-12. — SÉVIGNÉ, *Lettres*, t. I, p. 314, et t. II, p. 6, édit. 1820, in-8° (1ᵉʳ avril et 8 avril 1671).

chez les solitaires de Port-Royal. Il demeura attaché à leurs doctrines, mais par esprit de famille, et pour satisfaire à sa position, plutôt que par conviction. Il n'avait aucun goût pour les discussions théologiques, et il avait conservé, au contraire, de très-fortes inclinations pour le monde et ses jouissances. Il était lié avec plusieurs femmes aimables, et même avec plusieurs femmes galantes[1]. Il était l'ami de Renaud de Sévigné; et la terre de Champiré que possédait celui-ci, dans le voisinage d'Angers, leur donnait les moyens de se voir fréquemment. Renaud de Sévigné passait alors preque tous ses hivers à Paris; et il s'y trouvait lorsqu'un procès y amena l'abbé Arnauld, au commencement de l'année 1657.

« Ce fut en ce voyage, dit-il, que M. de Sévigné me fit faire connaissance avec l'illustre marquise de Sévigné, sa nièce, dont le nom vaut un éloge à ceux qui savent estimer l'esprit, l'agrément et la vertu. On peut dire d'elle une chose fort avantageuse et fort singulière : qu'une des plus dangereuses plumes de France [c'est Bussy-Rabutin que l'abbé Arnauld désigne ici] ayant entrepris de médire d'elle comme de beaucoup d'autres, a été contrainte, par la force de la vérité, de lui feindre des défauts purement imaginaires, ne lui en ayant pu trouver de réels. Il me semble que je la vois encore telle qu'elle me parut la première fois que j'eus l'honneur de la voir, arrivant dans le fond de son carrosse tout ouvert, au milieu de monsieur son fils et de mademoiselle sa fille; tous trois tels que les poëtes représentent Latone au milieu du jeune Apollon et de la petite Diane, tant il éclatait d'agréments et de beauté dans la mère et dans les enfants. Elle me fit l'honneur dès

---

[1] Petitot, *Notice sur l'abbé Arnauld*, t. XXXIV, p. 112.

lors de me promettre de l'amitié, et je me tiens fort glorieux d'avoir conservé jusqu'à cette heure un don si cher et si précieux. Mais aussi je dois dire, à la louange du sexe, que j'ai trouvé beaucoup plus de fidélité dans mes amies que dans mes amis, ayant été souvent trompé par ceux-ci, et ne l'ayant jamais été par les premières [1]. »

Ce fut aussi cette même année que le frère de l'abbé Arnauld, le célèbre Arnauld de Pomponne, vit les deux enfants de madame de Sévigné chez leur oncle Renaud de Sévigné; il fut tellement frappé de leur beauté, que près de vingt ans après, et lorsqu'il était ministre, il se souvenait de cette journée, et la rappelait à la marquise de Sévigné. Celle-ci, en écrivant à madame de Grignan, lui dit : « Monsieur de Pomponne se souvient d'un jour que vous étiez petite fille chez mon oncle Sévigné. Vous étiez derrière une vitre avec votre frère, plus belle, dit-il, qu'un ange; vous disiez que vous étiez prisonnière, que vous étiez une princesse chassée de chez son père. Votre frère était beau comme vous. Vous aviez neuf ans. Il me fit souvenir de cette journée. Il n'a jamais oublié aucun moment où il vous a vue [2]. »

Au commencement de cette année il parut un recueil de vers où la louange de madame de Sévigné se trouve réunie à celle du roi, de Monsieur, de la reine, de Mazarin, des ministres, et des personnes des deux sexes les plus illustres. Ce recueil est un phénomène intellectuel qui serait à peine croyable s'il n'était si bien attesté. Le fils d'un comédien de Paris, nommé Beauchasteau, se montra si

---

[1] *Mémoires de l'abbé* ARNAULD dans la *Collection de Petitot*, in-8°, t. XXXIV, p. 314; t. II, p. 62 et 63 de l'édit. 1756.

[2] SÉVIGNÉ, *Lettres*, en date du 15 janvier 1674, t. III, p. 210, édit. M., ou t. III, p. 307, édit. G.

précoce, que dès l'âge de sept à huit ans il parlait plusieurs langues et improvisait des vers avec facilité. On le fit venir à la cour ; on le mit à l'épreuve, et il surpassa encore l'idée que les récits en avaient donnée. Mazarin lui fit une pension de mille livres ; le chancelier Séguier lui en accorda une de trois cents ; et on publia un recueil in-4° de ses improvisations, avec les portraits du roi, des membres de la famille royale, et des personnages objets des madrigaux de cet Apollon enfant. Le poëte Maynard fut l'éditeur de ce beau volume ; le portrait de Beauchasteau et les vers composés à sa louange n'y furent pas oubliés. Dès l'année 1656 Beauchasteau avait improvisé des vers devant Christine, et il fut de nouveau présenté à cette reine en 1658. Il alla en Espagne, en Angleterre, et parut devant Cromwell. Partout il excita le même étonnement, la même admiration. La personne qui l'avait conduit en Angleterre l'emmena en Perse, et on n'entendit plus parler de lui. Ainsi s'évanouit, presque aussitôt après sa subite apparition, cette espèce de météore intellectuel. Voici le quatrain que ce jeune enfant improvisa en voyant madame de Sévigné :

> Sévigné, suspendez vos charmes
> Et les clartés de votre esprit ?
> Pour nous faire rendre les armes,
> Votre extrême beauté suffit [1].

[1] *La Lyre du jeune Apollon, ou la Muse naissante du petit* BEAUCHASTEAU, 1657, in-4°, p. 160. — DU TILLET, *Parnasse français*, in-folio, p. 321. — WEISS, *Biographie universelle*, t. III, p. 621. — LORET, liv. IX, p. 6 (12 janvier 1658), et p. 25, liv. X, p. 170.

CHAPITRE IX.

1657 — 1658.

Les nombreux décès qui ont lieu à la cour ralentissent les fêtes. — L'arrivée des ducs de Modène et de Mantoue et le mariage d'Olympe Mancini les raniment. — Les déguisements en femmes dans les ballets étaient fréquents. — Louis XIV aime la compagnie des femmes. — Il est escorté par plusieurs beautés de la cour dans ses promenades à cheval. — Il prend des leçons de politesse et de galanterie de la comtesse de Choisy. — Se montre indifférent au mariage d'Olympe Mancini. — Joie que la reine en ressent. — Mazarin fait sortir deux de ses nièces du couvent, et les introduit à la cour. — Louis XIV ne fait d'abord aucune attention aux nièces de Mazarin. — Il devient amoureux de mademoiselle de La Mothe d'Argencourt. — Mazarin et la reine également intéressés à s'opposer à cet amour. — La reine emploie la religion. — Le jeune roi fait une retraite, communie, et promet de se vaincre. — Mazarin découvre que mademoiselle d'Argencourt a un amant. — Le roi voit mademoiselle d'Argencourt dans un bal, et s'enflamme de nouveau pour elle. — Mazarin le guérit, en lui prouvant que celle qu'il aime le trahit pour un autre. — D'Argencourt, abandonnée du roi, veut se consoler avec le duc de Richelieu. — Sur la demande de la duchesse, elle est forcée d'entrer au couvent, où elle reste volontairement. — Liaison du roi avec mademoiselle de Beauvais. — Avec une jeune jardinière. — Il en a une fille. — Passage des Mémoires de Saint-Simon sur la destinée de ce premier enfant de Louis XIV.

En se livrant à l'éducation de ses enfants, madame de Sevigné eut cette année moins de sacrifices à faire à ses plaisirs que dans les années précédentes. La mort de madame de Mancini, du duc de Chevreuse, celle du duc de Villars, du maréchal de la Mothe-Houdancourt[1], du duc

---

[1] Loret, liv. VIII, p. 2, 13, 17 et 22, *lettres* en date des 6 janvier, 3, 10 et 26 février 1657. — Ibid., liv. VIII, p. 47 (7 avril).

d'Elbœuf[1], de Pomponne de Bellièvre[2], de la duchesse de Montbazon[3], de la duchesse de Mercœur, de la duchesse de Bouillon[4], de la duchesse de Roquelaure[5], qui eurent lieu dans l'intervalle de quelques mois, contristèrent la cour et la haute société, et ralentirent les fêtes et les divertissements. Mais cela ne pouvait durer longtemps. Le nombre de ceux qui dans un grand royaume sont attachés au service du monarque est trop considérable pour que les chances habituelles de la mortalité n'y portent pas de fréquentes atteintes; et l'habitude de voir presque chaque année disparaître quelques-uns de leurs plus chers serviteurs émousse la sensibilité des rois. Heureux encore quand la perte de ceux qui les ont servis avec le plus de zèle ne leur cause pas une satisfaction secrète, par l'occasion qu'elle leur fournit de conférer des grâces et d'accorder des faveurs aux objets de leurs plus récentes affections!

Les plaisirs reprirent bientôt leur activité accoutumée. L'arrivée du duc de Mantoue à Paris, celle du duc de Modène, qui avait si bien soutenu les armées françaises contre l'Autriche; le mariage de mademoiselle de Longueville avec le duc de Nemours, celui d'Olympe Mancini avec le duc de Soissons, devinrent des prétextes pour bannir tous les signes de deuil et des occasions pour donner mutuellement des fêtes. Il y eut donc encore des repas

---

[1] Loret, liv. VIII, p. 182 (1er décembre 1657).

[2] Motteville, t. XXXIX, p. 405. — Guy-Joly, t. XLVII, p. 414, 415. — Monglat, Mém., t. LI, p. 20. — Guy-Patin, Lettres, p. 132.

[3] Motteville, t. XXXIX, p. 412. — Loret, t. VIII, p. 63.

[4] Loret, liv. VIII, p. 22 (10 février 1657), p. 103 (10 juillet 1657). — Motteville, t. XXXIX, p. 398. — Monglat, t. LI, p. 20.

[5] Montpensier, t. XLII, p. 264, 268. — Loret, liv. VIII, p. 195, 2 décembre 1657.

splendides, des concerts, des mascarades, des danses où le jeune monarque et ses courtisans déployaient leurs grâces et leur habileté, en compagnie avec le célèbre Bauchamp, le Vestris et le Duport de cette époque [1]. On joua au Louvre, avec les ballets anciens, un nouveau ballet, *l'Amour malade*, dont Benserade [2] avait, comme de coutume, versifié les paroles, mais dont la musique était l'ouvrage d'un jeune et nouveau compositeur, nommé Baptiste Lully : alors on le nommait tout simplement Baptiste. Italien de naissance, il avait été amené jeune en France par le chevalier de Guise, pour être au service de MADEMOISELLE : il l'avait quittée lorsqu'elle fut exilée. Entré depuis dans la musique du roi, il commençait déjà la révolution musicale qui devait lui faire acquérir tant de réputation et de richesses [3]. Dans ce nouveau ballet il jouait le rôle de Scaramouche ; et sa petite taille, sa mine chétive, ses petits yeux, étaient si bien appropriés au burlesque de son rôle, qu'il réjouit encore plus les spectateurs par son jeu que par sa musique. Le goût des nobles figurants de ces ballets et de ces mascarades pour les déguisements de femmes augmentait chaque année, surtout pour ceux qui faisaient partie de la maison de MONSIEUR ou étaient attachés à ce prince [4]. On remarqua aussi que

---

[1] MONGLAT, *Mém.*, t. LI, p. 20, 38, 64. — LORET, liv. VIII, p. 11 (20 janvier), p. 29 (24 février), p. 73 (26 mai), p. 41 (17 mars), p. 185 (8 décembre 1657). — LORET, liv. IX, p. 21 (9 février 1658).

[2] BENSERADE, *Œuvres*, t. II, p. 173, 178 et 182. — LORET, liv. VIII, p. 9 (20 janvier), p. 15 (27 janvier), p. 21 (10 février), p. 29 (19 février). — LORET, liv. VIII, p. 75.

[3] MONTPENSIER, *Mém.*, t. XLII, p. 400. — SEVELINGES, article *Lully* dans la *Biographie universelle*, t. XXV, p. 423.

[4] LORET, liv. VIII, p. 9, 15, 21 (20 et 27 janvier, et 10 février 1657).

de jour en jour le jeune roi se plaisait davantage dans la société des femmes ; et un essaim de jeunes beautés, portées comme lui sur de superbes coursiers, l'entourait presque toujours à la chasse, et le suivait dans ses rapides et brillantes cavalcades.

Mais les jeunes femmes n'étaient pas celles qu'il recherchait uniquement ni toujours avec le plus d'empressement. La comtesse de Choisy, dont le mari était chancelier de la maison de son frère, femme d'esprit, dans l'âge du retour, qui possédait toutes les grâces de la politesse et du bon ton, toute la science du savoir-vivre, toutes les perfections d'une précieuse du beau temps de l'hôtel de Rambouillet, avait osé dire au jeune roi que s'il voulait devenir un honnête homme (c'est-à-dire, dans le sens qu'on attachait alors à ce mot, un cavalier accompli sous le rapport de la galanterie et de l'élégance des manières), il fallait qu'il eût souvent des entretiens avec elle. Ce conseil fut suivi ; Louis allait dîner familièrement chez la comtesse de Choisy, et par la suite il se ressouvint de son institutrice et la récompensa par une pension de huit mille livres [1].

Après les préférences marquées que dans toute occasion Louis XIV avait montrées pour Olympe Mancini, on fut étonné de l'indifférence avec laquelle il apprit le mariage qu'elle allait contracter avec le duc de Soissons. On en conclut que Louis était encore trop jeune pour être capable d'éprouver le sentiment de l'amour, et que son goût pour Olympe Mancini, semblable à celui qu'il avait montré autrefois pour la duchesse de Châtillon, n'était

---

[1] LORET, liv. VIII, p. 59 (28 avril). — CHOISY, *Mém.*, *Notice sur sa vie*, t. LXIII, p. 124.

encore que l'effet passager des premières habitudes et des souvenirs de l'enfance. La reine le crut ainsi, et témoigna ouvertement la joie qu'elle en ressentait [1]. Mazarin fit aussi semblant d'en être satisfait; mais, devinant mieux le naturel du jeune monarque, il se hâta de faire sortir du couvent deux de ses nièces et de les produire à la cour.

La plus âgée des deux, Marie Mancini, celle-là même qui devait inspirer à Louis XIV un attachement si vrai et si tendre, était une grande fille maigre, avec de longs bras, un long cou, un teint brun et jaune, une grande bouche, mais de belles dents et de grands yeux noirs, beaux, pleins de feux. Louis fit à elle peu d'attention [2]. Toutefois il la préférait à sa sœur Hortense Mancini, qui devint une des plus belles personnes de son temps, mais qui était encore dans cet âge dont Louis ne faisait que de sortir. Au moment où la reine se félicitait de l'indifférence de son fils à l'égard des femmes, et où elle espérait que de quelque temps du moins la tendresse qu'il avait pour sa mère ne serait combattue par aucun autre sentiment, elle s'aperçut qu'il était devenu amoureux d'une de ses filles d'atour. Cette fille se nommait de La Mothe d'Argencourt; elle n'avait ni beaucoup d'esprit ni beaucoup de beauté, mais pourtant toute sa personne était aimable. Elle dansait admirablement, et sa façon de parler, mélangée de douceur et de vivacité, plaisait au premier abord. Sa peau n'était ni très-fine ni très-blanche; mais, par une singu-

---

[1] MOTTEVILLE, *Mém.*, t. XXXIX, p. 400. — LORET, *Muse historique*, liv. VIII, p. 29 (*lettre* en date du 24 février 1657).

[2] MOTTEVILLE, *Mém.*, t. XXXIX, p. 400. — MONTPENSIER, t. XLII, p. 120. — MONCLAT, *Mém.*, t. LI, p. 114.

larité piquante, avec de beaux yeux bleus et des cheveux blonds, elle avait des sourcils noirs et bien arqués; sa taille était grande et svelte, les traits de son visage étaient fins et réguliers, et ses manières pleines de dignité et de grâce. S'il y a au monde quelque chose qu'il soit impossible de dissimuler, c'est un premier amour : Louis ne put dérober la connaissance de celui dont il était atteint aux regards vigilants des personnes intéressées à le surveiller. Il se divertissait quelquefois le soir à de petits jeux, auxquels mademoiselle d'Argencourt participait avec plusieurs de ses compagnes. Dans la familiarité suite nécessaire d'un tel amusement la force de la passion du jeune roi se manifesta de manière à alarmer la reine et Mazarin. Anne d'Autriche ne voulait pas que son fils avant son mariage s'échappât jusqu'à s'abandonner à des plaisirs que la religion réprouvait; et elle mettait tous ses soins à le conserver pur. Il paraissait impossible à Mazarin d'empêcher plus longtemps Louis de se livrer à ses penchants; et pour le maintien de son influence, il désirait que cette sensibilité amoureuse, qui entraînait le jeune roi vers le beau sexe, se dirigeât sur une de ses nièces, et non sur d'autres. La reine et son ministre étaient donc également intéressés, quoique par des motifs différents, à s'opposer à la passion naissante de **Louis XIV** pour mademoiselle d'Argencourt.

La reine usa d'abord de tout le pouvoir qu'elle avait encore sur son fils. A son profane amour elle opposa cet amour de Dieu qu'elle lui avait inspiré. Elle effraya la conscience de ce royal adolescent, et réussit à le convaincre qu'il ne pouvait échapper au danger qui le menaçait qu'en le fuyant. Louis se retira à Vincennes, chez le cardinal [1]. Ce ne fut pas sans de douloureux combats qu'il put persister dans la résolution que lui avaient fait prendre les deux personnes en possession de toute sa confiance, et auxquelles il n'ignorait pas qu'il était redevable de sa vie et de sa couronne. Il gémit, pria, soupira, se confessa, communia; et après une retraite de huit jours, passés dans ces exercices pieux, il reparut dans le monde et au milieu de sa cour, où une si longue absence avait été un sujet d'étonnement et d'entretiens continuels. Le roi évitait de se trouver avec mademoiselle d'Argencourt, et même de la regarder. La reine et le cardinal en éprouvaient une vive satisfaction, et saisissaient toutes les occasions de le féliciter du triomphe qu'il avait remporté sur lui-même [2].

Mademoiselle d'Argencourt n'en était pas, comme Louis, à son début : elle avait un amant quand elle reçut la déclaration du jeune monarque; c'était le beau Chamarante; d'autres disent le marquis de Richelieu : il n'y a d'incertitude que sur l'un ou sur l'autre de ces personnages, et les mémoires qui substituent le nom de l'un à celui de l'autre ne commettent probablement qu'une erreur de date. Cependant ses liaisons avec l'un ou avec l'autre, ou avec tous deux successivement, étaient restées secrètes, et sa réputation survivait encore à sa vertu. La passion que le roi avait pour elle flatta sa vanité, et excita son ambition. Elle ne lui avait opposé qu'une résistance calculée, et lui avait fait promettre, si elle consentait à répondre à son amour, de résister toujours à sa mère et au cardi-

[1] LORET, liv. IX, p. 15 (26 janvier 1658). — MOTTEVILLE, t. XXXIX, p. 401.

[2] MONTPENSIER, *Mém.*, t. XLII, p. 272, lig. 1 (lisez La Mothe d'Argencourt au lieu de La Mothe-Houdancourt).

nal, s'ils entreprenaient de la séparer de lui. Elle en était là lorsque Louis, cédant aux conseils d'Anne d'Autriche, s'était retiré à Vincennes. Toute la famille de mademoiselle d'Argencourt, qui avait fondé de grandes espérances sur sa liaison avec le roi, fut, ainsi qu'elle, extrêmement contrariée de le savoir renfermé et gardé à vue chez le cardinal. Ils pensèrent qu'il y était retenu malgré lui; que Mazarin et la reine croyaient que les refus de mademoiselle d'Argencourt de céder aux désirs du roi étaient moins dus à sa vertu qu'au projet qu'elle avait de profiter de la violence d'une première passion et de l'inexpérience de l'âge pour se faire épouser. Afin de bien dissiper ces craintes, la mère de mademoiselle d'Argencourt offrit au cardinal et à Anne d'Autriche de consentir à ce que sa fille demeurât la maîtresse du roi. Elle crut les contraindre à ne pas s'y opposer en leur faisant confidence de ce qui s'était passé dans le tête-à-tête entre les deux amants, et des promesses du roi de résister toujours aux tentatives qu'on pourrait faire pour le séparer de celle qu'il aimait. Ce fut un motif de plus pour le cardinal et pour la reine de chercher à rompre une liaison si menaçante pour leur autorité. La reine en voyant la conduite de son fils après sa retraite de Vincennes se flatta d'y avoir complétement réussi, et elle était persuadée qu'elle n'avait plus rien à redouter de mademoiselle d'Argencourt. Mazarin, moins confiant, ne cessa de faire épier la jeune fille; et, employant ses moyens ordinaires, l'argent et les séductions, il connut ses liaisons, se rendit maître de tous ses secrets, et prit dès lors ses mesures contre tout ce que sa famille ou elle pourraient tenter.

Tant de précautions semblaient inutiles. Louis tenait bon, et paraissait ne plus conserver de trace de ce qui s'était passé : il était plutôt occupé à éviter qu'à rechercher mademoiselle d'Argencourt. Mais un jour elle parut dans un bal où il se trouvait ; ses charmes étaient encore rehaussés par une parure pleine de goût[1]. En la voyant entrer le roi tressaillit ; mademoiselle d'Argencourt s'aperçut aussitôt de l'impression qu'elle produisait ; et avec cette assurance que donne à la beauté la conscience de son irrésistible empire, elle s'avança vers le jeune monarque, lui prit la main, et le pria de danser avec elle. Toutes les résolutions prises et gardées avec tant de peine furent abandonnées à l'instant même ; la main de Louis trembla dans celle de son amante, une sueur froide le saisit, il changea de visage, et fut quelque temps à se remettre. Tous les regards s'étaient dirigés vers lui, et cette scène avait eu pour témoins toute la cour. Cet événement devint l'objet des conversations ; personne ne doutait que le triomphe de mademoiselle d'Argencourt sur le roi ne fût assuré et qu'elle ne parvînt à le rendre durable. La reine elle-même n'y voyait pas de remède, et déjà l'on faisait des projets pour s'arranger avec la grandeur future de cette favorite et de celle de sa famille.

On se trompait ; Mazarin en avait décidé autrement. Dès le lendemain du bal, il avait eu avec Louis un long entretien. A ce jeune néophyte, qui se trouvait sous le charme d'une passion en vain combattue, il ne parla point des scrupules de la religion, digue impuissante, déjà emportée par l'impétuosité du torrent ; mais il fit entendre

---

[1] Motteville, t. XXXIX, p. 400. — Loret, liv. IX, p. 168, en date du 26 octobre, *lettre* 42.

les maximes du monde, les exigences de l'opinion, ce que l'expérience enseigne, ce que la prudence prescrit. Il retraça tout ce qu'un homme, et encore plus un souverain qui savait s'estimer et se faire estimer des autres, avait droit d'exiger d'une femme quand il se donnait à elle. Il ne se consuma point en vaines paroles pour signaler les dangers de l'amour; mais il démontra bien pour tous les hommes, et encore plus pour un roi, la nécessité de se prémunir contre la perfidie de celles qui avaient le pouvoir de l'inspirer. Dès que Mazarin commença à entrer en explication, et qu'il eut parlé des promesses faites par le monarque à mademoiselle d'Argencourt; qu'il eut redit les discours qui avaient eu lieu entre les deux amants dans le tête-à-tête, Louis fut ébranlé, et commença à se croire trahi par celle qui lui était chère; mais il n'en douta plus quand les lettres écrites par elle à l'amant qu'elle favorisait lui furent remises. Celui qui les avait reçues avait eu la lâcheté de les livrer au ministre tout-puissant, dont il voulait se concilier la faveur; et Mazarin gardait depuis longtemps pour ce moment décisif, qu'il avait prévu, le secret de cette correspondance et les preuves qu'il en avait.

Le dépit et l'orgueil firent ce que la religion et la raison n'avaient pu faire : Louis sans daigner avoir aucune explication avec mademoiselle d'Argencourt, ne lui témoigna plus que du dédain. Elle, qui ignorait la trame qu'on avait ourdie, crut que l'ascendant de la reine mère et de son ministre avait été plus fort sur le jeune roi que le pouvoir de ses charmes; et elle attribuait à cette cause l'étrange changement des manières de Louis à son égard. Elle ne songea donc plus qu'à se consoler de la chute de ses espérances avec le marquis de Richelieu. Mais la marquise sa femme s'étant plainte à la reine de cette liaison scandaleuse, mademoiselle d'Argencourt fut chassée, et renfermée dans le couvent des Filles de Sainte-Marie de Chaillot. Là elle apprit l'odieuse intrigue dont elle avait été la victime. Les douleurs de l'amour trahi, les mécomptes de l'ambition trompée, la disposèrent à écouter favorablement les leçons de piété et de religion qui lui furent données par les bonnes religieuses au milieu desquelles elle se trouvait; leur compassion la toucha, leurs consolations la convertirent; leur société lui devint agréable et chère : si bien que lorsqu'on lui permit de rentrer dans le monde, elle s'y refusa. Elle resta au couvent, et, toujours libre d'en sortir et sans jamais prononcer aucun vœu, elle y passa toute sa vie, et y mourut, chérie et regrettée de tous ceux qui la connurent[1].

Après cette aventure, les penchants du jeune roi pour les femmes, que ses jeux d'enfance avaient donné lieu de soupçonner, ne furent plus un secret pour personne. La reine avait une femme de chambre nommée mademoiselle de Beauvais, qu'elle affectionnait beaucoup, à cause de sa dextérité, de son exquise propreté, du zèle et de l'intelligence qu'elle mettait à la servir. Dans l'âge du retour, laide et borgne, et peu scrupuleuse, mademoiselle de Beauvais épiait depuis longtemps les premiers effets de la puberté dans le jeune roi. Elle savait qu'à cet âge, si le cœur sait déjà choisir ses affections, les sens obéissent sans discernement à une première surprise. Elle s'en prévalut; et le souvenir des instructions que Louis reçut

---

[1] MOTTEVILLE, t. XXXIX, p, 400, 404, 435. — LA FARE, chap. IV, t. LXV, p. 157. — DREUX DU RADIER, *Mém. des Reines et Régents de France*, 1782, t. VI, p. 363 à 373. — MONTPENSIER, t. XLII, p. 348.

d'elle lui devint par la suite un moyen d'élévation pour sa famille[1].

Dès que le jeune roi eut appris qu'on pouvait goûter les jouissances de la volupté sans avoir besoin d'éprouver le sentiment de l'amour, la violence de ses passions l'emporta sur ses scrupules, mais non pas encore sur sa pudeur. Il n'osa pas s'attaquer à ces fleurs qui brillaient éminentes autour de lui, mais qui se trouvaient placées sous les regards et sous la protection de sa mère; les plus humbles et les plus cachées lui devinrent préférables, et il s'embarrassa peu d'avoir à se baisser pour les cueillir. Une jardinière, fraîche et jolie, devint enceinte de ses œuvres, et en eut une fille. Madame de Sévigné et les Mémoires du temps, qui nous entretiennent si souvent des enfants naturels de Louis XIV, ne parlent pas de celui-ci. Le profond mystère dont le jeune roi enveloppait à cette époque ses aventures galantes ne pouvait lui permettre d'en déclarer le premier fruit; l'obscurité de la condition de celle à laquelle il était dû l'en empêcha par la suite. Mais sa fille lui ressemblait trop pour qu'il pût la méconnaître. Bontemps, son valet de chambre et son homme de confiance, fut chargé de la marier à un gentil-homme nommé Laqueue, seigneur du lieu qui porte ce nom, à six lieues de Versailles. Ce gentilhomme se promettait une fortune d'une telle alliance, dont le secret, dit Saint-Simon, lui fut dit à l'oreille; mais il ne parvint jamais au delà du grade de capitaine de cavalerie. Sa femme était grande et bien faite; elle savait de qui elle tenait le jour, et enviait le sort de ses trois sœurs (comme elle filles naturelles), princesses magnifiquement mariées. Elle vécut

---

[1] Saint-Simon, *Mém.*, 1829, in-8°, t. 1, p. 124, ch. XIV.

ainsi vingt ans, sans sortir de son village, plus heureuse que si elle avait été admise à la cour. Sans l'exact Saint-Simon, si bien instruit des détails de ce grand règne, on eût ignoré jusqu'à l'existence de cette aînée de tous les enfants du plus illustre de nos rois[1].

[1] Saint-Simon, *Mém.*, 1829, in-8°; t. IV, p. 192, ch. xiv.

CHAPITRE X.

1658.

Partis qui se forment à la cour parmi les courtisans. — Commencement de la faveur du prince de Marsillac. — Politique de Mazarin dans l'intérieur. — Il gouverne pendant la régence, par son influence sur la reine. — Depuis la majorité du roi, par l'ascendant qu'il sut prendre sur lui. — Il l'occupe des deux choses qu'il aimait le plus, la guerre et la galanterie. — Il le force avec autorité de s'occuper d'affaires. — Adresse que Mazarin met dans sa conduite envers les autres membres de la famille royale. — Il se concilie Gaston et MADEMOISELLE. — Il accorde un passe-port au médecin Guenaud pour aller soigner Condé, malade. — Procédés de Mazarin envers la princesse de Longueville. — Détails sur cette princesse et sur le prince de Conti. — Mazarin n'a plus d'autres ennemis à l'intérieur que les amis de Retz et les jansénistes. — Politique de Mazarin à l'extérieur. — Moyens qu'il emploie pour abattre la puissance de la maison d'Autriche. — L'ennemi s'empare de Rocroi. — Cette circonstance donne lieu à l'épître de La Fontaine à une abbesse. — Madame de Sévigné en entend la lecture chez Fouquet, et en fait l'éloge. — Madrigal de La Fontaine à ce sujet, adressé à madame de Sévigné. — Grandes richesses de Fouquet. — Il construit Vaux. — Protège les beaux esprits. — De mademoiselle de Scudéry et de ses romans, et de l'influence qu'elle exerçait. — Madame de Sévigné allait fréquemment à Vaux. — Madame Scarron, encore plus souvent. — Phrase d'une de ses lettres à madame Fouquet, au sujet des jardins de Vaux. — Madame de Sévigné va à sa terre des Rochers, et y passe l'automne avec ses trois oncles et son cousin de Coulanges.

Les plus légères préférences du jeune roi pour quelques-uns de ses courtisans n'étaient pas remarquées avec moins de soin que ses plus petites attentions envers les femmes. L'ambition, qui toujours veille, épiait avec une jalousie inquiète, ou avec une secrète joie, ses amitiés comme ses amours. Sa prédilection pour le prince de Marsillac n'avait échappé à personne, et la faveur naissante de ce fils du duc de La Rochefoucauld, cet ancien chef de la Fronde, était appuyée par la reine : tant sur le théâtre mouvant des cours les combinaisons de l'intérêt font varier rapidement les ligues et les hostilités, les ressentiments et les affections! Le marquis de Vardes et quelques autres jeunes courtisans, comme lui intimement liés avec le prince de Marsillac, le secondaient dans ses efforts pour s'assurer de plus en plus les bonnes grâces de Louis; mais les comtes de Soissons, de Guiche, de Villequier, l'abbé Fouquet, formaient, avec plusieurs autres dans la jeune noblesse, un parti qui lui était opposé. Mazarin soutenait ce parti, afin de diviser les courtisans, de les empêcher de se réunir contre lui, et de tenir les fils de leurs intrigues [1].

Pendant la régence, Mazarin gouverna par son influence sur la reine. Il établit sur cette base le fondement de sa puissance; c'est par là qu'il parvint à triompher des parlements, de la cour et de la Fronde. Depuis la majorité, c'est par l'ascendant qu'il sut acquérir sur le jeune monarque qu'il assura la continuation de son autorité. Par ce moyen, il se rendit indépendant d'une reine qui n'était pas exempte de cette versatilité trop ordinaire à son sexe. Il est vrai qu'ainsi il mécontentait fortement celle à laquelle il devait son élévation, et qu'il se faisait taxer d'ingratitude par tous ceux qui étaient attachés à sa personne et reconnaissants de ses faveurs [2]. Mais le rusé ministre savait qu'Anne d'Autriche lui avait sacrifié trop de monde

---

[1] MOTTEVILLE, *Mém.*, t. XXXIX, p. 411.
[2] LOMÉNIE DE BRIENNE, *Mémoires inédits*, 1828, t. II, p. 46.

pour pouvoir se séparer de lui; qu'elle tenait à lui par trop de liens pour oser même le désirer. En gouvernant seul et sans son appui, il flattait Louis, qui, ainsi affranchi de cette tutelle maternelle, ne se crut vraiment roi que lorsqu'il vit que son gouvernement n'était plus la proie des intrigues des femmes et des exigences des courtisans, mais qu'il reposait tout entier dans son ministre.

Mazarin occupait sans cesse Louis des deux choses pour lesquelles la jeunesse se passionne le plus facilement : la guerre et la galanterie. Mais en flattant ainsi les penchants de gloire et d'amour du jeune monarque, il savait s'en faire estimer, et lui imprimer une haute idée de ses talents et de sa capacité. Bien loin, comme on l'a prétendu, de lui dérober le secret des affaires, il cherchait, au contraire, à lui faire surmonter l'ennui que toute occupation sérieuse cause à cet âge, où le temps semble manquer au plaisir, où toutes les heures qui s'écoulent sans lui semblent pénibles et fatigantes. Mazarin savait, d'autorité, forcer le jeune roi à contracter l'habitude de fixer son attention sur les détails de son gouvernement. Un jour, Louis XIV s'absenta à l'heure où le conseil se tenait. Il s'était amusé, pendant ce temps, à répéter avec Motteville les scènes d'un ballet où ils devaient jouer ensemble. Mazarin fit à ce sujet au roi une verte réprimande; il éloigna Motteville de la cour, et donna des ordres sévères à tous les jeunes courtisans de ne point chercher à distraire le roi lorsque son devoir l'appelait au conseil [1]. Depuis lors, Louis XIV ne manqua pas d'y assister régulièrement et de prêter toute son attention aux affaires qui s'y traitaient.

La conduite de Mazarin envers les autres membres de la famille royale ne fut pas moins adroite. Il parvint par

---

[1] MOTTEVILLE, t. XXXIX, p. 409.

ses cajoleries, ses promesses et ses négociations, à rallier à lui Gaston [1] et MADEMOISELLE [2], et à faire cesser leur correspondance avec Condé. Envers ce prince, son ennemi, et alors aussi celui de la France, Mazarin sut montrer de la grandeur d'âme et de la générosité. On apprit que Condé était tombé dangereusement malade à Bruxelles; Mazarin se souvint seulement que Condé était Français et prince du sang royal, qu'il avait rendu d'éminents services à son pays et à son roi; il s'empressa d'accorder un passeport au médecin Guenaud, pour qu'il pût aller donner ses soins à l'illustre malade [3]. Quand on sut que Condé était hors de danger, Mazarin fut un des premiers à envoyer complimenter la duchesse de Longueville. Celle-ci, bien loin de favoriser, comme autrefois, la rébellion de son frère, ne cherchait qu'à se concilier la bienveillance du ministre et de la cour. Entièrement livrée à la plus sévère dévotion, elle entretenait une correspondance active avec plusieurs religieuses du couvent des Carmélites, et entre autres avec mademoiselle du Vigean, célèbre par la passion qu'elle avait inspirée à Condé et à Saint-Mégrin. Madame de Longueville eût voulu, à l'imitation de cette amie, consacrer le reste de sa vie à la retraite; mais ses directeurs spirituels ne le lui permirent pas, et lui rappelèrent que ses devoirs marquaient sa place près de son mari, avec lequel il fallait qu'elle se récon-

---

[1] LORET, liv. VIII, p. 153. — MONTPENSIER, t. XLII, p. 153.

[2] MONTPENSIER, *Mém.*, t. XLII, p. 104, 169, 198, 207, 208, 215, 238. — LORET, liv. VIII, p. 98, 114 (en date du 6 août 1657), p. 121 (13 août), p. 181. — MONGLAT, *Mém.*, t. LI, p. 34. — MOTTEVILLE, *Mém.*, t. XXXIX, p. 47. — LORET, liv. IX, p. 5 (2 janvier 1658).

[3] GUY-PATIN, *Lettres*, t. V, p. 145. — MOTTEVILLE, t. XXXIX, p. 421. — MONGLAT, *Mém.*, t. LI, p. 26. — DESORMEAUX, *Histoire de Condé*, t. IV, p. 102.

ciliât. C'était peut-être la plus rigoureuse pénitence qu'ils pussent lui imposer; elle la subit cependant, obtint du duc de Longueville le pardon de ses nombreuses offenses, ne le quitta plus, et se montra désormais soumise à ses moindres volontés [1].

Soit qu'il fût encore, dans le bien comme dans le mal, soumis à l'influence de sa sœur, soit qu'il fût converti par les vertus de sa femme, soit enfin que l'âge eût amorti en lui le feu des passions et lui eût inspiré d'autres pensées, soit enfin par toutes ces causes réunies, le prince de Conti devint aussi régulier dans sa conduite, aussi pieux dans ses sentiments, qu'il s'était précédemment montré déréglé [2].

La duchesse de Chevreuse et la princesse Palatine étaient depuis longtemps dévouées au premier ministre [3]. Le duc de Beaufort fut de tous les chefs de la Fronde un de ceux qu'on eut le plus de peine à réduire au rôle de suppliant; cependant il s'y résolut, et rentra aussi en grâces : bientôt après il reçut de l'emploi et un commandement [4].

Ainsi Mazarin ne rencontrait plus d'obstacles à l'intérieur. Les partisans du cardinal de Retz, Caumartin, d'Hacqueville, Joly, Laigues, d'Aubigny, Pelletier de la Houssaye, l'abbé de Lameth, Montrésor et autres, étaient trop peu nombreux, trop peu puissants pour former un parti; et Mazarin n'aurait fait aucune attention à eux,

---

[1] *Vie de madame de Longueville*, édit. 1739, t. II, p 10, 11, 18, 22, 24 et 26.

[2] Montpensier, *Mém.*, t. XLII, p. 220 et 221.

[3] *Vie de la duchesse de Longueville*; Amsterdam, 1739, in-12, t. II, p. 26.

[4] Montpensier, *Mém*, t. XLII, p. 299.

s'ils n'avaient pas été, en secret, aidés par les jansénistes. Par cette raison, il les surveillait de près, et faisait enfermer de temps en temps quelques-uns de ces opposants à la Bastille[1].

C'est en quelque sorte en se jouant que Mazarin était parvenu à déconcerter toutes les intrigues qu'on avait ourdies pour le renverser ou pour entraver l'exercice de son pouvoir; mais les difficultés du gouvernement et la politique extérieure demandaient une vue plus vaste et des talents d'un ordre plus élevé. C'est sous ce rapport surtout que Mazarin se montra grand ministre. Continuant toujours l'œuvre de Henri IV et de Richelieu, il cherchait à affaiblir la puissance de la maison d'Autriche. Tous les moyens qui conduisaient à ce but lui paraissaient bons et légitimes. C'est ainsi qu'on le vit se lier avec Cromwell et conclure avec lui un traité. Étranger à toutes les haines comme à toutes les affections, Mazarin ne connaissait plus ni sentiment ni convenance quand la raison politique ordonnait. Là où il trouvait des forces, il cherchait à s'en saisir, quelle que fût leur origine ou leur cause. Il ne craignit pas de froisser tous les cœurs, de choquer les royales répugnances, pour arriver à ses fins; et, sur la demande de l'usurpateur, le roi et les princes d'Angleterre furent expulsés de France; la reine d'Angleterre, comme fille de Henri IV, eut seule la permission d'y rester[2]. Mazarin obtint aussi de Cromwell un renfort de six mille hommes, qui contribuèrent au succès de la campagne de

---

[1] Guy-Joly, *Mém.*, t. XLVII, p. 410. — Petitot, *Notice sur Port-Royal*, t. XXXIII, p. 137.

[2] Loret, liv. VIII, p. 136 (18 septembre), p. 156 (13 octobre).

cette année, signalée par la prise de Montmédy, de Mardick et de Saint-Venant [1].

Lors de la diète qui fut tenue à Francfort pour l'élection d'un empereur, Mazarin parvint à faire admettre les plénipotentiaires du roi de France, qui n'avait aucun droit d'y assister [2]. L'or et l'intrigue semèrent des divisions dans toute l'Allemagne, obtinrent des alliés pour la France, créèrent des ennemis à l'Autriche. Toujours Mazarin joignait les négociations aux armées, et l'adresse à la force. La guerre se poursuivait avec activité dans les Pays-Bas, en Italie, en Catalogne [3], tandis que des plénipotentiaires français en Hollande, à Madrid, à Bruxelles, à Munich, travaillaient à négocier la paix, mais toujours sous des conditions avantageuses à la France [4].

Malgré les succès constants de Turenne, la France souffrait aussi par la guerre, et n'avait pas assez de troupes sur pied pour se garantir des fléaux qu'elle infligeait aux pays ennemis. Les Espagnols s'étaient rendus maîtres de Rocroi, dont la garnison, commandée par l'intrépide Montalte, menaçait Reims, et détachait souvent des partisans. Ceux-ci, pour obtenir de grosses rançons, enlevaient des riches bourgeois dans toute la Champagne, et même

[1] Monglat, *Mém.*, t. LI, p. 24, 37. — Raguenet, *Vie de Turenne*, p. 270. — Desormeaux, *Hist. de Condé*, t. IV, p. 103. — Jacques II, *Mémoires*, t. II, p. 116. — Loret, liv. VIII, p. 120, 123, 131, 142 (13 août, 1er et 22 septembre). — Ramsay, *Hist. de Turenne*, t. II, p. 72, 80, édit. in-12.

[2] Monglat, *Mém.*, t. LI, p. 38 et 40. — Gramont, *Mém.*, t. LVI, p. 275, 436, 445, 452, 463, 464, 477. — Loret, liv. VIII, p. 106, 136 et 143 (21 juillet, 8 et 12 septembre). — Guy-Patin, *Lettres*, t. V, p. 137.

[3] Monglat, t. LI, p. 64. — Loret, liv. VIII, p. 115 et 116.

[4] Loret, liv. VIII, p. 162 (27 octobre).

s'avançaient jusque près de la capitale. Leur audace s'accrut au point que les habitants de Reims se virent obligés de s'armer pour défendre leur ville contre le pillage, et que le maréchal de l'Hôpital, gouverneur de Paris, fît faire des patrouilles dans la banlieue, pour arrêter ou effrayer ces hardis maraudeurs [1].

Un jeune poëte de Château-Thierry, alors sans réputation, mais non pas sans talent (c'était La Fontaine), avait été invité par une abbesse de Mons à venir la trouver : il s'en excusa par le peu de sûreté de la route, et par la crainte que lui inspiraient Montalte et ses soldats. L'épître en vers qu'il lui adressa à ce sujet surpassait par l'esprit, la grâce, la facilité, l'harmonie, les meilleures lettres de Voiture. La Fontaine en fit la lecture chez le surintendant Fouquet, dont il était le pensionnaire, en présence d'un assez nombreux auditoire. Madame de Sévigné en faisait partie : elle fut charmée de cette pièce ; elle exprima le plaisir qu'elle en ressentait, avec cet abandon et ce ton de franchise qui lui étaient ordinaires. La Fontaine, joyeux d'un tel suffrage, adressa deux jours après un dizain à Fouquet, dans lequel il lui dit [2] :

> De Sévigné, depuis deux jours en çà,
> Ma lettre tient les trois parts de sa gloire,
> Elle lui plut, et cela se passa,
> Phébus tenant chez vous son consistoire.
> Entre les dieux (et c'est chose notoire),
> En me louant, Sévigné me plaça.
> Ingrat ne suis : son nom sera pieçà [3]
> Delà le ciel, si l'on m'en voulait croire.

---

[1] Loret, liv. VIII, p. 111 (28 juillet). — Monglat, *Mém.*, t. LI, p. 38; *Hist. de la vie et des ouvrages de la Fontaine*, 3ᵉ éd., t. I, p. 37.

[2] La Fontaine, *Œuvres*, édit. 1827, t. VI, p. 260.

[3] Longtemps.

Nous dirons bientôt de quelle manière Fouquet était parvenu à s'emparer de l'administration des finances, et comment il s'était acquis une puissance qui commençait à porter ombrage au premier ministre. Il le surpassait par l'éclat de son luxe et par sa magnificence. Plus généreux que lui, plus homme de goût, meilleur juge en littérature, appréciateur plus éclairé des beaux-arts, il récompensait les auteurs et les artistes avec plus de discernement et plus de libéralité; ce qui était encore préférable, il s'en faisait aimer par son accueil affectueux, par la franchise, la simplicité et l'affabilité de ses manières. Il avait achevé avec une énorme dépense le beau château de Vaux-le-Vicomte, près de Melun. L'architecte du roi Le Vau avait construit les bâtiments, le peintre Lebrun les avait ornés, Le Nostre avait dessiné et planté les jardins et le parc [1]. C'est dans ce somptueux séjour que Fouquet se plaisait à réunir, avec ce qu'il y avait de plus aimable et de plus considérable en France, les hommes de lettres en réputation et ceux dont la réputation était à faire. Chapelain, Ménage, Costar, la comtesse de La Suze, mademoiselle de Scudéry, s'y trouvaient souvent ensemble; La Fontaine y était admis depuis longtemps; Molière commençait à y paraître, en même temps qu'il venait d'obtenir pour sa troupe la permission de jouer à Paris. L'avocat Pellisson, qui joignait le génie des affaires à celui des lettres, premier commis de Fouquet, était son intermédiaire avec les beaux esprits. Pellisson s'était déclaré l'amant de mademoiselle de Scudéry, mais à la manière poétique de l'hôtel de Rambouillet. C'est là qu'on lui avait donné le nom d'Acante, et à

---

[1] Fouquet, *Conclusions de ses Défenses;* Elzeviers, 1668, in-18, p. 90.

elle celui de Sapho. L'admiration que mademoiselle de Scudéry excitait alors était grande. Un de ses contemporains dit qu'elle est la dixième Muse et aussi la première. La publication d'un nouveau volume d'un de ses interminables romans était un événement. Thomas Corneille, pour mieux recommander une de ses pièces à l'attention publique, a soin d'annoncer qu'elle est une imitation d'un des ouvrages de mademoiselle de Scudéry. On n'a pas assez remarqué, ce me semble, que les romans ont toujours exercé une grande influence sur le théâtre et la poésie. Le roman signale et détermine le caractère spécial de la littérature de chaque époque. Dans ce genre, plus que dans tous les autres, les auteurs originaux sont rares, les imitateurs abondent; par le grand nombre même de productions qu'il enfante et la multitude de lecteurs qu'il s'attire, il met en circulation les mêmes classes d'idées et de sentiments, donne du crédit à des manières particulières de voir et de sentir, introduit l'usage des mêmes formes de style, imprime au goût ses habitudes, impose à l'imagination ses préférences; il crée, enfin, une sorte d'atmosphère dans la littérature et dans les arts, dont le génie le plus puissant et le plus indépendant subit l'influence, et contre laquelle la froide critique cherche en vain à se débattre.

Fouquet donnait à Vaux les fêtes les plus somptueuses que l'on eût encore vues en France. Madame de Sévigné allait souvent à Vaux. C'est à Vaux que la belle épouse du burlesque Scarron, sans aucune idée de la destinée qui l'attendait, demandait à madame Fouquet la permission de se rendre, « pour témoigner, disait-elle, sa reconnaissance au héros qui en était le maître; osant espérer qu'on ne la trouverait pas de trop dans ces allées où l'on pense avec tant de raison, où l'on badine avec tant de grâce¹. »

Mais madame de Sévigné se déroba aux délices de Vaux et de Livry, aux fêtes de la cour, aux charmes des beaux cercles de la capitale, pour se rendre en Bretagne, où sa présence était nécessaire au règlement de ses affaires et aux embellissements qu'elle avait projetés au château et au parc de sa terre des Rochers.

Cependant elle ne partit point seule : elle fut suivie ou accompagnée par ses deux oncles, le *bien bon* Christophe de Coulanges, abbé de Livry, et par son frère cadet, Charles de Coulanges, seigneur de Saint-Aubin, homme excellent, très-pieux, mais cependant naturellement jovial, grand joueur de mail, sans ambition, sans intrigues, et qui s'acquit, par son caractère et par les qualités de son cœur et de son esprit, beaucoup d'amis, même dans les rangs les plus élevés. Il les conserva toute sa vie, quoiqu'en devenant âgé, il eût, pour satisfaire ses habitudes et ses inclinations, choqué les convenances du monde par un mariage inégal². Saint-Aubin, comme l'abbé de Coulanges, aidait madame de Sévigné dans l'administration de ses biens, et dans tous les travaux qu'elle faisait entreprendre à sa terre des Rochers. Aussi attaché que son frère à l'aimable veuve, il l'assistait de ses conseils, et elle lui abandonnait volontiers le soin de leur exécution. Saint-Aubin, comme sa nièce, aimait les bons livres, et était d'une

---

¹ MAINTENON, *Lettres*, 1756, in-12, t. I, p. 24, *lettre à madame Fouquet.*
² SÉVIGNÉ, *Lettres* (4 mai 1672), t. I, p. 420, M.; (6 octobre 1679) . V, p. 452, 455, 458 ; (10 et 15 novembre 1688) t. VIII, p. 149, 153; 19 novembre) p. 164 ; (6 décembre 1688) p. 192 ; et dans l'édition de Gault de Saint-Germain, voyez t. VI, p. 152 ; t. VIII, p. 436, 440, 444, 446, 476 ; conférez 3ᵉ partie de ces *Mémoires*, ch. VIII, p. 133.

complaisance infatigable quand elle lui demandait de lui faire des lectures.

A ces deux oncles de madame de Sévigné vint se joindre bientôt un troisième : c'était Louis de Coulanges de Chezières[1]. Celui-ci était depuis peu de retour d'un grand voyage qu'il avait fait en compagnie avec son neveu Philippe-Emmanuel de Coulanges, ce même petit Coulanges avec lequel madame de Sévigné avait passé son enfance au château de Sucy[2]. Lui et de Chezières s'étaient mis à la suite du maréchal duc de Gramont et de M. de Lyonne, envoyés en ambassade à Francfort-sur-le-Mein, auprès des électeurs, qui y avaient été convoqués pour nommer un empereur. Ils avaient, en compagnie de Nointel, d'Amelot, de Le Camus, qui depuis devinrent de hauts personnages, parcouru l'Allemagne et l'Italie. Successivement bien accueillis à la cour de Bavière, à celle de Wurtemberg, de l'électeur Palatin, de Piémont, de Toscane, ils avaient vu à Rome le nouveau pape officier pendant la semaine sainte, et ils étaient de retour à Paris le 23 octobre 1658. Coulanges alla aussitôt en Picardie voir son oncle d'Ormesson, qui était intendant de cette province ; il rejoignit ensuite son père à la campagne, chez la marquise de La Trousse, sa tante, dans la terre de ce nom. Il retrouva là aussi sa tante, ses deux sœurs, et sa cousine mademoiselle de La Trousse. Son oncle de Chezières l'avait quitté, et s'était empressé, ainsi que je l'ai dit, de se rendre aux Rochers[3].

[1] COULANGES, *Mémoires*, 1820, in-8°, p. 2 et 49 ; conf. 3ᵉ partie, ch. VIII, p. 132.

[2] SÉVIGNÉ, *Lettres* (22 juillet 1676), t. IV, p. 382 ; dans G. de St.-G., t. V, p. 31.

[3] COULANGES, *Mémoires*, p. 49.

On peut juger combien madame de Sévigné dut être satisfaite de l'arrivée de cet oncle, qu'elle aimait à l'égal des deux autres. Après un voyage aussi long et aussi intéressant, sa conversation dut être d'autant plus délicieuse pour elle pendant les jours d'oisiveté qui permettent à la campagne de jouir du présent et de faire une pose dans la vie, que de Chezières était un homme ponctuel dans ses narrations, retenant avec soin les dates, les noms et les circonstances, et toujours prêt à redresser les faits et à les expliquer. Il aimait beaucoup le séjour des Rochers, probablement à cause de l'amitié qu'il portait à sa nièce; et il y revenait volontiers et souvent [1].

Madame de Sévigné se plaisait tant dans la société de ses trois oncles, qu'elle ne quitta les Rochers qu'à la fin de l'année et dans les derniers jours de septembre. Elle retrouva à Paris son cousin de Coulanges, son ami d'enfance. Mais il faut le laisser parler, et copier ce qu'il a dit lui-même dans son journal aussitôt après son retour :

« Vers Noël, madame la marquise de Sévigné, ma cousine germaine, dame d'un mérite extraordinaire, et pour laquelle j'ai eu toute ma vie une très-tendre amitié, arriva de ses terres de Bretagne avec l'abbé de Coulanges, M. de Chezières, qui l'était allé trouver après son retour d'Allemagne, et M. de Saint-Aubin, ses oncles et les miens. J'eus la plus grande joie du monde de les embrasser tous, et de voir, par leur arrivée, toute ma famille paternelle réunie pour longtemps [2]. »

---

[1] SÉVIGNÉ, *Lettres* (5 août 1671), t. II, p. 143; (23 août 1671) t. II, p. 168; (30 avril 1675) t. III, p. 264; (10 mai 1675) t. III, p. 266; (2 octobre 1675) t. IV, p. 13; t. V, p. 224; conférez dans l'édition de Gault de St.-Germain, t. II, p. 172, 202; t. III, p. 41, 383.

[2] COULANGES, *Mémoires*, p. 49 et 50.

CHAPITRE XI.

1657 — 1658.

Bussy poursuit son plan auprès de sa cousine. — Il savait apprécier son style. — Il aimait à exercer sa critique sur les auteurs les plus fameux. — Il se plaisait à faire confidence à sa cousine de ses intrigues galantes. — Lettres de Bussy à madame de Sévigné. — Ce qu'il a écrit à la marquise d'Uxelles. — Rupture entre Bussy et madame de Sévigné. — Bussy déplaît à Turenne. — Il fait sa cour à Mazarin et à Fouquet. — Sa galanterie lui fait des rivaux et des ennemis. — Il contracte des dettes. — Il remet à Fouquet la démission de sa charge. — Bussy reçoit de l'argent de Fouquet. — Bussy s'adonne au jeu. — Il a besoin d'argent pour ses équipages de campagne. — Madame de Sévigné consent à lui en prêter. — Des formalités empêchent la délivrance de la somme. — Bussy emprunte sur les diamants de madame de Monglat. — Il part furieux contre madame de Sévigné. — Ses malheurs datent de sa rupture avec elle. — Il se distingue à l'armée. — Il fait pendant la semaine sainte une partie de débauche au château de Roissy. — Bussy est disgracié pour cette orgie. — Il fait des vers contre Mazarin et des personnes de la cour. — Il compose son *Histoire amoureuse des Gaules*, et y place le portrait de madame de Sévigné. — Il est mis à la Bastille pour ce libelle. — Supporte mal l'infortune. — Comment se passa la fin de sa vie. — Personne ne l'aimait, hors madame de Sévigné. — Cependant le souvenir de l'injure qu'il lui a faite excite toujours ses craintes. — Bussy se repent de ce qu'il a fait contre sa cousine. — Dans une circonstance mémorable il se conduit à son égard avec générosité.

Bussy se flattait peu, après une aussi longue résistance, de pouvoir triompher de sa cousine ; mais il goûtait de jour en jour davantage le commerce épistolaire qu'il entretenait avec elle. Homme de goût et d'esprit, il se vantait avec quelque raison de son tact en littérature et de l'indépendance de ses jugements. Chapelain, dont la haute réputation avait résisté même à la publication de son poëme, n'était pas à l'abri de ses critiques. Bussy appréciait parfaitement le naturel, l'élégance, la variété et la vivacité des tours et toutes les qualités du style de sa cousine. Il en était charmé, et ses lettres lui causaient un plaisir toujours nouveau. D'ailleurs, il avait la plus entière confiance dans sa prudence et dans sa discrétion. Obligé de se soumettre à la défense qu'elle lui avait faite de ne jamais dans sa correspondance l'entretenir de son amour, il s'en dédommageait en lui faisant confidence de ses intrigues galantes avec d'autres femmes. Dans une lettre qu'il lui adressa pendant cette campagne, il lui fait part de sa correspondance avec la marquise d'Uxelles :

LETTRE DE BUSSY A MADAME DE SÉVIGNÉ.

« Au camp de Blessy, le 4 août 1657.

« Votre lettre est fort agréable, ma belle cousine; elle m'a fort réjoui. Qu'on est heureux d'avoir une amie qui ait autant d'esprit que vous ! Je ne vois rien de si juste que ce que vous écrivez, et l'on ne peut pas vous dire : Ce mot-là serait plus à propos que celui que vous avez mis. Quelque complaisance que je vous doive, madame, vous savez que je vous parle assez franchement pour ne pas vous dire ceci si je ne le pensais pas; et vous ne doutez pas que je ne m'y connaisse un peu, puisque j'ose bien juger des ouvrages de Chapelain[1], et que je censure assez justement ses pensées et ses paroles. Je vous envoie copie de la lettre que j'ai écrite à la marquise d'Uxelles. Elle me mande que si j'aime les grands yeux et les dents blanches,

[1] Conférez Loret, liv. VII, p. 21, lettre du 5 février 1656.

elle aime, de son côté, les gens tendres et les amoureux transis, et que ne me trouvant pas comme cela, je me tienne pour éconduit. Elle revient après; et sur ce que je lui mande que je la quitterai si elle me rebute, et qu'à moins de se déguiser en maréchale pour me surprendre, elle ne m'y rattrapera plus, elle me répond que je ne me désespère point, et qu'elle me promet de se donner à moi quand elle sera parvenue à la dignité pour laquelle, à ce qu'elle dit, on la mange jusqu'aux os; que mon poulet ne pouvait lui être rendu plus mal à propos, et que, n'ayant pas un denier, elle était dans la plus méchante humeur du monde[1]. »

On voit, par les particularités contenues dans cette lettre, qu'il existait entre Bussy et sa cousine tous les genres d'intimité, excepté celui qu'elle repoussait, et qui n'eût point été compatible avec de tels aveux. Cependant, c'est alors que leur liaison semblait la plus étroite, c'est lorsque leur amitié mutuelle s'était accrue par l'habitude de se communiquer leurs pensées, qu'il y eut entre eux une rupture absolue. L'outrage qui en fut la suite aurait pu rendre cette rupture définitive, si l'excellent caractère de madame de Sévigné, la bonté de son cœur, le repentir sincère de Bussy, sa noble conduite dans une circonstance délicate, un orgueil de famille assez prononcé dans le cousin comme dans la cousine, les inclinations qu'ils avaient toujours eues l'un pour l'autre, n'eussent, après huit ans d'intervalle, opéré entre eux un rapprochement sincère, et renoué enfin une correspondance depuis longtemps interrompue.

---

[1] Bussy, *Mém.*, 1721, in-12, t. II, p. 90; édit. in-4°, t. II, p. 109; *Supplément*, t. I, p. 158. — Sévigné, *Lettres*, t. I, p. 53.

Mais pour bien connaître la cause de cette rupture, qui eut peut-être plus d'influence sur la destinée de madame de Sévigné qu'elle-même ne le soupçonna, il faut continuer à suivre les principaux détails de la vie de Bussy, comme nous l'avons fait jusque ici.

Bussy dès les premiers moments qu'il fut placé sous les ordres du maréchal de Turenne, lui avait déplu [1] : Bussy cependant avait un courage brillant ; il était bon officier, entendait bien la guerre, et fit plusieurs actions d'éclat qui lui méritèrent les éloges de Turenne lui-même ; mais Bussy faisait souvent des fautes par un excès de présomption. Il était vain et arrogant, et il aimait trop ses plaisirs pour ne pas souvent négliger ses devoirs [2]. Son esprit médisant et caustique dirigeait sur tout le monde, et sur ses supérieurs même, des traits acérés [3]. Trop jaloux des privilèges de sa charge, il faisait de son plein gré des promotions dans la cavalerie, et délivrait des commissions d'officier sans en référer au général en chef [4]. Il en avait le droit ; mais dans l'exercice de l'autorité il faut moins consulter son droit que l'intérêt de la chose qui nous a été confiée, et le jugement nous indique quand il faut aller au delà de nos pouvoirs et quand il faut rester en deçà. Le privilége dont Bussy abusait était de nature à déplaire à tout général en chef, même en temps de paix ; en guerre il était évidemment

---

[1] Bussy, *Mém.*, t. II, p. 85, 89 de l'édit. in-12. — Ibid., t. II, p. 203 et 207 de l'édit. in-4°.

[2] Bussy, *Mém.*, t. II, p. 100 à 109 de l'édit. in-12, p. 137 et 335 de l'édit. in-4°.

[3] Saint-Évremond, *lettre touchant la destinée du comte de Bussy-Rabutin*, Œuvres, 1753, in-12, t. IX, p. 119. — Bussy, *Mém.*, t. II, p. 43, édit. in-12 ; t. II, p. 91 et 95, édit. in-4°.

[4] Bussy, *Mém.*, t. II, p. 91, passim.

nuisible au bien du service, et il entraînait de fâcheuses conséquences.

Malgré son orgueil, Bussy faisait assidûment sa cour à Mazarin et à Fouquet, dans l'espérance d'obtenir de l'avancement du premier et de l'argent du second [1] ; or, rien n'était plus propre qu'une telle conduite à lui enlever l'estime de Turenne. Ce grand capitaine se prévalait de l'appui qu'il prêtait à l'État pour se maintenir dans une indépendance utile aux succès de ses opérations; il lui importait peu de déplaire au premier ministre : parfaitement désintéressé, il n'avait ni richesses ni faveurs à demander, et la nécessité de la discipline le portait à vouloir que les officiers sous ses ordres dépendissent de lui et non de Mazarin. Bussy, malgré ses pressantes sollicitations, n'obtenait point l'exécution des promesses qui lui avaient été faites. Il attribuait le défaut de succès de ses démarches au peu de crédit dont il jouissait près de Turenne, et il ne se trompait pas. Quoique Mazarin fût jaloux de Turenne, il lui rendait justice; il savait apprécier ses services et ses talents, et il le ménageait. Si Bussy avait pu obtenir l'appui de ce grand capitaine, Mazarin n'aurait pas osé lui manquer si souvent de parole.

A tous ces mécomptes de l'ambition Bussy joignait une conduite propre à lui faire beaucoup d'ennemis : il ne se contentait pas d'une seule maîtresse, mais toutes les femmes qui lui plaisaient devenaient les objets de ses poursuites; et comme il réussissait souvent, il avait contre lui beaucoup d'envieux et de jaloux et un plus grand nombre de rivaux. Ce qu'il y avait pour lui de plus triste et de plus désastreux, c'est qu'il n'avait ni ordre dans ses

[1] Bussy, *Mém.*, t. II, p. 105.

affaires ni économie dans ses dépenses; son faste, son goût pour les plaisirs lui en faisaient faire d'excessives, et de très-disproportionnées à sa fortune. Les sommes qu'il avait empruntées au surintendant pour payer sa charge eussent exigé de lui qu'il fît des épargnes, afin de pouvoir en opérer le remboursement et en servir les intérêts; mais, bien loin de pouvoir y parvenir, il avait contracté de nouvelles dettes. Dans son marché avec Fouquet, il s'était engagé d'obtenir avant trois ans un grade supérieur à celui de mestre de camp dans la cavalerie[1], et de céder cette dernière charge au surintendant, qui voulait la faire passer dans sa famille. Pour sûreté de cette condition, Bussy avait remis d'avance à Fouquet la démission de sa charge; mais comme Bussy ne put obtenir d'avancement dans les délais déterminés, Fouquet refusa de lui compter les sommes stipulées en cas d'exécution de cette clause de leur contrat. Bussy voulut alors ravoir la démission souscrite par lui : pour forcer le surintendant à la lui rendre, il se servit de l'influence de l'abbé Fouquet, alors brouillé avec son frère, mais en grande faveur auprès de la reine mère et de Mazarin. Par le moyen d'une si puissante intervention, Bussy parvint à se faire rendre la démission qu'il avait donnée; mais il s'attira l'inimitié du surintendant[2].

Pour qu'aucun travers, aucune cause de ruine ne manquât à Bussy, il était joueur : il est vrai que, si on l'en croit, il était heureux au jeu. Cependant il y a lieu de penser qu'il aimait à se vanter de ce qu'il gagnait, et se taisait sur ses pertes. Il fait mention dans ses Mémoires des

---

[1] Bussy, *Mém.*, t. II, p. 107 et 108 de l'édit. in-12, et t. II, p. 129 de l'édit. in-4°.

[2] Ibid., *Mém.*, t. II, p. 140 à 146, édit. in-12, et t. II, p. 171 à 177 de l'édit. in-4°.

gains considérables qu'il fit pendant qu'il était à l'armée de Catalogne. Ils lui suffirent pour défrayer toutes ses dépenses pendant cette campagne; il lui resta même encore dix mille écus sur cet argent [1]. Dans la lettre à sa cousine dont nous venons de transcrire une partie, il dit qu'il a gagné huit cents louis [2], et qu'il est tellement en veine, que personne n'ose plus jouer avec lui. Cependant, lorsque l'année suivante le moment vint de partir pour l'armée, il se trouva dans une telle détresse qu'il n'avait pas de quoi suffire à la dépense de ses équipages [3], et si peu de crédit, que personne ne voulait lui prêter [4]. Il ne savait comment se tirer d'embarras, lorsque l'évêque de Châlons, Jacques de Neuchèse, oncle de sa première femme, dont nous avons parlé précédemment [5], mourut. Cet évêque avait donné par contrat de mariage à sa nièce, lorsqu'elle épousa Bussy, une valeur de dix mille écus, et autant à son autre nièce madame de Sévigné; le tout était payable seulement après sa mort. Madame de Sévigné, qui désirait avoir une terre de l'évêque de Châlons rapprochée de Bourbilly, avait proposé à Bussy de traiter avec lui de ses droits dans la succession de leur oncle. Bussy, sans rejeter ni accepter cette proposition, mais uniquement occupé du soin de se tirer de la gêne où il était, envoya Corbinelli à sa cousine, pour lui demander en son nom

[1] Bussy, t. I, p. 456, édit. in-12, et t. I, p. 561 de l'édit. in-4°.

[2] Sévigné (lettre de Bussy, 4 août 1657), t. I, p. 66, édit. G, t. I, p. 54, édit. M.

[3] Bussy, *Mém.*, t. II, p. 109 de l'édit. in-12, ou t. II, p. 132 de l'édit. in-4°.

[4] Bussy, *Mém.*, passage inédit inséré dans les notes sur Sévigné, *Lettres*, édit. 1820, t. I, p. 141, et *Lettres* de Sévigné, 29 juillet 1668, t. I, p. 133 et 134. — Bussy, *Mém.*, t. II, p. 157.

[5] Voyez 1re partie, ch. XI, p. 149 et 150.

de lui faire trouver dix mille écus : il lui offrit pour garantie le nouvel héritage auquel il avait droit. Madame de Sévigné accepta, et même elle témoigna sa joie de pouvoir obliger Bussy; mais elle se laissait gouverner entièrement pour ses intérêts pécuniaires par son oncle l'abbé de Coulanges; et là où elle n'avait pas vu de difficultés il en aperçut. L'abbé connaissait le désordre des affaires de Bussy, et avant de laisser grever les biens de sa nièce pour une somme de dix mille écus, qui valaient à peu près 60,000 fr. d'aujourd'hui, il voulut savoir si les biens de Bussy n'étaient pas déjà engagés, et s'assurer quels pouvaient être ses moyens de remboursement. Il envoya quelqu'un en Bourgogne pour prendre des informations; et pour déguiser ce que cette mesure avait d'offensant, l'abbé de Coulanges dit qu'on ne pouvait disposer des fonds d'une succession qui n'était pas encore partagée; et que par conséquent il y avait nécessité d'aller trouver l'héritier de M. de Neuchèse, pour s'assurer de son consentement relativement à l'hypothèque offerte par Bussy. Madame de Sévigné fit savoir à Bussy les raisons du retard du prêt qu'elle devait lui faire. Bussy répondit qu'il lui était impossible d'attendre, parce que l'armée avait déjà investi Dunkerque, et que s'il ne se trouvait pas à ce siége, il serait déshonoré : il lui offrit pour sûreté de la somme qu'il demandait, en attendant le retour de l'homme d'affaires envoyé en Bourgogne, des ordonnances de ses appointements pour dix mille écus, disant que, lors même qu'il mourrait à l'armée, il serait facile de se faire payer du montant de ces ordonnances jusqu'à concurrence de la somme prêtée, puisque cela ne dépendait que de Fouquet, dont la bonne volonté à l'égard de sa cousine n'était pas douteuse. Madame de Sévigné répondit que le surintendant était précisément l'homme du monde auquel elle consentirait le moins à demander un service d'argent.

Cette correspondance et ces négociations avaient consumé du temps, et n'avaient fait qu'augmenter la détresse de Bussy, qui était arrivé à la veille du jour de son départ. La marquise de Monglat vint à son secours ; elle lui remit ses diamants, qu'il mit en gage ; il emprunta dessus deux mille écus : avec cet argent il partit, mais le cœur ulcéré contre sa cousine, se croyant trompé par elle, et regardant comme fausses toutes les protestations qu'il en avait reçues, comme perfides tous les témoignages de tendresse et d'amitié qu'elle lui avait donnés. Quoiqu'il ne pût s'empêcher de l'aimer encore, il rompit tout commerce avec elle. Le dépit et l'orgueil blessé lui inspirèrent le même désir de vengeance que la haine, et il ne tarda pas, comme nous le verrons bientôt, à se satisfaire. C'est de cette époque que datent le déclin de la fortune de Bussy et tous ses malheurs. Si sa rupture avec sa cousine n'en fut pas la seule cause, il est certain qu'elle y contribua beaucoup. C'est depuis qu'il eut cessé d'avoir madame de Sévigné pour confidente et pour amie, depuis qu'il n'eut plus la crainte d'être désapprouvé par elle, depuis qu'il ne redouta point ses spirituelles et utiles railleries, et qu'il ne fut plus encouragé par ses éloges ni éclairé par ses conseils, qu'il passa de la prodigalité au désordre, et de la galanterie à la débauche.

Au retour de cette campagne, qui fut une des plus brillantes et une des plus importantes par ses résultats, toute la jeune noblesse qui en était revenue, enivrée de ses succès et de la gloire commune, se livra avec plus d'emportement que de coutume aux plaisirs de la capitale. Bussy, qui s'était distingué par de beaux faits d'armes, fut un des plus ardents à se dédommager des ennuis et des fatigues de la guerre, par toutes les joyeuses folies auxquelles l'usage permettait de s'abandonner pendant le carnaval. Lui et ses compagnons habituels virent avec peine arriver le moment où les solennités de la semaine sainte les forceraient d'interrompre et de changer leur genre de vie : en le continuant ouvertement, ils savaient qu'ils révolteraient les sentiments de morale publique et s'exposeraient à des dangers. Vivonne, premier gentil-homme du roi, l'un d'entre eux, leur offrit d'aller passer ce temps de retraite et de pénitence à son château de Roissy, à quatre lieues de Paris, leur promettant que, loin de l'intrusion des fâcheux et des regards de tous les censeurs, ils auraient pleine liberté pour se réjouir et abondance de tous les moyens nécessaires à la satisfaction de leurs goûts. Outre Vivonne et Bussy, il y avait, dans le nombre de ces jeunes débauchés, Cavois, lieutenant au régiment des Gardes; Mancini, neveu du cardinal Mazarin; les comtes de Guiche et de Manicamp et l'abbé Le Camus, qu'on est bien étonné de trouver en telle compagnie, car c'est bien le même qui depuis, aumônier et prédicateur du roi, évêque et cardinal, devint un modèle de vertu, de piété et d'humilité chrétienne[1]. En se rendant au château qui devait être le théâtre de leurs orgies, ces jeunes écervelés arrêtèrent en route un procureur nommé Chantereau; ils l'emmenèrent

---

[1] Loret, liv. VIII, p. 48, du 7 avril 1657. — Motteville, *Mém.*, t. XL, p. 7. — Dangeau, *Nouveaux Mémoires,* dans l'*Essai sur l'établissement monarchique de Louis XIV,* par Lemontey, p. 23. — De Subligny, *Muse Dauphine,* p. 112; *Hist. de la Vie et des Ouvrages de La Fontaine,* 3ᵉ édit., p. 410. — La Fontaine, *Œuvres,* 1827, t. VI, p. 162.

prisonnier, puis, après l'avoir enivré et s'en être divertis, ils le renvoyèrent. Ils se mirent ensuite à jouer gros jeu; puis après ils firent venir des violons. Le jour suivant, ou plutôt la nuit suivante, qui était celle du samedi au dimanche, ils firent ce qu'on appelait alors *media noche*, c'est-à-dire un repas au milieu de la nuit, afin de pouvoir s'enivrer et manger de la viande. Malgré les précautions qu'ils avaient prises, le bruit de leurs excès et de leurs débauches perça au dehors; tout ce qu'il y avait eu dans leurs actions de blâmable pour les bonnes mœurs, d'outrageant pour la religion, devint la matière de récits exagérés : le roi et la reine en furent informés, et Bussy et tous les auteurs de ces scènes scandaleuses furent exilés dans leurs terres [1]. Cette disgrâce ôtait à Bussy tous les moyens d'obtenir l'accomplissement des promesses d'avancement qui lui avaient été faites. La sévérité dont on usa envers lui dans cette circonstance lui parut excessive; elle l'aigrit contre Mazarin, contre la reine, contre Turenne, contre tout ce qui était puissant et favorisé par eux. Il exhala d'abord, à part lui à la vérité et en secret, sa malignité dans des satires, des chansons, des épigrammes dirigées contre les courtisans, les ministres et les généraux. Il en divertit sa maîtresse [2]. Comme elle prenait goût à ces dangereux exercices d'esprit, il composa, pour la satisfaire, le curieux et scandaleux volume qu'il intitula *Histoire amoureuse des Gaules*. Sous des noms déguisés et faciles à deviner, et sous la forme d'un roman écrit d'un style naturel et élégant, il y dévoila les intrigues, le libertinage

---

[1] Bussy, *Mém.*, t. II, p. 153 et 155, édit. in-12. — Ibid., t. II, p. 179 de l'édit. in-4°. — Bussy, *Hist. amour. de France*, 1710, p. 273. — Ibid., édit. 1754, t. I, p. 234. — Motteville, t. XL, p. 6.

[2] Bussy, *Mém*, t. II, p. 162.

et les turpitudes de plusieurs personnages de la cour. Comme il était alors au plus haut point de sa colère contre madame de Sévigné, il traça d'elle un portrait satirique. C'est ce portrait et un ou deux autres qui ont fait dire à Saint-Évremond, au sujet de cet ouvrage, « que son auteur avait dit du mal de certaines femmes dont il n'avait pas pu même inventer les désordres [1] ».

Bussy fit quelques lectures de son ouvrage à des personnes sur la discrétion desquelles il pouvait compter. Son secret lui fut gardé pendant quelque temps ; mais, ainsi que nous le dirons plus amplement, il fut trahi par la jalousie d'une de ses maîtresses. Il avait eu la faiblesse de prêter son manuscrit pendant vingt-quatre heures. Contre la foi de la promesse qui lui avait été faite, on en fit une copie qui servit à en faire d'autres, qui circulèrent, et l'ouvrage fut imprimé en Hollande, sans nom d'auteur d'abord, puis peu après avec le nom de l'auteur, et donnant la connaissance de tous les personnages dont les noms étaient déguisés, au moyen d'un index ou clef qu'on avait ajoutée et imprimée à la fin. Ce ne fut pas tout : en recopiant et en réimprimant cet ouvrage, on y fit des additions, qui en augmentèrent le venin et le scandale, et dont Bussy n'était pas l'auteur. Un des interlocuteurs de cette espèce de roman historique y parlait d'un cantique qu'on avait chanté, sans dire quel était ce cantique et sans en rien citer. On en composa un avec des couplets dirigés contre le roi et les femmes de la cour, et on l'intercala dans cet endroit de l'ouvrage de Bussy. Cette addition fut faite peu de temps après les premières éditions : il y avait encore d'autres couplets, moins coupables, qu'on lui

[1] Saint-Évremond, Œuvres, t. IX, p. 119.

attribuait alors, et qu'il affirmait n'être point de lui[1]. Ses protestations, ses assertions, et les preuves dont il offrait de les appuyer, furent repoussées ; il fut mis à la Bastille, et tomba dans une disgrâce complète.

On verra par la suite de ces Mémoires que Bussy ne sut point supporter avec courage et dignité son infortune, ni profiter de l'intérêt que l'arbitraire dont il était victime attachait à sa disgrâce. Il flattait bassement ceux par lesquels il espérait remonter à la faveur, et il les déchirait en secret. Sa détention ne fut pas de longue durée ; mais vingt années s'écoulèrent sans qu'il pût obtenir la permission de se montrer à la cour. Il y reparut enfin, mais humilié, mais sans charge, sans fonctions, sans crédit, sans considération, et confondu dans la foule des courtisans. Aussi rentra-t-il promptement dans sa retraite ; il y termina ses jours, qu'abrégèrent de tristes débats de famille et un odieux procès. Saint-Évremond, qui le connut particulièrement, a dit de lui « qu'il n'aimait personne et parvint à n'être aimé de qui que ce soit ». Cette dure assertion doit être au moins modifiée, puisqu'elle offre une exception dans madame de Sévigné. Cependant le commerce qu'elle renoua avec Bussy après leur rupture ne fut pas semblable à celui qu'elle entretenait avant cette époque : le souvenir de l'outrage qu'elle en avait reçu était pour son cœur une plaie que le temps ne put entièrement cicatriser. On s'aperçoit, en lisant les lettres qu'elle lui a

---

[1] Le fameux cantique *Alleluia* ne se trouve point dans les deux premières éditions de l'*Histoire amoureuse des Gaules*, imprimées à Liége, sans date. La première où il se rencontre, et où se trouve aussi le nom de Bussy, est celle qui est intitulée *Histoire amoureuse de France*, par BUSSY-RABUTIN, 1666, petit in-12 de 237 pages. Conférez la 3ᵉ partie, ch. I, p. 3, et p. 447 et 448.

adressées depuis leur réconciliation, qu'une sorte de crainte et de défiance se mêle à l'abandon auquel elle aurait voulu se livrer, et qu'elle se tenait toujours sur ses gardes. Cependant Bussy fut pour elle l'homme le plus aimable et le plus spirituel, celui avec lequel elle aimait le plus à s'entretenir. Elle le regardait comme injustement persécuté, et en butte à des ennemis inférieurs à lui en mérite ; elle aurait voulu le voir heureux, et elle était vivement touchée des revers de sa fortune. Bussy, après s'être réconcilié avec sa cousine, lui rendit toute sa confiance, et sentit renaître toute son affection pour elle ; il avait la plus haute estime pour ses vertus, la plus vive admiration pour son esprit, la plus forte inclination pour son caractère, égal, sensé, aimable, aimant et gai. Le repentir qu'il éprouvait de l'avoir offensée fut profond et durable ; il le peint avec énergie dans un endroit de ses Mémoires qu'il écrivait pour lui-même et pour ses enfants, avec le dessein de ne jamais les publier de son vivant.

« Un peu avant la campagne de 1658, je me brouillai avec madame de Sévigné. J'eus tort dans le sujet de ma brouillerie ; mais le ressentiment que j'en eus fut le comble de mon injustice. Je ne saurais assez me condamner en cette rencontre, ni avoir assez de regrets d'avoir offensé la plus jolie femme de France, ma proche parente, que j'avais toujours fort aimée, et de l'amitié de laquelle je ne pouvais pas douter. C'est une tache de ma vie, que j'essayai véritablement de laver quand on arrêta le surintendant Fouquet. »

Bussy a raison de se vanter de la conduite qu'il tint dans cette dernière circonstance. Elle fut noble et généreuse, mais ce n'est pas encore ici l'occasion de la faire connaître. Le but principal de cet ouvrage nous oblige à perdre quelque temps Bussy de vue ; nous reviendrons à lui lorsqu'il aura cessé d'être brouillé avec madame de Sévigné. Nous allons continuer à suivre celle-ci dans le monde, où elle brillait alors avec plus d'éclat encore que par le passé, et où son esprit, les charmes de sa personne et les agréments de son commerce lui avaient acquis une véritable célébrité.

CHAPITRE XII.

1658 — 1659.

Ardeur pour les plaisirs pendant les deux années qui précédèrent le mariage de Louis. — Promenade au Cours. — Foire Saint-Germain. — Conduite de madame de Sévigné. — Le roi devient amoureux de Marie Mancini. — Le roi a une courte maladie, qui met ses jours en danger. — Sentiments divers des courtisans pendant cette maladie. — Affliction profonde de Marie de Mancini. — Le roi en est instruit, sa passion pour elle s'en augmente. — Anne d'Autriche veut la combattre. — Conduite douteuse de Mazarin à ce sujet. — L'issue des négociations pour le mariage de Louis XIV avec la princesse de Savoie est, par cette passion, rendue incertaine. — Ces négociations sont rompues par l'offre de l'Espagne de donner l'infante. — Anne d'Autriche, craignant le mariage de son fils avec Marie de Mancini, fait rédiger d'avance une protestation. — Le cardinal se détermine à envoyer sa nièce au Brouage. — On s'est trompé sur les intentions que l'on a supposées à Mazarin. — Il entrait dans son plan d'inspirer des craintes à l'Espagne, de montrer que lui seul voulait la paix. — La violence de la passion du roi manqua de faire échouer ces combinaisons. — Grand caractère de Mazarin. — Obstacles qu'il a eu à vaincre pour parvenir à la paix et au mariage du roi.

Le roi et son frère entraient tous deux dans cet âge où le cœur et les sens dominent trop la volonté pour qu'elle puisse se soumettre à la froide raison, et ne pas secouer le joug de ceux qui voudraient mettre un frein à des passions dont alors les jouissances sont si vives et les dangers si peu connus. Sans doute les mœurs du temps, corrompues par la Fronde, et l'état de désordre dont on ne faisait que de sortir exerçaient leur fâcheuse influence sur ces deux adolescents et sur toute la jeunesse qui les entourait ; mais les inclinations naturelles du monarque et les exemples qu'il donna pendant la plus grande partie de son règne augmentèrent l'intensité du venin qui circulait à la cour et parmi les grands, et qui à la longue se répandit dans toutes les classes.

Il est des époques où la dissolution des mœurs a été plus grande en France que dans les deux années qui précédèrent le mariage de Louis XIV ; mais jamais l'entraînement vers le plaisir ne fut aussi fort et aussi général. C'est le temps où Molière[1], avec sa troupe, commençait à faire goûter sur la scène tout le prix du vrai et du naturel ; où le fameux acteur Scaramouche[2] y déployait une verve comique et bouffonne qui excitait un rire irrésistible ; où Lully charmait les oreilles par une nouvelle et délicieuse mélodie[3] ; où le génie des machinistes paraissait avoir acquis toute la puissance des magiciens et des enchanteurs, dans le nouvel opéra de *l'Enlèvement d'Hélène*[4]. C'est alors que les promenades au Cours eurent le plus d'éclat[5] ; que la foire Saint-Germain compta ses plus beaux jours

---

[1] *Vie de* MOLIÈRE, p. XVIII, dans les *Œuvres de M. de Molière*, La Haye, 1735. — LA FONTAINE, *Œuvres*, t. VI, p. 40, *lettre à de Maucroix*. — Frères PARFAICT, *Hist. du Théâtre françois*, t. VIII, p. 233 à 242.

[2] *Vie de Scaramouche.* — LORET, liv. IX, p. 46, 23 mars 1658.

[3] BENSERADE, *Œuvres*, t. II, p. 191 à 211. — LORET, liv. IX, p. 8, 26, 28, 34, 35.

[4] LORET, liv. VIII, p. 198 (22 décembre 1657). — Ibid., liv. IX, p. 9 (19 janvier), et p. 45 (23 mars 1658).

[5] Conférez le Plan de Paris de Berey, en quatre feuilles. — SAUVAL, *Hist. et Recherches sur les Antiquités de Paris*, t. II, p. 287. — SEGRAIS, *Les Nouvelles françoises, ou les Divertissements de la princesse Aurélie*, t. I, p. 147 à 155.

et ses fortunes les plus rapides. Dans ce vaste bazar, où l'on pénétrait par sept portes [1] principales, les richesses du monde entier se trouvaient réunies et classées. Chaque profession avait son quartier séparé, et chaque chose sa place distincte. A tout ce qui pouvait être utile aux besoins de l'homme, à son luxe, à ses voluptés, se joignait encore tout ce qui pouvait exciter sa curiosité ou tenter sa cupidité : des animaux rares, des faiseurs de tours, des loteries, des jeux de hasard. Pendant deux mois on se portait en foule dans ce lieu, où aujourd'hui un marché se trouve ouvert toute l'année. Le peuple y allait le jour ; la noblesse s'y rendait la nuit [2], toujours masquée et déguisée, sans suite, dans des carrosses sans armoiries, sans cortége, et seulement avec des grisons, c'est-à-dire avec des cochers et des laquais sans livrées, vêtus de gris et le visage couvert. Là, au milieu de la clarté resplendissante des milliers de lustres, de flambeaux, de torches et de feux allumés (cette foire s'ouvrait en février), on se promenait dans les plus belles rues, dans celles des orfèvres, des merciers ; on achetait des bijoux, des pierreries, des dentelles, de riches étoffes, des parfums, des tableaux, des meubles magnifiques, de grands miroirs (c'était alors un des objets rares) ; l'on s'écartait dans les allées sombres, obscures, favorables aux entretiens mystérieux et solitaires ; ou l'on s'asseyait à ces banques, à ces loteries ruineuses, et l'on profitait d'un impénétrable incognito pour se livrer sans mesure à la plus ruineuse

---

[1] SAUVAL, *Histoire et Recherches sur les Antiquités de Paris*, in-fol., t. I, p. 664, 666.
[2] MONTPENSIER, *Mém.*, t. XLII, p. 285, 384, 389, 390. — BUSSY, *Amours des Gaules*, t. I, p. 25, 49, 52, 54, 56, 62, 132.

des passions. Ainsi dans ce lieu, que l'éclat des flammes, l'agitation et le bruit faisaient ressembler, pendant les ténèbres et le silence de la nuit, à un immense palais enchanté, on exploitait tous les vices comme toutes les industries au profit d'un couvent de religieux qui en étaient propriétaires.

A tous ces plaisirs publics, qui étaient les plus vifs parce qu'on les partageait avec plus de monde, et qu'il y régnait plus de liberté, il faut ajouter, pour les grands et pour la cour, les ballets royaux, plus fréquents que par le passé[1]; les fêtes, les grands repas que donnaient Fouquet et le cardinal; les bals, les mascarades, et les divertissements de tous ceux qui, par leur rang et par leurs richesses, se trouvaient en position de les imiter[2]. A quoi il faut joindre encore les loteries gratuites, usage dispendieux et magnifique que le roi introduisit alors; manière galante, ingénieuse et toute royale de faire des dons aux dames, en y joignant les piquantes surprises du sort, qui, seul dispensateur des préférences, ne pouvait causer d'offense à personne.

Anne d'Autriche, dont les inclinations à la retraite et à la dévotion croissaient avec l'âge, qui s'apercevait que l'empire qu'elle avait eu sur ses deux fils s'affaiblissait et allait lui échapper entièrement, ne chercha point à mettre de digue à ce torrent de dissipation et de licence, parce

---

[1] BENSERADE, Œuvres, t. II, p. 191 à 211. — LORET, liv. IX, p. 8, p. 26, 28, 34 et 35. — MONTPENSIER, Mém., t. XLII, p. 285, 330, 384, 389, 408. — SAINT-SIMON, Mém. complets et authentiques, t. III, ch. XII. — MONGLAT, Mém., t. LI, p. 46.

[2] LORET, liv. IX, p. 10 (19 janvier 1658), p. 26, 41, 127. — Ibid., liv. IX, 26 février 1658. — Ibid., p. 26, 41, 127, 158. — MONTPENSIER, Mém., t. XLII, p. 276.

qu'elle savait qu'elle l'aurait en vain essayé, et qu'en cela elle eût plutôt été contrariée que secondée par son ministre. Elle s'en affligeait en silence, et se contentait de témoigner sa désapprobation, en ne se mêlant que rarement aux divertissements de la cour, en faisant de longues et fréquentes absences au monastère du Val-de-Grâce, et en passant la plus grande partie de son temps dans cette retraite ou dans son oratoire.

Madame de Sévigné, qui ne voulait ni fuir le monde ni partager ses travers, s'attacha surtout à la petite cour de MADEMOISELLE. Cette princesse, sans donner aucune prise à la médisance[1], ne montrait pas moins d'ardeur pour les plaisirs que dans sa première jeunesse. Lorsqu'au retour de son exil, Mazarin lui demanda ce qu'elle avait regretté le plus des amusements de Paris, pendant son séjour au château de Saint-Fargeau, elle répondit : « Les mascarades, la foire Saint-Germain, et la promenade au cours. » Ses mémoires nous apprennent qu'elle aimait singulièrement à aller à cheval avec madame de Sévigné, mademoiselle de Villeroy et madame de Bonneuil[2]. C'étaient, à ce qu'elle nous dit, parmi les dames qui composaient sa société habituelle, les seules assez habiles à manier un coursier pour pouvoir l'accompagner dans ces sortes de promenades. Elle avoue aussi que pendant cet hiver de 1659 elle allait presque tous les jours à la foire Saint-Germain[3], qu'elle y jouait et y gagnait souvent. Et quant aux

---

[1] MOTTEVILLE, t. XXXIX, p. 47. — LORET, liv. VIII, p. 114, 121, 129.

[2] MONTPENSIER, t. XLII, p. 308.

[3] Ibid., p. 276-411. — SAUVAL, *Hist. et Recherches sur les Antiquités de Paris*, in-fol., t. I, p. 664.

mascarades, le choix des déguisements, l'oubli des convenances, si étrange dans une princesse si fière et si scrupuleuse, prouvent jusqu'à quel point elle se laissait dominer par son goût pour ce genre de divertissement. Au reste, le délire à cet égard était si général, que la reine elle-même, à laquelle son âge, et plus encore sa dévotion, interdisaient de telles licences, se surprenait à en rire, et ne pouvait s'empêcher d'y prendre plaisir. Quelques pertes cette année contristèrent le grand monde ; mais plusieurs mariages devinrent aussi des occasions de réjouissance [1], entre autres celui du comte de Grignan avec mademoiselle de Rambouillet. Comme amie de la famille de Rambouillet, madame de Sévigné dut assister à ce mariage, se doutant peu alors que le nouveau marié serait un jour son gendre [2].

C'est à cette année que se rapportent aussi les récits de la première partie de l'*Histoire amoureuse des Gaules* de Bussy de Rabutin ; et si dans cet ouvrage les discours et les lettres des personnages sont supposés, les faits sont exacts et vrais ; il n'en est pas un d'essentiel qui ne se trouve confirmé par les Mémoires du temps et les témoignages les moins suspects [3]. Le tort de Bussy n'a donc pas été, comme on l'a accusé, d'avoir calomnié les mœurs de son temps, mais de s'être complu à délayer sous la forme des romans alors en vogue les aventures d'un très-petit nombre de femmes, et de n'avoir pas, comme le spirituel Hamilton

---

[1] MONTPENSIER, *Mém.*, t. XLII, p. 238, 255, 257, 305, 308, 309, 345.

[2] MONTPENSIER, *Mém.*, t. XLII, p. 330. — Ibid., p. 389. — LORET, *Muse historique*, liv. IX, p. 44, 284, 286, 408, 409.

[3] MOTTEVILLE, t. XXXIX, p. 423. — MONTPENSIER, t. XLII, p. 278. — LORET, liv. IX, p. 18, 67 (4 mai), p. 54 (6 avril), p. 154 (5 octobre).

à l'égard de la cour de Charles 1er, fait connaître les rivalités et les intrigues de celles de la jeune cour de Louis XIV. Ce tableau fidèlement tracé, et pour lequel les matériaux ne manquent pas, ne serait pas sans intérêt pour l'histoire; mais il conviendrait peu à celui où madame de Sévigné figure sur le premier plan. Il nous suffit de l'avoir indiqué.

Il n'en est pas de même des amours du roi. C'étaient des événements publics, qui exerçaient une grande influence sur la France, et par elle sur l'Europe : madame de Sévigné s'en montre trop préoccupée pour que nous puissions les écarter du cadre qui doit renfermer tout ce qui concerne ses écrits et sa personne, si intimement liés à la peinture du siècle où elle a vécu.

Mazarin avait réussi dans ses combinaisons : le roi était épris de Marie de Mancini. Peu de temps avait suffi pour lui faire gagner l'embonpoint qui lui manquait [1]; et si elle n'était pas devenue une beauté, elle avait acquis des attraits qu'on n'aurait pu deviner lorsqu'elle fut présentée à la cour. Son teint coloré, ses yeux vifs et brillants, sa physionomie ardente, la vivacité de son esprit caustique, son caractère ferme et décidé, l'inclination qu'elle témoignait ouvertement pour le jeune monarque, le soin qu'elle prenait publiquement de lui plaire, tout concourut à entraîner Louis vers elle; non par l'effet de ces subites sympathies qui s'emparent de toutes nos facultés, mais par l'influence, plus lente, plus durable, du plaisir que l'on trouve à fréquenter une personne qui chaque jour nous paraît plus aimable ; dont le jugement révèle une supériorité que nous nous savons gré de savoir apprécier ; dont

---

[1] MOTTEVILLE, *Mém.*, t. XXXIX, p. 452.

la société nous semble toujours plus attachante ; dont la tendresse et les accents passionnés nous font éprouver le besoin d'aimer avec le même abandon ; qui enfin, par l'ascendant toujours plus grand qu'elle acquiert sur nos pensées, nos goûts, nos faiblesses, nos fantaisies, fascine nos sens, maîtrise nos affections, nous empreint de tous ses sentiments, et nous identifie à elle par l'harmonie parfaite des volontés et des désirs.

Louis en était parvenu à ce point avec Marie de Mancini. En présence de tous, il lui montrait une préférence marquée ; il se plaisait à s'entretenir seul avec elle ; il prenait d'elle des conseils sur tout ce qui l'intéressait, même sur les affaires d'État. Aussi il employait tous les moyens pour multiplier les entrevues secrètes. Un jour qu'elle sortait de chez la reine et qu'elle se trouvait seule dans son carrosse, Louis monta sur le siége, et lui servit de cocher jusqu'à ce que la voiture ne fût plus en vue ; alors il y entra, et vint se placer à côté d'elle [1]. Louis, malgré le goût qu'il avait pour se montrer en public dans les ballets et les tournois, avait toujours eu dès sa plus tendre jeunesse cet extérieur grave et froid [2] qui par la suite le rendit si imposant, et imprimait aux plus hardis le respect et la crainte. Ces caractères sérieux et réservés, lorsqu'on parvient à les faire descendre à la familiarité, passent plus facilement que d'autres de la familiarité à la confiance, et de la confiance à l'amour. Ces progrès dans les sentiments de Louis s'étaient surtout fait remarquer à la suite de la maladie

---

[1] MONTPENSIER, *Mém.*, t. XLII, p. 384. — BUSSY, *Am. des Gaules*, t. I, p. 29, édit. 1754.

[2] MONTPENSIER, *Mém.*, t. XLII, p. 362.

dangereuse qu'il contracta au siége de Dunkerque [1]. On eut alors tout lieu de craindre pour sa vie. Plusieurs courtisans trahirent leurs vœux secrets par des mouvements de joie qu'ils ne purent déguiser; par d'imprudentes intrigues dont le frère du roi, l'héritier de la couronne, était l'objet. La douleur des autres témoigna, au contraire, de leur attachement. Mais le désespoir de Marie de Mancini et les larmes qu'elle répandit touchèrent les plus insensibles. Le roi, dans sa convalescence, fut instruit de tout. Il exila ceux qui avaient spéculé sur sa fin prochaine, et fit voir à ceux qui avaient manifesté des sentiments différents combien il leur savait gré de leur affection. Quant à Marie de Mancini, l'inclination qu'on lui soupçonnait pour elle se montra dès lors avec éclat, et prit tous les caractères d'un véritable amour. Spirituelle, hardie, emportée, elle était singulièrement propre à acquérir de l'ascendant sur un jeune monarque [2] qui sentait le besoin d'un appui pour s'affranchir de l'obstacle que sa jeunesse et l'éducation maternelle opposaient à son entière émancipation.

On ne tarda point à s'apercevoir de cette nouvelle passion du roi et des changements qui s'opéraient dans son caractère et dans sa conduite. Mazarin s'en réjouit; la fière Anne d'Autriche s'en alarma vivement : non qu'elle désirât reprendre sur son fils un empire que l'âge qu'il avait atteint ne lui permettait plus d'exercer, mais parce qu'elle craignit que le premier ministre, malgré l'empres-

---

[1] Montpensier, *Mém.*, t. XLII, p. 362. — Loret, liv, IX, p. 107 et 112 (13 et 20 juillet 1658). — Guy-Patin, *Lettres*, t. V, p. 249. — Motteville, t. XXXIX, p. 429, 436. — Montpensier, t. XLII, p. 344.
[2] La Fayette, *Mém.*, t. LXIV, p. 382.

sement apparent qu'il mettait à négocier le mariage de Louis XIV avec la princesse de Savoie, n'eût en secret le projet de lui faire épouser sa nièce. Par cette raison la reine pressa avec ardeur la conclusion de cette grande affaire. Ainsi cet amour de Louis XIV, qui semblait s'accroître à mesure qu'approchait le moment de conclure un hymen qui en exigeait le sacrifice, jetait tout l'intérêt d'un drame sur les froides combinaisons de la politique. La cour s'était transportée tout entière à Lyon; l'entrevue avec le jeune roi et la princesse de Savoie avait eu lieu; tous les efforts de la sagesse maternelle pour marier convenablement le roi le plus jeune, le plus beau, et déjà le plus puissant de l'Europe, semblaient couronnés du succès; rien ne paraissait s'opposer à la nouvelle alliance. Déjà commençaient les préparatifs pour l'auguste cérémonie, et cependant l'on doutait encore qu'elle pût avoir lieu : on craignait que les résultats de tant de ressorts, de tant d'intrigues, de tant de conférences diplomatiques, ne fussent rendus inutiles par les séductions et le caractère énergique d'une jeune fille. Marie de Mancini avait déclaré ouvertement qu'elle s'opposait à ce mariage, et elle osait se montrer rebelle aux volontés de la reine et aux volontés déclarées de son oncle. Elle disait sans détour au jeune roi qu'il était honteux pour lui qu'on voulût lui donner une femme aussi laide que la princesse de Savoie. Au moment où tout allait se terminer, où il ne manquait plus que la signature aux actes que l'on avait déjà dressés, Mazarin rompit tout à coup les négociations, et le roi et la cour revinrent à Paris.

Tout le monde sait que cette rupture subite fut due à l'offre que l'Espagne fit de l'infante, avec la paix. Ainsi l'union de deux grandes monarchies et la cessation de la guerre, si ardemment désirée, semblèrent dépendre de la volonté de Marie de Mancini, qui pouvait à elle seule mettre obstacle à d'aussi grands biens ou les laisser se réaliser. Cette puissance dont elle était investie dirigeait en quelque sorte sur elle les regards de toute l'Europe. La passion qu'elle avait inspirée au roi avait acquis toute l'importance d'un grand événement.

Quoique Anne d'Autriche n'ignorât pas que Mazarin n'entretînt depuis longtemps des négociations secrètes avec l'Espagne, cependant la rupture subite de celles qu'il avait conduites avec la Savoie réveilla ses soupçons et ses défiances. Malgré sa partialité pour son ministre, elle s'indigna qu'il pût concevoir l'idée d'asseoir une de ses nièces sur le trône de France. Ses craintes furent assez vives pour qu'elle prît la précaution de faire rédiger d'avance sa protestation contre le mariage de Louis XIV avec Marie de Mancini, ainsi que l'acte par lequel cette protestation devait être enregistrée au parlement, à huis clos, si ce mariage avait lieu. Ces projets d'actes furent, selon Loménie de Brienne, montrés au cardinal, qui alors se détermina à envoyer sa nièce au Brouage et à lui faire rompre tout commerce avec le roi [1]. Les faits de ce récit sont exacts, mais les intentions qu'on prête à Mazarin et les motifs auxquels on attribue ses actions ne le sont pas [2]. Je l'ai déjà dit : les jugements que l'on a portés sur ce grand ministre n'ont été que les échos de la haine et de l'envie qu'il a excitées de son vivant. On ne s'est pas donné la peine

---

[1] Loménie de Brienne, *Mémoires inédits*, t. II, p. 46, et 49, 50 et 342.

[2] *Lettre autographe de Mazarin à Colbert*, en date du 22 octobre 1659, cote 37 de la Bibl. du Roi.

d'étudier les ressorts de sa politique, dont les effets ont cependant été si heureux et si avantageux pour le roi et le royaume. Tous les détails des négociations du fameux traité des Pyrénées prouvent que Mazarin, dans les circonstances où se trouvaient alors l'Europe et la France, était incapable de se laisser séduire par une aussi misérable ambition que celle qu'on lui a prêtée, de s'arrêter un instant à une aussi chétive combinaison[1]. Mais il convenait à sa politique à l'égard de l'Espagne d'être le seul et unique auteur du traité; de prouver qu'il était le seul aussi qui pût lever les obstacles qui s'opposaient à sa conclusion : il était nécessaire de faire sentir au jeune monarque qu'il ne violentait ses inclinations que par la raison d'État, et qu'il sacrifiait à la gloire du trône, à la prospérité du royaume, sa propre élévation et celle de sa famille. Il convenait aussi à sa politique, à l'attachement qu'il avait fait naître, d'avoir l'air de ne céder qu'aux volontés de la reine, et d'avoir travaillé nuit et jour contre lui-même, pour l'accomplissement de ses désirs; de l'avoir servie avec zèle, avec talent, avec désintéressement le plus grand, le plus entier, dans l'occasion la plus importante où une mère, et une mère de roi, puisse se trouver. Pour parvenir à tous ces résultats, dont les uns importaient à l'intérêt de l'État, mais dont les autres importaient aussi beaucoup à son intérêt propre, Mazarin devait, ainsi qu'il l'a fait, tolérer la passion des deux amants, inspirer des craintes à l'Espagne, faire suspecter ses intentions par la reine. L'amour du roi, sa résistance, le mécontentement d'Anne d'Autriche, ses consultations, ses

---

[1] *Lettres du cardinal Mazarin;* Amsterdam, 1745, 2 vol. in-12, t. I, p. 315, 368, 375; t. II, p. 62.

projets de protestation contre un événement qu'elle redoutait, tout entrait dans le plan de Mazarin, tout y concourait. Dès qu'il crut être certain de réussir, alors il n'hésita plus, et il chercha de tout son pouvoir à détacher le jeune roi des liens qui l'enchaînaient.

Cependant il fut sur le point d'échouer, par l'opposition de celle qu'il avait considérée comme le premier élément de succès. Marie de Mancini s'arma contre lui de tout l'ascendant que lui donnait l'amour sur le cœur d'un jeune roi qui connaissait toute la force de sa volonté, et qui comprenait fort bien que, maître de la destinée des autres, il devait aussi l'être de la sienne. Toutefois, ne voulant pas faire violence à son ministre, il chercha à le séduire, et il lui offrit de faire sa nièce reine de France. Non-seulement Mazarin n'hésita pas à refuser Louis, mais il lui déclara qu'il aimerait mieux poignarder sa nièce de ses propres mains, que de voir le roi contracter avec elle une alliance qui n'était pas moins contraire à la dignité de sa couronne que préjudiciable à la France. Il dit au roi que s'il pouvait le croire capable de persister dans un tel dessein, afin d'en empêcher l'exécution il se mettrait dans un vaisseau avec ses nièces, et qu'il se transporterait avec elles au delà des mers.

Louis XIV fut ébranlé par une aussi énergique résolution; cependant il écrivait tous les jours à Marie de Mancini. Mazarin le sut, et il adressa au jeune monarque une lettre qui seule suffit pour détruire les soupçons qu'on a dirigés contre ce ministre. Il y peint sa nièce sous les couleurs d'une coquette ingrate et peu digne d'affection; il rappelle avec énergie quels sont les devoirs du souverain d'un grand empire, et il démontre la nécessité de s'y soumettre. Cette admirable lettre acheva de rendre Louis XIV docile aux conseils de son premier ministre [1]. Celui-ci se crut assez fort pour séparer d'autorité les deux amants. Il ordonna que Marie de Mancini et ses deux sœurs se rendraient à La Rochelle et au Brouage, et y resteraient jusqu'à la fin des négociations avec l'Espagne. Les adieux de Marie et de Louis furent déchirants ; pourtant lorsqu'elle lui dit, « Vous m'aimez, vous êtes roi, et je pars, » elle parvint bien à faire couler ses larmes, mais elle n'obtint pas la révocation de l'ordre que le ministre avait donné. Cependant Mazarin permit encore une entrevue à Cognac, où le roi passait pour se rendre à Saint-Jean de Luz ; mais avant d'y consentir le ministre avait acquis la certitude que son jeune maître ne changerait rien aux généreuses résolutions qu'il lui avait fait prendre. Il avait aussi eu soin d'intimider sa nièce, de manière à ce qu'elle n'osât point détourner Louis du grand dessein qui allait s'accomplir, et pour lequel l'Europe entière était dans l'attente. Cette entrevue des deux amants fut la dernière, et Mazarin s'attacha ensuite à rompre entre eux tout commerce [2]. Lorsque la paix des Pyrénées et le mariage de Louis XIV avec l'infante d'Espagne Marie-Thérèse furent conclus, l'habileté du premier ministre excita l'admiration générale, et l'on rendit enfin justice à la hauteur de ses vues et à son désintéressement. Les sarcasmes clandestins de quelques courtisans haineux et spirituels,

---

[1] Cette lettre curieuse a été publiée, sur l'autographe de Mazarin, dans le *Bulletin de la Société d'Hist. de France*, n° VI (décembre), t. I, p. 176 à 188. Elle se trouvait déjà imprimée dans les *Lettres du cardinal* MAZARIN, t. I, p. 303, 322, Amsterdam ; 1745, in-12.

[2] MONGLAT, *Mémoires*, t. LI, p. 115. — CHOISY, *Mém.*, t. LXIII, p. 196. — LA FAYETTE, *Mém.*, t. LXIV, p. 384. — MOTTEVILLE, t. XL, p. 11, 19, 23.

qui ne pouvaient lui pardonner son élévation ni le croire capable d'un sentiment généreux, servirent plutôt à rehausser qu'à troubler son triomphe. Ils lui furent même utiles, en lui donnant des prétextes pour écarter ceux qui, jugeant mal de l'époque, avaient cru pouvoir se permettre contre l'autorité royale les mêmes licences qu'au temps de la Fronde.

Les affaires humaines changent de nature selon les circonstances qui les accompagnent. Pour bien juger Mazarin, il faut se retracer les écueils dont il était environné et considérer les dangers qui menaçaient le vaisseau de l'État lorsqu'il en tenait le gouvernail.

Que dans un royaume où règne un calme profond, qu'aucune guerre ne menace au dehors, un jeune roi qui n'a encore gouverné que par son ministre vienne à mourir, et laisse la couronne à son frère, encore plus jeune que lui, ce n'est là qu'un événement de peu d'importance, un nom substitué à un autre ; on ignore ce qu'eût été ce jeune roi, on ne sait pas encore ce que sera son successeur : que ce roi, au lieu de succomber à la maladie qui menaçait ses jours, se rétablisse, qu'il continue à aimer la même femme, ou porte sur une autre ses affections, il n'y a rien encore en cela qui intéresse le bonheur général, rien qui puisse exciter de fortes sympathies. C'est un sujet d'entretien pour la cour, et rien de plus.

Mais telle n'était pas à cette époque la position de la France. La guerre avec l'Espagne continuait depuis si longtemps, que les deux royaumes, épuisés par leurs efforts[1], ne pouvaient plus prolonger, sans danger pour leur existence, cette lutte sanglante. L'alliance de l'An-

---

[1] Desormeaux, *Hist. du grand Condé*, t. IV, p. 117.

gleterre et de la France, opérée par Mazarin; la séparation de la branche autrichienne d'Allemagne de celle d'Espagne, adoptée comme condition de l'élection du nouvel empereur, qui fut également l'ouvrage de ce ministre, avaient préparé les succès de la vingt-quatrième campagne. Turenne s'y surpassa : la bataille des Dunes fut gagnée, Dunkerque fut pris et remis aux Anglais, Bergues tomba en notre pouvoir. Frappée de stupeur, l'Espagne se voyait sur le point de perdre toute la Flandre [1], lorsque la maladie du roi vint ralentir les victoires de l'armée française, et donner à l'ennemi le temps de se remettre des coups qu'on lui avait portés et d'organiser ses moyens de résistance. La mort du roi eût alors entièrement changé l'état des choses. Le duc d'Anjou avait déjà ses favoris, qui le gouvernaient. En montant sur le trône, il eût aussitôt renvoyé Mazarin. Tous les partis, que ce ministre était parvenu à comprimer, à réunir ou à concilier, se fussent de nouveau divisés, et se seraient réveillés avec leur ancienne fureur. Les troubles et la guerre civile auraient recommencé, et l'Espagne eût repris tous ses avantages, avec d'autant plus de facilité que la mort du duc de Modène et celle de Cromwell, qui eurent lieu alors, ôtaient à la France deux alliés utiles, l'un au nord, l'autre au midi, que la politique de Mazarin avait su lui ménager [2]. Le rétablissement du roi permit au contraire de pousser les opérations de la guerre avec une nouvelle vigueur. Dix-

---

[1] MONTPENSIER, t. LXII, p. 317, 342. — MONGLAT, t. LI, p. 50, 64. — DESORMEAUX, *Hist. du grand Condé*, t. IV, p. 132, 145, 147, 148; *Vie de Turenne*, t. II, p. 101. — MOTTEVILLE, *Mém.*, t. XXXIX, p. 433.

[2] MONGLAT, *Mém.*, t. L, p. 478. — DESORMEAUX, *Hist. du grand Condé*, t. IV, p. 117. — RAMSAY, *Hist. du vicomte de Turenne*, t. II, p. 114.

mude, Oudenarde, Menin, Gravelines furent pris, et reçurent des garnisons françaises. Ces succès affermissaient l'autorité du roi au dedans, et ôtaient aux partis tout espoir d'appui dans l'étranger; mais cependant ils n'assuraient point la paix, et cette paix si désirée n'aurait pu se conclure, au moins aussi promptement, ni d'une manière aussi avantageuse à la France, si Mazarin, par le voyage de la cour à Lyon, n'avait forcé l'Espagne à se hâter d'offrir son infante, par la crainte de voir Louis XIV épouser la princesse de Savoie; et l'offre de l'Espagne fût demeurée inutile, si Mazarin s'était laissé tenter par son ambition personnelle, s'il n'avait su dominer le jeune roi par le sentiment de sa dignité et par ses désirs de gloire; s'il n'était parvenu à le faire consentir à éloigner celle qu'il aimait, à accepter pour épouse celle pour laquelle il n'éprouvait que de l'indifférence[1]. Dans une de ses lettres confidentielles à Colbert, son intendant, Mazarin proteste que cette affaire est la plus délicate qu'il a eu à traiter de sa vie; que c'est celle qui lui a donné le plus d'inquiétude et de peine : et quand on a approfondi cette partie de notre histoire, on est facilement convaincu de la vérité et de la sincérité de son assertion [2].

[1] Bussy, *Discours à ses Enfants*, 1694, p. 89 et 95. — Montglat, t. LI, p. 56, 64. — Brienne, t. XXXVI, p. 240 à 243. — Motteville, t. XXXIX, p. 33. — Montpensier, t. XLII, p. 343.

[2] *Lettre de Mazarin à Colbert*, mss. de la Bibl. du Roi. — Motteville, t. XL, p. 1 à 3. — Choisy, t. LXIII, p. 95.

CHAPITRE XIII.

1658-1659.

Influence des mœurs sur les romans. — De nos jours ils correspondent aux passions populaires. — Sous Louis XIV, à celles de la cour. — Les deux premières parties du roman de Clélie paraissent, et ont un succès prodigieux. — Il est dû à ce qu'on y retrouve les peintures des mœurs modernes dans les temps antiques, et les portraits des personnages du monde moderne sous des noms anciens. — Portrait de la princesse Clarinte dans Clélie, qui est celui de madame de Sévigné. — Le portrait de madame de Sévigné par madame de la Fayette a été écrit en imitation de celui de Clélie. — Les liaisons de madame de Sévigné et les correspondances qu'elle entretint fournissent la preuve de cette assertion. — Elle était amie de La marquise de Lavardin, et liée avec Lavardin, évêque du Mans, et avec Costar, son archidiacre. — Elle entretint une correspondance suivie avec ce dernier. — Lettre de Costar à madame de Sévigné. — Celle-ci bien appréciée de son vivant ; sa célébrité résulte du succès des écrits composés à sa louange. — Vers italiens de Ménage pour madame de Sévigné. — Plaintes qu'il fait contre elle dans son épître à Pellisson. — On pouvait alors sans ridicule parler un langage passionné aux femmes reconnues capables de faire naître les passions. — Comment s'expliquent les vers de Ménage, les lettres de Costar et la tendre déclaration du surintendant Servien à madame de Sévigné. — Billets de Ménage et de madame de Sévigné à ce sujet. — Age de Servien. — Il était borgne. — Ménage, dans ses vers, le compare au soleil. — Trait satirique de Boileau à ce sujet.

Nous avons précédemment remarqué l'influence du roman sur le théâtre et la poésie ; mais le roman lui-même ne peut devoir son succès qu'en s'initiant à toutes les sympathies de la générosité des lecteurs, qu'en s'emparant des idées qui les préoccupent, des passions qui les poussent, des penchants dans lesquels ils se complaisent. Ce genre d'ouvrage n'est donc, à une époque donnée, que la peinture des sentiments et des préjugés dominants. De nos jours, si féconds en grands événements, en révolutions, en bouleversements d'États, en batailles sanglantes, en revers subits de fortune, le roman a revêtu les formes mâles et sévères de la muse historique, et rattaché ses moyens de plaire et d'émouvoir aux séditions populaires, aux chances de la guerre, au brisement des empires. Le moyen âge, par la multitude des événements, par ses fureurs religieuses et politiques, par l'incertitude et l'obscurité même de ses annales, devenait donc un champ favorable aux romanciers de notre époque : de là leur prédilection pour ces temps de fanatisme, d'anarchie et de violence. Mais dans leurs fictions, où le spectre d'airain d'une aveugle fatalité semble seul planer sur la destinée de l'homme; où les actions criminelles et les faits héroïques sont les résultats des combinaisons du sort; où les penchants les plus féroces et les plus honteux ainsi que les sentiments les plus purs sont représentés comme de simples variations de notre nature, et tour à tour peints avec une égale complaisance, où le bien comme le mal ne sont que des accidents de la vie humaine, on aperçoit sur-le-champ le travail des imaginations d'une époque désabusée de tout par des secousses répétées, et l'influence d'une société livrée à des agitations sans résultat, tordue violemment dans tous les sens, foulée, brisée; n'offrant plus que des individus sans lien commun, sans illusions brillantes, sans croyance profonde, indifférents au vice comme à la vertu. La Fronde ne dura pas assez, et la Ligue était depuis trop longtemps oubliée, pour qu'il en fût ainsi sous Louis XIV. Les bienfaits d'un gouvernement régulier et les exploits de la noblesse dans la défense de l'État ajoutaient encore à la splendeur du trône et à l'ascendant du monarque. Sa cour donnait le ton à la capitale et aux provinces[1] : on s'intéressait à tout ce qui s'y passait, aux personnages qui y brillaient; c'est là qu'on cherchait des modèles dans la manière de parler, de se vêtir, d'agir et de penser. Dans le même temps, le goût pour la littérature ancienne se développait; l'instruction, plus répandue dans la noblesse comme dans le tiers état, cessait d'être restreinte aux seuls membres du clergé ou aux professions savantes : elle excitait une admiration sans bornes pour les beaux génies de l'antiquité. Afin de flatter ce double penchant, les romanciers furent donc conduits naturellement à transporter dans les siècles antiques les faits et les personnages de leur temps; et ils furent en cela imités par les auteurs dramatiques[2]. Ces formes de composition, où l'éclat des héros de tous les âges et de tous les pays semblait rejaillir sur la France, et où tout ce qu'il y avait d'admirable dans le passé paraissait revivre pour elle, eurent alors un prodigieux succès, même parmi les esprits les plus éclairés. La haute classe était flattée; l'intérêt des autres classes était puissamment excité par le plaisir de deviner les événements réels et les personnages vivants cachés sous le voile de la fiction.

Mademoiselle de Scudéry, que son imagination féconde, son style facile et gracieux, rendirent célèbre, publiait tous les ans, sous le nom de son frère, de nouveaux volumes de romans qui étaient lus avec avidité. Le succès

---

[1] Montpensier, *Mém.*, t. XLII, p. 388.
[2] Frères Parfaict, *Hist. du Théâtre françois*, t. VIII, p. 196 et 197. — Loret, liv. IX, p. 169; liv. VIII, p. 77.

des premiers volumes de Clélie, qui parurent en 1658, surpassa encore celui des précédents. Cet ouvrage fut d'abord imprimé sous le nom de Scudéry ; mais on sut bientôt qu'il était de sa sœur. On aimait alors à la fureur les portraits, et tous les beaux esprits s'exerçaient à ce genre d'écrits : mademoiselle de Scudéry avait prodigué les portraits dans Clélie. Sous des noms romains, grecs, persans, africains ou carthaginois, elle avait tracé ceux de presque toutes les personnes qui s'étaient acquis à la cour ou dans le monde quelque célébrité. Madame de Sévigné n'y était pas oubliée ; elle y paraissait sous le nom de Clarinte. Quoique ce portrait soit écrit avec une noblesse et une élégance continues, sa prolixité ne serait pas du goût des lecteurs de nos jours. Nous nous contenterons d'en rapporter quelques passages, qui suffiront pour prouver que tout le monde s'accordait à donner à madame de Sévigné le même genre de louanges et à la peindre sous les mêmes traits.

« La princesse Clarinte a les yeux bleus et pleins de feu. Elle danse merveilleusement, et ravit les yeux et le cœur ; sa voix est douce, juste et charmante, et elle chante d'une manière passionnée. Elle lit beaucoup, quoiqu'elle ne fasse pas le bel esprit. Elle a appris la langue africaine [italienne] ; elle chante certaines petites chansons africaines [italiennes] qui lui plaisent plus que celles de son pays, parce qu'elles sont plus passionnées. Elle aime la gloire... et elle a tant de jugement, qu'elle a trouvé les moyens, sans être ni sévère, ni sauvage, ni solitaire, de conserver la plus belle réputation du monde, et de la conserver dans une grande cour, où elle voit chez elle tout ce qu'il y a d'honnêtes gens, et où elle donne même de l'amour à tous les cœurs qui en sont capables. Ce même enjouement qui lui sied si bien, et qui la divertit en divertissant les autres, lui sert encore à faire agréablement passer pour ses amis beaucoup de gens qui voudraient, s'ils osaient, passer pour ses amants. Elle agit avec une telle conduite, que la médisance a toujours respecté sa vertu, et ne l'a pas fait soupçonner de la moindre galanterie, quoiqu'elle soit la plus galante personne du monde. Aussi dit-elle en riant qu'elle n'a jamais été amoureuse que de sa propre gloire, et qu'elle l'aime jusqu'à la jalousie. Quand il le faut, elle se passe du monde et de la cour, et se divertit à la campagne avec autant de tranquillité que si elle était née dans les bois. En effet, elle en revient aussi belle et aussi gaie que si elle n'était bougée d'Érico [de Paris]. Elle gagne le cœur des femmes aussi bien que celui des hommes. Elle a surmonté l'envie et la médisance. Elle écrit comme elle parle, c'est-à-dire le plus galamment et le plus agréablement qu'il est possible. Je n'ai jamais vu ensemble tant d'attraits, tant d'enjouement, tant de galanterie, tant de lumière, tant d'innocence et de vertu ; et jamais nulle autre personne n'a su mieux l'art d'avoir de la grâce sans affectation, de la raillerie sans malice, de l'enjouement sans folie, de la propriété sans contrainte, et de la vertu sans sévérité[1]. »

C'est sans doute la lecture de ce roman de Clélie qui donna à madame de La Fayette l'idée de tracer le portrait de madame de Sévigné, dont nous avons rapporté les principaux passages au commencement de cet ouvrage[2].

---

[1] *Clélie, histoire romaine,* par M. DE SCUDÉRY, gouverneur de Notre-Dame de la Garde ; suite de la troisième partie ; chez Augustin Courbé, 1658, in-8°, p. 1331-1333. Conférez encore p. 1397, 1409, 1402, 1416, 1417, 1422, 1424, 1425.

[2] Voyez *Lettres de Madame de* SÉVIGNÉ, t. I, p. XXIV, éd. de 1734.

Les détails où nous allons entrer pour achever de faire connaître les correspondances et les liaisons de madame de Sévigné pendant les deux années dont nous nous occupons démontreront que ce portrait fut écrit par madame de La Fayette à la fin de l'année 1658 ou au commencement de 1659.

Madame de Sévigné était l'amie de la marquise de Lavardin, dont le mari avait été tué au siége de Gravelines, en 1041. Cette liaison en avait entraîné une autre, avec Lavardin évêque du Mans. Cet évêque, lorsqu'il n'était qu'abbé, et abbé très-mondain, s'était attaché Costar, pour qu'il lui apprît la théologie; et dans ce but il se retira pendant quelque temps à Malicorne, chez sa belle-sœur, la marquise de Lavardin. C'est là que madame de Sévigné a pu avoir occasion de connaître particulièrement Costar. Dans les premières années de son mariage elle dut le rencontrer souvent; car, quoique Costar déplût à madame de Rambouillet, il était particulièrement lié avec les hommes de lettres qu'elle recevait chez elle [1]. Il s'était fait une grande réputation de bel esprit par sa *Défense de Voiture*. Il demeurait habituellement au Mans. Ce fut au Mans, où sans doute madame de Sévigné s'était rendue pour voir M. de Lavardin, que Costar, dans le mois de mars 1652, eut occasion de la recevoir, ainsi que nous l'apprenons par une lettre de l'abbé Pauquet à Conrart[2].

C'est dans cette édition que ce portrait a été imprimé pour la première fois, t. I, p. xxxiv, dans l'édit de 1754.

[1] *Vie de* M. Costar, dans *Tallemant des Réaux*, t. VI, p. 280, 284, édit. in-8°, 1635; et t. IV, p. 89, ou t. VII, p. 6 de l'édit. in-12.

[2] *Lettre de l'abbé Pauquet à Conrart*, en date du 5 mars 1652, extraite des manuscrits de Conrart, Bibliothèque de l'Arsenal, t. IX, p. 877; communiquée par M. Monmerqué.

Depuis qu'il était devenu archidiacre de l'évêché, Costar dirigeait l'éducation du fils unique de la marquise de Lavardin ; et madame de Sévigné eut ainsi occasion d'entrer en correspondance avec lui. Dans les deux années dont nous parlons, qui précédèrent de peu la mort de Costar, il fit imprimer en deux gros volumes in-4° des lettres qu'il avait écrites à divers personnages[1]. Le second de ces volumes contient deux lettres adressées à madame de Sévigné. La reine Christine avait fait un grand éloge de notre jeune veuve dans une lettre écrite à madame de Lavardin, que celle-ci avait communiquée à Costar. Madame de Sévigné écrivit à ce dernier, pour se plaindre de la publicité qu'il avait donnée à cette lettre. C'est à cette lettre de madame de Sévigné que répond la première des deux lettres de Costar. La seconde prouve encore une liaison plus intime. Costar avait prêté à la marquise une peau d'ours, qu'elle lui avait renvoyée. Elle lui avait aussi transmis quatre portraits écrits, dont un était celui de mademoiselle de Valois, fille de Gaston, et un autre, le sien, sous le nom d'Iris, « par un inconnu ». La modestie de madame de Sévigné lui faisait dire que c'était un portrait en l'air, « car il n'y avait aucun moyen d'être si parfaite ». C'est à ces envois et à cette autre lettre de madame de Sévigné que Costar répond dans la dernière qu'il lui a adressée. Nous allons transcrire ces deux lettres, qui ont échappé à tous les éditeurs de madame de Sévigné[2].

---

[1] *Lettres de* M. COSTAR ; chez Augustin Courbé, Paris, 1658, in-4° ; *Lettres de* M. COSTAR, seconde partie ; chez Augustin Courbé, 1659, in-4°. — Costar mourut le 3 mai 1660.

[2] *Lettres de* M. COSTAR, seconde partie ; à Paris, chez Augustin Courbé, 1659, in-4°, p. 19, *lettre* 199, p. 308, 812.

PREMIÈRE LETTRE DE COSTAR A MADAME DE SÉVIGNÉ.

« Madame,

« Je vous avoue que j'ai grand tort, et que vous avez raison de me vouloir du mal. Il y a quelques mois que madame de Lavardin me confia une belle lettre de la reine Christine, où Sa Majesté témoignait qu'elle était éblouie comme les autres des lumières de votre esprit, et enchantée des charmes secrets qui sont en votre aimable personne. Je fus tellement touché de voir la princesse du monde la plus éclairée rendre de si glorieux témoignages de votre mérite, que, ne pouvant retenir ma joie au fond de mon cœur, j'en fis part à une de mes amies qui vous adore, madame, mais qui est aussi faible que je le suis, et qui ne put s'empêcher de succomber à la même tentation que je n'avais pas eu le courage de repousser. Ainsi, madame, la gloire de votre nom a volé plus loin que vous ne vouliez, et fait à cette heure dans l'Anjou, et peut-être même dans la Bretagne, un bruit qui vous importune. En ce cas-là, cette humilité dont vous êtes si jalouse, et que vous voulez conserver au milieu des qualités éclatantes qui ont bien de la peine à compatir avec elle, aura sans doute beaucoup à souffrir. Je suis cause de tout ce désordre par l'indiscrétion de mon zèle ; et ce qui m'afflige davantage en cela, c'est que le repentir de ma faute ne m'aidera pas à la réparer. Il m'est venu en pensée de vous faire demander ma grâce par madame la comtesse de La Fayette ; et je l'aurais fait, si je ne me fusse avisé que de ne m'adresser pas tout droit à vous, c'était vous ravir la gloire de faire une action de miséricorde. Je me promets, madame, que je l'obtiendrai de votre bonté, et que vous ne serez pas si cruelle que de la refuser à mes très-humbles supplications. Autrement, j'ose vous déclarer que, dans le désespoir où vous me mettrez, je pourrai bien me mutiner, et perdre une partie du respect que je vous dois. Votre modestie n'aurait pas de plus dangereux ennemi que moi. D'abord j'apprendrais dans les provinces (ce qui n'est bien su que de la cour) que vous êtes la véritable princesse Clarinte de l'incomparable M. de Scudéry ; et puis je remplirais de vos louanges un second volume de lettres que je donnerai au public sur la fin de cette campagne ; et enfin je célébrerais si hautement vos vertus, qu'on connaîtrait par toute la France que je serais votre admirateur passionné, quoique je n'eusse point sujet d'être,

Madame,
Votre très-humble serviteur,

Costar[1]. »

SECONDE LETTRE DE COSTAR A MADAME DE SÉVIGNÉ.

« Madame,

« Que j'aimerai toute ma vie mon sac de poil d'ours, de vous avoir rendu tant de bons offices dans la gelée ! Mais, d'autre côté, j'appréhende dorénavant de le respecter un peu plus qu'il ne me serait commode, et de n'avoir pas le cœur de mettre les pieds dedans, tant que je m'imaginerais d'y apercevoir les traces des vôtres, si bien faits, si droits et si savants..... Je vous remercie très-humblement de vos

---

[1] *Lettres de* M. Costar, seconde partie ; à Paris, chez Augustin Courbé, 1659, in-4°, p. 419, *lettre* 199.

quatre excellents portraits..... La peinture de mademoiselle de Valois est la plus jolie du monde et la plus galante, et celle d'Iris n'a point reçu de louange qu'elle ne mérite. Je croirais bien avec vous, madame, qu'elle a été faite à plaisir; mais je ne dirai pas comme vous : Car quel moyen d'être si parfaite? Ce *car* n'est bon que pour ceux qui ne vous virent jamais, qui ne vous ont point ouï parler, et qui n'ont pas compris la beauté de votre esprit, sa grâce, ses charmes, sa solidité, sa douceur, et mille autres qualités qui se trouvent en vous, et qui ne se trouvent qu'en vous si bien assorties. Je sais, madame, que vous avez sur les yeux un certain bandeau de modestie qui les empêche de voir en vous les choses comme elles y sont. J'oubliais à vous dire que l'inconnu ne vous connaît pas assez. Je ne suis pas trop mal satisfait de ce qu'il dit de votre visage et de votre taille; mais, bon Dieu ! s'il était entré bien avant dans votre âme, il y aurait découvert bien d'autres trésors que ceux dont il parle [1]. »

Ainsi la célébrité de madame de Sévigné, comme femme éminemment aimable et spirituelle, ne fut plus renfermée à la cour et dans le beau monde de la capitale; elle s'étendit dans les provinces par la publication du Dictionnaire des Précieuses de Somaize, du recueil des poésies fugitives de Sercy [2], du roman de Clélie, de la correspondance de Costar, et des poésies de Ménage.

La troisième édition de ces poésies venait de paraître [3]; et, outre l'idylle intitulée *Alexis* [4], elle contenait deux

---

[1] *Lettres de* Costar, seconde partie, p. 812, *lettres* 308.
[2] Voyez ci-dessus, 1re partie, chap. XXXVI, p. 498, 2e édit.
[3] Ægidii Menagii *Poemata*, édit. 3ª, 1658, in-8º.
[4] Ægidii Menagii *Poemata*, p. 170, édit. 1680, ou p. 158, édit. 1663.

nouvelles pièces de vers à la louange de madame de Sévigné. Elles étaient écrites en italien, que madame de Sévigné comprenait parfaitement. L'une est un sonnet au sujet de son portrait [1]; l'autre est un madrigal allégorique, où madame de Sévigné est comparée à la fleur de la *bella-donna* (belle dame) [2]. Aucune de ces deux pièces ne mérite d'être traduite ni citée. Mais, indépendamment des pièces grecques et italiennes qui parurent pour la première fois dans cette troisième édition, on y lit aussi des pièces en français qui n'avaient point paru dans les éditions précédentes, entre autres une épître à Pellisson, où Ménage se plaint amèrement à son ami,

> De l'aimable marquise
> Qui lui vola sa franchise.

Il l'appelle perfide, infidèle, orgueilleuse, cruelle, tigresse au cœur d'acier; il ne songe plus à ses paroles attrayantes et à ses paroles charmantes que quatre-vingt-trois fois la nuit et trente-huit fois le jour [3]. Tout le monde savait, lors de la publication de cette épître, que ces extravagances de Ménage concernaient la marquise de Sévigné, quoique son nom ne fût pas prononcé; mais, dans la crainte que la postérité l'ignorât, il a pris soin de le lui apprendre lui-même dans la table des matières de la septième édition de ses poésies, qui ne fut pas la dernière [4].

---

[1] *Sopra il ritratto della bellissima signora marchesa di Sevigny*, dans le Menagii *Poem.*, 4ᵉ édit., p. 305; 7ᵉ édit., p. 289, sonetto 2.

[2] *Pianto di bella donna; madrigale per la signora marchesa di Sevigny*, madrigale 12, p. 313 de la 4ᵉ édit.

[3] Ægidii Menagii *Poemata*, 3ᵃ édit., in-8°, p. 111. — Ibid., 4ᵃ édit., Elzeviers, 1663, in-18, liv. IV, p. 268.

[4] Ægidii Menagii *Poemata*, 1680, septima editio, apud Petrum Le Petit, liv. IV, p. 260, et la table des matières au mot *Sevigny*.—Ibid.,

Personne alors ne fut surpris de ce langage; aucun des critiques de Ménage ne l'accusa d'inconvenance à ce sujet, ni ne le frappa de ridicule. Ceci prouve ce que nous avons remarqué précédemment, que d'après les usages du beau monde, mis en crédit par l'hôtel de Rambouillet, il était permis aux hommes de parler en toute liberté d'amour, malgré l'inégalité de l'âge et du rang. Il semble même qu'on eût passé pour grossier, si envers une femme jeune, jolie, spirituelle, on eût paru si peu faire attention à ses charmes, si peu apprécier son esprit, que de ne pas lui faire entendre le langage flatteur et passionné auquel elle était accoutumée de la part de ses fervents adorateurs. Sans cela on ne pourrait expliquer à l'égard de madame de Sévigné ni les vers que Ménage lui adressa ou ceux qu'il a écrits à son sujet, ni les lettres galantes de Costar goutteux et sur le bord de la tombe, ni les déclarations tendres dont elle fut l'objet de la part du surintendant Servien, après une entrevue qu'elle avait eue avec lui relativement à une affaire qui dépendait de sa décision. Ménage avait été l'intermédiaire entre elle et ce ministre; il l'avait assurée du désir qu'il avait de la revoir. C'est à ce sujet qu'elle lui écrivait : « Vous me dites des choses si obligeantes de l'estime que vous avez donnée de moi à M. Servien, qu'encore que j'y aie peu contribué et que je craigne même de la détruire, je ne laisse pas pourtant d'en sentir une certaine gloire, que toute autre personne ne m'aurait pu donner[1]. » Ensuite, répondant à un autre billet flat-

---

1687; Amstelodami, apud Westenium, octava édit., p. 296, et la table des matières, p. 337, au mot *Sévigny*.

[1] SÉVIGNÉ, *Lettres*, édit. de Monmerqué, 1820, in-8°, t. I, p. 55, n° 29. — Ibid., édit. de Gault de Saint-Germain, t. 1, p. 68, *lettre* 31.

teur de Ménage, qui lui faisait part de l'effet que ses charmes avaient produit sur Servien, elle dit : « Votre billet est le plus joli du monde ; c'est ainsi que je vous conseille de les faire. Je suis ravie que mes petits yeux aient fait de si jolies conquêtes. Je me trouverais bien honorée s'ils portaient le désordre jusque dans le conseil d'en haut, mais je crains que l'histoire ne soit telle qu'à demi. En tout cas, je me contente de l'estime, et je vous conjure de me la conserver, puisque c'est vous qui me l'avez acquise. Pour M. de Noirmoutier [Louis de la Trémouille, duc de Noirmoutier[1]], j'en prendrai le soin ; car il prend le chemin de venir céans, et c'est là que je l'attends pour lui gagner le cœur. Après tout, vous avez la gloire que j'aie été plus friande du vôtre que de tous les autres ; mais, quelque honte qu'il y ait pour moi au temps que j'ai employé à l'acquérir, j'en suis toute consolée quand je songe à ce qu'il vaut. »

D'après les détails que nous avons donnés dans le commencement de cet ouvrage[2] sur les premiers temps des liaisons de Ménage avec Marie de Rabutin-Chantal, nous n'avons pas besoin de faire remarquer à nos lecteurs tout ce qu'il y avait de coquetterie tendre et affectueuse dans ces dernières lignes de madame de Sévigné, et de l'impression qu'elles devaient faire sur Ménage.

Quant à Abel Servien, il pouvait se déclarer l'adorateur de madame de Sévigné sans compromettre sa réputation. Il avait alors soixante-cinq ans, et de plus il était borgne ; circonstance qui a fourni un trait de satire de Boileau

---

[1] *Lettre de madame de* SÉVIGNÉ *à* MÉNAGE, dans les *Mémoires de* COULANGES publiés par M. Monmerqué, 1820, in-8°, p. 324.

[2] Voyez ci-dessus, 1re partie, ch. X, de 185 à 191, surtout à la p. 182.

contre Ménage. Celui-ci, dans son églogue intitulée *Christine*, avait donné à ce ministre des éloges fades et exagérés, et l'avait comparé au soleil; et Boileau dit :

> De là vint cet amas d'ouvrages mercenaires,
> Stances, odes, sonnets, épîtres liminaires,
> Où toujours le héros passe pour sans pareil,
> Et, fût-il louche et borgne, est réputé soleil [1].

---

[1] Boileau, épître IX, vers 142 à 146. — Menagii *Poemata*, Christine, églogue; 4ᵉ édit., Elzeviers, p. 169 du liv. I. Églogues et idylles, 7ᵉ édit., 1680, in-12, p. 180. Ménage avait dit :

> Le grand, l'illustre Abel, cet esprit sans pareil,
> Plus clair, plus pénétrant que les traits du soleil.

CHAPITRE XIV.

1659 — 1660.

La Fronde finit comme une pièce dramatique bien combinée. — Mariage du roi. — Rentrée de Condé. — Mort de Gaston. — Le cardinal de Retz est dans l'impuissance de nuire. — Pompes de la rentrée du roi. — La cour avait été obligée de faire de longues absences hors de la capitale pendant que se traitait l'affaire de la paix. — La noblesse alors resta à Paris. — Le théâtre devint pour ses divertissements sa principale ressource. — Une grande distance séparait la noblesse de la bourgeoisie. — La noblesse protégeait les acteurs. — Ceux-ci tenaient une conduite honorable. — Plusieurs étaient hommes de lettres. — Les auteurs dramatiques les ménageaient. — Ils accordent l'entrée de leurs théâtres à tous les membres de l'Académie Française. — Leur fréquentation avec les gens de cour et les grands leur donnait, sous le rapport des manières, une grande supériorité sur la bourgeoisie de la capitale et sur la noblesse de province. — Quelques-uns étaient gentils-hommes, et ne perdaient point leurs priviléges en devenant acteurs. — Molière n'éprouva aucun obstacle pour l'établissement de son nouveau théâtre. — Sa troupe, inférieure à celle des deux autres théâtres. — Son génie était son seul moyen de succès. — Succès du *Dépit amoureux*. — Vogue prodigieuse des *Précieuses ridicules*. — La raillerie était en honneur à la cour de Louis XIV. — Les véritables précieuses et leurs amis furent les premiers à rire de la pièce de Molière. — Toute la famille de Mme de Rambouillet se trouvait à la représentation de cette pièce. — Motifs qui font présumer que Mme de Sévigné y était aussi. — La preuve qu'elle était alors à Paris résulte du récit de Tallemant sur l'affaire du marquis de Langey. — Réflexions sur cette affaire.

La Fronde se termina comme un poëme dramatique bien combiné : toutes les intrigues qu'elle avait enfantées se dénouèrent par un mariage ; presque tous les principaux acteurs se réconcilièrent, et celui qui toujours et sans cesse avait été occupé à tout brouiller fut écarté de la scène. Louis XIV épousa l'infante Marie-Thérèse; le traité des Pyrénées fut conclu; deux grandes monarchies, qui se faisaient la guerre depuis vingt-cinq ans, devinrent alliées; les frontières de la France furent reculées au nord, à l'est et au sud [1]. Condé fit sa soumission, et ramena avec lui cette courageuse noblesse qui avait suivi sa destinée [2]; le duc de Lorraine, retenu depuis six ans dans les prisons d'Espagne, à cause de ses liaisons avec la France, en sortit [3]; Retz, condamné à l'exil, forcé de fuir et de se cacher, ne fut plus à craindre [4]; l'indécis et faible Gaston, qui se défiait de tout le monde et de lui-même, qui ne s'intéressait à personne et auquel personne ne s'intéressait, mourut peu après [5].

Le faste et l'éclat qui avaient accompagné la demande de l'infante; les galanteries chevaleresques et les attentions du jeune roi pour sa femme [6]; la pompe triomphale de leur entrée dans Paris; la magnificence des réjouissances publiques qui la suivit, tout contribua à répandre un aspect de bonheur et un air de grandeur sur les commencements d'un règne qui s'annonçait d'une manière si

---

[1] Brienne, *Mém.*, t. XXXVI, p. 244.

[2] Desormeaux, *Hist. de Louis de Bourbon, second du nom, prince de Condé*, t. IV, p. 162. — Motteville, t. XL, p. 39.

[3] Loret, liv. X, p. 190 (6 décembre 1659). — Guy-Joly, *Mém.*, t. XLVII, p. 435.

[4] *Hist. de la Mon. fr.*, 1697, t. II, p. 14. — *Mém.* de Rais, 1836, t. I, p. 584 de la collect. Michaud.

[5] Le 2 février 1661. Voy. Loret, liv. XI, p. 21 (*lettre* du 7 février).

[6] Loret, liv. XI, p. 133-136. — La Fontaine, *Œuvres*, édit. 1827, t. VI, p. 458 à 467.

brillante [1]. Le royaume entier semblait renouvelé et rajeuni par son monarque [2].

Mais les négociations qui avaient précédé ce moment avaient été longues et difficiles [3]; et plus on désirait les voir se terminer heureusement, plus on se trouvait agité par la crainte et par l'espérance, selon qu'on apprenait qu'elles avançaient vers leur terme, ou qu'elles étaient sur le point d'être rompues. Tout le monde paraissait pressé d'en finir, excepté les négociateurs eux-mêmes, Jules Mazarin et Louis de Haro, qui, sur leur petite île de la Bidassoa, combattaient ensemble de ruses et de finesses dans leurs interminables conférences. Ces délais, cette longue attente, les absences prolongées du roi, de la reine, du cardinal et de tous ceux de leurs maisons, avaient en quelque sorte dérouté les habitudes du grand monde de la

[1] LORET, *Muse historique*, liv. X, p. 23 (9 février), 28, 31, 35, 46, 53, 66, 70, 77, 83. — BENSERADE, *Œuvres*, p. 207. — MONTPENSIER, t. XLII, p. 407.

[2] *Journal contenant la relation véritable du voyage du Roi et de son Éminence*, 1659, in-4° (12 décembre 1659). — *Suite du Journal historique du Voyage.* — *Journal historique*, 3ᵉ partie. — *Traité de paix* en 124 articles, signé le 7 novembre 1659; in-4°, 64 pages. — *Nouveau Journal historique, contenant la relation véritable de ce qui s'est passé au voyage de Son Éminence et aux cérémonies du mariage de Sa Majesté, célébrées à Fontainebleau et à Saint-Jean de Luz;* 1660, in-4° (22 mai). — *Nouvelle Relation contenant l'entretien et le serment des Rois;* 1660, in-4°. — *Suite de la nouvelle Relation contenant la marche de Leurs Majestés;* 1660, in-4°, 8 pages (avec le portrait de Marie-Thérèse, par Larmesin). — *Relation du Retour de Leurs Majestés jusqu'à Fontainebleau*, 8 pages. — *Le triomphe de la France pour l'entrée royale de Leurs Majestés;* 1660, in-4°. — *Nouvelle Relation de l'Entrée royale*, le 26 août 1660; in-4° de 24 pages. — *La véritable Explication en prose et en vers des figures thermes, etc.;* 1660, in-4° de 20 pages.

[3] Conférez *Lettres du cardinal* MAZARIN, 2 vol., 1745, in-12.

capitale. La cour se trouvait partagée en deux, parce qu'une partie seulement avait pu être du voyage de Lyon ; l'autre était restée à Paris. Le roi n'y revint qu'en février ; Mazarin en repartit vers le milieu de l'été, pour se rendre à Saint-Jean de Luz [1] ; et le roi, la reine et leur suite nombreuse allèrent peu après rejoindre le ministre et voyager dans le midi, en attendant le terme des négociations. Tout ce qui n'était point du voyage n'eut aucune envie de quitter Paris, où l'on s'attendait de jour en jour à voir revenir ceux dont on s'était séparé avec tant de regret : de fréquents courriers apportaient de leurs nouvelles, et instruisaient de tout ce qui préoccupait si fortement les esprits. Comme l'ouverture des négociations avait suspendu les opérations de la guerre, nul ne se trouvait forcé de s'absenter. La capitale était donc pourvue d'un plus grand nombre de personnes de la haute noblesse, ou de personnes riches et vivant noblement, qu'elle n'avait coutume de l'être dans cette saison. Mais comme les ballets royaux, les fêtes et les cercles de la cour, les bals et les mascarades, n'avaient plus lieu, on eut plus de loisir pour suivre les représentations théâtrales, et elles tinrent le premier rang parmi les jouissances de cette année.

Nous avons vu qu'indépendamment des deux troupes d'acteurs de l'hôtel de Bourgogne et du Marais, une troisième troupe (c'était celle de Molière) avait obtenu la permission de s'établir à Paris, et jouait sur le théâtre du Petit-Bourbon.

Il ne faut pas oublier l'inégalité des rangs qui existait à cette époque, et les effets qu'elle produisait. Un inter-

---

[1] LORET, *Muse historique*, lib. X, p. 97. — MOTTEVILLE, *Mém.*, t. XI, p. 6.

valle considérable séparait le bourgeois le plus riche d'un noble, d'un grand seigneur. Celui-ci donnait du lustre et de l'importance à tous ceux qu'il admettait à l'honneur de sa familiarité ou aux bienfaits de sa protection. Les grands choisissaient de préférence pour clients ceux qui pouvaient rehausser l'éclat de leur rang ou contribuer à leurs plaisirs. De là cette faveur dont jouissaient auprès d'eux les artistes, les gens de lettres, les chanteurs et les acteurs [1]. La condition de ces derniers, du moins dans la capitale, n'était point ravalée au-dessous de celle de la bourgeoisie, comme cela a lieu depuis que leur nombre s'est multiplié si extraordinairement avec celui des théâtres, et encore plus depuis que les lois ont voulu promener leur niveau sur tous les rangs, sur toutes les professions. Les lois peuvent bien contraindre les actions de l'homme, mais ne peuvent rien sur ses opinions : les lois veulent en vain établir en toute chose une parfaite égalité, rendre semblable ce qui diffère, rapprocher ce qui se repousse ; l'opinion, qui exerce sur les lois mêmes son empire absolu, élève aussitôt ce qu'elles ont abaissé, abaisse ce qu'elles ont élevé, prononce ses incompatibilités et établit ses distinctions.

A l'époque dont nous parlons, les princes et les grands, qui, à l'exemple du monarque, aimaient à s'exercer dans l'art théâtral, et associaient à leurs divertissements les acteurs, ne laissaient échapper aucune occasion de manifester à ceux-ci l'intérêt qu'ils leur portaient, et le cas qu'ils faisaient de leurs talents. Ils les aidaient à maintenir l'ordre dans leurs représentations ; ils n'hésitaient pas, pour les mettre à l'abri des insultes de la foule, à

---

[1] CHAPUZEAU, *Hist. du Théâtre françois*, p. 139-185.

leur prêter le secours de leurs propres gardes ou de leurs nombreux valets, et souvent ils ne dédaignaient pas d'intervenir en personne, lorsque les circonstances l'exigeaient. Plus honorés, les acteurs tenaient aussi une conduite plus honorable. Ils maintenaient dans leurs petites républiques une police excellente [1]. Liés entre eux par un même intérêt et par les rapports continuels de leurs communs travaux, ils se secouraient mutuellement, et ne souffraient jamais qu'aucun d'eux, qu'elle que fût son infortune, tombât à la charge de la charité publique. Ce qui ajoutait encore à la considération dont jouissaient particulièrement les acteurs des deux théâtres royaux de l'hôtel de Bourgogne et du Marais, c'est que plusieurs étaient hommes de lettres, et composaient des pièces dans lesquelles ils jouaient. Dans ce nombre étaient Hauteroche, Villiers, Poisson, Champmeslé, la Thorillière : par ceux-ci, la nuance qui séparait les acteurs des gens de lettres faisant profession de travailler uniquement pour la scène était faible et peu marquée; car ces derniers étaient obligés de fréquenter les acteurs, de faire société avec eux ; ils avaient besoin de leur appui, et semblaient appartenir à leur théâtre et faire partie de leur troupe. Les acteurs, de leur côté, se montraient dignes, par leur générosité, d'une telle confraternité. Ils avaient accordé à tous les membres de l'Académie Française le droit d'entrer à leur spectacle sans payer. Ainsi les acteurs, par leur liaison avec les beaux esprits, par la nature même de leur profession, possédaient toujours ce genre d'instruction qui contribue le plus aux agréments de la conversation,

---

[1] Voyez CHAPUZEAU, *Hist. du Théâtre franç.*, 1674, in-12, p. 121 et 156. — Les frères PARFAICT, *Hist. du Théâtre franç.*, t. XI, p. 284 à 326.

et leur fréquentation avec les grands leur donnait cette élégance dans les manières, cette pureté dans le langage, cette politesse naturelle, et toutes les qualités brillantes de l'homme du monde, alors si inégalement réparties, auxquelles la bourgeoisie était entièrement étrangère, et qu'on ne trouvait même pas parmi la noblesse de province : elles semblaient être l'apanage presque exclusif de la cour, des cercles et des ruelles de la capitale. C'était donc un immense avantage que de les posséder, et les acteurs y trouvaient pour l'exercice de leur profession un élément de succès : ils s'étudiaient continuellement à les acquérir, et parvenaient sous ce rapport à égaler leurs modèles. Enfin, la plupart d'entre eux étaient sortis de la bourgeoisie, et quelques-uns même de la noblesse. Ces derniers ne dérogeaient pas alors en montant sur les planches. Floridor, le meilleur acteur de cette époque, était de ce nombre. Le fisc voulut lui contester son titre, et le priver des priviléges et exemptions qu'il tenait de sa naissance ; mais la justice prononça en sa faveur [1], et le rétablit dans ses droits, sans que pour cela il fût obligé de renoncer au théâtre. Plus tard, Le Noir de La Thorillière quitta la glorieuse profession des armes, et le grade de capitaine de cavalerie, pour se faire acteur ; et ce fut avec le consentement et l'approbation du roi qu'eut lieu ce changement d'état [2].

Ainsi Poquelin, ce fils d'un tapissier du roi sous les Piliers des halles [3], n'avait pas, autant qu'on l'a cru, trompé

---

[1] Frères PARFAICT, *Hist. du Théâtre franç.*, t. VIII, p. 18.

[2] *Ibid.*, t. XI, p. 326. — AIMÉ MARTIN, *Hist. de la Troupe de Molière*, dans son édition de Molière, t. I, p. CLXXXVI.

[3] DE LA MARINIÈRE, *Estat général des officiers de la maison du*

l'espoir de sa famille en mettant de côté la soutane du séminariste[1] et la robe d'avocat, pour devenir acteur et chef de troupe, surtout depuis que, par la protection du prince de Conti et de Monsieur, il eut obtenu la permission de s'établir dans la capitale. Sa profession ne parut nullement incompatible avec la charge de valet de chambre du roi, qu'il tenait de son père, et avec l'honneur qu'il avait, lorsqu'il était de service, de faire quelquefois le lit de Sa Majesté[2]. Mais si Molière était favorisé par l'opinion, les mœurs et les besoins de son temps[3] pour l'établissement d'un nouveau théâtre à Paris, il trouvait de grands obstacles dans les deux autres théâtres, qui depuis longtemps étaient en possession d'attirer la foule. Les acteurs qui y jouaient, déjà en faveur auprès du public, avaient une grande supériorité sur ceux du sien ; aucun auteur en réputation ne voulait consentir à confier ses pièces à ces comédiens de province, si peu habiles. Tous moyens de succès leur étaient donc ravis, hors un seul : le génie de celui qui était leur chef. Instruits par lui, inspirés par lui, les camarades de Molière, médiocres dans les pièces des autres, jouaient les siennes avec un ensemble, une verve, un naturel, qui ne laissaient rien à désirer. Pour que la nouvelle troupe réussît et l'emportât sur les deux autres, il fallait donc que Molière composât des pièces pour elle, et que ces pièces fussent supérieures à celles que l'on jouait aux autres théâtres : c'est ce qu'il fit, du moins pour les

---

Roy, 1660, in-8°, p. 84 : « *TAPISSIERS*, Jean Poquelin et Jean son fils [c'est Molière], en survivance, 300 livres. »

[1] TALLEMANT DES RÉAUX, *Mém.*, t. VI, p. 22, édit. in-8°, et t. X, p. 51, édit. in-12. — *Œuvres* de LA FONTAINE, t. VI, p. 509, édit. 1823.

[2] CHAPUZEAU, *Hist. du Théâtre franç.*, 1678, in-12, p. 139.

[3] BEAUCHAMPS, *Recherches sur les Théâtres de France*, t. III, p. 146 et 364.

comédies. Déjà *les Étourdis* et *le Dépit amoureux* avaient commencé à attirer le public à son théâtre, et lui avaient fait entrevoir la possibilité de réussir ; lorsqu'une simple farce en prose, en un seul acte, composée en quelques jours, dont l'intrigue ou la conduite, misérable en elle-même, ne lui appartenait pas[1], lui procura un succès prodigieux[2], et lui acquit tout à coup une réputation qui ne fit que s'accroître depuis, mais que les deux comédies en cinq actes et en vers qu'il avait déjà fait jouer n'avaient pu lui faire obtenir. Dans cette parade bouffonne, Molière faisait ressortir les ridicules du langage affecté et des manières composées de la haute classe, en montrant ce qu'ils devenaient lorsqu'ils étaient singés par la bourgeoisie et les gens de bas étage. Ces ridicules avaient déjà été signalés, mais personne n'avait soupçonné qu'ils fussent aussi comiques. Ces scènes sans liaison étaient une suite de peintures admirables par cet air de vérité auquel l'exagération même donne plus de relief; c'était une satire mordante, spirituelle et comique des folies les plus extravagantes, et des travers les plus saillants, de la société de cette époque. Personne ne put s'empêcher d'en rire ; les plus grandes précieuses et leurs sectateurs s'en amusèrent comme les autres, tant était contagieuse cette verve de gaieté qui animait les dialogues dans les endroits où l'auteur avait placé ses traits les plus malins. « Qui ne sait pas supporter la raillerie, dit Loménie de Brienne dans ses mémoires, ne doit point vivre à la cour[3]. » La raillerie fut à cette époque même le sujet d'un ballet, où le roi re-

---

[1] Conférez *le Cercle des Femmes, ou le Secret du lit nuptial*, de CHAPUZEAU, 1656.

[2] LORET, liv. X, p. 192 (6 décembre 1659).

[3] LOMÉNIE DE BRIENNE, *Mém. inédits*.

présenta le principal personnage[1]; la cour de Louis XIV était essentiellement railleuse et moqueuse, et cette disposition générale des esprits contribua beaucoup au succès de Molière et aux allures franches et hardies de son génie. Non-seulement on ne lui en voulut point de ses piquants sarcasmes sur les ruelles de la capitale et sur celles des provinces, mais on lui en sut gré. C'est en vain que quelques envieux cherchèrent à animer contre lui les courtisans, les grands seigneurs et les grandes dames qu'il avait eu, disaient-ils, l'audace de traduire sur le théâtre[2]; personne ne s'avisa de réclamer le privilége d'être sot et ridicule par droit de naissance. Nous savons qu'à la réserve de M. et de madame de Montausier, qui étaient dans leur gouvernement d'Angoumois, toute la famille de madame de Rambouillet se trouvait à la première représentation des *Précieuses* de Molière; Ménage y vit madame la marquise de Rambouillet, mademoiselle de Rambouillet, sa fille, madame la marquise de Grignan, son autre fille, le marquis de Grignan, son gendre, et leurs nombreux amis. Tous applaudirent à ces réjouissantes caricatures, à ces scènes d'un comique si vrai, si spirituel, si original surtout, et qui ne rappelaient en rien les imitations des pièces anciennes ou des pièces espagnoles, dont on était rassasié. On connaît le mot de Ménage et son espèce de palinodie : « Dès cette première représentation, dit-il, on revint du galimatias et du style forcé[3]. » On connaît l'exclamation énergique d'un vieil amateur : « Courage, Molière! voilà de la bonne comédie. » Mais ce qui est ignoré, ce qui importe à notre objet, c'est que probablement madame de

---

[1] *Œuvres de* BENSERADE, t. II, p. 207.
[2] BODEAU DE SOMAIZE, *les Véritables Précieuses*, 1660, préface, p. 1.
[3] *Ménagiana*, t. II, p. 65.

Sévigné se trouvait aussi à cette première représentation des *Précieuses ridicules*. Du moins est-il certain qu'elle était alors à Paris : nous en avons la preuve par le récit de Tallemant des Réaux sur l'affaire du marquis de Langey, dans lequel madame de Sévigné figure au nombre des jeunes femmes vives et légères qui ne voyaient que le côté plaisant de cette cause singulière, devenue le sujet de tous les entretiens. Elle partageait l'attention publique au point de faire oublier les succès prodigieux de la comédie des *Précieuses ridicules* et de la tragédie de *Bélisaire* du sieur de la Calprenède, et même les négociations de Saint-Jean du Luz [1]. L'étrange et scandaleuse accusation d'une jeune femme contre un mari, si opposée à la réputation d'homme à bonnes fortunes qu'il s'était acquise, avait forcément monté toutes les conversations sur un tel ton de licence dans l'expression, qu'on doit peu s'étonner du propos que Tallemant des Réaux dit avoir été tenu par madame de Sévigné au marquis de Langey [2], pour exprimer à celui-ci qu'elle ne doutait nullement des moyens victorieux qu'il avait de gagner sa cause.

Les vers énergiques de Boileau, l'absurde contradiction de deux jugements contraires rendus pour et contre un seul homme, et le plaidoyer de Lamoignon [3], ame-

---

[1] Loret, *Muse histor.*, liv. X, p. 24, 109, 151, 297. — Les frères Parfaict, *Hist. du Théâtre franç.*, t. VIII, p. 297. — François de Neufchateau, *Esprit du grand Corneille*, p. 254.

[2] Tallemant des Réaux, *Mémoires*, t. VI, p. 189, 195, 205 de l'édit. in-8°, ou t. X, p. 191, 196, 207. — Extraits des *manuscrits de Pierre le Gouz*, dans Barrière, *La cour et la Ville sous Louis XIV et Louis XV*, p. 53.

[3] Boileau, satire VIII, v. 143 à 146, t. I, p. 126, édit. de Saint-Marc, 1747. — Loret, *Muse historique*, liv. IX, p. 199; *ibid.*, liv. X, p. 19 *lettre* du 1ᵉʳ février 1659.

nèrent dans notre législation, à l'égard du mariage, un changement qui, considéré sous le point de vue religieux, n'était pas aussi fondé en raison que le pensent ceux qui n'ont fait attention qu'aux circonstances scandaleuses de cette affaire [1].

[1] *Journal du Palais*, 4ᵉ édition, 1755, in-fol., t. I, p. 780-789; LAMOIGNON, *Plaidoyer pour le Congrès*, 1680, in-18, p. 6 ; BOUCHER d'ARGIS, *Principes sur la nullité du mariage pour cause d'impuissance*, 1756, in-8°, p. 5, 63.

CHAPITRE XV.

1661.

Mort de Mazarin. — Une nouvelle ère commence pour la France. — La cour ne se sépare plus. — Elle part tout entière pour Fontainebleau. — Les divertissements sont interrompus à Paris dans la belle saison. — Plaisirs de Fontainebleau. — Intrigues amoureuses du roi avec mademoiselle de La Vallière; — de MADAME avec le comte de Buckingham et le comte de Guiche; — de la duchesse de Toscane avec le duc de Lorraine. — Les personnes qui à Paris étaient invitées à la cour ne se trouvaient plus dans la même position à Fontainebleau. — Elles étaient obligées dans ce séjour à de grandes dépenses. — Madame de Sévigné se retire à sa terre des Rochers pendant l'été. — Durant l'hiver elle participe aux plaisirs de Paris. — Plusieurs mariages brillants y donnent lieu à des fêtes nombreuses. — On redonne aux théâtres les chefs-d'œuvre de Corneille. — Il compose la *Toison d'Or,* le premier opéra allégorique. — Molière s'essaye dans le genre héroïque; il y réussit peu, et revient à la comédie. — Toutes ces pièces furent jouées successivement à Paris, à Fontainebleau, et chez Fouquet à Vaux et à Saint-Mandé. — Madame de Sévigné, quand elle était à Paris, était de toutes les fêtes; elle ne se trouva point à la plus somptueuse de toutes. — Elle quitte sa terre pour faire un voyage au mont Saint-Michel. — Ce qu'elle écrit à sa fille trente ans après, au sujet de ce voyage. — Citation d'une lettre d'un conseiller au parlement, au sujet de madame de Sévigné et de sa fille, à l'époque de ce voyage.

Mazarin n'était plus : sa mort avait presque aussitôt suivi la paix qu'il avait conclue, et une nouvelle ère commença pour la France[1]. La haute société prit une nouvelle

---

[1] LOMÉNIE DE BRIENNE, *Mém. inéd.*, t. II, p. 142. — MONTPENSIER, *Mém.*, t. XLII, p. 536. — GOURVILLE, *Mém.*, t. LII, p. 345. — LORET, liv. XII, p. 41 (*lettre* du 13 mars 1661). — COULANGES, *Mém.*, p. 379.

forme; elle se trouva forcée de changer les habitudes qu'elle avait contractées depuis longtemps. Pendant toute la durée de la guerre, une portion de ceux qui la composaient, appelée à l'armée, que suivaient le roi, la reine mère et son ministre, s'absentait régulièrement de Paris pendant la belle saison; l'autre portion, au contraire, restait dans la capitale, parce que là on se trouvait plus à portée d'être bien instruit des événements, de communiquer avec les amis, les parents que l'on avait à la cour, foyer ambulant de toutes les intrigues et de toutes les ambitions. Ainsi les cercles, les divertissements n'éprouvaient point d'interruption; et c'est alors qu'en l'absence du monarque et du premier ministre, MADEMOISELLE, le surintendant Fouquet, ou d'autres personnages moins considérables, étalaient le luxe de leur grande fortune, et comblaient le vide produit par l'absence du souverain.

Pour la première fois depuis vingt-quatre ans, cet ordre de choses fut changé. Toute la cour partit dès le mois d'avril pour Fontainebleau, avec les reines, le roi, et son frère MONSIEUR, qui emmenait avec lui l'aimable fille du roi d'Angleterre, devenue sa femme. Deux reines mères, celle de France et celle d'Angleterre; un jeune monarque; une jeune reine déjà enceinte [1]; plusieurs princesses nouvellement mariées; un essaim de beautés empressées à plaire; de jeunes seigneurs, guerriers déjà illustrés par nombre d'actes de valeur; la sécurité qu'on ressentait en voyant les Condé, les Beaufort, ces redoutables héros de la Fronde, devenus d'assidus courtisans [2]; le soulagement

---

[1] LOUIS XIV, Œuvres, t. V, p. 8.
[2] MOTTEVILLE, Mém. t. XL, p. 115.

que l'on éprouvait d'être délivré d'un ministre avare, rusé, quinteux, sous lequel on s'était vu forcé de ployer, après l'avoir outragé et proscrit[1] ; l'espérance qui surgissait de voir appelé à lui succéder[2] ce surintendant si poli, si aimable envers tous, si insinuant, si serviable envers la richesse, si généreux, si prodigue même envers la haute noblesse, le talent, la faveur ou la beauté ; enfin le printemps, un ciel pur, les eaux du fleuve, les ombrages de la forêt, tout contribua à exalter la joie générale, à imprimer un élan vers les plaisirs, qui se manifesta avec encore plus de force et d'éclat que dans les années précédentes. Les ballets, la comédie, les concerts, les navigations sur le canal, les bains de rivière, les cavalcades, les carrousels, les promenades en calèche, les chasses, les repas en plein air, les jeux folâtres, les mascarades, les parties nocturnes, les illuminations, les feux d'artifice, donnèrent pendant plusieurs mois à Fontainebleau et à toutes les campagnes des environs un aspect de fêtes toujours varié, toujours plus ravissant[3]. Favorisées par toutes les circonstances des lieux et des temps, les intrigues amoureuses se développèrent rapidement parmi cette brillante jeunesse, dont la joie était exaltée par des plaisirs sans cesse renaissants. Il semblait que la volupté s'empressât d'entourer de ses guirlandes, et de couvrir de ses fleurs, ce trône qu'elle se montrait jalouse de disputer à la gloire. Là se formèrent des liaisons qui devaient tenir une si grande place dans les événements de ce règne ; là se développèrent des pas-

[1] Monglat, *Mém.*, t. L, p. 112-114.
[2] Guy-Patin, *Lettres*, t. V, p. 205 (*lettre* du 5 avril 1661).
[3] Choisy, *Mém.*, t. LXIII, p. 289. — Motteville, t. XL, p. 111-137. — La Fayette, t. LXIV, p. 145. — Loret, t. XII, p. 71 (7 mai), p. 95 (9 janvier).

sions qui devaient exercer une si puissante influence sur les mœurs et les destinées du monde [1]. L'amour du roi pour mademoiselle de La Vallière [2], celui de MADAME pour Buckingham [3], et ensuite pour le comte de Guiche, favori de son mari [4]; celui de la duchesse de Toscane, fille de Gaston, pour le duc Charles de Lorraine [5], cessèrent d'être un mystère pour des courtisans, si intéressés à pénétrer les secrets de leurs maîtres, et empressés à justifier leurs excès par de tels exemples. Aussi, à la réserve de la chaste épouse de Louis XIV, asservie, ainsi que la reine sa belle-mère, à une piété sévère, il n'y eut peut-être pas dans toute cette cour, si nombreuse en jeunes femmes, une seule qui ne fût alors, soit pour elle-même, soit pour une autre, engagée dans quelque intrigue amoureuse. Le récit des aventures galantes qui eurent lieu alors, et dans cette seule saison, a rempli plusieurs volumes, qui sont loin d'avoir épuisé la matière [6].

Cette translation et ce séjour du monarque à Fontainebleau produisirent un changement dans l'existence des personnes qu'on voyait habituellement à la cour, ou qui se trouvaient à ces divertissements sans qu'elles fussent obligées d'y être, sans qu'elles possédassent aucune charge

---

[1] GRAMONT, *Mém.*, t. LVII, p. 88.

[2] MOTTEVILLE, *Mém.*, t. XL, p. 134 et 136.—LA FAYETTE, t. LXIV, p. 397 à 402. — MONGLAT, t. LI, p. 119. — *Hist. de la Vie et des Ouvrages de la Fontaine*, 3ᵉ édit., p. 84 à 85.

[3] LA FAYETTE, *Mém.*, t. LXIV, p. 375, 381, 391, 393.

[4] MONTPENSIER, t. XLIII, p. 21. — MOTTEVILLE, t. XL, p. 124. — LA FAYETTE, t. LXIV, p. 400.

[5] CHOISY, t. LXIII, p. 237.

[6] LA FAYETTE, *Histoire d'Henriette*, t. LXIV, p. 409, 411.—BUSSY-RABUTIN, *Histoire amoureuse des Gaules; Galanteries de la Cour de France; la France galante; Amours des Dames illustres*.

ou eussent aucun emploi auprès du monarque, ou auprès des princes. Dans la capitale, ces personnes avaient avec la cour des points de contact et des jouissances communes à tous, par le moyen des promenades publiques, des théâtres, et des foires, alors très-fréquentées par la haute société. Lorsqu'elles se rendaient aux invitations du monarque, des reines ou des ministres, pour ajouter aux agréments ou à la pompe des ballets, des carrousels, des banquets, elles ne changeaient en rien leur genre de vie habituel. Elles n'abandonnaient point leurs somptueux hôtels, où plusieurs rendaient aussi à la cour les repas et les fêtes qu'elles en avaient reçus. Ces personnes semblaient ainsi plutôt consentir à être de la cour, que demander à en être : elles n'aliénaient pas leur liberté, leur indépendance. Mais, en quittant leur domicile pour se transporter à Fontainebleau, elles se mettaient à la suite de la cour ; elles montraient l'intention de solliciter l'honneur d'y être admises, de participer à l'éclat des fêtes qui s'y donnaient et aux plaisirs qu'on y goûtait ; elles manifestaient la volonté de parcourir la carrière d'ambition et d'intrigues qui y était ouverte. Elles se trouvaient alors nécessairement entraînées à supporter toutes les charges d'une telle existence : le gros jeu, les somptueux équipages, un grand luxe de maison, devenaient nécessaires.

Madame de Sévigné, que l'éducation de sa fille occupait alors fortement, était trop raisonnable, trop économe, pour se placer dans une telle situation. D'ailleurs, tout le fracas des fêtes et des intrigues de Fontainebleau ne convenait nullement à ses habitudes, à ses projets, à la pureté, à la délicatesse de ses sentiments. Aussi pendant ce temps se retira-t-elle à sa terre des Rochers. Une lettre d'un conseiller au parlement, que nous aurons bientôt occasion de citer, nous prouve qu'elle s'y était rendue au commencement du printemps, et au moment même du départ de la cour pour Fontainebleau : deux lettres d'elle, l'une à Ménage [1] et l'autre à Pomponne, nous démontrent qu'elle s'y trouvait encore au mois d'octobre.

Mais il est probable qu'elle séjourna dans la capitale durant l'hiver qui précéda ce voyage de Fontainebleau, et celui qui le suivit. A la vérité, nous n'en avons d'autre preuve que son genre de vie pendant plusieurs des précédentes années, où nous la voyons assez empressée à saisir les occasions de s'associer aux plaisirs de la cour. Ils furent très-actifs et très-brillants pendant ces deux hivers, signalés par les négociations et la conclusion de la paix, la naissance d'un Dauphin [2]; les mariages du duc d'Anjou avec Henriette d'Angleterre [3]; de mademoiselle d'Orléans, l'une des filles de Gaston et de Marguerite de Lorraine [4], avec le grand-duc de Toscane; celui de Marie de Mancini avec le connétable de Colonne [5]; celui de sa sœur la belle Hortense avec Armand de La Porte, qui prit le nom de duc de Mazarin [6]. Pendant l'un et l'autre carnaval, la joie se manifesta par des actions hors de toute prudence, hors de toute convenance. La passion pour le jeu et les mascarades alla toujours en croissant. On risqua des sommes

---

[1] SÉVIGNÉ, *Lettres*, t. I, p. 58 et 60, édit. Monmerqué.

[2] LORET, *Muse historique*, liv. XII, p. 173 (5 novembre 1665). — MOTTEVILLE, t. XL, p. 154. — MONTPENSIER, t. XLIII, p. 21.

[3] LORET, liv. XII, p. 55 (2 avril 1661).

[4] MONGLAT, *Mém.*, t. LI, p. 108. — LORET, liv. XI, p. 188 (27 novembre 1660). — LORET, liv. XII, p. 61 (23 avril 1661).

[5] LORET, liv. XII, p. 39. — MOTTEVILLE, t. XL, p. 89 (5 mars 1661).

[6] LORET, *Muse historique*, t. XII, p. 39. — GUY-PATIN, *Lettres*, t. V, p. 201. — MOTTEVILLE, t. XL, p. 89. — MONTPENSIER, t. XLIII, p. 3.

énormes sur une seule carte¹ ; des personnages de haute distinction coururent les rues, déguisés en poissardes, en Scaramouches, en Trivelins². Durant ces deux années aussi, le théâtre jeta un grand éclat. Je ne veux point parler de la magnificence des ballets royaux³, mais de la splendeur, bien préférable, que la scène reçut des chefs-d'œuvre dramatiques qui furent représentés alors. Le génie du vieux Corneille sembla se ranimer, et reprendre une nouvelle forme pour faire luire un dernier rayon sur ce nouveau règne. Corneille avait donné le premier modèle de la comédie dans le *Menteur*, composé le premier chef-d'œuvre de tragédie dans le *Cid*; dans la *Toison d'Or* il offrit le premier l'exemple d'une pièce à machines, également propre à être déclamée ou chantée, écrite avec noblesse, conduite avec régularité; enfin le premier exemple d'un bon opéra. On remit aussi alors au théâtre toutes les pièces qui avaient fait la gloire de ce créateur de la scène française, et elles excitèrent le même enthousiasme que dans la nouveauté. Son frère, uni avec lui d'intérêt, de fortune et de renommée, fit une pièce de circonstance intitulée *Camma*, dont le sujet avait été fourni par Fouquet. Le succès fut complet. Ainsi, cette époque, favorable pour la gloire et la prospérité de la France, le fut aussi pour son grand poëte⁴. Molière, trop sensible aux reproches que lui faisaient ses Aristarques et ses ennemis,

---

¹ GOURVILLE, *Mém.*, t. LII, p. 333, 334, 336. — GUI-JOLY, *Mém.*, t. XLVII, p. 339.

² LORET, *Muse historique*, t. XII, p. 14 (22 avril 1661).

³ CHOISY, *Mém.*, t. LXIII, p. 289. — LORET, *Muse histor.*, liv. XI, p. 142; liv. XII, p. 30 et 34. —BENSERADE, *Œuvres*, t. II, p. 217, 231.

⁴ LORET, liv. XII, p. 19 et 31. — FRANÇOIS DE NEUFCHATEAU, *Esprit du grand Corneille*, p. 265 à 281.

de ne réussir que dans la farce, voulut habiller en grande dame et assujettir aux belles manières sa muse joyeuse, énergique, un peu dévergondée, mais vive, franche, naturelle, et habituée à marcher librement et à visage découvert. Il fit *Don Garcie de Navarre*, pièce dans le genre noble, qui n'eut point de succès et n'en méritait pas. Mais celui qu'il obtint presque aussitôt après, par son *École des Maris*, dut lui prouver qu'il vaut mieux supporter les défauts de son génie que de le contraindre dans son allure. La troupe de Molière était la troupe en vogue, celle que préféraient le monarque et le public, parce que c'était la plus réjouissante, et la seule à qui il fût permis de jouer les pièces de son directeur. On lui accorda le théâtre du Palais-Royal, et elle jouait alternativement sur ce théâtre et devant la cour, au Louvre ou à Fontainebleau, et chez Fouquet, à Vaux ou à Saint-Mandé[1].

Fouquet donnait encore plus fréquemment des fêtes que dans les années précédentes ; et nous avons déjà exposé les motifs qui doivent faire penser que madame de Sévigné se trouvait à toutes ces fêtes. Cependant elle n'était pas présente à celle qui surpassa toutes les autres, à celles que Louis XIV avait demandée, à celle où Molière fit jouer pour la première fois la comédie des *Fâcheux*, à celle qui fut la dernière où Vaux resplendit d'une magnificence toute royale, à celle qui précéda de si peu de temps la chute du malheureux surintendant.

Lorsque fut donnée cette fête, qui amusa tant le bon

---

[1] Loret, *Muse historique*, liv. XI, p. 170, *lettre* du 30 octobre 1660 ; liv. XII, p. 110, 129, 136, 183 et 184 ; *lettres* des 17 juin 1660, 20, 27 août et 19 novembre 1661.

La Fontaine, et dont il nous a laissé une si charmante description [1], madame de Sévigné était retirée aux Rochers, car c'était l'époque où la cour se trouvait à Fontainebleau : on était au mois d'août, et tant que dura la belle saison madame de Sévigné ne quitta sa terre que pour faire un petit voyage, qui ne dut pas lui coûter une bien longue absence ni lui occasionner beaucoup de fatigue. Accompagnée de sa fille, elle se rendit au mont Saint-Michel. L'isolement de ce mont, sur une vaste plage couverte deux fois par jour des eaux de la mer; son double sommet, son château, son église, son abbaye; la salle où se rassemblaient les chevaliers de l'ordre formé sous l'invocation de l'archange dont il porte le nom; les prisonniers d'État renfermés dans ses sombres cachots; les superstitions, les pèlerinages dont il fut l'objet, lui ont donné depuis longtemps une grande célébrité [2]. Pour s'y rendre, en partant des Rochers, madame de Sévigné n'eut qu'un trajet de quinze à dix-huit lieues à faire; et dans sa route elle traversait Fougères, où son mari avait été gouverneur, et dont les environs sont si riants et si fertiles. C'est à cette époque de sa vie que madame de Sévigné faisait allusion, trente ans après, lorsqu'elle écrivait de Dol à madame de Grignan : « Je voyais de ma chambre la mer et le mont Saint-Michel, ce mont si orgueilleux que vous avez vu

---

[1] MONGLAT, *Mém.*, t. LI, p. 120. — *Hist. de la Vie et des Ouvrages de La Fontaine*, p. 74 à 91. — LA FONTAINE, *Œuvres*, édit. 1827, t. V, p. 473.

[2] NOUAL DE LA HOUSSAYE, *Voyage au mont Saint-Michel et à la Roche aux Fées*, 1811, in-18. — PIGANIOL DE LA FORCE, *Nouvelle Description de la France*, 1754, in-12, t. IX, p. 521. — Martin ZEILLER, *Topographia Galliæ*; Francofurti, pars 8, p. 20, 1657, in-folio.

si fier, et qui vous a vue si belle ; je me suis souvenue avec tendresse de ce voyage [1]. »

En effet, madame de Grignan, si elle avait revu le mont Saint-Michel lorsque sa mère lui écrivait cette lettre, ne lui aurait pas trouvé un aspect aussi imposant qu'au temps de sa jeunesse. A cette époque ses deux cimes étaient couronnées de deux majestueuses constructions, la plus haute par l'abbaye, la moins élevée par le château ; mais ce château avait été rasé en 1669. Ce mont Saint-Michel n'aurait pas non plus retrouvé en 1689 madame de Grignan, âgée de quarante-trois ans, aussi fraîche et aussi belle que mademoiselle de Sévigné l'était en 1661, quoiqu'elle n'eût à cette époque que treize ans. Sa mère ne la flattait pas, lorsqu'elle lui disait qu'elle était alors déjà remarquable par ses naissants attraits. Voici de quelle manière s'exprimait, dans une lettre adressée à un ami, un conseiller au parlement qui se trouvait à Fontainebleau le 3 novembre 1661 [2] :

« J'ai eu l'avantage d'être un mois durant voisin de madame de Sévigné, dont la maison n'est qu'à deux lieues de nous. Cette favorable conjoncture me l'a bien mieux fait connaître par elle-même, que par ce grand et légitime bruit que son mérite fait dans le monde. Je ne vous en dirai rien du tout et je vous renvoie, ou à la connaissance que vous en avez, ou à la foi publique... Mademoiselle sa fille est une autre merveille, dont je ne vous dirai rien non plus :

Vous la verrez, si vous ne l'avez vue,
Vous la verrez, de mille attraits pourvue,

---

[1] SÉVIGNÉ, *Lettres* (en date du 9 mai 1689), t. VIII, p. 469, édit. de Monmerqué. — *Ibid.*, t. IX, p. 301, édit. de G. de S.-Germ.
[2] SÉVIGNÉ, t. VIII, p. 463, édit. de Monmerqué, note *a*.

> Briller d'un éclat sans pareil ;
> Et vous direz, en la voyant paraître :
> C'est un soleil qui ne fait que de naître
> Dans le sein d'un autre soleil.

« Le lieu où ces déités me sont apparues est une maison située à une lieue de Vitré, grande et belle pour ses bâtiments et ses jardins, où madame de Sévigné passe de temps à autre quelques mois, et où, dans un fond de province, on trouve la même politesse que dans l'Ile de France.

« J'ai encore à vous rendre compte du pèlerinage que j'ai fait au mont Saint-Michel... Ce mont est une chose singulière, où il y a une fort belle abbaye ; et c'est tout vous dire que madame de Sévigné avait eu la même curiosité huit ou dix jours avant moi, et en avait été fort satisfaite ; ce qui me donna lieu de lui en écrire, à mon retour, une lettre que je ne mets ici que pour vous servir de description de cette montagne. »

L'emphatique description que l'anonyme adresse à madame de Sévigné se termine ainsi :

> Vous l'avez vu, madame, et savez si je mens.
> Vous avez triomphé de la roche superbe ;
> Vos beaux pieds l'ont foulée, ainsi qu'on foule l'herbe :
> Elle fléchit pour vous son invincible orgueil ;
> Et, sentant sur sa croupe une charge si belle,
> Elle vous caressa par un muet accueil ;
> Puis de votre départ voyant l'heure cruelle,
> Dans ses concavités elle en pleura le deuil.
> Elle ne le dit pas ; et je le dis pour elle [1].

---

[1] SÉVIGNÉ, *Lettres*, édit. de Monmerqué, 1820, in-8°, t. VIII, p. 463. M. Monmerqué a trouvé une copie de cette lettre dans le ms. n° 902, in-fol., t. IX, p. 484, de la Bibliothèque de l'Arsenal.

CHAPITRE XVI.

1661.

Les peuples ressentent bien plus leurs maux après les dissensions civiles que pendant qu'elles durent. — Situation de la France après le traité des Pyrénées. — Misère du peuple. — Abus et confusion des pouvoirs. — Vénalité, immoralité, désordre des finances. — Craintes et regrets que cause la mort de Mazarin. — Personne ne pouvait remplir sa place. — On redoute les inclinations martiales de Louis XIV. — La France ressentait le besoin de la paix. — Corneille se rend l'organe de l'opinion publique. — Citation d'un passage de *la Toison d'Or*. — Le roi se résout à gouverner par lui-même. — Personne ne croit que cette résolution sera de longue durée. — Des espérances que faisaient naître ses actes. — Madame de Sévigné croit que le cardinal de Retz succédera au cardinal Mazarin. — Louis XIV ne rappelle point le cardinal de Retz, et se montre aussi contraire aux jansénistes que l'avait été Mazarin. — Arnauld d'Andilly était le seul de ce parti qui fût aimé du roi et de la reine mère. — Madame de Sévigné était liée avec ses deux fils, l'abbé Arnauld et Pomponne; détails sur ce dernier. — Il était ami de Fouquet. — Pomponne ne pouvait obtenir de l'avancement, parce qu'il appartenait à la secte des jansénistes. — Madame de Sévigné espère que Fouquet succédera à Mazarin. — Fouquet avait aussi cette espérance. — Le voyage du monarque et de sa cour en Bretagne est résolu. — Madame de Sévigné apprend dans sa terre des Rochers que Fouquet est arrêté, et que le roi a résolu sa mort.

Les maux qu'amènent à leur suite la guerre civile et la guerre étrangère ne sont jamais mieux sentis qu'après la cessation des causes qui les produisent. Dans les temps de violentes agitations, l'esprit, fortement préoccupé des événements, soutient les forces et le courage, et donne l'énergie nécessaire pour supporter les plus grands revers, les plus désastreuses calamités ; mais quand le calme est rétabli, chacun regarde autour de soi, se ressouvient avec tristesse des maux passés, ressent avec douleur ceux qui l'affligent encore, et mesure avec effroi, par la pensée, les malheurs dont le présent menace l'avenir.

Tel était le sentiment qui prévalait en France après la mort de Mazarin. Le monarque et sa cour se plongeaient dans les plaisirs; les courtisans, les ambitieux, les intrigants étaient pleins de joie et d'espérance; mais le peuple était dans l'abattement, les gens de bien et les hommes réfléchis s'abandonnaient à leurs sombres prévisions.

Les abus dominaient partout; partout la vénalité et l'anarchie des pouvoirs; les manufactures et le commerce languissaient; le bas peuple, accablé d'impôts, était exposé à des vexations de toute espèce. La noblesse, qui conférait alors les priviléges, la puissance, l'exemption des charges publiques, était usurpée sans aucun titre, ou acquise à prix d'argent, ou conférée gratuitement, sans aucun service. Les juges, choisis par l'intrigue ou par la corruption, sans probité comme sans savoir, faisaient le mal au nom des lois et avec les formalités qu'elles prescrivent. Les fraudes et les subtilités de la chicane étaient encouragées, et une multitude de procès interminables dévoraient le patrimoine des familles. Dans le clergé, une licence de mœurs déplorable ou un rigorisme excessif. Les gens puissants, habitués à arracher les grâces au pouvoir par des compromis et des intrigues, se créaient des droits imaginaires sur tout ce qui était à leur bienséance. Les gouverneurs des villes de guerre négligeaient de faire exécuter les réparations les plus urgentes aux places dont la défense leur était confiée, et ils gardaient le produit des taxes qui leur avaient été abandonnées pour subvenir à cette dépense; puis ils cherchaient à couvrir leurs malversations par la crainte, et devenaient autant de petits tyrans des territoires soumis à leur commandement. Les marches des troupes et l'indiscipline, des soldats occasionnaient des ravages continuels dans les campagnes. Les finances étaient dans un désordre inextricable ; toutes les ressources se trouvaient épuisées. Le payement des sommes les plus légitimement dues était suspendu ou ajourné ; on manquait souvent d'argent pour les dépenses journalières les plus urgentes, tandis que les financiers, les gens de cours enrichis, étalaient un luxe insolent. Comme il arrive toujours, le déréglement des mœurs accompagnait le désordre de l'État [1]. Le jeu était devenu une passion générale et effrénée [2] ; la licence et le libertinage avaient pénétré dans toutes les classes, et profanaient par de honteux scandales l'austérité des cloîtres [3].

On avait détesté Mazarin surtout à cause de son avarice, du trafic honteux des places, des charges et des honneurs, et des immenses revenus que lui donnaient les bénéfices ecclésiastiques et les abbayes qu'il avait accumulés sur sa tête ; mais quand il ne fut plus, on reconnut qu'au lieu d'être la cause des calamités dont on se plaignait, il avait cherché à les prévenir, et qu'elles étaient dues principalement aux obstacles qu'on avait opposés à l'autorité royale, dont il était le dépositaire. La paix, qui était son ouvrage, était le premier pas et le plus important pour la réparation des malheurs publics. Dès qu'on le vit exercer enfin le pouvoir sans contrôle, on comprit que le plus sûr

---

[1] Louis XIV, *Mémoires historiques*, *Œuvres*, t. I, p. 9 à 57.

[2] Gourville, t. LII, p. 331, 332, 334. — Gramont, *Mémoires*, t. LVII, p. 89.

[3] Montpensier, *Mém.*, t. XLII, p. 480.

moyen qu'il avait de l'affermir dans ses mains était de faire cesser les abus, de rétablir l'ordre, de travailler sincèrement à la prospérité du royaume, de gouverner en vue du bien public; on savait qu'il en avait la volonté, et l'on avait commencé à s'apercevoir qu'il s'y appliquait avec succès. Ce ne fut donc pas sans une peine profonde que ceux même qui s'étaient montrés autrefois les plus contraires à Mazarin virent que la France venait d'être privée d'un homme d'État capable de réparer les maux dont elle souffrait. On s'inquiétait de voir le royaume dans une situation si déplorable, sans une seule tête qui pût le diriger. Bien loin d'avoir aucune confiance dans un roi si jeune, si entièrement livré à sa passion pour les plaisirs, on redoutait ses inclinations guerrières, et les fautes où il serait entraîné dès qu'il cesserait d'être dirigé par la prudence d'un ministre qui avait su capter sa confiance et résister à ses passions. On craignait l'influence qu'allait exercer sur lui le génie belliqueux des Condé et des Turenne et de toute cette jeune noblesse, qui ne connaissait d'autre occupation que la guerre, qui n'avait aucun autre moyen de se rendre nécessaire [1]. Corneille se fit généreusement l'organe de l'opinion publique à cet égard. Dans cette même pièce de *la Toison d'Or,* qui lui avait été commandée pour flatter le jeune monarque, il osa faire comparaître la France, exposant elle-même, dans un dialogue avec la Victoire, les funestes effets de la guerre et de l'indiscipline militaire.

> A vaincre tant de fois mes forces s'affaiblissent,
> L'État est florissant, mais les peuples gémissent;

---

[1] Montpensier, *Mém.*, t. XLII, p. 426.

> Leurs membres décharnés courbent sous mes hauts faits,
> Et la gloire du trône accable les sujets [1].

Cependant, aussitôt après la mort de Mazarin, le roi avait déclaré ses intentions de gouverner par lui-même ; il travaillait en effet exactement avec les ministres qu'il s'était choisis, mais personne ne croyait à la constance de cette résolution [2]. Depuis la mort de Henri IV on était habitué à voir la souveraineté ne s'exercer que par délégation, et par l'intermédiaire des ministres. Louis XIV lui-même, depuis sa majorité, n'avait montré ni les désirs ni les dispositions propres à changer cet état de choses. On l'avait vu si fortement enclin à l'amour, si occupé à jouir des avantages et des priviléges de la royauté, qu'on ne pouvait penser qu'il voulût jamais consentir à en accepter les charges, ni qu'il lui fût possible de s'astreindre à la contention d'esprit et à l'ennui journalier qu'entraîne le détail d'affaires difficiles et compliquées, dont la décision seule devait consumer la plus grande partie des heures qu'il était habitué à donner à la chasse, aux ballets, aux carrousels, aux conversations galantes. Aussi son changement de vie, la fermeté de ses volontés, l'application qu'il mettait à s'instruire sur toutes les parties du gouvernement, ne produisirent aucun changement sur l'opinion qu'on s'était formée de lui : on attribuait sa conduite à une sorte de présomption orgueilleuse et au plaisir que sa vanité lui faisait éprouver d'exercer une autorité dont il avait été si longtemps privé. On s'attendait de jour en jour à voir cesser cette ardeur de jeune homme ; on croyait

---

[1] *La Toison d'Or*, prologue, scène I, vers 30-23, *Théâtre de* PIERRE CORNEILLE, revu et corrigé par l'auteur, 1692, in-12, t. IV, p. 246.

[2] LOMÉNIE DE BRIENNE, *Mém. inéd.*; t. II, p. 156, 157; CHOISY, *Mém.*, t. LXIII, p. 209, 211, 223.

qu'il se lasserait bientôt de vouloir faire le capable, comme le disait sa mère; et qu'il ne tarderait pas à se décharger sur un premier ministre d'un fardeau beaucoup trop pesant pour ses mains jeunes et inexpérimentées. On ne savait pas que Mazarin depuis longtemps avait pris la peine d'exposer lui-même au jeune monarque toutes les affaires difficiles, et de lui communiquer les motifs des décisions; qu'il l'initiait à tous les secrets de sa politique; qu'il l'engageait sans cesse à vouloir s'appliquer aux détails de la haute administration; qu'il lui répétait : « qu'il n'avait besoin que de vouloir pour devenir le plus glorieux roi qui eût jamais existé[1]. » Comme Louis XIV avait assez de jugement pour reconnaître la supériorité de son ministre, et qu'il le laissait agir, on avait conçu une faible idée de sa capacité. Cependant Mazarin avait déclaré « qu'on ne le connaissait pas, et qu'il y avait en lui de l'étoffe pour faire quatre rois et un honnête homme[2]. »

Mais, dans l'ignorance où l'on était à cet égard, on blâmait ou on approuvait le gouvernement, selon les espérances que ses actes faisaient naître de voir la place de Mazarin occupée par celui que les vœux et les prédilections de chacun y appelaient.

Madame de Sévigné, dont les amitiés étaient franches, vives et constantes, n'était pas entièrement désintéressée à cet égard. Après la mort du premier ministre, la noblesse s'était flattée d'y voir arriver le maréchal de Villeroi ou le grand Condé[3]; mais lorsqu'on vit que ni l'un ni

---

[1] Mazarin, *Lettres*, 1745, in-12, t. I, p. 2, 15, 27 (*lettres au Roi*, des 29, 30 juin et 2 juillet 1659).

[2] Choisy, *Mém.*, t. LXIII, p. 192.

[3] Desormeaux, *Hist. de Condé*, t. IV, p. 189. — Monglat, t. LI.

l'autre n'était admis au conseil, on prêta au roi un autre projet, et le bruit courut que le cardinal de Retz allait prendre le timon des affaires. Il avait de nombreux amis ; il était le seul des ennemis de Mazarin que ce ministre eût paru redouter, le seul qu'il eût persécuté jusqu'à la fin. L'intérêt que l'on portait à cet illustre exilé s'augmentait encore de toute l'aversion qu'avait fait naître son heureux rival ; et si Retz, après avoir été si longtemps en butte à une injuste animadversion, ne redevenait pas sur-le-champ en faveur, si le besoin qu'on avait de ses talents ne le faisait pas nommer ministre, du moins on ne doutait pas que comme archevêque de Paris on ne se hâtât de le rappeler, afin de rétablir la paix et le bon ordre dans l'administration ecclésiastique du premier diocèse du royaume.

On se trompait ; le roi se montra encore plus que Mazarin opposé à Retz, à ses amis les jansénistes, dont les opinions, depuis la publication des lettres de Pascal, faisaient cependant chaque jour des progrès parmi ce qu'il y avait de plus recommandable et de plus estimable dans la haute société. Un des plus fervents de la secte, un des frères de l'intraitable docteur Arnauld, avait, ainsi que nous l'avons dit, conservé l'affection particulière de Louis XIV et de la reine mère. Il la devait aux services qu'il avait rendus à l'État pendant sa longue vie politique ; au respect qu'inspirait son âge, aux ouvrages par lesquels il avait honoré et illustré sa laborieuse retraite ; à cette aménité de caractère, à ces formes flatteuses et polies qu'un long usage de la cour et du grand monde lui avait données. Un savant, un sage, un saint octogénaire, avec le doux langage et les manières gracieuses d'un courtisan, voilà ce qu'était Arnauld d'Andilly.

Un de ses fils, Simon de Pomponne, par son esprit, son aptitude aux affaires, paraissait destiné à le reproduire. Comme son frère aîné, l'abbé Arnauld, dont nous avons parlé précédemment, Pomponne était au nombre des amis les plus intimes de madame de Sévigné. Elle avait eu occasion de le connaître et de le voir souvent dans sa jeunesse à l'hôtel de Rambouillet, où il était admis, et chez la princesse Palatine, ainsi que chez madame du Plessis Guénégaud [1]. L'intimité de Pomponne et de madame de Sévigné s'était accrue par les sentiments d'amitié et de reconnaissance qui les unissaient tous deux à Fouquet. Simon de Pomponne, d'abord nommé intendant à Casal, en 1642, avait obtenu deux ans après d'être admis dans les conseils du roi. Il fut successivement chargé des négociations de Piémont et du Montferrat, et de l'intendance des armées de Naples et de Catalogne; mais lorsqu'en 1649 il demanda le consentement royal pour la charge de chancelier du duc d'Anjou, il lui fut refusé. Malgré l'appui de Fabert et les sollicitations de ses nombreux et puissants amis, Pomponne ne put vaincre la résistance de Mazarin, qui lui opposa toujours, comme un obstacle insurmontable pour un tel emploi, les opinions religieuses professées par son père et par toute sa famille [2]. Par les mêmes motifs, le roi, depuis la mort du premier ministre, malgré l'estime qu'il avait conçue pour Pomponne, malgré la bonne opinion qu'il avait de ses talents, s'abstenait de lui donner de l'avancement.

[1] *Recueil de quelques Pièces nouvelles et galantes,* Cologne, Pierre Marteau, 1667, 2ᵉ partie, p. 79 à 80. — MONMERQUÉ, *Biographie universelle,* t. XXXV, p. 32, article *Pomponne.*

[2] *Lettres et pièces tirées des manuscrits de* POMPONNE, à la suite des *Mémoires de Coulanges;* Paris, J.-J. Blaise, 1820, p. 376.

Madame de Sévigné se trouvait donc contrariée et affligée de voir s'évanouir les espérances que la mort de Mazarin lui avait fait concevoir pour l'élévation du cardinal de Retz et de ses autres amis; surtout sachant que la cause des empêchements qu'ils éprouvaient était due à ces opinions religieuses qui lui étaient communes avec tous ceux qu'elle aimait et qu'elle estimait le plus. D'un autre côté, l'amitié, mêlée d'amoureuse tendresse, qu'avait pour elle le surintendant, lui donnait lieu de croire que les changements nécessités par la perte du premier ministre seraient utiles à tous ceux qu'elle voudrait protéger, et par suite à l'établissement de ses enfants, surtout de sa fille, qui déjà commençait à être l'objet de ses pensées principales et de ses plus chères affections. Elle avait écrit au surintendant à l'occasion des affaires et du mariage de son cousin germain M. le marquis de la Trousse[1]; et si Fouquet cherchait à prolonger ce commerce de lettres au delà de ce qui était nécessaire, c'est qu'il est présumable que madame de Sévigné ne désirait pas qu'il cessât, et qu'elle sut y répandre ce charme et ces agréments qui naissaient sans effort sous sa plume.

Des trois ministres que Louis XIV avait choisis, Lyonne, Le Tellier et Fouquet, ce dernier était le seul qu'on croyait digne d'occuper la place de premier ministre. A la cour et dans tout le royaume, il comptait autant d'amis et de partisans que Mazarin avait eu d'ennemis ou d'antagonistes déclarés ou cachés. Fouquet était personnellement aimé et protégé par la reine mère; le roi semblait se plaire à travailler avec lui, et lui confiait les af-

---

[1] SÉVIGNÉ, t. I, *Lettres*, p. 59 (*lettre* en date du 11 octobre 1661).

faires les plus secrètes. Jamais il ne lui refusait d'audiences particulières lorsqu'il lui en demandait, et il lui en demandait souvent[1]. Aussi, lorsqu'on sut que Fouquet, afin d'être compris dans la promotion des chevaliers de l'Ordre qui allait avoir lieu, venait de vendre sa charge de procureur général, et que par son conseil toute la cour allait faire le voyage de Nantes pour la tenue des états de Bretagne, on ne douta pas qu'il ne fût arrivé au plus haut degré de la faveur, et qu'il ne devînt très-prochainement premier ministre[2].

Madame de Sévigné, alors aux Rochers, crut que les espérances qu'elle avait conçues étaient au moment de se réaliser. Madame de La Fayette et ses autres correspondances de Paris la confirmaient dans sa croyance, en lui annonçant que le roi allait bientôt se rendre, avec ses ministres, en Bretagne. Dans son château, peu éloigné de Nantes, madame de Sévigné attendait avec une agréable anxiété les nouvelles qui devaient lui arriver de cette ville. Elles arrivèrent en effet, mais elles lui apprirent que le surintendant était enfermé dans une étroite prison; que le roi, furieux contre lui, voulait sa mort; que tous ses affidés étaient arrêtés ou en fuite, tous ses amis dans la stupeur; que les scellés allaient être apposés sur tous ses papiers; que Pellisson, son premier commis, était conduit à la Bastille[3].

[1] Louis XIV, *Instructions au Dauphin*, t. I, p. 103 des *Œuvres* (année 1661).

[2] Choisy, *Mém.*, t. LXIII, p. 111.

[3] La Fontaine, *lettre* à de Maucroix, *Œuvres*, t. VI, p. 484. — Loret, liv. XII, p. 142, 143 et 154. — Racine, *Fragments historiques*, dans les *Mémoires sur la Vie de J. Racine*, 1747, in-12, part. 2, p. 22.

CHAPITRE XVII.

1661.

Aveux qu'a faits Louis XIV sur l'arrestation et le procès de Fouquet. — Cet événement mal jugé par les historiens. — Ce fut la fin du ministérialisme. — De la connaissance approfondie de l'affaire de Fouquet dépend l'intelligence complète du règne de Louis XIV. — Nomination de Fouquet à la surintendance des finances avec Servien. — Fouquet reste le seul surintendant. — Fonctions et attributions d'un surintendant. — Ordre qui était établi dans les finances. — Trois trésoreries de l'épargne. — Contrôleur ou teneur du registre des fonds. — Ordonnances de payement. — Billets de l'épargne. — Assignations et réassignations. — De quelle manière s'y prenaient les financiers et les traitants pour s'enrichir aux dépens de l'État et des particuliers. — Lorsque Fouquet parvint aux finances, il n'y avait ni crédit ni ressources. — Il emprunte sur son crédit. — Subvient à toutes les dépenses. — Fait disparaître tout contrôle. — Le désordre se met dans la comptabilité. — Fouquet lui-même ne connaît pas sa position; mais il est le seul maître des revenus de l'État. — Dispose d'énormes richesses. — Fait bâtir des palais. — Étale le luxe le plus prodigieux. — Fait des pensions aux hommes puissants. — Rivalise en influence Mazarin. — Colbert signale dans un mémoire ses malversations, et dresse un plan pour le perdre. — Fouquet intercepte la lettre. — Emploi qu'il fait de la connaissance de ce secret pour se maintenir. — Mazarin, ayant besoin d'argent pour conclure la paix, écrit à Colbert de se raccommoder avec Fouquet. — Ce que Colbert lui répond. — Défiance du surintendant depuis cette époque. — Il fortifie Belle-Isle. — Projet de résistance mis sur le papier, et retrouvé derrière une glace à Saint-Mandé. — Mazarin connaissait les grands talents de Fouquet, et ne voulait pas en priver son roi. — Comparaison de Mazarin et de Richelieu, de Louis XIII et de Louis XIV. — Richelieu força le roi à supporter son joug, Mazarin fit aimer le sien. — Instructions que Mazarin donne à Louis XIV, et comment il lui apprit à régner. — Aveux et recommandations de

Mazarin à Louis XIV.—Position à l'égard de son roi, différente de celle de Richelieu.—Mazarin était moins le dominateur du monarque que son tuteur et son protecteur. — Tout le gouvernement, toute la cour étaient en lui. — Louis XIV, plein de reconnaissance pour Mazarin, accomplit toutes ses volontés, et suit tous ses conseils. — Mazarin avait conseillé à Louis XIV d'employer Fouquet. — Colbert est nommé pour tenir le livre des fonds. — Le roi déclare à Fouquet qu'il veut être instruit exactement sur ses finances. — Fouquet présente au roi des comptes simulés. — Il est démasqué secrètement par Colbert. — Le roi, s'apercevant de son système de déception, est résolu à le perdre. — Il dissimule avec lui.— Précautions qu'il avait à prendre. — Louis XIV se décide à différer l'arrestation de Fouquet.

Dans ses admirables *Instructions au Dauphin*, Louis XIV a dit que de toutes les affaires qu'il avait eues à traiter, l'arrestation et le procès du surintendant était celle qui lui avait fait le plus de peine et causé le plus d'embarras[1]. Et cependant les historiens n'en parlent que brièvement, et s'étonnent que le roi ait déployé dans cette circonstance un appareil de puissance tout à fait inutile ; qu'il ait usé d'une dissimulation peu digne de la majesté royale. C'est que jusque ici on a considéré la chute de Fouquet plutôt comme un incident que comme un événement grave ; on n'y a vu qu'un acte violent de despotisme envers un homme auquel ses grandes qualités personnelles, les amis qu'il s'était faits dans la prospérité, le courage qu'il a montré dans l'adversité, ont attaché un intérêt puissant.

Il y a tout autre chose dans le procès de Fouquet. Par les résultats qui en devaient être la suite, ce ne fut pas seulement un mémorable exemple des revers de la fortune donné par la chute d'un ministre ; ce fut une véritable ré-

[1] Louis XIV, *Instructions au Dauphin*, dans les *Œuvres*, t. I, p 101 à 113. — Motteville, t. XI, p. 139.

volution, ce fut l'anéantissement du ministérialisme en France et le rétablissement de l'autorité royale dans toute sa plénitude. Ce fut la chute d'un gouvernement qui depuis plus d'un demi-siècle ne put jamais s'établir et se maintenir qu'en s'appuyant sur l'oligarchie nobiliaire, ou sur le frêle soutien de la faveur, que les courtisans et les familiers travaillaient toujours à lui enlever; consumant ainsi en efforts pour son existence les forces dont il avait besoin pour agir; faisant souvent le mal sans volonté, et renonçant au bien par impuissance. L'anéantissement de ce pouvoir, superposé à la couronne, concentra l'autorité dans le monarque seul, dont le droit et la puissance étaient hors de toute contestation, et qui loin d'avoir dans ses propres agents des ennemis, qui s'opposaient à lui ou cherchaient à le renverser, n'y trouvait plus que des instruments dociles, empressés, dévoués, qu'il pouvait déplacer, écarter, briser, selon qu'il le jugeait utile ou convenable à ses desseins. Alors on eut en France un roi et un gouvernement fort; c'est ce qu'on n'y avait pas vu depuis Henri IV. Mais rien ne nous montre mieux la fermeté, l'habileté et les lumières qui étaient nécessaires dans le souverain pour fonder ce gouvernement, que le procès de Fouquet. L'intelligence complète du règne de Louis XIV et du caractère de ce monarque dépend de la connaissance exacte de la situation des affaires lorsqu'il commença à gouverner par lui-même. On ne peut l'acquérir qu'en se faisant une idée précise de l'administration du surintendant, et en recherchant avec soin toutes les causes qui ont préparé sa chute, toutes les circonstances qui l'ont hâtée et aggravée.

Nous avons déjà dit comment, en 1652, Fouquet, d'abord accolé à Servien, était devenu, par le fait, le seul surintendant des finances, quoique les lettres patentes qui le reconnaissent comme tel ne lui aient été délivrées qu'en 1659, après la mort de son collègue[1]. Mais pour concevoir de quelle manière Fouquet, par le moyen de cette charge, qui ne lui conférait aucune part à la direction du gouvernement, put acquérir une puissance qui rivalisait avec celle du premier ministre, il est nécessaire de faire connaître quelle était à cette époque l'organisation des finances en France, et surtout le mode de comptabilité du trésor public ou de l'épargne, comme on disait alors.

Un surintendant général des finances n'était point un comptable, mais un ordonnateur. Il ne recevait aucun fonds, ne dépensait aucune somme ; mais il ordonnançait toutes les recettes et toutes les dépenses. Il n'était point justiciable des cours souveraines sagement instituées pour examiner, juger et arrêter les comptes de tous les comptables publics ; il ne devait justifier de sa gestion qu'au roi. Le surintendant général n'était astreint dans sa gestion à aucune loi, à aucune règle particulière, qu'à celles qu'il plaisait au roi de lui imposer. Le compte qu'il rendait était un compte de clerc à maître, un compte de conscience[2].

Cependant il ne faut pas croire que les finances du royaume et la gestion du surintendant fussent sans contrôle. Ce contrôle se trouvait dans les comptes des tréso-

---

[1] FOUQUET, *Défenses*, édit. Elzev., 1665, in-18, t. II, p. 58, 60, 81, 91. — MONGLAT, *Mém.*, t. L, p. 398 ; t. LI, p. 70. — LORET, *Muse historique*, liv. IV, p. 20 ; liv. X, p. 29 (*lettres* du 8 février 1653 et du 22 février 1659).

[2] PELLISSON, 2ᵉ *Discours* pour Fouquet, t. II, p. 120 des *Œuvres diverses*, 1735, in-12 (*Lettres et Provisions de MM. Servien et Fouquet, de la surintendance des finances*, en date du 8 février 1653) ; dans FOUQUET, *Défenses*, t. II, p. 353. — *Ibid.*, t. I, p. 50 ; t. II, p. 58.

riers de l'épargne, et dans la tenue du registre des fonds. Il y avait trois trésoriers de l'épargne, qui géraient à tour de rôle pendant un an, et qui rendaient leurs comptes à la cour des comptes séparément, et par exercice. Aucune somme ne pouvait être reçue ou payée pour le roi ou pour l'État, ou par le roi et par l'État, sans qu'il en fût fait écriture sur les registres du trésor de l'épargne. Ce trésorier ne recevait et ne payait que d'après les ordonnances du surintendant ; ses registres ne faisaient connaître que la date de ces ordonnances, et les différends fonds sur lesquels elles étaient assignées. Mais près de lui se trouvait celui qui était chargé de tenir le registre des fonds sur lequel étaient enregistrées jour par jour toutes les sommes versées à l'épargne ou payées par elle, en vertu de toutes les ordonnances de recettes et de dépenses, avec les origines et les motifs de toutes ces ordonnances, ou de tous les payements et de tous les versements. Ce registre des fonds n'était point produit à la cour des comptes ; il restait secret entre le roi et le surintendant. Les ordonnances de ce dernier étaient les seules pièces que les trésoriers de l'épargne eussent à produire pour la régularisation de leurs comptes, et le registre des fonds servait en même temps à contrôler leur gestion et celle du surintendant. Le teneur du registre des fonds et les trois trésoriers de l'épargne étaient nommés par le roi, et par conséquent indépendants du surintendant.

Rien ne semblait mieux imaginé pour que le roi ou son gouvernement, sans être gêné par la cour des comptes dans l'emploi des revenus de l'État, sans lui révéler des secrets qu'elle ne devait pas connaître, pût la faire servir à faire régner l'ordre dans les finances ; et aucun moyen ne paraissait plus simple, ni plus propre à se garantir des inconvénients qui pouvaient résulter, dans la comptabilité, de la négligence ou de l'erreur, ou à prévenir les abus, plus grands encore, de la collusion et de l'improbité. Il est vrai que si cet ordre de choses eût été maintenu, toute confusion eût été impossible; et quelque multipliés, quelques compliqués que fussent d'ailleurs les comptes particuliers, quelque nombreuses que fussent les différentes espèces de dépenses et les diverses natures de recettes, le souverain eût toujours pu connaître l'état au vrai de ses finances, la grandeur de ses charges et l'étendue de ses ressources. Mais ce n'était pas là ce que voulaient les financiers. Examinons comment ils parvinrent à échapper aux entraves qu'on avait mises à leurs fraudes et à leur rapacité.

Toute ordonnance de payement, ou commandement fait à un trésorier de l'épargne de payer une somme au nom du roi ou de son conseil, devait être signée ou contresignée par le surintendant. Mais cela ne suffisait pas encore pour qu'elle pût être payée. Dans cet état, une ordonnance de payement n'était qu'une reconnaissance de la dette, qu'un ordre général portant que telle dépense était faite; elle devait être soldée par l'épargne. Pour que l'argent fût délivré à la personne ainsi reconnue créancière de l'État, il fallait encore qu'il fût mis au bas de cette ordonnance un ordre particulier du surintendant, qui assignait sur un fonds spécial[1] le payement de la somme qui y était mentionnée. Le trésorier de l'épargne ne pouvait et ne devait vous payer qu'autant qu'il avait des valeurs appartenant au fonds sur lequel le payement de l'ordonnance était assigné; et comme il n'en avait presque jamais, vu les retards qui avaient lieu dans la perception des diverses

[1] Pellisson, Œuvres diverses, t. II, p. 144, 145, 150.

branches de revenu public, au lieu d'argent il donnait en échange de l'ordonnance un billet de l'épargne, qui était une sorte de mandat sur le traitant, le fermier de l'impôt, ou tel autre débiteur, envers l'épargne, du fonds sur lequel le payement de l'ordonnance était assigné. Par ce mandat, le trésorier de l'épargne déclarait qu'il tiendrait compte à celui-ci de la somme payée par lui sur le fonds qui se trouvait désigné, et qu'on lui en fournirait quittance.

Pour la facilité des affaires et des payements, on subdivisait le plus souvent le montant d'une même ordonnance en plusieurs billets de l'épargne; et comme il y avait plusieurs espèces de fonds ou plusieurs sources de revenus publics, il y avait aussi plusieurs espèces de billets de l'épargne. Par la même raison, ainsi qu'il y avait des revenus ou des fonds encore intacts, ou dont les rentrées étaient certaines et prochaines au moment de l'émission des billets qui les concernaient, on en trouvait d'autres dont les rentrées étaient incertaines et éloignées; d'autres qui se trouvaient entièrement épuisés, sans qu'on pût en avoir la preuve qu'au moment de la reddition du compte. Il en résultait qu'il y avait des billets de l'épargne dont la valeur était au pair avec l'argent; d'autres, plus ou moins au-dessous du pair; d'autres, absolument sans valeur, quoique cependant tous ces billets, et les ordonnances qu'ils représentaient, émanassent des mêmes autorités, fussent revêtus des mêmes signatures. Mais les billets sans valeur pouvaient redevenir tout à coup supérieurs à ceux dont la valeur était incertaine; et voici comment :

On assignait souvent, par erreur ou autrement, des ordonnances dont le montant total était quelquefois le triple et le quadruple du fonds qui devait les acquitter : cela donnait lieu à ce qu'on appelait une réassignation de billet, c'est-à-dire à un second ordre de payer tel ou tel billet sur un autre fonds que celui qui était mentionné dans l'ordonnance. Cette réassignation pouvait être faite sur un fonds du même exercice, ou, comme on disait, d'une même épargne; alors cette réassignation se mettait tout simplement au pied du billet. Mais si cet exercice était terminé, et qu'il fallût réassigner sur un autre exercice, c'est-à-dire faire peser le billet sur le compte d'un autre trésorier, il était nécessaire de rendre une ordonnance de comptant ou de remise. Cette ordonnance de comptant ou de remise se trouvant séparée du billet pour lequel elle avait été obtenue, il était facile de l'annexer à un autre billet, et de changer ainsi un papier d'une valeur incertaine ou nulle, en un autre dont la réalisation n'éprouvait aucun retard [1]. On comprend ainsi sans peine de quelle manière les ordonnances de payement se trouvant morcelées en un grand nombre de billets assignés sur des fonds différents de leur mandat primitif, puis réassignés sur d'autres fonds, et brisés en plusieurs exercices, payés souvent sur des ordonnances de comptant qui ne leur appartenaient pas, finissaient par former dans la comptabilité une complication que pouvaient seuls démêler le surintendant, les trésoriers de l'épargne et les traitants qui en étaient les auteurs. On voit aussi pourquoi la finance était devenue un arcane, une science secrète, dont la connaissance était réservée à une certaine classe de personnes; pourquoi les financiers formaient en quelque sorte une classe à part, et peu estimée. Les profits que les trésoriers de l'épargne pouvaient faire par leur collusion

---

[1] Pellisson, 2ᵉ *Discours au Roi pour la Défense de Fouquet*, dans les *Œuvres diverses*, t. II, p. 152, 154, 160.

avec les fermiers des impôts étaient énormes, puisque les uns pouvaient payer les ordonnances, et les autres les taxes, avec des billets qui entre leurs mains étaient évalués au pair, et qui en d'autres mains, même celles des détenteurs primitifs, des ayant-droit, des créanciers légitimes, pouvaient être dépréciés au tiers, au quart, au dixième de leur valeur, ou même réduits à rien. Car lorsque les billets de l'épargne avaient vieilli, et qu'on avait laissé passer un trop grand nombre d'exercices sans les réassigner, leur réassignation devenait de plus en plus difficile à obtenir. Les billets récents, qui représentaient les besoins du moment, les dépenses courantes, obtenaient la préférence sur les anciens, considérés comme une dette surannée ; et si ceux-ci n'étaient pas annulés légalement par un arrêt de déchéance, ils l'étaient de fait par le refus absolu de réassignation. On imagine facilement combien, dans un tel état de choses, un surintendant peu scrupuleux avait de moyens de s'enrichir et de dilapider la fortune publique ; lui, qui était maître d'assigner les payements sur telles espèces de fonds qu'il lui plairait de choisir, d'accorder ou de refuser les assignations ou les réassignations, de faire ou de ne pas faire des ordonnances de remises ; lui, chargé de passer les baux avec les fermiers des impôts ; lui, qui pouvait autoriser un débiteur de l'épargne à retarder ou à anticiper les termes de ses payements ; lui, enfin, qui, par l'autorité de sa charge, avait le pouvoir de surveiller, de corriger tous les abus, et qui pouvait prendre de telles mesures qu'aucun agent des finances ne pût faire de gains illicites sans qu'il lui en revînt la plus forte part. Plus la pénurie du trésor était grande, plus il était facile à un surintendant de malverser, plus il devenait difficile de le convaincre de malversation.

A cet égard Fouquet se trouva dès son début dans la position la plus favorable lorsqu'il fut nommé surintendant. Le maréchal de la Meilleraye, qui avait dirigé les finances, venait de faire une véritable banqueroute en donnant en payement à tous les créanciers de l'État des billets de l'épargne assignés sur des fonds depuis longtemps épuisés. Nonobstant le discrédit complet produit par une mesure aussi déloyale, Fouquet trouva encore des ressources pour toutes les dépenses. Il emprunta sur son crédit propre, sur celui de ses amis, et prêta ensuite à l'épargne, mais à des intérêts considérables. Les traités qu'il conclut comme surintendant des finances furent approuvés par le roi, c'est-à-dire par Mazarin : la nécessité le voulut ainsi. Mais les intérêts stipulés, quoiqu'ils fussent au moins de douze pour cent, et allassent même jusqu'à dix-huit, n'étaient pas les seuls profits de ceux qui s'engageaient avec Fouquet dans les affaires du gouvernement. Avant de traiter ils avaient soin d'acheter communément au denier dix, et souvent à moins, un certain nombre des billets de l'épargne émis par le maréchal de la Meilleraye; et ils stipulaient, dans les conditions de l'emprunt qui leur était fait, qu'outre l'intérêt convenu, les billets de l'épargne dont ils étaient porteurs seraient réassignés par des ordonnances de comptant; et par le moyen de cette réassignation, faite de concert avec les trésoriers sur des fonds disponibles, ils parvenaient à obtenir le payement intégral de ces ordonnances [1]. Cela leur était d'autant plus facile que la plupart de ces prêteurs étaient devenus aussi, par le moyen du surintendant, les fermiers des impôts. Ils se payaient par leurs mains, au

---

[1] GOURVILLE, *Mém.*, t. LII, p. 314, 317, 318, 319, 322.

fur et à mesure des rentrées ; c'est-à-dire qu'ils donnaient en payement de leurs engagements envers l'épargne ces mêmes billets de l'épargne qu'ils avaient achetés à vil prix et fait réassigner [1].

Ce n'était pas encore tout. Les lois et les ordonnances royales, qui en tenaient lieu, ne permettaient pas à l'État d'emprunter à un taux plus élevé que le denier dix-huit, ou à cinq cinq-neuvièmes pour cent. Les cours souveraines chargées de la vérification des comptes ne pouvaient donc admettre un taux plus fort ; mais comme l'intérêt qu'on était obligé de subir était le double et le triple de l'intérêt légal, les prêteurs faisaient sur les sommes qu'ils versaient à l'épargne la retenue de la différence, et on leur donnait quittance de la somme entière stipulée dans leurs engagements, sans faire mention de cette retenue ; puis on faisait des ordonnances, qu'on appelait *ordonnances de fonds*, qui assignaient sur un fonds effectif ou imaginaire, au profit de gens inconnus ou supposés, le payement de la différence entre le taux légal et le taux réel de l'emprunt. Ces ordonnances, délivrées par le conseil des finances, contre-signées par le surintendant, servaient aux trésoriers de l'épargne à régulariser leur comptabilité. Il fallait bien, pour couvrir leur responsabilité, avoir recours à de fausses écritures en recettes et en dépenses. Les ordonnances de fonds faites au nom du roi et de son conseil opéraient une simulation qui mettait les traitants à l'abri de toute recherche [2]. Ces ordonnances de fonds en valeurs fictives étaient cependant, comme les autres, scindées et converties en billets de l'é-

---

[1] Gourville, *Mém.*, t. LII, p. 314 et 319.
[2] Pellisson, 2ᵉ *Discours au Roi*, t. II, p. 136 et 149.

pargne, selon que cela était nécessaire pour la commodité du service et la régularisation des écritures sur les différents fonds. Souvent le traité qui avait donné lieu à une ordonnance était révoqué. Alors les billets qu'on avait faits en exécution de cette même ordonnance devaient être rapportés, et biffés par le surintendant et ceux du conseil du roi qui avaient signé la première ordonnance, et qui signaient également l'ordonnance de révocation. Ces billets, lors même qu'ils n'étaient point biffés, se trouvaient nuls de droit; et de là on prenait occasion de négliger de les biffer et de les annuler. Mais comme ils pouvaient être séparés de fait des ordonnances qui les avaient autorisés, et se trouvaient sous la forme de billets de l'épargne, on parvenait, par des assignations et des réassignations, à déguiser entièrement leur origine, et à convertir en valeurs réelles des valeurs primitivement fictives, mais qui n'étaient plus même alors des valeurs fictives, qui n'étaient plus rien. Ainsi, on faisait payer deux fois à l'État une différence d'intérêt déjà si énormément usuraire.

Celui qui tenait le registre des fonds, obligé de coucher sur ce registre le détail de toutes les opérations financières, de décharger ce même registre des traités annulés, des billets qui en étaient provenus, aurait pu, par l'utilité de son contrôle, mettre obstacle à d'aussi énormes dilapidations; mais ce registre, soit par l'influence de Fouquet, soit par négligence, soit par impéritie, ne fut pas tenu avec exactitude[1]. Cependant la comptabilité de l'épargne, tout imparfaite, toute sommaire qu'elle était, aurait pu jeter quelque jour sur ces désastreuses opérations, et em-

---

[1] PELLISSON, 2ᵉ *Discours, Œuvres diverses*, t. II, p. 131.

pêcher qu'on ne s'y livrât avec autant d'audace et d'impudeur ; mais ce contrôle, si faible, si insuffisant, fut anéanti par Fouquet, non pas peut-être de dessein prémédité, mais par suite de l'exigence et de l'entraînement des affaires.

En effet, quand il parvint aux finances, il n'y avait rien dans l'épargne. Par la seule confiance qu'on avait dans ses talents, dans sa loyauté, dans sa sincérité, dans sa fidélité à remplir ses engagements, il trouva les fonds dont on avait besoin. Plusieurs d'entre ses prêteurs étaient aussi, comme lui, des centres de crédit, et eurent pour plus grande sûreté les impôts ou les branches de revenus publics, qu'il leur délégua en sa qualité de surintendant ; d'autres devinrent les principaux gérants de sa vaste administration. Tous avaient sa garantie personnelle pour les engagements contractés envers l'État ; c'était à lui qu'on prêtait, à lui que les prêteurs avaient affaire : c'était donc en quelque sorte lui qui prêtait à l'État ; c'est à lui seul que le roi ou son gouvernement était redevable [1]. Comme les besoins d'argent étaient souvent pressants, instantanés, les sommes qu'on se procurait par son moyen étaient remises à Mazarin ou aux chefs de service, directement par les commis ou les caissiers du surintendant, et pour son propre compte [2]. Le surintendant faisait ensuite des ordonnances pour se rembourser, et se payait par les billets de l'épargne faits en vertu de ces ordonnances. Ces billets étaient acquittés au fur et à mesure de la rentrée des impôts ou des différentes branches de revenus publics sur lesquels le payement en était assigné ; et, pour éviter tout

---

[1] PELLISSON, Œuvres diverses, t. II, p. 96 et 108.
[2] Ibid., p. 138.

retard, ces sommes étaient versées directement dans les caisses du surintendant ; de sorte que, selon l'expression de cette époque, l'épargne se faisait chez lui, c'est-à-dire que la comptabilité de l'État se trouvait confondue avec sa comptabilité personnelle, et celle du trésor public devenait celle de sa caisse particulière. Il était à la fois ordonnateur, receveur et payeur. Les trésoriers de l'épargne, qui étaient parents ou amis de Fouquet, et associés à ses immenses opérations, recevaient de lui les ordonnances et les billets acquittés : ils les enregistraient avec exactitude ; mais comme ils ne recevaient rien que du papier, et ne payaient rien qu'avec du papier, leur comptabilité devint toute fictive : recette et dépense, tout se réduisait à des écritures. Les comptes des trésoriers de l'épargne ne pouvaient donc plus contrôler les actes du surintendant, puisque ces trésoriers recevaient de lui toutes les pièces qui devaient former et justifier ces comptes [1]. Les profits qui résultaient pour eux de leur participation à tous les emprunts ne leur donnaient que le désir de voir prolonger un tel état de choses ; leurs charges, étant devenues un moyen certain de s'enrichir, se vendaient à des prix exorbitants [2].

Ainsi Fouquet était devenu le seul dispensateur de la fortune publique, et tenait dans ses mains la ruine ou la prospérité de tous ceux qui avaient des intérêts à régler avec l'État, puisqu'il pouvait à son gré accorder ou refuser, avancer ou retarder le payement de ce qui était dû par l'État, donner de la valeur à des créances simulées, et réduire à rien les créances les plus légitimes. Comme sur-

---

[1] PELLISSON, *Œuvres diverses*, t. II, p. 132.
[2] GOURVILLE, *Mém.*, t. LII, p. 322.

intendant, Fouquet avait encore l'administration entière des colonies. Son père était le président du conseil qu'il avait institué pour les régir. Alors ces possessions lointaines n'étaient considérées que sous le rapport fiscal, et produisaient de si faibles revenus, que Fouquet aliéna l'île de Sainte-Lucie tout entière pour la modique somme de 39,000 liv. (78,000 fr. de notre monnaie actuelle) [1].

Dans les grands mouvements de fonds, dans les opérations financières qui donnent lieu à une comptabilité compliquée, dès qu'on néglige les moyens propres à faire reconnaître incessamment les erreurs et les concussions, ou qu'on s'en écarte à dessein, le désordre s'introduit aussitôt; et, s'accroissant toujours, il arrive que celui même qui l'a voulu faire naître à son profit ne peut plus s'y reconnaître, et qu'il devient facile de s'en servir contre lui-même. C'est ce qui arriva à Fouquet. En proie aux fraudes de ses agents, il en vint au point de ne plus savoir quelle était sa position à l'égard de l'État. Il paraît constant, d'après ses propres défenses, que lorsqu'il fut arrêté il devait quatorze millions (vingt-huit millions de notre monnaie actuelle) [2]; et il y eut dans ses comptes six millions de billets réassignés, pour lesquels il fut impossible de savoir s'ils formaient un déficit réel, ou s'ils n'avaient d'autre origine que des dépenses fictives résultant des ordonnances de différence de fonds [3].

Mais, quelle que fût sa position, il disposait à son gré des

---

[1] *De la Production de* M. Fouquet *contre celle de* M. Talon, t. III des *Défenses*, p. 350 à 368.

[2] Pellisson, 2ᵉ *Discours*, t. II, p. 141 à 176.

[3] Fouquet, *Défenses*, t. II, p. 333; t. III, p. 233. — Pellisson, *Œuvres diverses*, t. II, p. 262.

revenus de la France. Les sommes qui résultaient des emprunts, comme les recettes qui provenaient des impôts, étaient versées dans ses caisses, et il avait toujours à son commandement des capitaux immenses en argent comptant. Il en usa avec une profusion inouïe ; il construisit des palais, forma des bibliothèques, des collections d'un prix inestimable en tableaux et en statues[1]. Il vécut avec une magnificence royale, joua gros jeu, eut des maîtresses jusque dans les rangs les plus élevés ; fit des pensions aux courtisans besoigneux, aux femmes de cour intrigantes, aux artistes, aux gens de lettres, à tous ceux qui le louaient ou qui pouvaient lui être utiles[2]. Il donnait sans cesse des fêtes et des repas somptueux au roi, aux reines, aux ministres, à la cour, aux princes, et aux étrangers illustres qui visitaient la France[3]. Il avait partout des agents, et particulièrement auprès des souverains et des hommes puissants ; ils lui rendaient compte de tout, et le servaient par leurs intrigues[4]. Il gratifiait ses frères, ses parents, ses amis, des plus belles charges, soit en les achetant pour eux, soit en leur prêtant l'argent nécessaire pour les acquérir[5]. C'est ainsi qu'il parvenait à usurper en quelque sorte la nomination aux plus hautes comme aux plus modiques

[1] Fouquet, *Défenses*, t. III, p. 138.

[2] Fouquet, t. III des *Défenses*, p. 181, 186 et 201. — Louis XIV, *Œuvres*, t. II, p. 25.

[3] Loret, liv. X, p. 114 ; liv. XI, p. 113 ; liv. XII, p. 14, 109, 129, 132, 136. — Monglat, *Mém.*, t. LI, p. 81.

[4] Louis XIV, *Œuvres*, t. I, p. 102. — Montpensier, *Mém.*, t. XLII, p. 368. — Sauval, *Amours des Rois de France*, t. II, p. 111 ; *Vie de Maucroix*; *Histoire de la Vie et des Ouvrages de La Fontaine*.

[5] Bussy, *Mém.*, t. II, p. 107, 108, 142, 170 et 171. — Fouquet, *Défenses*, t. VIII, p. 105.

fonctions de l'État, et à être instruit de toutes les affaires les plus secrètes, et les plus étrangères aux finances. Par ces divers moyens il s'acquit une puissance presque égale à celle du premier ministre, et à laquelle se rattachait la haute influence de tous ceux qui détestaient la personne de celui-ci et étaient opposés à sa politique ; car, bien que le traité des Pyrénées eût obtenu l'approbation publique, et fût généralement considéré comme le chef-d'œuvre de l'habileté de Mazarin, cependant il y avait aussi un parti assez nombreux qui blâmait ce traité, et qui aurait voulu qu'au lieu d'arrêter le succès de nos armes et de chercher à contracter une alliance avec l'Espagne, on fît la conquête des Pays-Bas, et qu'on adjoignît à la France ces riches et florissantes contrées. Dans ce parti était Turenne, tous les hommes de guerre, tous les débris de la Fronde que Mazarin n'avait pu ou voulu rallier à lui, et aussi une grande portion de la noblesse indépendante. Les raisons que toutes les personnes de ce parti alléguaient en faveur de leur opinion se trouvent toutes réunies et exprimées d'une manière aussi piquante que spirituelle dans une lettre que Saint-Évremond, l'un d'eux, écrivit au marquis de Créquy, lors des négociations de Saint-Jean de Luz. Cette lettre, depuis saisie dans les papiers de Fouquet, devint la cause de l'exil de celui qui l'avait écrite et de son long séjour en Angleterre [1].

C'est à la même époque, c'est-à-dire pendant que l'on traitait avec l'Espagne, que Colbert fit pour Mazarin un

---

[1] DES MAIZEAUX, *Vie de Saint-Évremond*, dans les *Œuvres de* SAINT-ÉVREMOND, t. I, p. 36 et 52. — BUSSY, *Mém.*, t. II, p. 106. — MOTTEVILLE, t. XL, p. 140.

mémoire où il lui signalait les dilapidations du surintendant et les énormes abus qui avaient lieu dans l'administration des finances. Colbert était devenu, par l'entremise de Le Tellier, allié à sa famille [1], l'intendant de la maison du cardinal, et, ce qui était encore préférable, son homme de confiance. Dans le mémoire où il lui exposait les malversations de Fouquet, il proposait en même temps de le faire arrêter et de le faire juger par une commission; puis de créer une chambre de justice qui déciderait du sort de ceux qui s'étaient rendus complices du surintendant, et qui les forcerait à rendre une partie des sommes qu'ils avaient extorquées à l'État. Colbert, s'élevant ensuite dans ce mémoire à la hauteur de la tâche qu'il eut depuis à remplir, y développait un plan de finances fondé sur l'ordre et l'économie, qui fournissait les moyens de pourvoir aux dépenses publiques sans avoir besoin de recourir à la désastreuse ressource des emprunts et à de ruineuses anticipations.

Ce mémoire, envoyé à Mazarin tandis qu'il était à Saint-Jean de Luz, fut intercepté par un employé de la poste aux lettres, et communiqué au surintendant; il en prit copie, et le laissa ensuite parvenir à sa destination [2]. Mais, embarrassé sur les mesures qu'il lui fallait prendre pour déconcerter le projet formé contre lui, il appela près de lui Gourville, et lui fit part de ce qu'il avait découvert. Gourville, pour parer aux dangers qui menaçaient Fouquet, fit voir une habileté consommée et une présence d'esprit admirable. Mazarin avait besoin d'argent pour le

[1] *Vie de Colbert* (par Sandraz de Courtils); Cologne, 1695, p. 4.
[2] FOUQUET, *Défenses*, t. II, p. 26 et 36. — GOURVILLE, *Mém.*, t. LII, p. 326. — SAINT-SIMON, *Œuvres*, t. I, p. 221 (octobre 1659), t. IX, p. 274 (janvier 1660); ibid., t. IX, p. 280, 282.

succès de ses négociations ; et si elles réussissaient, il lui en fallait encore plus pour les dépenses qu'occasionnerait le mariage du roi. Il en demandait donc au surintendant. Celui-ci lui dépêcha Gourville pour s'expliquer avec lui sur cette demande. Gourville exposa que tous les fonds dont le surintendant pouvait disposer étaient épuisés, qu'il ne pouvait plus en trouver que sur son crédit ; mais que ce crédit n'était fondé que sur l'opinion de la faveur dont il jouissait auprès du roi et de son éminence. Il était donc bien important, si l'on voulait que le surintendant continuât à rendre les mêmes services, que des marques signalées de confiance lui fussent données, et qu'on fît disparaître, autrement que par de vagues assurances, les bruits qui couraient que par suite des calomnies du sieur Colbert, et à son instigation, la disgrâce du surintendant était imminente. Tant que la moindre trace de cette opinion subsisterait, il ne fallait pas espérer que le surintendant ni aucun de ses amis pussent trouver un seul prêteur. Dans une seconde conférence qui eut lieu sur ce sujet entre Mazarin et Fouquet, ce dernier confirma tout ce qu'avait dit Gourville. Le surintendant se répandit en même temps en plaintes amères sur Colbert, et laissa percer qu'il avait connaissance du mémoire que celui-ci avait écrit contre lui. Cependant Fouquet affirmait que Colbert avait été le premier à lui faire des offres de service, et qu'il ne s'était déclaré son ennemi que parce qu'il avait refusé d'accéder aux demandes injustes de plusieurs de ses parents.

Mazarin, pour obtenir les millions dont il avait besoin, se détermina à donner toute satisfaction au surintendant, à écrire à Colbert dans le plus grand détail, et, sans émettre aucune opinion sur les accusations dirigées contre le surintendant, ni sur les justifications qu'il faisait valoir, il exhorta Colbert à aller voir ce dernier aussitôt qu'il serait de retour à Paris, et à travailler à détruire dans son esprit l'idée que lui, Colbert, était son ennemi personnel.

Colbert, dans une longue lettre qu'il écrivit à Mazarin, en réponse à celle dont nous venons de faire l'analyse, examine avec une grande sagacité comment le mémoire qu'il avait envoyé à son éminence, connu de lui seul, a pu l'être de Fouquet. Après avoir épuisé tous les moyens par lesquels on peut supposer que ce secret a été divulgué, Colbert conclut qu'il n'y en a qu'un seul possible : c'est la trahison du sieur Nouveau, officier des postes, qu'il n'hésite pas à croire coupable ; et à cet égard il ne se trompait pas [1]. Dans une seconde lettre, qui fait suite à la première, Colbert se justifie des accusations que Fouquet avait portées contre lui, et avoue les obligations qu'il lui a : il prouve qu'au lieu de se montrer ingrat envers le surintendant, il a cherché, au contraire, à lui rendre le plus éminent de tous les services, en l'engageant à renoncer à des pratiques et à des opérations qui pouvaient nuire à sa réputation et avoir pour lui les plus fâcheuses conséquences. Malgré cet avertissement, les rapines et les dilapidations de Fouquet et de ses agents n'ont fait qu'augmenter. C'est alors que Colbert a cru de son devoir de s'écarter du surintendant, et d'avoir avec lui le moins de relations possible [2]. Quant au désir que Fouquet témoignait de faire cesser cet état de choses, et de bien vivre avec Colbert,

---

[1] Saint-Simon, *Œuvres complètes*, édit. 1791, t. IX, p. 274 à 287; Gourville, *Mém.*, t. LII, p. 326.

[2] Gourville, *Mém.*, t. LII, p. 322 et 325. — Choisy, *Mém.*, t. LXIII, p. 251.

celui-ci répond : « Cela lui sera très-facile : car où il
« changera de conduite, ou votre éminence agréera celle
« qu'il tient, ou l'excusera sur la disposition présente des
« affaires, ou enfin elle trouvera que ses bonnes qualités
« doivent l'emporter sur ses mauvaises ; et, dans quelque
« cas que ce soit, je n'aurai aucune peine à me confor-
« mer aux intentions de votre éminence, lui pouvant pro-
« tester devant Dieu qu'elles ont toujours été et seront
« toujours les règles des mouvements de mon esprit[1]. »

Lorsque après le mariage du roi toute la cour et les ministres revinrent à Paris, Colbert eut avec Fouquet l'entretien que Mazarin avait désiré ; mais cet entretien ne calma pas les craintes et les défiances du surintendant, peut-être même ne fit-il que les augmenter. Le sentiment des dangers dont il se croyait menacé le troubla au point de lui faire prendre les mesures les plus imprudentes, de former les desseins les plus insensés. Confiant dans le grand nombre d'amis, d'obligés et de créatures qu'il avait dans les plus hautes places comme dans les plus infimes, il traça un plan d'instruction sur ce que tous auraient à faire dans le cas où, arrêté à l'improviste, il n'aurait pas le temps de fuir. Il fortifia Belle-Isle, qu'il avait achetée. Son projet ne tendait à rien moins qu'à une résistance à main armée, à une rébellion ouverte. La mort de Mazarin vint bientôt soulager Fouquet, et effacer de son esprit toute pensée de cette nature. Les souvenirs de la Fronde avaient pu lui faire concevoir la possibilité de lutter avec un ministre, mais non pas avec le roi ; et d'ailleurs, bien

---

[1] *Lettres* de COLBERT à MAZARIN, *mss. autographes à la Bibliothèque du Roi.* — SAINT-SIMON, *Œuvres*, t. IX, p. 274, 287, édit. 1791.

loin de soupçonner qu'il eût rien à redouter, il se croyait en faveur. Cependant le brouillon de son ancien projet, trouvé derrière un miroir dans sa maison de Saint-Mandé, forma la base de l'accusation dirigée contre lui, compromit toutes les personnes qui y étaient nommées, et faillit lui coûter la vie[1].

Fouquet se trompait sur les intentions de Mazarin, qui n'étaient nullement hostiles à son égard. Mazarin rendait justice à ses grands talents, et aurait voulu même n'en pas priver son roi.

Les moyens qu'avait employés Richelieu pour gouverner Louis XIII furent les mêmes que ceux dont Mazarin fit usage pour conserver son ascendant sur Louis XIV. Tout le secret de ces deux ministres fut de démontrer sans cesse à leurs souverains que les membres de leurs familles, les plus chers objets de leurs affections, les courtisans, les prêtres, les guerriers, les gens de loi, cherchaient tous également à se servir de l'autorité royale, ou à mettre obstacle à son action, par un seul et unique motif, leur intérêt propre. Il était facile à ces ministres de prouver que cet intérêt était presque toujours en opposition directe à celui de la puissance royale et à la prospérité du royaume, dont les rois étaient comptables envers Dieu et envers leurs sujets. Le père comme le fils eurent assez de jugement et de discernement pour reconnaître qu'une partie des haines que s'attirait celui auquel ils résignaient leur pouvoir était due à sa fermeté pour soutenir leur sceptre et accroître la splendeur de la monarchie. Tels furent les seuls points de ressemblance entre les deux rois et les deux ministres; mais la différence des

---

[1] Gourville, *Mém.*, t. LII, p. 337, 338 et 340.

âges et des caractères fit naître dans leurs positions, leurs sentiments et leur conduite plus de contrastes que de similitudes. Richelieu imposa son joug à son maître, et le lui fit détester ; Mazarin accoutuma son pupille à se soumettre au sien, et le lui fit aimer. Les deux rois éprouvaient également le besoin de se laisser conduire ; mais dans Louis XIII ce sentiment n'était que la conscience de sa faiblesse et de son impéritie ; dans Louis XIV c'était l'instinct d'une âme énergique et élevée, qui se sent capable d'égaler de grands modèles, mais qui reconnaît le besoin de s'instruire et redoute son inexpérience. Comment Louis XIV n'aurait-il pas conçu de l'attachement pour Mazarin ? Dès que ce roi enfant eut atteint l'âge de raison, ne vit-il pas de ses yeux Mazarin proscrit, dépouillé de tous ses biens, menacé de perdre la vie, en butte à la violence de tous les partis, uniquement parce qu'il soutenait les droits de la couronne contre le peuple, le parlement et les nobles ? Ce fils, l'objet de tous les soins et de toute la tendresse de sa mère, dès qu'il fut capable d'un sentiment, put-il ne pas se montrer sensible aux larmes de cette mère, à ses gémissements, à ses anxiétés, à ses ressentiments, lorsqu'elle fut forcée de consentir à l'éloignement de celui qui était son seul appui, son seul conseil ? Ne fut-il pas habitué par elle à prier Dieu sans cesse à ses côtés pour le succès de tout ce qu'entreprenait le cardinal ? Les premières peines qu'éprouva Louis XIV, ce fut donc Mazarin qui les causa ; les premiers vœux qu'il forma furent pour Mazarin, et les premiers plaisirs qu'il goûta lui vinrent aussi de Mazarin ; car c'est dans la famille de ce ministre qu'il trouva les aimables compagnes de ses jeux d'enfance. L'une d'elles fut l'objet de la plus forte passion de son adolescence ; et quand, jeune homme, il put comprendre ce que c'était que la gloire, les premiers préceptes qu'il en reçut lui furent donnés par Mazarin. Ce ministre lui inculqua un juste mépris pour les rois fainéants ; il lui inspira la crainte de se voir classé parmi eux, et il fortifia en lui la volonté de régner par lui-même. L'admiration de Louis XIV pour Mazarin et la confiance qu'il avait en lui durent s'accroître encore lorsque, après le refus de le laisser épouser sa nièce, il le vit, au milieu des douleurs de la goutte, hâter sa fin prochaine par un travail excessif, afin de terminer les négociations du mariage avec l'infante, auxquelles étaient attachés la paix, le repos et l'avenir de la France [1].

Louis XIV, qui se trouvait à cette époque de la vie où l'on n'est point en garde contre les illusions, fut vivement touché des derniers témoignages de tendresse qui lui furent donnés par Mazarin et des dernières marques de ses sollicitudes. En effet, ce ministre déjà condamné par les médecins, certain de mourir, comprimant ses douleurs, surmontant sa faiblesse, et, selon l'énergique expression de madame de Motteville, faisant bonne mine à la mort [2], ne perdit pas un moment pour donner au jeune roi toutes les instructions dont il avait besoin. Il tint de fréquents conseils, afin de le mettre au courant de toutes les affaires qui devaient s'y traiter ; et après ces conseils il passait encore trois ou quatre heures avec son royal élève dans des conférences particulières. De peur que sa mémoire ne pût retenir tous les enseignements qu'il lui

---

[1] MONGLAT, *Mém.*, t. LI, p. 92, 93, 111. — MOTTEVILLE, t. XL, p. 100. — LORET, liv. X, p. 166. — *Lettres du cardinal* MAZARIN, 1745, in-12, t. I, p. 2, 15, 20, 27, 42, 62, 315, 318, 375, 377 ; t. II, p. 301.

[2] MOTTEVILLE, t. XL, p. 80. — LORET, liv. XI, p. 117.

donnait, il prenait ensuite le soin de les rédiger par écrit, afin que lorsqu'il aurait cessé de vivre, Louis XIV pût y recourir. Il lui démontrait la nécessité de régir par lui-même toutes les grandes affaires et de les embrasser dans tous leurs détails ; surtout de mettre de l'ordre dans les finances, et de ne s'en fier qu'à lui-même pour ce ressort principal de son gouvernement, comme pour la guerre et pour les négociations avec les puissances. Il lui recommanda de ne livrer aucun de ses secrets ni à sa femme, ni à ses maîtresses, ni à ses courtisans, ni à ses domestiques ; de n'avoir ni favori ni premier ministre [1] ; et de veiller, au contraire, à ce que les ministres qu'il choisirait se renfermassent chacun dans les attributions de leur département, et ne s'occupassent que des affaires qu'il leur confierait.

Lorsque Mazarin s'aperçut que son dernier jour approchait, il fit au jeune roi une confession entière ; lui révéla les abus auxquels pour garder le pouvoir il avait été obligé de participer ; ceux qu'il n'avait pu empêcher : il ne lui cacha pas quelle était son immense fortune [2], et par quels moyens il l'avait acquise ; le sort futur et la grandeur de sa famille et de son nom, cet ouvrage de toute sa vie, il mit tout à la disposition de son royal élève, et par un acte authentique il lui fit donation pleine et entière de tous ses biens [3]. L'effet de cette franchise fut tel que Mazarin l'avait prévu. Louis XIV, plus pénétré de reconnaissance pour les éminents services de son ministre, après

---

[1] LOMÉNIE DE BRIENNE, *Mémoires inédits*, t. II, p. 131.

[2] FOUQUET, *Défenses*, t. II, p. 21. Si l'on en croit Fouquet, la fortune de Mazarin se montait à 40 ou 50 millions, 80 ou 100 millions de notre monnaie actuelle.

[3] CHOISY, *Mém.*, t. LXIII, p. 198, 201.

ces humiliants aveux, qu'il ne l'était avant, n'accepta rien du don qui lui était fait ; il rendit à Mazarin toutes ses richesses, quoiqu'elles fussent assez considérables pour tenter la cupidité d'un roi.

Le grand mérite de Richelieu et de Mazarin, comme ministres ambitieux de gouverner, fut d'avoir su discerner le caractère du souverain dont le pouvoir leur était délégué, et d'y avoir assujetti leur conduite. Louis XIII et Louis XIV différaient encore plus par le naturel que par l'âge. Le premier, timide, indolent, soupçonneux, réservé; le second, fier, impétueux, énergique, ferme et constant dans ses résolutions ; capable d'effort et d'application. Richelieu berça son roi dans sa faiblesse, et le retint dans la retraite et dans l'obscurité de la vie privée, afin qu'il n'eût ni la possibilité ni l'envie de lui reprendre un pouvoir qu'il ne lui laissait qu'à regret ; il le domina toujours, et régna par lui, sur lui, et sans lui. Mazarin, au contraire, mit toujours en avant son roi dès qu'il fut sorti de l'enfance ; il l'exerça de bonne heure à remplir les fonctions royales; il lui en montra toutes les difficultés, et l'instruisit sur les moyens de les surmonter; il mit tout son art à s'immiscer dans sa confiance, et composa avec ses passions pour les diriger ; mais il sut leur résister et les dominer, lorsqu'elles compromettaient l'intérêt de l'État et la dignité du trône[1] : il le tint sans cesse près de lui à l'armée, dans le cabinet, dans les voyages ; il partageait et soignait ses plaisirs, mais le forçait de s'adjoindre à ses occupations ; et, bien loin de réprimer ses impérieuses dispositions, il s'en servait pour dégager son autorité de

---

[1] Mazarin, *Lettres*, 1745, in-12, t. I, p. 70 à 81, 282 et 286, 363 à 368; *lettres* en date des 16 juillet, 28 et 29 août 1659.

toutes les influences qui pouvaient l'entraver[1] : peu soucieux de cultiver dans son élève les vertus de l'homme privé, mais actif, mais habile à développer dans cette âme altière toutes les qualités d'un grand roi.

Richelieu et Mazarin n'étaient rien par eux-mêmes, et ne s'étaient élevés ni par la naissance ni par l'influence des richesses ou d'un sang illustre; ils ne pouvaient gouverner qu'en comprimant les grands et la cour. Richelieu y parvint par les échafauds et la terreur, et il fit si bien qu'il n'y eut plus de cour ni de courtisans. Il manifesta toute la force de son despotisme en isolant son roi de sa mère, de sa femme, de tous les princes de son sang, et même de ses favoris et de ses familiers quand ils lui portaient ombrage. Mazarin, au contraire, affermit sa puissance en y agglomérant tous les intérêts personnels, en ralliant autour du monarque toute sa famille, autour du trône tous les grands du royaume; en faisant cesser les craintes et en suscitant les espérances. Mazarin parvint au même but que Richelieu par des moyens non-seulement différents, mais contraires. Richelieu affligea et humilia la vieillesse de Louis XIII par de sanglantes proscriptions contre ceux qui avaient été le plus honorés de la confiance et de la faveur royale; jamais Mazarin ne mit obstacle ni aux amitiés ni aux amours de la jeunesse de Louis XIV, ni à sa tendresse filiale; mais il sut lui faire comprendre que tous les intérêts étaient continuellement en lutte contre celui dont le devoir est de défendre l'intérêt public; qu'un roi était un être à part, qui n'était ni fils, ni parent, ni ami, ni amant, là où les affaires de son

---

[1] MAZARIN, *Lettres*, 2 vol. in-12, 1745, t. I, p. 284 et 286, du 26 août 1659.

royaume étaient engagées ; que lui seul était responsable de tout le mal qu'il n'empêchait pas, de tout le bien qui était à faire, et qui ne se réalisait pas [1].

Bien loin d'écarter du roi la foule des courtisans, comme Richelieu l'avait fait, Mazarin environna le monarque d'une cour brillante. Mais l'habile ministre, pour n'avoir rien à redouter de cette cour, voulut en être le chef; il voulut qu'elle lui appartînt, qu'elle se confondît avec sa propre maison ; et en la composant, la payant et la dirigeant lui-même, il en obtint tous les avantages, et évita tous les inconvénients dont Richelieu n'avait pu se garantir qu'en l'anéantissant. C'est là une des parties de la politique de Mazarin qui a été la moins comprise. Ce faste royal qu'il affecta, ces superbes colléges qu'il fonda, ces magnifiques palais qu'il orna, ces repas somptueux, ces fêtes qu'il donna, ces gardes, ces officiers dont il entourait le faste de sa maison, tandis que celle du jeune roi était, sans lui, petite, mesquine et mal payée, tout cela a été attribué à son orgueil, tandis que c'était, au contraire, l'effet d'une prudence consommée et d'une haute prévision. Il évitait par ce moyen les fortes influences qui n'auraient pas manqué de s'exercer à l'entour de son royal pupille, par les grandes charges et les riches emplois de ceux qui auraient été attachés à sa personne. Par l'attitude que Mazarin avait prise, il ne semblait point être, comme Richelieu, l'usurpateur du sceptre royal, le dominateur de la couronne; mais, comme lui, il voulait montrer qu'il en soutenait tout le poids, et paraissait en être moins l'agent et le serviteur que le protecteur et l'appui. Cette déférence qu'avaient pour lui la reine mère et le roi en souscrivant à cet ordre

---

[1] GRAMONT, *Mémoires*, t. LVII, p. 89.

de choses lui soumit les grands et les courtisans, rendit l'obéissance facile, et l'obséquiosité même honorable. Comme le séjour de Vincennes était favorable à sa santé, la cour s'y transportait souvent tout entière [1]. Les conseils ne se tinrent plus, vers la fin, que dans sa chambre à coucher [2]. Le roi veillait lui-même à ce qu'on ne l'interrompît point dans ses heures de travail, à ce qu'on ne troublât pas celles de son repos. Ses envieux et ses ennemis s'indignaient de ces attentions du jeune monarque, et les regardaient comme une profanation de la majesté royale; ils disaient énergiquement que jamais ministre n'avait fait plus que Mazarin litière de la royauté [3]. C'est qu'en effet le roi, la cour, l'État, tout se confondait alors dans la personne de ce ministre, qui jamais ne rendit de plus signalés services que quand il fut près de descendre dans la tombe.

Je ne dirai plus qu'un mot sur Richelieu et Mazarin. Tous deux moururent, après avoir agrandi le royaume et consolidé la monarchie, sans être regrettés. Louis XIII lui-même se réjouit de la mort de son ministre; mais Louis XIV pleura le sien. Le soupçonneux Mazarin crut s'apercevoir, dans les derniers jours de la maladie qui le conduisit au tombeau, que le jeune roi était empressé de sortir de sa tutelle, et qu'il désirait peut-être sa mort : cette idée accrut les douleurs de ses derniers moments [4]. Son erreur fut comme une juste punition de son ambition; car au contraire Louis XIV fut le seul qui après la mort de Mazarin montra cet abattement, cette tristesse in-

---

[1] LORET, liv. X, p. 83 (en date du 31 mai 1659).
[2] LOMÉNIE DE BRIENNE, *Mémoires inédits*, 1828, in-8°, t. II, p. 299, ch. XIII. — LORET, liv. XI, p. 182 (20 novembre 1660).
[3] MONGLAT, *Mém.*, t. LI, p. 112.
[4] LOMÉNIE DE BRIENNE, *Mémoires inédits*, t. II, p. 111.

surmontable qui accompagne la perte de quelqu'un qui nous est cher et qui laisse un grand vide dans notre existence. Depuis, par tous ses discours et toutes ses actions, le monarque n'a pas donné lieu de douter de la sincérité de ses regrets ; il accomplit religieusement toutes les dernières volontés de Mazarin, quoiqu'elles le forçassent à conférer à la famille de ce ministre des faveurs exorbitantes ; il exécuta tout ce qu'il avait prescrit, en mourant, relativement aux affaires d'État ; et Mazarin dans la tombe sembla gouverner encore la France [1]. Cette haute opinion que le monarque avait de son ministre et la reconnaissance qu'il croyait lui devoir lui firent traiter dans le commencement avec des égards et des honneurs qui n'étaient dus qu'à un prince du sang ce pauvre et ridicule Armand de La Porte, auquel on imposa l'immense fortune et le nom de Mazarin, avec une des plus belles et des plus spirituelles femmes de ce temps [2]. A une époque où il n'était plus permis de douter que Louis XIV n'eût le désir et le talent de gouverner par lui-même, il a plusieurs fois déclaré que si Mazarin avait vécu, il lui aurait laissé longtemps encore entre les mains le pouvoir et la conduite des affaires. Dans plusieurs de ses lettres et de ses écrits, Louis XIV donne fréquemment l'épithète de grand homme à Mazarin [3]. Il consultait souvent les instructions qu'il lui avait laissées [4] ; il se plaisait à lire, en présence de Condé

---

[1] POMPONNE, *lettre à Arnauld d'Andilly*, en date du 9 mars, *Mém. de Coulanges*, p. 381.—LA FAYETTE, *Mém.*, t. LXIV, p. 375, 377.

[2] *Lettre de* POMPONNE *à Arnauld d'Andilly, Mém. de* COULANGES, p. 378.

[3] LOUIS XIV, *Lettres*, t. VI, p. 12 et 15.

[4] POMPONNE, *lettre à Arnauld d'Andilly, Mém. de* COULANGES, p. 378 ; *lettre* en date du 4 février 1661.

et de ceux qui avaient été le plus opposés à Mazarin, les passages les plus remarquables de ces instructions, afin de justifier la haute estime qu'il avait pour sa mémoire [1]. Rien n'est plus à la gloire de Mazarin, rien n'est plus propre à nous faire concevoir une grande idée de ses talents et de sa capacité, que cette opinion qu'avait de lui un monarque qui, de tous ceux qui ont occupé un trône, s'est montré le plus judicieux et le plus habile appréciateur des hommes.

Rien aussi ne prouve plus le discernement et l'impartialité de Mazarin, et combien, même à son lit de mort, il avait à cœur l'intérêt du monarque et de la monarchie, que le conseil qu'il donna à Louis XIV, dans ses derniers moments, d'employer Fouquet [2]. Il le lui indiqua comme l'homme le plus capable de le bien seconder dans l'administration de son royaume, comme celui de tous les ministres qui connaissait le mieux les personnes et les ressources de la France; mais en même temps il recommanda au jeune roi de faire cesser les dilapidations du surintendant et de ses agents, en établissant un ordre rigoureux dans les finances. Il l'instruisit des moyens d'y parvenir, et pour les mettre en œuvre il lui donna Colbert.

Colbert fut donc nommé intendant des finances, et chargé de tenir ce fameux registre des fonds dont nous avons parlé [3].

---

[1] MOTTEVILLE, *Mém.*, t. XL, p. 104.
[2] POMPONNE, *lettre à Arnauld d'Andilly*, dans les *Mém.* de COULANGES, p. 379. — MOTTEVILLE, *Mém.*, t. XL, p. 132. — MONGLAT, t. LI, p. 123.
[3] FOUQUET, *Recueil des Défenses*, t. I, p. 61. — LOUIS XIV, *Œuvres*, t. I, p. 33. — Conférez ci-dessus, p. 213 et 220.

Louis XIV, dès les premiers jours qu'il travailla avec Fouquet, l'avertit que son intention était d'être instruit de tout ce qui concernait ses finances, et de donner tous ses soins à cette partie de son gouvernement. Il lui défendit de signer aucun traité, aucun bail à ferme, sans lui en donner connaissance[1]. Si Fouquet avait su aussi bien que Mazarin discerner le caractère du jeune roi, il n'eût pas manqué d'y conformer sa conduite : il eût avoué les fautes du passé, indiqué les moyens de les réparer, organisé l'avenir. Grand financier et bon administrateur, il se serait associé à la gloire de ce beau règne, il en eût augmenté l'éclat, et eût joué un rôle non pas plus glorieux, mais plus brillant, que celui de Colbert.

Fouquet crut que la mort de Mazarin l'avait délivré du seul obstacle qui s'opposait à son ambition[2]. Sa supériorité sur Le Tellier et sur de Lionne (ministres cependant très-habiles[3]); l'importance des affaires dont il était chargé; la préférence que le roi lui accordait, en traitant avec lui seul les affaires les plus délicates et les plus secrètes[4]; la multitude de clients, d'amis, de pensionnaires qu'il avait près du monarque, dans toute la France, dans toutes les branches d'administration; la faveur de la reine mère; enfin la composition du conseil, qui lorsqu'on opinait se bornait à trois voix, dont une, celle de de Lionne, lui était vendue[5], tels étaient les motifs de la confiance de Fouquet, les causes de son aveuglement.

---

[1] GOURVILLE, *Mém.*, t. LII, p. 325.

[2] PELLISSON, *Œuvres inédites*, t. II, p. 114, 116.

[3] Conférez MIGNET, *Introduction aux négociations relatives à la succession d'Espagne sous Louis XIV*, t. I, p. LVI.

[4] CHOISY, t. LXIII, p. 243.

[5] GOURVILLE, *Mém.*, t. LII, p. 53.

Le Tellier, son ennemi secret, dissimulait, et paraissait ne mettre aucun obstacle au désir que le surintendant avait d'occuper le premier rang [1]. Colbert travaillait dans l'ombre.

Tout semblait en apparence favorable aux desseins de Fouquet. Louis XIV s'était laissé jusque alors guider par sa mère et par Mazarin, tant pour les choses qui lui étaient personnelles que pour celles de l'État, et Fouquet ne pouvait se persuader qu'il voulût sérieusement régler par lui-même les unes et les autres, et reprendre à la fois l'autorité d'un roi et les pénibles fonctions d'un premier ministre [2]. Déjà donc le surintendant assignait le terme, peu éloigné, où son jeune maître, fatigué de tant de détails, si propres à le rebuter, allait le charger d'un fardeau que son inexpérience et le seul attrait de la nouveauté l'avaient engagé à essayer de soulever. La fascination de Fouquet à cet égard était telle, qu'il offrit à la reine mère d'employer ses bons offices et la faveur dont il jouissait pour lui redonner l'influence qu'elle avait eue autrefois sur son fils, et que Mazarin par ses conseils, qui furent alors taxés de noire ingratitude, lui avait fait perdre [3]. Pour s'acquérir sur les affaires ecclésiastiques la même prépondérance qu'il se promettait dans toutes les autres parties du gouvernement, lorsqu'il faisait ces offres à la reine mère, Fouquet négociait en même temps avec le cardinal de Retz, afin d'obtenir de lui, à prix d'argent, qu'il donnât sa dé-

---

[1] *Lettre de Pomponne à Arnauld d'Andilly*, en date du 19 mars 1661, dans les *Mém.* de COULANGES, p. 382, in-8°. — MOTTEVILLE, t. XL, p. 132.

[2] LA FAYETTE, *Mém.*, t. LXIV, p. 376.

[3] MOTTEVILLE, *Mém.*, t. XL, p. 158.

mission de l'archevêché de Paris. Le surintendant ne doutait pas qu'il ne lui fût facile de faire ensuite nommer à ce siége si envié un de ses frères, déjà archevêque[1].

La présomption, défaut ordinaire des esprits prompts, faciles, féconds en ressources, empêcha Fouquet de reconnaître les dangers de la route où il s'engageait. Il en fut averti cependant par ses principaux collaborateurs, et surtout par le plus habile et le plus clairvoyant de tous, Pellisson[2]; mais il ne voulut pas se rendre à leurs conseils : peut-être ne le pouvait-il plus. Il continua hardiment son système de fraude et de déception, et présenta au roi de faux états de situation, qui, sans qu'il le sût, étaient aussitôt rectifiés par Colbert, au moyen du registre des fonds et des écritures de l'épargne, tenus alors sous son inspection avec une rigoureuse exactitude. Les états au vrai, présentés chaque jour au roi par Colbert, dévoilèrent toutes les concussions et les fourberies du surintendant, et les plaies profondes faites à l'État par sa connivence avec les traitants ou les fermiers des impôts. Louis XIV fut outré de se voir ainsi joué par son ministre, et de se trouver en quelque sorte sous sa dépendance pour la partie principale de son gouvernement. Le nombre des amis et des créatures que se faisait le surintendant en prodiguant l'argent du royaume, son luxe, ses fêtes somptueuses, les prétentions qu'il manifestait de remplacer Mazarin, ses intrigues, le grand nombre de ses partisans, la haute opinion qu'on avait de lui, tout contribua à accroître encore l'animadversion du jeune monarque.

---

[1] Guy-Joly, *Mém.*, t. XLVII, p. 445.
[2] Pellisson, *Œuvres mêlées*, t. II, p. 120 et 123. — Choisy, *Mém.*, t. LXIII, p. 122.

Dès lors le plan que Colbert avait proposé autrefois à Mazarin pour mettre en jugement ce grand coupable, et opérer le rétablissement des finances, fut de nouveau reproduit. Louis XIV l'adopta ; et il ajouta encore à la rigueur des mesures qu'il contenait contre la personne de Fouquet[1]. Ce plan une fois arrêté, il fallut forcément en différer l'exécution. Fouquet n'avait pas cessé de fortifier Belle-Isle, où il aurait pu se retirer et chercher à produire quelque mouvement parmi la jeune noblesse et le peuple de la Bretagne et de la Normandie, deux provinces écrasées d'impôts et fort mécontentes. De plus, les priviléges de la charge de surintendant, qui soustrayaient Fouquet à la juridiction des cours souveraines, et le rendaient justiciable du roi seul, autorisaient bien la formation d'une commission spéciale nommée par le roi pour juger Fouquet, conformément au plan proposé par Colbert ; mais cette forme était à juste titre considérée comme illégale, injuste et despotique, par les parlements ; et Fouquet n'était pas seulement surintendant général des finances, il était encore procureur général du parlement de Paris. Nul doute que cette puissante compagnie, si on avait voulu faire juger par commission son principal officier, ne s'y fût opposée, et n'eût évoqué cette affaire comme étant du ressort de sa juridiction. Il fallait donc différer l'accusation de Fouquet et bien dissimuler les projets formés contre lui, jusqu'à ce qu'on l'eût déterminé à vendre sa charge de procureur général ; et, comme je l'ai dit, on en vint à bout en lui donnant l'espoir d'être compris dans la promotion de chevaliers des ordres du roi, qui allait avoir lieu[2].

[1] Fouquet, *Défenses*, t. II, p. 26 et 36, et ci-dessus.
[2] Gourville, t. LII, p. 337, 346. — Loménie de Brienne, *Mém.*

Il ne faut pas partager l'erreur où sont tombés ici tous les historiens, et considérer cette époque du règne de Louis XIV comme celle qui l'a suivie, lorsque le roi, affermi par l'exercice de sa puissance, ôtait par sa seule parole jusqu'à la pensée même de lui résister. Lors même que les grandes crises politiques sont apaisées, il existe toujours, quand elles sont récentes, des habitudes d'insubordination qui excitent les justes craintes du pouvoir et augmentent ses embarras. Nous voyons par des lettres non encore publiées de Mazarin [1] à Colbert, qui sont sous nos yeux, que tandis que ce ministre était occupé à Saint-Jean-de-Luz aux négociations de la paix, il craignait que la Normandie, à laquelle cette paix ne plaisait pas, ne se soulevât, et qu'il faisait surveiller cette province. Dans le même temps, malgré son opposition et les ordres formels du roi, Mazarin ne put empêcher Turenne d'offrir et d'envoyer de l'argent et des troupes au duc d'York, dans le but de rétablir son frère Charles II sur le trône, quoique rien ne fût plus contraire à la politique que le ministre avait adoptée dans les intérêts de la France [2]. Louis XIV, qui n'ignorait aucun des obstacles qu'il avait fallu vaincre, devait craindre que sa jeunesse et l'opinion que l'on avait de son inexpérience et de son peu de connaissance des affaires ne fussent la cause de nouvelles désobéissances. Il faut aussi rappeler que Fouquet n'était pas seulement un habile financier, qui dans des

---

inédits, t. II, p. 179. — Cuoisy, *Mém.*, t. LXIII, p. 248, 249, 251, 261, 262, 263.

[1] *Lettre de* Mazarin *à Colbert*, en date du 22 octobre 1659, *mss. de la Bibliothèque du Roi.*

[2] *Vie de* Jacques II, *roi d'Angleterre, d'après les Mémoires écrits de sa propre main*, in-8°, t. I, p. 124 à 137.

occasions importantes avait su créer des ressources et réaliser des sommes immenses, lorsque l'État était dans un discrédit complet; Fouquet était encore un grand ministre, à vues étendues et profondes; il était le seul qui dans le conseil eût songé aux intérêts du commerce. Plusieurs vaisseaux armés pour son compte fréquentèrent les Antilles, le Sénégal, la côte de Guinée, Madagascar, Cayenne, Terre-Neuve. Il encouragea les particuliers à s'intéresser dans ces différentes entreprises; et c'est à lui que les colonies françaises durent de pouvoir se soutenir contre les rivalités de l'Espagne, de l'Angleterre, de la Hollande. Il établit un fret sur les vaisseaux étrangers pour protéger la navigation : la pêche de la sardine à Belle-Isle, qui produisit plusieurs millions à l'État, lui était due entièrement[1]. Il était donc aussi considéré, aussi aimé des commerçants, des bourgeois, que des courtisans et des hommes de lettres : pour tous il semblait être le ministre indispensable.

Un autre motif encore plus fort que tous ceux que nous venons d'énumérer forçait Louis XIV de différer l'exécution du projet conçu contre Fouquet : c'était le manque d'argent. Fouquet devait faire des versements, mais il fallait en attendre les échéances. Telle était la pénurie de l'épargne, que, quoique ces versements eussent été effectués au moment de l'arrestation de Fouquet, Louis XIV se vit obligé d'écrire au duc de Mazarin pour lui demander de lui prêter deux millions[2].

---

[1] Forbonnais, *Recherches et considérations sur les finances de France*, édit. in-12, 1758, t. II, p. 120, 121.

[2] Louis XIV, dans ses *Œuvres*, t. V, p. 54. — Ibid., *Instructions de Louis XIV pour le Dauphin*, dans ses *Œuvres*, t. II, p. 57.

Enfin, une raison majeure d'intérêt public fixait une époque avant laquelle on ne pouvait songer à rien entreprendre contre Fouquet. L'arrestation et la mise en jugement du surintendant, la création d'une chambre de justice, entraînaient la résiliation de tous les baux, de tous les traités à ferme conclus avec ceux qui devaient être cités devant cette chambre; tous ces baux, tous ces traités devaient être promptement renouvelés, afin que la perception des impôts et des différentes branches de revenus publics n'éprouvât point de retard. Cela ne pouvait se faire avec avantage qu'en automne; et lorsque Louis XIV eut arrêté dans son esprit l'exécution du projet de Colbert, on n'était encore qu'au printemps[1].

[1] Louis xiv, *Œuvres*, t. V, p. 53, *lettre à la reine-mère*, en date du 5 septembre. — Choisy, *Mém.*, t. LXIII, p. 248 à 251.

CHAPITRE XVIII

1661 — 1664.

Fouquet cherche à séduire mademoiselle de La Vallière. — Le roi, dans un moment de colère, veut le faire arrêter au milieu d'une fête qu'il lui donnait. — La reine-mère l'en empêche. — Fouquet a connaissance de l'ordre qu'avait donné le roi. — Fouquet fait à Louis XIV un aveu des abus qu'il s'était permis, et promet une réforme complète. — Cet aveu ne satisfait pas Louis XIV. — Différence des effets produits par les gains illicites de Mazarin et par ceux de Fouquet, relativement à l'État. — Louis XIV ne pouvait pardonner à Fouquet sans détruire le plan qu'il avait formé pour la restauration des finances. — Fouquet de son côté ne pouvait reculer. — Il continue dans le même système de corruption et de profusion. — Louis XIV dissimule. — Il fait arrêter le surintendant. — Beau trait d'éloquence de Pellisson au sujet de la dissimulation du roi, qui a causé la perte de Fouquet. — Louis XIV établit l'ordre dans ses finances. — On poursuit les traitants, et on fait rentrer à l'épargne des sommes considérables. — L'affaire de Fouquet était un coup d'État, par le grand nombre de personnes qui furent citées à la chambre de justice. — Rigueur mise dans le procès de Fouquet ; effet qu'elle produit. — Manière dont on a jugé la conduite de Louis XIV en cette circonstance. — Position des hommes qui exercent le pouvoir, à l'égard de leur siècle et de la postérité.

Ce fut avec peine que le jeune roi se soumit à une aussi longue dissimulation. La contrainte qu'il éprouvait pour laisser croire au surintendant qu'il était dupe de ses stratagèmes augmentait l'irritation que lui causait un délai nécessaire. Cependant Fouquet, plongé dans une funeste sécurité, continuait son genre de vie habituel, mêlant toujours la galanterie aux affaires. Il chercha à séduire la belle La Vallière, et voulut acheter ses faveurs à prix d'argent. La résistance qu'il éprouva lui fit découvrir qu'elle était aimée du roi. Possesseur d'un secret encore ignoré de toute la cour, Fouquet crut pouvoir en profiter pour son ambition [1]. Ne doutant pas que les promesses d'un ministre aussi puissant que lui ne pouvaient qu'être agréables à mademoiselle de La Vallière, il s'empressa de l'entretenir en particulier, et de lui offrir son concours pour tirer le plus d'avantages possible de sa position. La douce, la modeste La Vallière, que l'amour seul avait entraînée hors de la route de l'honneur, et qui ne voyait dans le beau et jeune Louis que l'amant et non le roi, rougit en écoutant le surintendant, et se retira sans lui répondre. Fouquet interpréta ce silence en sa faveur, et le regarda comme un consentement qu'un reste de pudeur dans une jeune fille encore novice ne lui avait pas permis d'exprimer d'une manière plus explicite [2]. Mais La Vallière était restée muette d'étonnement et de honte, en apprenant qu'une autre personne que celle qui servait d'intermédiaire entre elle et le roi avait connaissance de sa coupable liaison. En faisant à son amant le sacrifice de sa vertu, elle avait obtenu de lui la promesse que sa réputation serait respectée et que le voile le plus épais couvrirait leurs amours. Quelle fut sa douleur d'apprendre que le seul bien qui lui restât allait lui échapper! Elle redit tout au roi, en répandant d'abondantes larmes. La fureur de Louis XIV contre le surintendant fut portée au plus

---

[1] LA FAYETTE, *Mém.*, t. LXIV, p. 317, 377, 404, 413.

[2] *Histoire de la Vie et des Ouvrages de* LA FONTAINE, 3ᵉ édit., p. 70. — Idem, *Œuvres complètes de* LA FONTAINE, édit. 1827, t. VI, p. 473.

haut degré. Il n'y avait donc plus de secret dont cet audacieux ministre ne parvînt à se procurer la connaissance ? Ses perfides intrigues le poursuivaient sans cesse et partout, jusque dans son intérieur le plus intime, jusque dans le cœur de celle qu'il aimait ! Il aspirait au moment où il lui serait enfin permis d'en faire justice. C'est alors que Fouquet, toujours abusé, toujours dans l'opinion qu'il était l'homme le plus agréable à son roi, le seul nécessaire, lui donna à Vaux cette magnifique fête dont nous avons parlé. Ce jour, Louis XIV aperçut, dans un des cabinets du château de Vaux, un portrait de mademoiselle de La Vallière, qu'un peintre avait exécuté sans qu'elle le sût. A la vue de ce portrait, le jeune monarque ne put contenir son ressentiment. Il éclata : dans son premier mouvement, il donna l'ordre d'arrêter le surintendant au milieu même de la fête, et dans sa propre maison. La reine mère, qui se trouvait là, n'eut pas de peine à démontrer à son fils l'inconvenance du lieu et du moment, et l'ordre fut révoqué[1]. La reine mère avait attribué la colère du roi à un mouvement de jalousie ; mais elle apprit bientôt que cette cause de l'animadversion de son fils envers le surintendant n'était pas la seule : elle fut instruite de tous les projets formés depuis longtemps contre lui. La duchesse de Chevreuse, qui avait beaucoup de crédit sur son esprit, sut lui persuader de n'y mettre aucun obstacle. Cette intrigante duchesse était devenue l'ennemie du surintendant depuis qu'elle avait épousé en secret de Laigues, qui croyait avoir à s'en plaindre[2].

---

[1] RACINE, *Fragments historiques*, t. VI, p. 335 des *Œuvres*, édit. de Geoffroy. — LOMÉNIE DE BRIENNE, *Mémoires inédits*, t. II, p. 177. — CHOISY, *Mémoires*, t. LXIII, p. 253.

[2] MOTTEVILLE, *Mémoires*, t. XL, p. 132.

Cependant le mouvement de colère auquel Louis XIV s'était abandonné, cet ordre donné et révoqué trahit ses desseins, et Fouquet en fut averti par madame Duplessis-Bellière, un de ses plus habiles et de ses plus courageux agents, dans les affaires de finances comme dans les intrigues d'amour[1]. Fouquet aperçut dès lors toute la profondeur du précipice où il était près de tomber. Il crut pouvoir éviter sa chute en imitant Mazarin : il fit au roi l'aveu de ses fautes, et promit une réforme complète. Mais son aveu et ses promesses ne conjurèrent pas l'orage, et ne firent que lui en déguiser les approches. Louis XIV sembla pardonner, et dissimula si profondément ses sentiments et ses pensées, qu'il fit illusion à Fouquet, et le persuada qu'il n'avait plus rien à redouter[2]. Les aveux de Fouquet n'avaient été que partiels ; et alors, bien loin de satisfaire Louis XIV, ils furent à ses yeux un tort de plus, puisqu'ils lui paraissaient une nouvelle ruse pour le tromper encore. Fouquet chercha aussi maladroitement (on le voit par ses défenses) à s'autoriser de l'exemple qu'avait donné le premier ministre, et à s'excuser par les pratiques que celui-ci s'était permises. Mais rien n'était semblable ni dans la position ni dans la nature de la culpabilité. Mazarin, en cumulant des abbayes, en recevant de l'argent pour les charges qu'il conférait ou pour les grâces qu'il accordait, en dépensant pour sa maison les sommes destinées à la maison du roi[3], enlevait les moyens de s'enrichir à des courtisans ambitieux, avides et frondeurs ; mais ces concussions ne

---

[1] Fouquet, *Défenses*, t. II, p. 15 et 16, édit. in-18, Elzeviers.
[2] Ibid., p. 100. — Choisy, *Mém.*, t. LXIII, p. 256.
[3] Loménie de Brienne, *Mém. inédits*, t. II, p. 136, 138, 142.

diminuaient en rien les revenus publics ; car aucune des sommes dont Mazarin faisait son profit n'était destinée à entrer dans l'épargne ; Mazarin ne faisait donc rien perdre à l'État[1]. Fouquet, au contraire, ne s'enrichissait qu'en le ruinant de plus en plus, puisque c'étaient les produits mêmes des impôts, dont il était chargé de faire opérer les rentrées et de surveiller l'emploi, qu'il dilapidait et laissait dilapider. Déjà il avait dévoré en avance quatre années des revenus de la France. Quand Mazarin, après avoir reculé les limites du royaume et raffermi la couronne sur la tête de son roi, lui rendit son immense fortune, celui-ci dut être satisfait de pouvoir, en la lui conférant par un acte émané de sa royale volonté, récompenser d'un seul coup, et magnifiquement, les longs et immenses services de son fidèle ministre. Il faisait par là une action qui avait sur son gouvernement une heureuse influence, en montrant une générosité sans bornes envers celui qui l'avait servi ainsi que l'État avec un entier dévouement. Mais en pardonnant à Fouquet Louis XIV eût encouragé les rapines et la déloyauté. Le surintendant absous, il devenait impossible de poursuivre ses agents, et de faire annuler les engagements ruineux qu'il avait fait contracter à l'État. Sans cette dernière mesure, toute amélioration dans les finances devenait impossible. A cette époque il n'y avait pas de grosses dettes publiques fondées, et reconnues inaltérables, inviolables ; point de théories du crédit qui fissent considérer comme une chose funeste de manifester l'intention d'affranchir l'État des dettes usuraires qu'on avait contractées en son nom. Un autre ordre de choses avait

[1] MOTTEVILLE, t. XL, p. 106.

fait adopter d'autres principes; et le roi, en forçant les financiers et les maltôtiers [1], comme on les appelait alors, à rendre une partie de leurs immenses profits, se rendait populaire et s'attirait l'approbation générale, lors même que tout le monde eût été persuadé que ces profits n'avaient pu avoir lieu qu'au moyen des opérations faites par le gouvernement et sous le sceau et avec l'approbation de ceux qui agissaient en son nom.

Fouquet se trouvait d'ailleurs dans l'impossibilité de remplir les promesses de réforme qu'il faisait à Louis XIV. Il était lui-même entraîné dans le gouffre où il entraînait le royaume. Pour rester en place, et rentrer comme surintendant dans les voies du devoir et de la conscience, il eût fallu que Fouquet devînt cruel et perfide, et qu'il étouffât en lui les sentiments les plus chers et les plus sacrés; qu'il trahît, qu'il poursuivît, qu'il précipitât dans l'abîme ceux-là même avec lesquels il avait contracté, au nom de l'État, des engagements usuraires, et avec lesquels il avait connivé pour couvrir tous les genres d'irrégularités; et ceux-là étaient ses parents, ses amis, ses partisans à la cour, ses pensionnaires, ses maîtresses, ses clients, ses protégés. Fouquet avait dans le cœur de la bonté, de la générosité; dans le caractère et dans ses relations particulières, de la franchise et de la grandeur d'âme; il lui était donc impossible de prendre une résolution qui aurait entraîné de telles conséquences. Il ne vit de salut que dans la continuation de son système de profusion et de corruption, et par la nécessité même où il se

---

[1] Voyez les caricatures qui furent faites contre les maltôtiers en 1661, dans le XXVIIe vol. de l'*Hist. de Fr. par estampes*, à la Bibliothèque Royale.

trouvait de monter encore ou de tomber, il poursuivit ce système avec plus d'intrépidité qu'il ne l'avait fait sous Mazarin ; de telle sorte qu'il n'y avait presque pas une seule personne qui approchât du roi qui ne lui fût vendue [1]. Le roi, qui s'en aperçut, pour mieux déguiser ses desseins, et à mesure que le moment appprochait de les mettre à exécution, se vit obligé de donner au surintendant des preuves simulées d'une faveur toujours croissante. Louis XIV paraissait avoir pour Fouquet la plus sincère affection, pour ses conseils la plus grande déférence ; il multipliait les entretiens particuliers qu'il avait avec lui, et semblait vouloir ne décider que par lui les affaires les plus importantes [2]. « On ne doutait pas, dit madame de La Fayette, que le surintendant ne fût appelé à gouverner [3]. » Louis XIV n'osa pas se fier à son capitaine des gardes, ni à ses officiers les plus intimes, quand il fallut sévir contre son ministre. Il cacha avec soin son secret jusqu'au moment où il donna l'ordre de l'arrestation ; et il chargea de l'exécution de cet ordre un officier qui n'y était pas appelé par son rang [4]. Cette constante dissimulation du monarque, en donnant trop de sécurité à Fouquet, l'empêcha de céder aux conseils qui lui étaient donnés, et arracha à son défenseur, le généreux Pellisson, un cri de douleur qui est un des plus beaux passages de son éloquent plaidoyer [5].

[1] Louis XIV, *Instructions pour le Dauphin son fils*, dans ses *Œuvres*, t. I, p. 109 à 114.
[2] Monglat, *Mém.*, t. LI, p. 120 à 122. — Choisy, t. LXIII, p. 251.
[3] La Fayette, *Mém.*, t. LXIV, p. 403.
[4] Loménie de Brienne, *Mém. inédits*, t. II, p. 205. — La Fayette, *Mém.*, t. LXIV, p. 404. — Bussy, *Mém.*, t. II, p. 170. — Motteville, *Mém.*, t. XL, p. 41.
[5] Pellisson, *Discours au Roi*, t. II, p. 274

Cependant Fouquet pressentit le danger qui le menaçait. La reine mère, qui le protégeait, lui avait fait dire de se défier de la duchesse de Chevreuse. Avant de partir pour Nantes, il eut à ce sujet un entretien avec Loménie de Brienne, dont le père avait la confiance du roi, et auquel celui-ci s'était ouvert de ses projets sur Fouquet. Loménie de Brienne nous peint, dans ses Mémoires, la cruelle perplexité à laquelle était en proie le malheureux surintendant au sujet de ce fatal voyage. Il hésitait à l'entreprendre, et aurait mieux aimé fuir et se retirer à Venise ou à Livourne. Il était abattu, consterné; mais, après bien des alternatives, un peu rassuré en se rappelant les promesses que le roi lui avait faites, il se décida à partir, en compagnie avec de Lionne, son ami [1].

Nous avons ailleurs détaillé les circonstances de son arrestation, raconté les émotions du sensible La Fontaine, lorsqu'il contempla les murs de la prison où son bienfaiteur était enfermé [2].

Après l'arrestation de Fouquet, Louis XIV abolit la charge de surintendant, et en fit lui-même les fonctions. Colbert établit un ordre admirable dans les recettes et dans les dépenses; il mit le roi à portée de connaître à tous les instants les ressources dont il pouvait disposer [3]. C'était le roi qui signait toutes les ordonnances, et qui au commencement de chaque année arrêtait de sa propre main, sur le livre des fonds, toutes les recettes qui étaient à faire, et après l'année expirée toutes les

---

[1] LOMÉNIE de BRIENNE, *Mémoires inédits*, t. II, p. 183 à 186.

[2] *Hist. de la Vie et des Ouvrages de J. de la Fontaine*, 3ᵉ édit., p. 112.

[3] LOUIS XIV, *Instructions pour le Dauphin, son fils*, dans ses Œuvres, t. I, p. 104, 108. — MONGLAT, *Mémoires*, t. LI, p. 123.

recettes et toutes les dépenses qui avaient été effectuées [1].

Le procès de Fouquet donna les moyens de poursuivre les traitants; d'annuler les traités qui avaient été conclus avec eux; d'affermer les impôts avec d'autant plus de profit que les nouveaux fermiers, contractant directement avec le roi, n'ignoraient pas qu'il avait lui-même pris connaissance de leurs marchés, et que, bien loin de redouter aucune recherche, aucune rigueur de sa part, ils espéraient, en remplissant avec fidélité leurs engagements, s'enrichir, et en même temps acquérir de la faveur et du crédit.

Les papiers saisis chez Fouquet furent portés directement au roi, qui les examina lui-même, connut ainsi les ennemis cachés de son gouvernement, les secrets des plus puissantes familles et les intrigues ourdies à l'entour du trône. La création d'une chambre de justice pour rechercher les malversations qui avaient pu être faites dans les finances touchait les plus grandes familles de robe et d'épée, dont plusieurs s'étaient enrichies par les prêts usuraires faits à Fouquet ou par ses dons et ses prodigalités [2]; de sorte que son arrestation ne fut pas une disgrâce seulement personnelle, mais un acte qui eut tout l'éclat et tout le retentissement d'une affaire générale et d'un coup d'État. Elle répandit parmi les grands et les courtisans une crainte qui les rendit plus souples et plus obéissants, et inspira la terreur aux concussionnaires. Le secret avec lequel cette affaire fut conduite, la dissimulation

---

[1] Choisy, *Mém.*, t. LXIII, p. 277.
[2] Motteville, *Mém.*, t. XL, p. 162. — Gourville, *Mém.*, t. LII, p. 354. — Loret, liv. XII, p. 187.

qui la prépara, la rigueur des ordres qui furent donnés, l'inflexibilité qu'on déploya à l'égard de ceux qui en étaient frappés, tout fit reconnaître dans le jeune élève de Mazarin l'habileté de son maître, unie au caractère altier et énergique de Richelieu. Personne ne douta plus que Louis XIV n'eût la volonté et les moyens de gouverner par lui-même ; et dès lors son règne commença [1]. La puissance est comme le crédit, dont les résultats dépendent moins des moyens réels dont on peut disposer que de l'opinion qu'on parvient à faire prévaloir de leur existence et de leur efficacité.

La rigueur dont on usa envers Fouquet pendant tout le cours de son procès prouve que Louis XIV voulait faire en lui un grand exemple, et ne laisse aucun doute que son intention était de le faire condamner à mort [2]. Peut-être cette intention, trop ouvertement manifestée, la violence des accusateurs, l'iniquité des procédures, contribuèrent-elles, encore plus que l'éloquence et l'habileté employées dans la défense, à sauver la vie du coupable. Il fut condamné à l'exil perpétuel et à la confiscation de tous ses biens. Louis XIV, qui avait trouvé un obstacle à ses volontés dans la conscience des juges, aggrava la peine : il retint, malgré ce jugement, le surintendant en captivité, et le fit garder avec une sévérité qui ne s'adoucit que dans les dernières années de la vie du malheureux prisonnier. D'où vient cette longue persévérance de Louis XIV dans un acte de cruauté dont avant la révo-

---

[1] La Fare, *Mém.*, t. LXV, p. 149, 145. — Louis XIV, *Œuvres*, t. I, p. 37, 39. — Monglat, t. LI, p. 511.

[2] Racine, *Fragments historiques*, t. VI, p. 335 des *Œuvres*. — Fouquet, *Défenses*, t. I, p. 141, 142. — Guy-Patin, *Lettres*, t. V, p. 218, 219 et 244 ; *lettre* en date du 14 juillet 1662.

cation de l'édit de Nantes son long règne n'offre pas un second exemple¹? Voulait-il empêcher Fouquet de trahir les secrets de l'État qu'il lui avait confiés? Redoutait-il toujours l'effet de ses intrigues? Lui avait-il reconnu une audace capable de tout oser²? Quoi qu'il en soit, la disgrâce du surintendant, dès qu'elle fut connue, fit taire l'envie que sa haute prospérité avait inspirée. La dureté avec laquelle il fut traité pendant tout le cours de son procès excita la compassion dans tous les cœurs généreux. On le plaignit, et l'intérêt que ses amis et ses partisans prenaient à son sort devint général. La sentence rendue contre lui parut rigoureuse, et son inexécution et la peine plus forte qu'on y substitua furent considérées avec raison comme une violation de tous les principes de justice. L'odieux d'un tel abus de pouvoir rejaillit sur Colbert et sur Le Tellier, qui étaient regardés comme les persécuteurs acharnés du surintendant : le nombre de satires, d'épigrammes, de libelles par lesquels s'exhala la haine qu'avaient fait naître ces deux ministres fut grand, et rappela le temps de la Fronde et des Mazarinades³. Peut-être ce soulèvement de l'opinion contribua-t-il à empêcher Louis XIV de céder au sentiment de la clémence; peut-être sentait-il le besoin de donner à des ministres dévoués une garantie, en leur sacrifiant celui dont le nom était comme un drapeau sous lequel se ralliaient tous leurs ennemis. Le caractère généreux de Fouquet, ses

---

¹ MONGLAT, *Mém.*, t. LI, p. 48. — LORET, liv. XI, p. 42 (1660). —LEMONTEY, *Essai sur l'établissement monarchique de Louis XIV*, p. 455-460. — BUSSY, *Discours à ses Enfants*, p. 309.

² LA FAYETTE, *Mém.*, t. LXIV, p. 379.

³ *Tableau de la Vie et du Gouvernement de MM. les cardinaux Richelieu et Mazarin et de M. Colbert*, etc., 1694, in-12, p. 220-234.

longues souffrances, ont fait oublier ses torts à la postérité, qui n'a vu dans la conduite de Louis XIV à son égard qu'un acte inutile de cruauté, de vengeance et de despotisme. Il est bien difficile, et peut-être même impossible, de bien juger certaines actions du pouvoir, d'en bien déterminer les causes, d'en apprécier les motifs, lorsque les hommes et les circonstances qui les ont nécessitées ont disparu. Ceux qui ont été mêlés d'une manière active aux affaires humaines savent de combien d'éléments frivoles et impurs, qu'enfantent l'intérêt, la légèreté et l'ignorance, se forme quelquefois l'opinion publique. Ils sont convaincus qu'il est impossible d'opérer le bien, si l'on a la faiblesse de vouloir courtiser toujours cette reine du monde, quelquefois si belle et si pure, mais quelquefois hideuse comme une prostituée. Qui n'a pas le courage de renoncer aux jugements précipités et inconstants de ses contemporains doit renoncer à les gouverner, à guider leurs destinées, à conduire un peuple à la gloire, à la prospérité, au bonheur. Cependant rien n'exige plus d'énergie dans le caractère que le sacrifice de cette satisfaction que l'on éprouve par l'approbation générale donnée à celles de nos actions qui ont pour but le bien public. C'est la récompense la plus précieuse, la seule précieuse, pour les grandes âmes. Quelle force de vertu, quelle fermeté de conscience, quelle haute sagesse ne réclament pas l'abandon de cette enivrante popularité et le courage de braver l'aveugle haine et les sinistres attentats dont elle cherche à nous rendre victime, pour accomplir, après de pénibles efforts, ce qui mérite de tous la reconnaissance et l'amour! Toutefois, il semble que dans une aussi pénible position la vertu peut trouver un dédommagement dans l'impartiale justice de la postérité. — Non ; il faut renoncer à ce consolant espoir : cette précieuse et unique récompense n'est qu'une illusion, et l'arrêt rendu en présence des faits et des personnes est presque toujours irrévocable : les moyens manquent aussi bien que la volonté pour rectifier cet arrêt, lorsque le temps et la tombe ont fait disparaître tous les témoins qui pouvaient guider la justice humaine. Elle est vraiment dure la condition de l'homme d'État, qui, pour être digne de la mission que la Providence lui a imposée, doit se soumettre d'avance à subir les injustes condamnations du siècle qui l'a vu naître et des siècles à venir, et qui ne peut penser qu'à Dieu seul pour apprécier le mérite ou le démérite de ses actions !

CHAPITRE XIX.

1661 — 1664.

Plusieurs lettres de madame de Sévigné sont trouvées dans les papiers du surintendant. — Louis XIV en prend connaissance. — Il en parle de manière à ne laisser aucune prise à la malignité publique; cependant elle s'exerce sur cet incident. — Chagrin qu'en ressent madame de Sévigné. — Lettre qu'elle écrit à Pomponne à ce sujet. — Madame de Sévigné se montre plus attachée aux amis du surintendant, parce qu'ils étaient exilés. Simon de Pomponne était de ce nombre. — Noble conduite des gens de lettres envers Fouquet. — Mademoiselle de Scudéry correspond avec lui. — Madame de Sévigné écrit à Ménage pour l'engager à détruire les bruits qui couraient sur son compte au sujet des lettres trouvées chez Fouquet. — Citation de cette lettre. — Fouquet comparait devant le tribunal qui doit le juger. — Madame de Sévigné, alors à Paris, écrit à Pomponne plusieurs lettres sur ce procès. — Position de Pomponne. — Intérêt des lettres que madame de Sévigné lui adresse au sujet de Fouquet. — Faveur dont madame de Sévigné jouissait auprès de la cour et de Louis XIV. — Fidélité de madame de Sévigné au malheur. — Sa sensibilité pour Fouquet partagée par madame de Guénégaud, avec laquelle elle était liée. — Détails sur Arnauld d'Andilly; — sur le procès de Fouquet; — sur madame de Guénégaud. — L'hôtel de Nevers, des lettres de madame de Sévigné, et l'hôtel Guénégaud. — Madame de Sévigné agissait en faveur du surintendant. — Elle craignait qu'il ne fût condamné à mort. — Ses anxiétés pendant le procès. — Apparition d'une comète. — L'effet qu'elle produit sur les esprits. — Ce qu'en dit de Neuré. — Détails sur de Neuré. — Madame de Sévigné annonce à Pomponne que Fouquet a la vie sauve. — Louis XIV aurait voulu le faire condamner à mort. — Madame de Sévigné craint qu'on n'empoisonne Fouquet; la vue de la comète la rassure. — Madame de Sévigné mande à Pomponne le départ de Fouquet pour Pignerol. — Louis XIV, par la sévérité de son maintien, inspirait le respect et la crainte. — Les lettres de madame de Sévigné à Pomponne ne sont pas inférieures aux autres qu'elle a écrites. — Suite de l'histoire de Fouquet. — Il n'obtient la permission de voir sa femme qu'au bout de sept ans de captivité. — Son entrevue avec Lauzun. — Sa mort obscure. — On est incertain s'il est mort avant ou après avoir recouvré son entière liberté.

Comme tous ceux qui ont de nombreuses affaires dont les documents devront être réunis sous leurs yeux lorsqu'ils auront à s'en occuper, Fouquet conservait avec soin toutes ses lettres. Elles furent saisies. Les correspondances qu'il entretenait avec plusieurs femmes de la cour se trouvaient réunies dans des cassettes particulières [1]. Celles-ci furent portées directement au roi, qui les examina. Il en trouva un certain nombre de madame de Sévigné, qui attirèrent son attention par l'enjouement, la grâce et la facilité du style. Mais quoiqu'il eût dit, et que Le Tellier eût répété après lui, que ces lettres, uniquement relatives à des affaires de famille, ne pouvaient que faire honneur à celle qui les avait écrites, dès qu'on en connut l'existence la malignité publique s'exerça sur notre aimable veuve. On voit par la lettre suivante, que madame de Sévigné écrivit alors à de Pomponne, combien elle était péniblement affectée des discours qu'on tenait à ce sujet dans le monde.

LETTRE DE MADAME DE SÉVIGNÉ A M. DE POMPONNE.

« Aux Rochers, ce 11 octobre 1661.

« Il n'y a rien de plus vrai, que l'amitié se réchauffe quand on est dans les mêmes intérêts. Vous m'avez écrit si obligeamment là-dessus, que je ne puis y répondre plus

---

[1] CONRART, *Mém.*, t. XLVIII, p. 256 à 259. — MOTTEVILLE, t. XL, p. 162.

juste qu'en vous assurant que j'ai les mêmes sentiments pour vous que vous avez pour moi, et qu'en un mot je vous honore et vous estime d'une façon toute particulière. Mais que dites-vous de tout ce qu'on a trouvé dans ces cassettes? Eussiez-vous jamais cru que mes pauvres lettres, pleines du mariage de M. de La Trousse et de toutes les affaires de sa maison, se trouvassent placées si mystérieusement? Je vous assure, quelque gloire que je puisse tirer par ceux qui me feront justice, de n'avoir jamais eu avec lui d'autre commerce que celui-là, que je ne laisse pas d'être sensiblement touchée de me voir obligée de me justifier, et peut-être fort inutilement, à l'égard de mille personnes qui ne comprendront jamais cette vérité. Je pense que vous comprenez bien la douleur que cela fait à un cœur comme le mien. Je vous conjure de dire sur cela ce que vous savez. Je ne puis avoir trop d'amis en cette occasion. J'attends avec impatience monsieur votre frère [l'abbé Arnauld][1], pour me consoler un peu avec lui de cette bizarre aventure; cependant je ne laisse pas de souhaiter de tout mon cœur du soulagement aux malheureux, et je vous demande toujours, monsieur, la consolation de votre amitié[2].

Simon de Pomponne, lorsque madame de Sévigné lui écrivait cette lettre, subissait le sort de plusieurs amis du surintendant, qui, sans être inculpés ni impliqués en rien dans son procès, et même sans être entièrement en disgrâce, avaient cependant, par mesure de précaution, été envoyés en exil. Les amis du surintendant étaient

[1] Voyez ci-dessus, p. 205 et 206.
[2] Sévigné, *Lettres*, t. I, p. 58, édit. de Monmerqué, 1820; t. I, p. 86 de l'édit. de G. de S.-G.

aussi ceux de madame de Sévigné, et ils lui étaient devenus plus chers depuis qu'ils étaient malheureux et persécutés. Aussi se montrait-elle très-active dans sa correspondance avec eux, afin d'avoir plus fréquemment de leurs nouvelles, et de ne pas laisser échapper une seule occasion de leur être utile.

On connaît la noble conduite des gens de lettres envers Fouquet, qui s'était montré leur protecteur éclairé. Tous lui restèrent attachés dans son infortune[1]; et peut-être est-ce le concours unanime de leurs écrits qui a le plus contribué à intéresser si puissamment la postérité en sa faveur et à couvrir d'un voile les torts graves qui avaient fait de sa chute une des nécessités du bien public. Mademoiselle de Scudéry ne cessa point de lui écrire pendant tout le temps de sa captivité. Ce fut elle aussi qui s'éleva avec le plus de force contre ceux qui prenaient occasion des lettres trouvées dans les cassettes du surintendant pour se permettre des insinuations calomnieuses contre madame de Sévigné[2].

Les bruits qu'on répandait à ce sujet la tourmentaient tellement, qu'elle s'adressait à tous ses amis pour les engager à détruire ce qu'ils avaient d'injurieux à son égard. Elle en écrivit à Ménage; mais lui n'avait pas attendu ses instances pour s'acquitter de ce devoir, avec tout le zèle que lui inspirait son vif et ancien attachement. Dans la réponse qu'il lui adressa, il lui manda ce qu'il avait déjà fait; et en même temps il lui donna des nouvelles de la querelle survenue au sujet de la préséance

---

[1] *Histoire de la Vie et des Ouvrages de La Fontaine*, 3ᵉ édition, p. 390.
[2] *Ménagiana*, t. I, p. 19.

des ambassadeurs de France et d'Espagne à Londres, qui fut sur le point d'occasionner le renouvellement de la guerre. C'est à cette lettre qu'elle répondit des Rochers par celle qu'elle lui écrivit en date du 22 octobre.

« Je me doutais, dit-elle, que vous auriez prévenu ma prière, et qu'il ne fallait rien dire à un ami si généreux que vous. Je suis au désespoir de ce qu'au lieu de vous écrire, comme je le fis, je ne vous envoyai pas tout d'un train une lettre de remercîments. Je m'en acquitte présentement, et vous supplie de croire que j'ai toute la reconnaissance que je dois de vos bontés. Je vous demande un compliment à mademoiselle de Scudéry sur le même sujet. Vous m'avez fait un extrême plaisir de me mander le détail de la grande nouvelle dont il est présentement question. Il n'en fallait pas une moindre pour faire oublier toutes celles que l'on découvre tous les jours dans les cassettes de M. le surintendant. Je voudrais de tout mon cœur que cela le fît oublier lui-même[1]. »

Il n'en était pas ainsi. Le procès de Fouquet se suivait avec ardeur, mais le nombre de pièces qu'il fallait dépouiller pour dresser un acte d'accusation de cette nature était immense. Trois ans se passèrent avant que l'accusé pût comparaître devant les magistrats commis pour le juger. Le surintendant fut amené pour la première fois devant ce tribunal illégal qu'il récusait, le 14 novembre 1664. Madame de Sévigné se trouvait alors à Paris. L'attention générale était en quelque sorte concentrée sur cette grande affaire. On s'en entretenait sans cesse; on en re-

---

[1] Sévigné, *Lettres*, t. I, p. 60, édit. 1820; ou t. I, p. 96, édit. de G. de S.-G.

cueillait avec avidité les moindres détails de la bouche des juges ou des personnes qui leur appartenaient. Madame de Sévigné, outre le vif intérêt qu'elle y prenait elle-même, avait encore un motif particulier pour s'informer de tout avec exactitude. Elle s'était imposé la tâche de tenir au courant de toutes les phases et de toutes les circonstances du procès Simon de Pomponne et les autres exilés amis du surintendant, de manière à les mettre à portée d'apprécier avec exactitude les motifs de crainte ou d'espérance qu'on pouvait avoir.

Simon de Pomponne, devenu suspect au roi par son amitié pour Fouquet[1] et son jansénisme, avait d'abord été exilé à Verdun; mais, protégé par de Lionne, qui était resté ministre, et aussi par Bertillac, trésorier de la reine mère, de Pomponne, après un an de séjour à Verdun, eut la permission de se rendre à La Ferté-sous-Jouarre, où des affaires de famille réclamaient sa présence[2]. De Pomponne resta dix-huit mois à La Ferté-sous-Jouarre. Ce ne fut qu'après ce temps écoulé qu'il lui fut permis de se retirer à sa terre de Pomponne; et c'est là que madame de Sévigné lui adressait les lettres où elle lui rendait compte de ce qui se passait à Paris, et surtout de tout ce qui concernait le procès de Fouquet.

Toutes les lettres que de Pomponne recevait de madame de Sévigné, il les communiquait à son père, le célèbre Arnauld d'Andilly, qui se trouvait alors avec lui, et qu'on avait forcé aussi, à cause du surintendant, de s'éloigner

---

[1] SÉVIGNÉ, t. I, p. 58, note *a*, édit. 1820. — PETITOT, *Notice sur Port-Royal*, dans les *Mémoires*, t. XXXIII, p. 161.

[2] L'abbé ARNAULD, *Mém.*, t. XXXIV, p. 318. — MONMERQUÉ, dans es *Mém. de Coulanges*, p. 383, et l'article *Pomponne*, dans la *Biographie universelle*, t. XXXV, p. 321.

de Port-Royal. Ces mêmes lettres étaient ensuite transmises au château de Fresne, peu éloigné de celui de Pomponne[1]. Madame de Guénégaud, qui revint à Paris et rejoignit madame de Sévigné avant la fin du procès, madame Duplessis-Bellière[2], et d'autres exilés amis et amies du surintendant, s'adressaient à de Pomponne pour en avoir des nouvelles, et pour s'informer de ce que madame de Sévigné lui en avait écrit. Madame de Sévigné ne l'ignorait pas. Aussi écrivait-elle exactement ce qu'elle appelait elle-même la gazette du procès.

Les lettres qui renferment cette gazette sont peut-être de tous les écrits qui nous restent de madame de Sévigné ceux qui témoignent le plus de la sensibilité de son cœur, de sa grandeur d'âme, de sa constance et de son désintéressement dans le commerce de l'amitié. Lorsqu'elle les écrivit, elle était, ainsi qu'on le verra bientôt, en grande faveur à la cour. Elle avait autant d'admiration que d'affection pour Louis XIV ; elle pensait déjà à l'établissement de sa fille ; et ces nouveaux liens, ces intérêts si grands et si chers, ne l'arrêtèrent pas, et ne l'empêchèrent point de manifester les tendres et vives sympathies qui l'attachaient toujours à ses anciens amis, en butte aux rigueurs du pouvoir, et d'épancher tous les sentiments que lui inspiraient ses vives anxiétés sur le sort qui attendait le malheureux surintendant.

Madame de Sévigné ne doutait point que les lettres qu'elle écrivait à de Pomponne ne fussent décachetées et

---

[1] SÉVIGNÉ, *Lettres*, t. I, p. 62 (en date du 17 novembre).

[2] *Lettre de madame Duplessis-Bellière à Pomponne*, dans les *Mémoires de* CONRART, t. XLVIII, p. 259, datée de Châlons le 19 septembre 1661.

lues par les agents du gouvernement ; mais elle ne s'en inquiète pas, et elle mande à son correspondant que pour continuer à lui écrire, elle a seulement besoin de savoir si ses lettres lui parviennent [1].

Ces lettres parurent pour la première fois en 1756, dans un recueil séparé, dont l'éditeur est resté inconnu [2].

La première de ces lettres est datée du 17 novembre 1664 ; la dernière, du mois de janvier 1665, ce qui comprend un intervalle de temps d'un mois et demi [3]. Ces lettres renferment les seuls détails authentiques relatifs au procès de Fouquet étrangers aux actes juridiques et aux actes officiels ; et, dans un procès de cette nature, ces détails sont les plus intéressants et même les plus importants de tous, parce que les récits qu'ils contiennent sont les vraies pièces d'après lesquelles la postérité juge les juges et l'accusation.

Dans ces lettres, madame de Sévigné ne nomme jamais l'illustre accusé que *notre cher ami* [4] ; et tous les traits de présence d'esprit, de fermeté et de dignité de caractère qu'il déploie, elle les note avec soin, et n'oublie aucune des circonstances, quelque minutieuses qu'elles soient, qui peuvent leur donner du relief. En les racontant, elle verse des larmes [5]. Elle n'approuve pas cependant que son ami s'impatiente contre ses juges ; quelquefois elle dit : « Cette manière n'est pas bonne. Il se corrigera ; mais, en vérité,

---

[1] SÉVIGNÉ, *Lettres*, t. I, p. 79 (en date du 24 au 26 novembre).

[2] *Lettres de madame de S*** à M. de Pompone;* à Amsterdam, 1756, in-12 (73 pages).

[3] SÉVIGNÉ, *Lettres*, t. I, p. 62-105, édit. Monm.; t. I, p. 100 à 149 de l'édit. de G. de S.-G.

[4] SÉVIGNÉ, t. I, p. 65.

[5] SÉVIGNÉ, *Lettres*, t. I, p. 66, 69-84 (du 18 novembre 1664).

la patience échappe, et il me semble que je ferais tout comme lui[1]. »

A mesure qu'approche l'instant qui doit décider du sort de Fouquet, madame de Sévigné ne paraît plus susceptible de s'occuper d'autre chose, et, au lieu de vouloir se distraire de sa douleur, elle se complaît dans tout ce qui la lui rappelle, dans tout ce qui peut l'accroître. Elle se transporte dans une maison voisine de l'Arsenal, uniquement pour voir passer Fouquet; et, protégée par son masque, elle a enfin cette triste satisfaction; mais ses jambes tremblent, et son cœur bat si fort qu'elle est sur le point de se trouver mal[2].

Madame de Sévigné fait ressortir, avec une raillerie piquante ou une indignation amère, la partialité de certains juges, leur lâcheté, et l'animosité de Colbert, qu'elle appelle *Petit*[3]. Ce n'est pas qu'elle s'aveugle entièrement sur les torts de son ami. Elle comprenait bien quelles étaient les parties faibles ou glissantes, comme elle les appelle, de la défense[4]; mais elles augmentaient ses peines, sans rien diminuer de sa compassion. Ce qui lui importait dans cette cause n'était pas la culpabilité ou l'innocence de l'accusé; c'était le danger qui le menaçait, et les chances qu'il pouvait avoir d'y échapper ou d'y succomber. Et à cet égard les différentes phases du procès et les alternatives de crainte et d'espérance qu'elles faisaient naître la tenaient dans un état d'angoisse que sa plume nous peint à merveille.

« Je ne crois pas, dit-elle, qu'il m'ait reconnue; mais je

---

[1] Sévigné, *Lettres*, t. I, p. 70.
[2] Ibid., p. 77 (en date du 27 novembre).
[3] Ibid., p. 67.
[4] Ibid., p. 71 (en date du 20 novembre 1664).

vous avoue que j'ai été extrêmement saisie quand je l'ai vu entrer dans cette petite porte. Si vous saviez combien on est malheureux quand on a le cœur fait comme je l'ai, vous auriez pitié de moi ; mais je pense que vous n'en êtes pas quitte à meilleur marché, de la manière dont je vous connais. J'ai été voir votre chère voisine [madame Duplessis-Guénégaud] ; je vous plains autant de ne l'avoir plus, que nous nous trouvons heureux de l'avoir. Nous avons bien parlé de notre cher ami [Fouquet]. Elle a vu Sapho [mademoiselle Scudéry], qui lui a donné du courage. Pour moi, j'irai demain en reprendre chez elle ; car de temps en temps je sens que j'ai besoin de reconfort. Ce n'est pas que l'on ne dise mille choses qui doivent donner de l'espérance ; mais, mon Dieu, j'ai l'imagination si vive, que tout ce qui est incertain me fait mourir [1]. »

A cette époque la pénurie des finances et le système d'économie substitué par Colbert à celui des emprunts firent supprimer un quartier des rentes sur l'hôtel de ville, ce qui ajouta encore au mécontentement qu'occasionnait le procès de Fouquet. Madame de Sévigné avait de ces rentes, et elle dit au sujet du retranchement et du procès : « L'émotion est grande, mais la dureté l'est encore plus. Ne trouvez-vous pas que c'est entreprendre bien des choses à la fois? Celle qui me touche le plus n'est pas celle qui me fait perdre une partie de mon bien [2]. »

Il est souvent fait mention dans ces lettres du vieil ami, c'est-à-dire du père de M. de Pomponne, d'Arnauld d'Andilly, qui, malgré son grand âge, suivait avec un vif intérêt tous les détails du fameux procès. Le chancelier

---

[1] SÉVIGNÉ, *Lettres*, t. I, p. 78 (27 novembre 1664).
[2] Ibid., ibid.

Pierre Seguier, dévoué à Colbert, présidait le tribunal avec une révoltante partialité. Comme il affectait une dévotion sévère, et que le chef-d'œuvre de Molière, le *Tartufe*, faisait alors grand bruit, Arnauld d'Andilly disait au sujet de Seguier, que c'était Pierrot métamorphosé en Tartufe[1]. Madame de Sévigné fut si charmée de ce bon mot, qu'elle déclara être au désespoir de ne l'avoir pas dit la première. Le même aveu lui échappe, et elle éprouve le même plaisir, toutes les fois qu'on lui raconte une saillie, un trait d'esprit, une réflexion juste, une maxime utile, exprimée d'un manière vive et piquante.

Pendant tout le cours du procès madame de Sévigné allait souvent dîner à l'hôtel de Nevers[2], chez madame Duplessis-Guénégaud, dont le mari, autrefois ministre et secrétaire d'État, se trouvait impliqué dans la disgrâce du surintendant. Madame Duplessis-Guénégaud avait, pendant la Fronde, servi la cour avec zèle, en cherchant à réconcilier le prince de Condé avec la reine. C'était une femme d'un grand sens, spirituelle, pleine de bonté et de dévouement pour ses amis. « Avec elle, dit madame de

---

[1] SÉVIGNÉ, *Lettres*, t. I, p. 82 (*lettre* en date du 1er décembre 1664).

[2] Cet hôtel, placé où est actuellement l'hôtel des Monnaies, acheté par Guénégaud à la duchesse de Nevers, en 1641, fut nommé l'hôtel Guénégaud. Conférez : MOTTEVILLE, *Mém.*, t. XXXIX, p. 373. — GOURVILLE, *Mém.*, t. LII, p. 351. — BEREY, *Plan de Paris*, en quatre feuilles, 1654. — JAILLOT, *Recherches sur Paris*, quartier Saint-Germain des Prés, t. V, p. 54, 68, 69. — M. B*** (Germain Brice), *Description nouvelle de ce qu'il y a de plus remarquable dans la ville de Paris*, 1685, in-12, t. II, p. 217; édit. de 1698, p. 389. — LE MAIRE, *Paris ancien et nouveau*, 1685, t. III, p. 237. — PIGANIOL DE LA FORCE, *Description de Paris*, t. VIII, p. 231. — GOURVILLE, *Mém.*, t. LII, p. 330. — JOLY, *Mém.*, t. XLVII, p. 213.

Motteville, on goûtait le véritable plaisir de la société agréable et vertueuse. Madame de Sévigné, qui trouvait dans le cœur de madame de Guénégaud les mêmes sympathies que celles qu'elle éprouvait, sentait encore s'augmenter l'affection qu'elle avait pour elle. Rien n'étreint plus fortement les nœuds de l'amitié que lorsqu'on participe aux mêmes peines et aux mêmes émotions.

Il ne suffisait pas à madame de Sévigné de s'apitoyer sur le sort de son ami : elle agissait vivement, et sollicitait en sa faveur d'Ormesson, qui, nommé juge rapporteur du procès, pouvait avoir une si grande influence sur le jugement.

« Voilà qui est donc fait, dit-elle, c'est à M. d'Ormesson à parler ; il doit récapituler toute l'affaire : cela durera encore toute la semaine prochaine, c'est-à-dire qu'entre ci et là ce n'est pas vivre que la vie que nous passerons. Pour moi, je ne suis pas reconnaissable, et je ne crois pas que je puisse aller jusque là. M. d'Ormesson m'a priée de ne plus le voir que l'affaire ne soit jugée. Il est dans le conclave, il ne veut pas avoir de commerce avec le monde ; il affecte une grande réserve ; il ne parle point, il écoute : et j'ai eu ce plaisir, en lui disant adieu, de lui dire tout ce que je pense[1]. »

La famille de Fouquet et ses affidés ne croyaient point qu'il pût être condamné à mort. Cette sécurité faisait mal à madame de Sévigné, intimement liée avec plusieurs ennemis du surintendant : elle n'ignorait ni leurs dispositions, ni leur puissance, ni les intentions du roi. Aussi elle n'aimait à parler de cette affaire qu'avec madame Du-

---

[1] SÉVIGNÉ, *Lettres*, édit. de Monmerqué, t. I, p. 88 (en date du 5 décembre 1664).

plessis-Guénégaud, qui partageait toutes ses craintes. Cependant elle écrivait : « Au fond de mon cœur, j'ai un petit brin d'espérance. Je ne sais d'où il me vient et où il va; et même il n'est pas assez grand pour que je puisse dormir en repos[1]. »

Si l'arrêt est tel qu'elle peut l'espérer, elle pense à la joie qu'elle aura d'envoyer un courrier, à bride abattue, porter cette nouvelle à de Pomponne. Toutes ses craintes se renouvellent, parce qu'elle a su que le roi avait dit à son lever « que Fouquet était un homme dangereux[2] ». Et en effet un tel propos de la part du roi, dans la situation où se trouvait l'affaire, était une condamnation; c'était ravir l'indépendance aux juges et l'impartialité à la justice.

Aussi, lorsque madame de Sévigné apprit que d'Ormesson avait opiné au bannissement perpétuel de l'accusé et à la confiscation de tous ses biens, elle s'en réjouit, et, en annonçant cette nouvelle à de Pomponne, elle ajoute : « M. d'Ormesson a couronné par là sa réputation. L'avis est un peu sévère; mais prions Dieu qu'il soit suivi. » En effet, le rapport de M. d'Ormesson et son opinion modérée lui donnèrent dans le monde la réputation d'un homme de talent et de courage.

Les premiers juges qui opinèrent après le rapporteur furent Saint-Hélène et Pussort, l'oncle de Colbert. Fouquet, mais en vain, les avait récusés tous deux. Ils conclurent à ce que l'accusé eût la tête tranchée. Mais un des juges, nommé Berrier, voué à Colbert et à toutes ses hai-

---

[1] Sévigné, Lettres, t. I, p. 90, édit. 1820 (en date du 9 novembre 1664).

[2] Sévigné, Lettres, t. I, p. 95 (en date du 17 décembre 1664).

nes, devint fou pendant qu'on était aux opinions, et avant le jugement. Dans cet intervalle aussi une comète apparut; M. de Neuré, fameux astrologue, assurait qu'elle était d'une grandeur considérable. Tout cela mit les esprits en émoi, et ajoutait aux agitations de madame de Sévigné. C'est très-sérieusement qu'elle entretient de Pomponne du pronostic de cette comète. Ce n'étaient pas seulement les femmes qui croyaient alors à l'influence des astres sur les affaires humaines [1], c'étaient aussi des hommes remarquables par leur esprit et leurs lumières. Cependant Fouquet n'avait pas cette faiblesse; et lorsqu'il sut que l'on rattachait l'apparition de la comète à ce qui lui arrivait de personnel, il dit spirituellement : « La comète me fait trop d'honneur [2]. »

Mais plus le moment qui devait décider de son sort s'approchait, plus l'on s'occupait de lui, plus s'augmentaient aussi les anxiétés de madame de Sévigné. « Tout le monde, dit-elle, s'intéresse dans cette grande affaire. On ne parle d'autre chose; on raisonne, on tire des conséquences, on compte sur ses doigts, on s'attendrit, on craint, on souhaite, on hait, on admire, on est triste, on est accablé; enfin, mon pauvre monsieur, c'est une chose extraordinaire que l'état où l'on est présentement, c'est une chose divine que la résignation et la fermeté de notre cher malheureux. Il sait tous les jours ce qui se passe, et il faudrait faire des volumes à sa louange [3]. »

---

[1] SÉVIGNÉ, Lettres, t. I, p. 97 (du 17 décembre 1664). — GOURVILLE, Mém., t. LII, p. 360.

[2] CHOISY, Mémoires, t. LXIV, p. 249 à 265.

[3] SÉVIGNÉ, Lettres, t. I, p. 99 (en date du 17 décembre 1664).

Enfin, le samedi 20 décembre madame de Sévigné envoie un courrier à de Pomponne, pour lui annoncer que Fouquet a la vie sauve. Dans la lettre qu'elle écrivit ensuite, quoiqu'elle ait appris que le roi avait aggravé la peine, changé l'exil en prison et refusé à Fouquet sa femme, elle ne veut pas que de Pomponne rabatte rien de la joie qu'a dû lui causer l'arrivée de son courrier. « La mienne, dit-elle, est augmentée s'il se peut, et le procédé me fait mieux voir la grandeur de notre victoire. » Elle avait raison : le roi prouvait par cet abus de sa puissance combien il avait compté sur la condamnation à la peine capitale [1]. Fouquet ne l'ignorait pas, ainsi que le prouve le passage suivant de la lettre où madame de Sévigné raconte ce qui eut lieu lorsqu'on reconduisit le surintendant en prison, après qu'il eut entendu la lecture de l'arrêt qui le condamnait. « Cependant M. Fouquet est allé dans la chambre de M. d'Artagnan : pendant qu'il y était, il a vu par la fenêtre passer M. d'Ormesson, qui venait de reprendre quelques papiers qui étaient entre les mains de M. d'Artagnan. M. Fouquet l'a aperçu ; il l'a salué avec un visage ouvert et plein de joie et de reconnaissance ; il lui a même crié qu'il était son humble serviteur. M. d'Ormesson lui a rendu son salut avec une grande civilité, et s'en est venu, le cœur tout serré, me conter ce qu'il avait vu [2]. »

Comme on avait séparé Fouquet, non-seulement de sa femme, mais de son médecin resté son ami, et de son plus fidèle domestique, on crut que ses ennemis, après l'avoir

---

[1] Loménie de Brienne, *Mémoires inédits*, t. II, p. 211.
[2] Sévigné, *Lettres*, t. I, p. 104 (en date du 22 décembre 1664).

vu échapper à regret à une exécution publique, avaient formé le projet de l'empoisonner. En tout temps, une des premières punitions que subissent ceux qui tiennent le pouvoir quand ils s'écartent des formes de la justice est d'être aussitôt jugés capables des crimes les plus odieux.

« Si vous saviez, dit madame de Sévigné, comme cette cruauté paraît à tout le monde, de lui avoir ôté Pecquet et Lavallée! C'est une chose inconcevable; on en tire des conséquences fâcheuses, dont Dieu le préserve, comme il a fait jusque ici! » Puis après cette citation, *Tantœne animis cœlestibus iræ,* qui prouve ses études classiques, elle ajoute : « Mais non, ce n'est point de si haut que cela vient. De telles vengeances, rudes et basses, ne sauraient partir d'un cœur comme celui de notre maître. On se sert de son nom, et on le profane, comme vous voyez. » Cependant elle a vu le même jour la comète avec sa longue queue, et elle y met une partie de ses espérances[1]. Puis ses soupçons lui reviennent, et elle écrit à son correspondant : « Soyons comme lui, ayons du courage, et ne nous accoutumons pas à la joie que nous donna l'admirable arrêt de samedi. Il a couru un bruit qu'il était malade. Tout le monde disait : Quoi, déjà[2]!... »

Il fallait que la crainte de voir condamner à mort le surintendant eût été bien forte et bien générale, pour que madame de Sévigné donnât l'épithète d'admirable à un arrêt qui consommait la ruine totale de l'accusé et le condamnait à un exil perpétuel. Tous ceux qui à la cour lui étaient attachés dans son malheur s'efforçaient de lire sur

---

[1] Sévigné, *Lettres*, p. 105 et 106.
[2] Ibid., p. 107.

le visage du monarque l'espérance d'un meilleur avenir. Mais madame de Sévigné, à qui Louis XIV n'adressa jamais que des paroles agréables et flatteuses, nous prouve, par ce qu'elle dit de lui à ce sujet, qu'il eut dès sa jeunesse cet air digne et réservé qui ne permettait pas de pouvoir deviner aucune des pensées qui l'occupaient ou des sentiments dont il était agité, et qu'il conservait même au milieu des fêtes et des plaisirs cet aspect sévère qui imposait à tous ceux qui l'approchaient. Après avoir raconté à de Pomponne les détails qu'elle a appris sur le voyage de Fouquet à sa prison de Pignerol, d'où il ne devait plus sortir, elle parle ensuite des égards que d'Artagnan, chargé de le conduire, avait pour lui. « On espère toujours des adoucissements à son sort; je les espère aussi. L'espérance m'a trop bien servie pour l'abandonner. Ce n'est pas que toutes les fois qu'à nos ballets je regarde notre maître, ces deux vers du Tasse ne me reviennent en mémoire :

> Goffredo ascolta, e in rigida sembianza
> Porge più di timor che di speranza [1]. »

Louis XIV avait trop de grandeur d'âme et un cœur trop généreux pour conserver du ressentiment contre ceux qui s'étaient montrés sensibles à l'amitié et étaient restés fidèles à l'infortune. Les amis et les parents de Fouquet rentrèrent en grâce auprès du jeune monarque; plusieurs même jouirent de toute sa faveur, et firent un chemin rapide ; mais il ne se relâcha en rien de ses rigueurs contre le prisonnier de Pignerol. Le temps travaille vite

---

[1] Tasso, *Gerusalemme liberata*, canto V, st. 35.

pour ceux qui sont heureux. Bientôt Fouquet, avec lequel il était devenu impossible de communiquer, pour lequel il était défendu de solliciter, fut oublié. Ceux même qui l'avaient chéri le plus, qui lui avaient donné les plus grandes preuves de dévouement, satisfaits d'avoir, par la courageuse conduite qu'ils avaient tenue au moment du procès, contribué à lui sauver la vie, n'en parlèrent plus. De nouveaux événements, plus importants, se succédèrent avec rapidité, et attirèrent l'attention publique. Madame de Sévigné, dans une lettre écrite à sa fille huit ans après le jugement rendu contre Fouquet, nous apprend qu'il supportait héroïquement sa prison [1], et qu'il espérait de voir alléger sa peine. Mais la manière dont elle en parle prouve bien que, même chez elle, le souvenir de cet ami de sa jeunesse s'était affaibli avec les années, et qu'entièrement livrée à d'autres intérêts et d'autres affections, elle en était peu préoccupée. Les espérances qu'avait alors Fouquet de voir se relâcher les rigueurs de sa captivité furent encore longues à se réaliser ; car ce ne fut que dix ans après qu'il lui fut permis de s'entretenir avec sa femme [2]. C'était l'époque où Lauzun fut aussi enfermé à Pignerol [3]. Les chambres des deux prisonniers étaient l'une au-dessous de l'autre. Par un trou que Lauzun pratiqua, il parvint à communiquer avec Fouquet [4]. Quelle fut la surprise de celui-ci, qui depuis quinze ans

---

[1] SÉVIGNÉ, *Lettres*, t. II, p. 369 (en date du 23 mars 1672).

[2] *Lettre de Louvois*, du 18 octobre 1672, dans DELORT, *Histoire de la Détention des Philosophes*, etc., t. I, p. 40 et 195.

[3] SÉVIGNÉ, *Lettres*, t. V, p. 394 (en date du 27 février 1679). — SAINT-SIMON, *Œuvres*, t. X, p. 137-138.

[4] *Lettre de Louvois*, avril 1680.

avait été tenu au secret, et dans une ignorance complète de tout ce qui s'était passé dans le monde, de voir ce Puiguilhem, ce cadet de Gascogne, qu'il avait laissé jeune homme, pointant à peine à la cour, lui raconter comment il avait été fait général des dragons, capitaine des gardes du corps, général d'armée; puis lui donner les détails des dispositions prises pour son mariage avec la grande MADEMOISELLE, mariage qui devait se faire avec le consentement du roi! Fouquet crut que Puiguilhem était devenu fou, et n'était enfermé que pour cette cause; sa surprise fut au comble lorsqu'on lui assura que M. de Lauzun n'avait rien dit qui ne fût vrai[1]. Enfin la captivité de Fouquet devint moins sévère; il put voir sa famille, et même les officiers et les habitants de la ville de Pignerol[2]. Il paraît qu'on finit alors par lui accorder la permission de sortir de sa prison, pour aller aux eaux de Bourbonne y rétablir sa santé. Si cette permission fut accordée, elle parvint trop tard à Pignerol; Fouquet n'était déjà plus. Dans une lettre datée du 3 avril 1680, madame de Sévigné exprime en deux ou trois lignes le chagrin que lui cause l'annonce de cette mort; mais elle paraît en même temps bien plus affectée de légères altérations qu'éprouvait alors la santé de madame de Grignan, que de la perte de cet ami de sa jeunesse[3].

---

[1] Voyez les *Lettres de Louvois*, en date des 24 janvier et 18 avril 1680, dans DELORT, *Histoire de la Détention des Philosophes et des Gens de lettres*, t. I, p. 314 et 317.

[2] *Lettres de Louvois*, 15 février, 6 mars et 10 mai 1679, dans DELORT, *Histoire de la Détention des Philosophes et des Gens de lettres*, t. I, p. 286.

[3] SÉVIGNÉ, *lettre* du 3 avril 1680, t. VI, p. 217.

Ainsi, cet homme dont l'existence avait eu tant de splendeur et d'éclat, et qui pendant les neuf dernières années de sa prospérité avait été entouré de tant de clients, de protégés, de partisans et de flatteurs; qui avait eu si souvent pour hôtes, à sa table, des rois et des reines; qui, avide de toutes les jouissances des sens et de l'esprit, s'était saturé de toutes les délices de la vie, après une captivité qui dura dix-neuf ans, disparut du monde, tellement oublié, tellement délaissé, obscur, inaperçu, que ce fut un problème, même parmi ses amis d'autrefois, de savoir s'il était mort en prison, ou quelques jours après avoir recouvré sa pleine et entière liberté[1].

Voltaire lui-même ayant paru incertain sur le lieu où mourut Fouquet, on a, selon l'usage, cherché à fonder sur ce doute les plus étranges romans. On a fait du surintendant un ermite des Cévennes, et on a voulu trouver en lui l'Homme au masque de fer. Aujourd'hui aucun doute sur ce sujet n'est permis pour qui sait apprécier la valeur des preuves historiques, et dégager leur lumière vive et pure des brouillards dont la crédulité et l'amour du merveilleux se plaisent souvent à l'envelopper. Des actes authentiques et notariés et la correspondance de Louvois avec Saint-Mars démontrent que Fouquet est mort à Pignerol, où alors se trouvaient présents sa femme et un de ses fils, auxquels son corps fut livré pour être inhumé selon leur volonté[2]. Cette mort presque subite con-

---

[1] GOURVILLE, *Mém.*, t. LII, p. 401. — SÉVIGNÉ, *Lettres*, 5, 6 avril 1680, t. VI, p. 223. — BUSSY, *Lettres*, t. IV, p. 428. — BAROLETTI, *Notice sur la mort du surintendant Fouquet*, Turin, 1812, in-4°. — *Mercure de France*, octobre 1754, p. 142 et 143.

[2] *Lettres de Louvois* à Saint-Mars depuis les années 1672 à 1680,

traria les généreuses intentions de Louis XIV et de ses ministres, qui depuis longtemps avaient résolu de donner la liberté au surintendant [1]. A cette époque (en 1680) les ministres savaient que Fouquet n'était plus à craindre pour eux; qu'il ne pouvait plus participer aux affaires, ni rentrer en grâce auprès du monarque. Le temps avait diminué l'importance des secrets d'État qui avaient forcé Louis XIV à faire subir à Fouquet une si longue et si dure incarcération. Les événements qui s'étaient passés avaient cessé d'en faire craindre la divulgation. La mort de Fouquet enleva à Louis XIV tout le fruit de sa tardive clémence, et vint donner à une juste punition ce caractère d'implacable cruauté, qui eût disparu si ce grand coupable, devenu un homme sage et pieux, eût passé les restes d'une vie qui pouvait encore longtemps se prolonger, auprès de son héroïque femme et dans le sein de sa famille, encore riche, heureuse et puissante, par les bienfaits du monarque. Les graves délits du surintendant furent oubliés; on ne se souvint plus que de ses talents, de sa prospérité, de sa chute et de ses souffrances. Sa mort, qui sembla prématurée, fit même soupçonner un crime; et le procès qui lui fut fait est devenu le canevas banal sur lequel aiment à broder ceux qui s'imposent la tâche facile d'émouvoir la sensibilité des lecteurs vulgaires, et qui ne voient dans les actes du pouvoir que des motifs

---

dans DELORT, *Hist. de la détention de Fouquet, de Pellisson et Lauzun*, t. I de l'*Hist. de la Détention des Philosophes et des Gens de lettres*, p. 195, 321.

[1] PAROLETTI, *Notice sur la mort du surintendant Fouquet*, Turin, 1812, in-4°. — GOURVILLE, *Mém.*, t. LII, p. 461. — BUSSY, *Lettres*, t. IV, p. 428.

de haine, de vengeance, et d'odieuse tyrannie; et dans ceux qu'il est obligé de frapper, que des héros du malheur et des victimes innocentes.

CHAPITRE XX.

1662—1663.

Louis XIV prend en main les rênes de son gouvernement. — Situation critique des affaires. — Ses réformes. — Ordre qu'il introduit dans les finances. — Il assure la préséance de ses ambassadeurs. — Sépare le pouvoir judiciaire du pouvoir administratif, et restreint la puissance des gouverneurs de place. — Nomination de Péréfixe à l'archevêché de Paris. — Prédications de Bossuet. — L'activité des esprits trouve un aliment dans les controverses religieuses. — Commencements des persécutions religieuses. — Mesures de Louis XIV contre le jansénisme et les protestants. — Zèle religieux du prince de Conti. — L'opposition politique ne se manifeste que par des vaudevilles et des épigrammes. — Goût de la nation pour la littérature dramatique. — Protection accordée par Louis XIV aux gens de lettres ; bienfaits qu'il répand sur eux. — Corneille se remet à composer pour le théâtre, et donne *Sertorius*. — Il fait des vers à la louange du roi. — Libelle de l'abbé d'Aubignac contre Corneille. — Succès de l'*École des Femmes*. — Guerre littéraire qu'il occasionne. — Molière répond à ses ennemis par la *Critique de l'École des Femmes*. — Vers de Boileau à sa louange. — Boileau n'avait rien publié, mais ses premières Satires étaient connues. — Nouvelle génération d'écrivains qui fait la guerre aux coteries littéraires. — Vives attaques de Boileau. — Racine commence en province ; il est lié avec La Fontaine. — Ces quatre poëtes jettent un vif éclat sur le règne de Louis XIV. — Ce roi, après avoir organisé l'État, s'occupe de régler sa cour. — Différence de la position des souverains de cette époque avec ceux d'aujourd'hui. — La cour renfermait alors en hommes tout ce qui faisait la gloire et la force du pays. — Molière ne put peindre impunément les ridicules que parce qu'il était protégé par le roi. — Boileau fut obligé de modérer l'âcreté de ses Satires. — Nominations de cordons bleus. — Condé est admis à en choisir un. — Il nomme Guitaut, ami de madame de Sévigné, son voisin en Bourgogne. — Fureur du comte de Coligny à ce sujet —

CHAPITRE XX.

Louis XIV institue les justaucorps bleus.—Privilége qu'il y attache. — Il s'occupe de ses fêtes aussi bien que de ses négociations. — Ballet d'*Hercule amoureux*. — Beau carrousel donné en 1662. — Louis XIV se laisse aller à son penchant pour les femmes. — La cour est remplie d'intrigues amoureuses. — La comtesse de Soissons est contre La Vallière.—Ne pouvant réussir auprès du roi, elle favorise ses amours avec La Mothe-Houdancourt. — La Vallière en conçoit un si grand chagrin, qu'elle se retire à Chaillot. — Le roi va la reprendre. — Intrigue coupable ourdie par la comtesse de Soissons, Vardes et mademoiselle Montalais, pour faire chasser La Vallière. — Intrigues de Madame avec le comte de Guiche, de La Mothe-Houdancourt avec le comte de Gramont.—Toutes ces intrigues n'aboutissent qu'à faire expulser de la cour la comtesse de Soissons, le comte de Gramont, le comte de Guiche, et occasionnent la disgrâce, non méritée, du duc et de la duchesse de Navailles. — Corbinelli, l'ami de madame de Sévigné, mêlé dans l'affaire de mademoiselle Montalais et du comte de Guiche. — Point de lettres de madame de Sévigné pendant cette année; elle s'éloigne peu de la capitale. — Madame de La Fayette, pendant qu'elle en était absente, dut l'instruire de ce qui se passait à Fontainebleau, à Saint-Cloud, à Versailles. — Madame de Sévigné présente à la cour sa fille, qui figure dans les ballets royaux. — Liée avec les religieuses de Sainte-Marie, elle a dû assister au panégyrique de saint François de Sales. — Corbinelli est membre d'une académie italienne. — Le *Grand Dictionnaire des Précieuses* paraît. — Portrait que l'auteur fait de madame de Sévigné et de Corbinelli.

Revenons sur nos pas. Oublions Fouquet, Mazarin, la Fronde, l'hôtel de Rambouillet, et toutes les intrigues et tous les acteurs de ces temps : ils ne sont plus. Louis XIV règne ; et, comme il le dit lui-même dans le premier conseil qu'il tint, « La face du théâtre change[1] ». Elle change en effet, avec la rapidité qu'imprime toujours aux affaires et aux destinées d'un grand État l'homme qui, né pour

---

[1] Loménie de Brienne, *Mémoires inédits*, t. II, p. 156 et 157. — Gramont, *Mémoires*, t. LVII, p. 90 et 430.

commander aux autres, est appelé à exercer le pouvoir quand toutes les résistances ont cessé, et que tous les partis se sont mutuellement anéantis par leurs excès¹. Dans cette première année, où il eut à lutter contre tous les embarras d'une disette², Louis XIV licencia la plus grande partie de son armée, et rendit ainsi, sans trouble, une foule de bras à l'agriculture et à l'industrie ; il établit l'ordre et l'économie dans toutes les parties de l'administration ; réduisit le taux des impôts, qui était excessif, et cependant augmenta leurs produits par de fortes réductions dans les frais de perception, et par une répartition plus égale. Les habitants du Boulonais, se trouvant lésés par les mesures qu'il prit à cet effet, se révoltèrent ; il les châtia sévèrement. « La coutume de nos voisins (dit-il dans ses Instructions au Dauphin, en parlant de cette révolte et de la promptitude qu'il mit à la réprimer) est d'attendre leurs ressources des révolutions de la France³. » Il régla toutes ses dépenses sur le pied de paix, et en même temps éleva son revenu sur le pied de guerre ; imitant ainsi la politique des Romains, chez qui la guerre était toujours populaire, parce que pour y subvenir on répandait l'aisance parmi les citoyens, en dissipant les trésors amassés pendant la paix. Louis XIV dans cette même année acquit, par une cession, des droits sur la Lorraine et le Barrois⁴, et acheta Dunkerque au roi d'Angleterre. Il protégea le Portugal contre l'Espagne, l'em-

¹ Bussy, *Mém.*, t II, p. 56.
² Loret, *Muse historique*, liv. XIII, p. 56, 58. 70. — Colletet, *Abrégé des Annales de Paris*, 1664, in-12, p. 423.
³ Louis xiv, *Instructions pour le Dauphin son fils*, dans ses *Œuvres*, t. I, p. 211, 216, 227.
⁴ Monclat, *Mém.*, t. LI, p. 126.

pereur et Venise contre les Turcs, l'électeur de Mayence contre ses sujets, la Hollande contre l'Angleterre et contre l'évêque de Munster. A Londres et à Rome, il assura le rang de préséance à ses ambassadeurs, avec une fermeté et une hauteur qui étonnèrent l'Europe, accrurent la dignité de sa couronne, et imprimèrent un grand respect à son nom [1]. Il mit tous ses soins à régulariser l'action de la puissance royale, de manière à empêcher les factions de renaître. Il cassa des arrêts que le parlement avait rendus pour la libre circulation des grains. Par lui, le pouvoir judiciaire se trouva nettement séparé du pouvoir civil, et le pouvoir administratif de la force militaire. Afin de tenir celle-ci dans une dépendance plus étroite, il ne donna plus aux commandants des places de guerre et aux titulaires des grands gouvernements, des provisions que pour trois ans [2].

Le cardinal de Retz fut amené à donner sa démission pure et simple de son archevêché de Paris; et Louis XIV, en nommant à ce premier siége du royaume Péréfixe, qui avait été son précepteur et lui était tout dévoué, ajoutait encore à la stabilité du trône par la sanction que la religion lui donne [3]. La puissance de la religion sur les esprits était grande alors. Le jeune Bossuet, par sa profonde doc-

---

[1] Choisy, *Mém.*, t. LXIII, p. 271. — Joly, *Mém.*, t. XLVII, p. 460. — Monglat, *Mémoires*, t. LI, p. 128. — Louis XIV, *Œuvres*, t. V, p. 110, 119; *lettres au roi de Pologne*, en date du 1er et du 9 février 1663.

[2] Louis XIV, *Instructions pour le Dauphin son fils*, dans ses *Œuvres*, t. I, p. 197, 198.

[3] Loret, liv. XIII, p. 35 (4 mars 1662); dans Louis XIV, *Œuvres*, I, p. 197; ibid., t. V, p. 81 (*lettre* en date du 17 mars 1662). — Joly, *Mém.*, t. XLVII, p. 454, 460 et 462.

trine, par son zèle de missionnaire, par sa chaleur d'apôtre, par son éloquence inégale, mais souvent sublime, donnait à cette époque un vif éclat à la chaire évangélique. Les excellents traités des solitaires de Port-Royal, et les lettres piquantes de Pascal, alors si répandues et si goûtées, donnaient aux prédicateurs un auditoire préparé à tout ce que la croyance catholique peut acquérir d'empire sur les esprits. Banni du domaine de la politique, le génie de la controverse, des cabales et des partis s'était réfugié dans les régions de la théologie. A cet égard le jeune roi se montra moins sage que Mazarin ; il commença dès lors à s'engager dans la route qui contribua tant à rendre déplorable la fin de son règne, si lumineux à son matin, si éclatant à son midi. Il voulut employer la contrainte là où la contrainte ne peut rien. Il commença par de légères mais injustes persécutions contre les jansénistes et les protestants, quoique les premiers professassent, dans leurs déclarations du moins, la plus entière soumission au pape et à son autorité, et que le culte des seconds se trouvât sous la protection des édits rendus par les prédécesseurs de Louis XIV et confirmés par lui. Un grand nombre de temples protestants, qu'on prétendit avoir été ouverts contrairement aux ordonnances, furent fermés. Le prince de Conti, qui commandait en Languedoc, était devenu dévot ; il fanatisait les peuples en envoyant de tous côtés d'ardents et intolérants missionnaires, et il expulsait les comédiens dans toute l'étendue de son gouvernement[1].

---

[1] LORET, *Muse historique*, liv. XIII, p. 52 (*lettre du 1re avril 1662*). Vingt-deux temples protestants furent fermés dans le seul pays de Gex. — RACINE, *lettre à Vitart*, en date du 25 juillet, p. 162 et

Cependant le goût général de la nation, et de Louis XIV lui-même, pour les représentations théâtrales et la littérature dramatique, s'accroissait toujours. Une nouvelle troupe, après celle de Molière, s'était encore établie à Paris, sous la protection de Mademoiselle ; elle était dirigée par un certain Dorimon, ainsi que Molière auteur et acteur, mais qui n'avait que ces points de ressemblance avec le grand comique. Aussi cette troupe ne put-elle se maintenir ; le haut patronage qui la soutenait vint bientôt à lui manquer[1]. Louis XIV, qui voulait tout asservir aux besoins de sa politique, mécontent que sa cousine eût refusé d'épouser le roi de Portugal, l'exila de la cour, et la força de se retirer encore une fois à son château de Saint-Fargeau[2]. Mais les deux Corneille eurent part aux bienfaits que le jeune roi répandait alors sur les gens de lettres[3] ; et quoique cette part fût modique, elle suffit pour les attirer à Paris, et ramener dans la carrière du théâtre le vieil auteur de *Cinna* et des *Horaces* ; il produisit *Sertorius*, et ce fut son dernier chef-d'œuvre. De tous les poëtes du temps qui firent des vers à la louange de Louis XIV, en échange des dons qu'ils en avaient reçus, ce fut encore l'auteur du *Cid* qui sut faire entendre les accents les plus nobles et les plus harmonieux pour célébrer un monarque qui connaissait si bien

L'art de se faire craindre et de se faire aimer.....
Qui prévient l'espérance et surprend les souhaits.

165, t. VI des *Œuvres*, dans l'édit. d'Aimé Martin. — Guy-Patin, *Lettres*, t. V, p. 22 (en date du 14 juillet 1662).

[1] Frères Parfaict, *Hist. du Théâtre françois*, t. IX, p. 1 et 64. — Loret, *Muse historique*, liv. XIII, p. 165 (28 octobre, 7 janvier 1662).

[2] Montpensier, t. XLIII, p. 26, 28, 31.

[3] Louis xiv, *Œuvres*, t. I, p. 223.

Dans l'effusion de sa reconnaissance, le poëte termine en disant :

> Commande, et j'entreprends ; ordonne, et j'exécute[1].

Les nouveaux succès de Corneille excitèrent encore l'envie contre ce grand homme : il fut attaqué par l'abbé d'Aubignac, et défendu par de Visé, mais beaucoup mieux encore par sa réputation et son génie[2]. Cependant cette guerre littéraire ne fut rien en comparaison de celle que fit naître contre Molière la réussite de *l'École des Femmes*. Depuis le *Cid* jamais pièce de théâtre n'avait eu une telle vogue ; et aucune n'excita un si violent soulèvement, ni ne donna lieu contre son auteur à tant de virulentes attaques. Molière, fort de l'approbation du public, osa se venger de ses détracteurs en les traduisant tous sur la scène, dans la petite pièce intitulée *la Critique de l'École des Femmes*. Tous ceux qui avaient écrit contre la nouvelle comédie, ou qui la désapprouvaient par leurs discours, prétendaient que c'était une production médiocre, dépourvue de goût, de décence et de raison, et sans aucune connaissance des règles de l'art. A ces jugements iniques le jeune Boileau opposa le sien, qui fut celui de la postérité. Dans les stances qu'il adressa à ce sujet à l'auteur des *Précieuses ridicules*, il lui disait :

---

[1] CORNEILLE, *Remerciments au roi*, t. XI, p. 95, édit. de Lefèvre, in-8°.

[2] *Deux dissertations concernant le poëme dramatique, en forme de remarques sur deux tragédies de M. Corneille, intitulées* Sophonisbe *et* Sertorius, *envoyées à madame la duchesse R**** (Richelieu); Paris, l'abbé D'AUBIGNAC, chez Jacques Dubreuil, 1663, petit in-12 de 104 pages. — VISÉ, *Défence* (sic) *du Sertorius de M. Corneille*, dédiée à M. de Guise, 1663, in-12.

Ta muse avec utilité
Dit plaisamment la vérité;
Chacun profite à ton école:
Tout en est beau, tout en est bon,
Et ta plus burlesque parole
Est souvent un docte sermon [1].

Boileau n'avait encore rien publié, et cependant nous voyons, par le libelle de l'abbé d'Aubignac contre Corneille, et par les lettres particulières de Racine, que déjà le suffrage de *monsieur Despréaux* faisait autorité [2]. C'est que déjà il avait composé trois de ses satires; qu'il en avait fait des lectures; et que ses vers précis, nombreux, élégants, abondants en saillies, s'étaient gravés dans la mémoire d'un grand nombre de personnes, et étaient cités avant d'avoir été rendus publics. Molière et Boileau se présentaient à la nouvelle génération, dont ils faisaient partie, pour accomplir une même mission. Leur talent était divers, leurs moyens différents, mais leur but était le même. Tous deux venaient faire une guerre implacable aux vices, aux ridicules et aux travers de la société de leur temps, et voulaient venger la raison et le bon goût, du pédantisme, de l'hypocrisie et du faux bel esprit. Tous deux, sans autre appui que leur génie, se déclaraient avec courage contre les coteries littéraires et les ruelles, qui, à l'imitation de l'hôtel de Rambouillet, avaient la prétention de servir de modèle au beau monde et de régler ses mœurs, ses manières, ses jugements et son langage. Boileau, plus jeune, indépendant, insouciant

---

[1] BOILEAU, *Œuvres*, édition de Berriat Saint-Prix, 1830, in-8°, t. II, p. 436, ou de l'édit. de Saint-Surin, 1821, t. II, p. 523; édit. de Saint-Marc, 1747, p. 417.

[2] RACINE, t. VII, p. 173, édit. de Geoffroy.

des richesses, sans ambition, sans fortune à conserver, sans fortune à faire, sans protecteurs à ménager, sans autre passion que celle des vers, mit dans ses attaques plus d'audace, de brusquerie et de rudesse. Dès son début, il inséra dans ses satires les noms des personnes qu'il voulait livrer à la risée ou au mépris public[1]. Chapelain lui-même, cet oracle de la littérature, dont le grand Corneille ne parlait qu'avec respect, ne fut pas à l'abri des atteintes du jeune et intrépide réformateur du Parnasse. Cependant Chapelain jouissait de la faveur et de la confiance du monarque, et il était pour les gens de lettres le distributeur des grâces du pouvoir. Le jeune Racine, qui, au sortir de la sévère discipline des solitaires de Port-Royal, ne s'était occupé qu'à faire des vers et des dettes, avait obtenu par Chapelain, pour une ode assez médiocre, une gratification du roi de 800 livres. Retiré en province chez un oncle dont il espérait un bénéfice, il étudiait avec dégoût la théologie, et avec délices les poëtes grecs et latins. Il tâchait de se consoler de son exil en entretenant une correspondance avec La Fontaine[2]. Celui-ci, moins inconnu alors que Racine, mais encore peu célèbre, après avoir partagé l'exil d'un de ses parents, ami du surintendant et enveloppé dans sa disgrâce, de retour dans sa ville natale, y cultivait les Muses pour ses amis et pour lui-même, sans prôneurs et sans ennemis. Encouragé, comme il l'avait été par Fouquet, par la plus aimable des nièces de Mazarin, Marianne Mancini, qui venait d'é-

---

[1] BOILEAU, *Satire VII*, édit. 1666, p. 68 et 69; édit. 1667, p. 4, et édit. 1669, p. 9.

[2] RACINE, *Œuvres, lettres* à Vitart, t. VII, p. 107 de l'édit. 1808, in-8°, et t. I, p. 119.

pouser le duc de Bouillon et de Château-Thierry [1], La Fontaine, déjà lié avec Molière, le fut bientôt avec Boileau ; et par lui Racine devint l'ami de tous les trois. Ces quatre hommes, depuis réunis à Paris, surent s'apprécier mutuellement, et opposèrent par leur union une force invincible à leurs antagonistes. Ils répandirent un grand éclat sur ce règne par des chefs-d'œuvre de genres très-différents, mais tous remarquables par le naturel, la grâce, le goût, la vigueur et les richesses d'un style toujours approprié au sujet.

Louis XIV ne crut pas sa tâche accomplie lorsqu'il eut réglé les finances, l'administration intérieure, la force militaire, la politique étrangère ; lorsqu'il eut pourvu à ce qui concernait la religion, la justice, la prospérité des lettres et des arts. A lui, jeune roi, qui voulait dominer non-seulement par son rang, mais par sa volonté propre, sur tant de guerriers, d'hommes d'État, de courtisans habiles et spirituels, qui presque tous l'avaient vu naître ou ne l'avaient vu qu'enfant et adolescent, docile et soumis à sa mère ou au directeur de son éducation ; à lui, dis-je, il importait avant tout de savoir imposer à tous et dans tous les instants. C'est dans ce but qu'il organisa sa cour ; et il le fit de manière à la rendre un modèle pour les autres souverains de l'Europe. A cet égard Louis XIV ne fut en rien redevable aux leçons de Mazarin, il dut son succès à son caractère, à ses inclinations naturelles, qui le portaient vers ce qui avait de la dignité, de l'élévation, de la grandeur, de la magnificence ; et aussi à cet orgueil qu'avait eu soin d'entretenir en lui l'éducation maternelle ; orgueil qui ne ressemblait en rien à celui des autres

---

[1] Loret, liv. XIII, p. 58 (22 avril 1662).

hommes. C'était chez lui un sentiment infus avec la vie, tel seulement qu'il peut en naître un dans le cœur d'un enfant né roi ; sentiment qui a commencé avec lui, grandi avec lui, que l'âge n'a cessé d'accroître et de renforcer en lui ; devenu tellement naturel, que la conscience qu'il lui donnait de sa supériorité le faisait paraître à ceux qui l'approchaient un être supérieur. On s'est étonné que Louis XIV n'oubliât jamais ce qu'il était, et qu'il ne le laissât pas oublier aux autres, même dans la familiarité la plus intime, même dans le sein des plaisirs et dans le tumulte de la joie : c'est que, lors même qu'il l'eût voulu, cela lui eût été impossible : il eût fallu pour cela qu'il se dépouillât de son individualité.

Depuis que les progrès du commerce et de l'industrie ont réparti plus également les richesses ; qu'elles ne sont plus exclusivement l'apanage du rang et de la naissance, depuis que l'instruction est plus généralement répandue ; que le grand nombre de journaux et que la multiplicité des livres ont rendu tous les genres de connaissances accessibles à tous ; que les communications entre les différents États sont devenues plus promptes et plus faciles ; et que, par toutes ces causes, il s'est créé dans les masses, en dehors des souverains, une force qui leur est étrangère, les gouvernements se trouvent dans l'obligation de diriger cette force ou de la comprimer : sans quoi elle les entrave dans leurs fonctions, et les désordres qui s'introduisent dans les mouvements sociaux brisent bientôt le sceptre et l'épée de celui qui se montre impuissant à les diriger et à les régler. Partout, depuis que le système des emprunts et du crédit public a placé les gouvernements sous l'influence et presque sous la dépendance de cette force, une cour splendide, richement rétribuée, affaiblit plutôt qu'elle n'affermit le monarque ; c'est de lui qu'elle reçoit tout, et elle ne lui donne rien. Ce n'est point par elle qu'elle agit sur le peuple ; elle l'en sépare.

Mais il n'en était pas ainsi lorsqu'il existait encore des princes, des grands, qui, propriétaires d'immenses domaines, étaient revêtus de droits et de priviléges attachés à leurs possessions, à leurs titres, sources de puissance réelle. Sans doute les progrès successifs de l'autorité royale avaient fort réduit ces droits, ces priviléges ; mais ils ne les avaient pas anéantis. Alors une cour avec son cérémonial, son étiquette, les devoirs qu'elle imposait, ralliait tous ces hommes à la personne du monarque : elle les plaçait sous sa dépendance et sans cesse sous ses yeux ; elle donnait les moyens de s'en faire craindre, et, ce qui était mieux, de s'en faire aimer. Une cour n'était pas alors une cause de dépenses inutiles, une vaniteuse et nuisible superfétation de la dignité royale : c'était un moyen de gouvernement, un des ressorts les plus puissants du pouvoir.

Louis XIV le comprit ; et en cela, comme dans tout le reste, il ne forma pas dès l'abord de combinaisons profondes, de plan prémédité de despotisme, comme l'a cru un écrivain ingénieux, mais systématique. De même que tous les véritables hommes d'État, il discerna les nécessités de sa position, et sut y pourvoir. C'est en cela que consiste le grand art de régner. Prétendre fonder des constitutions ou agir d'une manière efficace sur les destinées d'un peuple avec une autorité incertaine ou flottante, c'est entreprendre d'élever un édifice lorsqu'un tremblement de terre secoue le sol sur lequel on veut construire.

Les résultats prouvèrent combien Louis XIV eut raison de mettre une grande importance à rassembler autour de lui une cour nombreuse et splendide. Tout ce qui faisait la gloire et la richesse de l'État s'y centralisa; là se trouva réuni tout ce qu'il y avait de plus illustre dans la religion, les armes et la magistrature. Ce ne fut qu'en se mettant sous l'égide du monarque et de ses courtisans que les gens de lettres, cessant d'appartenir à des coteries puissantes, purent trouver quelque indépendance [1]. Ainsi Molière, en frondant des gens de cour dans sa comédie des *Fâcheux*, a grand soin de faire un pompeux éloge de la cour ; et il renouvelle cet éloge dans ses autres pièces, toutes les fois qu'il en trouve l'occasion [2]. Boileau fut recherché, dès son début, par des hommes du plus haut rang, qui aimaient à lui entendre réciter ses satires ; tous faisaient partie de la cour, et jouissaient d'une grande faveur auprès du monarque : il n'en fallut pas davantage pour que le poëte qui s'était proposé pour modèle le virulent Juvénal se rapprochât de la manière d'Horace, et retranchât, lorsqu'il la fit imprimer, les vers les plus énergiques de sa première satire [3]. Par une complaisance de courtisan, il adoucit la teinte trop sombre de ses tableaux, et se prit à diriger, de préférence, ses attaques contre le mauvais goût en littérature, plutôt que contre les mauvaises inclinations et les mauvaises mœurs. S'il attaqua quelquefois celles-ci, ce fut avec ménagement, et en

---

[1] LORET, liv. XI, p. 59, liv. XIII, p. 69, 130, 154, 199; 13 mars, 26 août, 7 octobre 1662, 17 avril 1660.

[2] MOLIÈRE, *Critique de l'École des Femmes*, scène IV (VI par faute d'impression), p. 85 de la première édition, 1663, et aussi dans les *Femmes savantes*, acte IV, scène III.

[3] Voyez *Satires de B****, édit. de 1666, p. 4 et 5.

évitant de lancer ces traits acérés qui auraient pu atteindre les puissants de la cour. Il fit la satire des ridicules de son siècle, et en épargna les vices. Les peintures trop fidèles et trop vives de ceux-ci eussent offensé le monarque, et démenti une partie des éloges que sa muse se plaisait à lui prodiguer.

Louis XIV trouva dans la réserve que s'était imposée Mazarin de ne nommer aucun chevalier des Ordres, un moyen de donner à sa cour un grand éclat. Il put, sans violer les statuts, faire en une seule fois une promotion de soixante et dix cordons bleus. Tout ce qu'il y avait de plus considérable et de plus respectable en France par le rang et l'influence, l'âge et les services, se trouva donc redevable au jeune monarque de la plus grande et de la plus enviée des distinctions honorifiques. A ce sujet, Louis XIV eut pour le prince de Condé une déférence qui flatta beaucoup le héros : il lui accorda le pouvoir de nommer, par désignation, un chevalier des Ordres [1]. Le choix de Condé tomba sur le comte de Guitaut, son premier gentil-homme, ami de madame de Sévigné et son voisin en Bourgogne, puisqu'il était, par sa femme, possesseur de la seigneurie d'Époisses, dont Bourbilly relevait comme fief. Cette préférence de Condé pour Guitaut mit en fureur un autre des zélés partisans et des serviteurs les plus courageux du prince, le comte de Coligny, qui l'abandonna depuis lors et resta brouillé avec lui. Coligny a exhalé sa haine en traçant de Condé, sur les marges d'un Psautier, un portrait hideux du héros, qui contient les révélations les plus singulières. Cette virulente diatribe,

---

[1] DESORMEAUX, *Histoire de Louis II, prince de Condé*, t. IV, p. 197, édit. in-12 ; *Histoire de France en estampes*, in-folio, année 1662, t. XXVIII (Bibliothèque royale).

évidemment calomnieuse sur plusieurs points, a été décorée par plusieurs auteurs du titre de *Mémoires de Jean de Coligny*, et imprimée dans un recueil où on ne s'attendrait pas à la trouver [1].

Louis XIV, non encore entièrement satisfait des honneurs qu'il avait répandus autour de lui par cette grande promotion des chevaliers des Ordres, imagina une nouvelle distinction tenant entièrement à sa personne, qu'il pouvait donner ou retirer à volonté; pour laquelle il n'était astreint à aucune règle, et qui, uniquement de mise à la cour, ne fût point un indice des services rendus à l'État, mais une marque de la bienveillance particulière du monarque et de sa faveur spéciale. Il donna, par brevet, la permission de se parer de justaucorps bleus absolument pareils à ceux qu'il portait lui-même. Ceux qui obtinrent de ces brevets contractaient l'obligation de se montrer assidus auprès de sa personne, et avaient seuls la permission de l'accompagner dans ses chasses et dans ses promenades à la campagne. Le grand Condé et les plus illustres guerriers sollicitèrent cette frivole faveur, et se montrèrent jaloux de porter cette livrée de courtisan [2].

Les fêtes qui eurent lieu se ressentirent de la nouvelle splendeur de la cour. Louis XIV s'en occupait avec autant d'ardeur que s'il n'avait pas eu d'autres soins [3]. Il se

---

[1] *Mémoires de Jean de Coligny*, dans MUSSET-PATHAY, *Contes historiques*, 1826, in-8°, p. 234 et 237. — *Lettres* de SÉVIGNÉ, édit. de Monmerqué, t. I, p. 120, note *a*; t. II, p. 18, à la note de la *lettre* du 25 octobre 1673. — Depuis les Mémoires complets de Coligny ont été imprimés.

[2] BUSSY, *Mém.*, t. II, p. 191. — LOUIS XIV, *Œuvres*, Paris, 1806, t. VI, p. 375. (Modèle du brevet de justaucorps bleu accordé à Condé.)

[3] LORET, *Muse historique*, liv. XIII, p. 2, 15, 18, 21, 23, 199, *lettres* en date des 7 et 28 janvier, 11, 14 février, 24 décembre 1662.

montrait ambitieux de suffire à tout, de régler tout par lui-même. Ainsi qu'autrefois Clovis, qui, au milieu de l'embarras de ses conquêtes, avait écrit à Théodoric pour qu'il lui envoyât des musiciens italiens, Louis XIV, dans le même temps que les affaires de ses ambassadeurs l'obligeaient à multiplier les dépêches diplomatiques, écrivait au duc de Parme pour le prier de lui procurer un bon Arlequin, et au duc de Toscane, pour lui recommander de ne pas permettre qu'un virtuose qui se rendait en Italie excédât le congé qui lui avait été donné [1]. Louis aimait encore, comme par le passé, à paraître dans les ballets qu'il faisait composer ; il figura dans celui qu'on donna cette année sous le titre d'*Hercule amoureux*. Le machiniste s'y surpassa par la magnificence des décorations ; Benserade, par les louanges ingénieuses données au roi, et par la finesse des allusions aux jeunes seigneurs, et à toutes les beautés de la cour qui chantaient, jouaient et dansaient avec le roi [2].

Puis vint ce célèbre carrousel qui a fait changer le nom de cette grande place des Tuileries où il fut exécuté. La reine était le prétexte de toute cette pompe vraiment étonnante ; mais la belle La Vallière en était le motif secret. La reine semblait être celle à laquelle s'adressaient tous les hommages ; La Vallière était la divinité invisible et cachée de celui qui avait tout ordonné : vers celle-ci se reportaient souvent les regards du souverain, comme pour l'assurer que c'était l'amour qu'elle inspirait, que c'était l'admiration de ses charmes qui mettait en mou-

---

[1] Louis xiv, *Œuvres*, t. II, p. 25, *Vies de plusieurs Personnages célèbres*, t. I, p. 158, article *Clovis*.

[2] Loret, liv. XIII, p. 29, 32, 59. — Benserade, t. II, p. 254-280.

vement ces héros si magnifiquement parés, ces superbes coursiers, et cette foule immense rassemblée pour jouir du plus magnifique spectacle qu'on eût encore contemplé : car ce n'était point cette fois une fête pour la cour, c'était une fête pour la capitale, pour la France, pour l'Europe. Par le grand nombre des étrangers qu'elle attira dans Paris, le fisc recueillit des sommes plus fortes que celles que le trésor avait dépensées pour en faire les apprêts ; ce qui ne doit point étonner. Les frais les plus considérables ne furent pas à la charge de l'État, mais tombèrent principalement sur les princes et les grands seigneurs qui y figurèrent, et qui cherchèrent à se surpasser mutuellement par la richesse de leurs costumes, l'éclat de leurs armes et la beauté de leurs coursiers. Tous firent à cette occasion[1] des dépenses considérables ; et plusieurs, pour y subvenir, furent obligés de s'endetter. Ce fut un avantage pour le roi, qui voyait ainsi cette noblesse naguère si fière, si turbulente, se placer d'elle-même, de plus en plus, sous sa dépendance, par une folle vanité et par des prodigalités que lui-même lui suggérait.

Cependant Louis XIV ne cessait de tenir toujours hautes et fermes les rênes de son vaste gouvernement. Il se montrait vigilant, prompt et décisif pour les grandes affaires, laborieux et infatigable dans les détails. On avait renoncé à le conduire, en lui inspirant le goût de l'indolence et de l'oisiveté, qu'on regardait comme inhérent au titre de roi ; mais l'ambition crut pouvoir mettre à profit, pour ses

---

[1] *Description du carrousel* en 1667, in-folio, 1670, format atlas, orné de figures. — LORET, liv. XIII, p. 67 et 85, 6 mai, 10 juin 1662. — MONTPENSIER, t. XLIII, p. 42.

desseins et ses intérêts particuliers, le penchant immodéré pour les femmes qui se manifestait dans Louis avec plus de violence encore que dans son aïeul Henri IV, parce qu'il était monté plus jeune sur le trône. Les licences qu'il se permettait dans ce genre, il ne pouvait prétendre à les réprimer dans les jeunes courtisans qui l'entouraient; et l'on vit toute la cour, à l'imitation du monarque, remplie d'intrigues amoureuses. Le détail de celles qui eurent lieu cette année remplirait un volume, en retranchant les additions romanesques ou niaises dont on les a surchargées. Il suffira, pour notre but, de rappeler ici celles qui peuvent servir à éclairer la correspondance de madame de Sévigné, et à faire connaître les personnages avec lesquels elle fut liée.

La comtesse de Soissons (Olympe Mancini) avait en vain cherché à rallumer dans le cœur du roi une passion depuis longtemps éteinte; mais par son esprit, par cette liberté de paroles qu'on ne peut refuser à une ancienne intimité, par l'effet de l'habitude et des souvenirs, Louis XIV se plaisait dans sa société [1], et il allait souvent la voir : elle ne désespéra pas de reprendre sur lui assez de son ancienne influence pour satisfaire son orgueil et de faire réussir ses ambitieux projets. Profondément corrompue, elle se rendit la confidente de ses amours et l'entremetteuse de ses plaisirs. Elle l'encourageait dans ses goûts de volupté; et ses conseils flatteurs avaient d'autant plus de succès sur son esprit, qu'il pensait que si la politique et le bien de ses sujets avaient exigé qu'il se fît violence et qu'il sacrifiât les sentiments

---

[1] LA FAYETTE, *Hist. d'Henriette d'Angleterre*, t. LXIV, p. 381. — MOTTEVILLE, *Mém.*, t. XL, p. 173.

les plus chers à son cœur, il avait aussi, par là, acquis le droit de se livrer aux inclinations plus ou moins durables qui pouvaient le distraire des soucis de la royauté [1]. La comtesse de Soissons favorisa les visites nocturnes du roi à l'appartement des filles d'honneur de la reine, où Louis XIV allait s'entretenir tête à tête avec l'une d'elles, la belle La Mothe-Houdancourt. La comtesse de Soissons haïssait La Vallière, uniquement parce que celle-ci aimait trop sincèrement le roi pour le tromper, et qu'elle avait pour se prêter à des intrigues trop de simplicité et de vertu. Tout sentiment pur et désintéressé est vertueux, quoique, par la faiblesse de notre nature, il puisse nous conduire à des actions que condamne la morale et que les lois sociales réprouvent. Louis XIV parut assez captivé par les charmes de sa nouvelle maîtresse, pour que la sensible La Vallière essayât d'aller ensevelir pour toujours dans le couvent des Filles-Sainte-Marie de Chaillot sa douleur et son amour. Sa fuite réveilla toute la passion que le roi avait pour elle. Il alla lui-même se faire ouvrir les portes de la sainte retraite qu'elle avait choisie, et l'arracha, tout éplorée, à son repentir et à son Dieu [2].

La comtesse de Soissons n'ayant pu réussir à se délivrer de La Vallière par l'inconstance du roi, chercha à exciter contre elle le ressentiment de la reine, et, par ce moyen, à la faire expulser des Tuileries. Elle crut y parvenir en faisant remettre à Marie-Thérèse une fausse

---

[1] MOTTEVILLE, *Mém.*, t. XL, p. 70.

[2] LA FAYETTE, *Hist. d'Henriette d'Angleterre*, t. LXIV, p. 412-415. — CONRART, *Mém.*, t. XLVIII, p. 282. — MOTTEVILLE, t. XL, p. 170 et 179. — MONTPENSIER, *Mém.*, t. XLIII, p. 23, 43, 44. — Voy. ci-après la IIIe partie, chap. xii, p. 209.

lettre de son père, le roi d'Espagne. L'écriture de cette lettre avait été habilement imitée; le style et les expressions, en langue espagnole, étaient conformes à ce qui émanait ordinairement de la plume de ce roi. Mais cette noire trame, ourdie par des moyens si coupables, auxquels se mêlèrent les intrigues de MADAME et de son amant, le comte de Guiche, celles de Marsillac, de Vardes, de la duchesse de Châtillon et du chevalier de Gramont, n'aboutit qu'à rendre Louis XIV plus amoureux de La Vallière; qu'à faire expulser de la cour la comtesse de Soissons, le comte de Guiche, le chevalier de Gramont[1]; et à faire renfermer dans un couvent mademoiselle de Montalais, une des filles d'honneur de MADAME, qui, amie de La Vallière, avait abusé de sa confiance, et s'était rendue la confidente et l'agent le plus actif de toutes ces perfidies[2].

Tous ces événements eurent lieu pendant cette année (1662); mais ils eurent des suites qui produisirent quelque temps après la disgrâce de la duchesse de Navailles et de son mari, victimes de la calomnie et de leur attachement à ce que le devoir et l'honneur leur prescrivaient[3]. Puis l'on vit plus tard le long exil du marquis de Vardes, le plus coupable de tous, dont les fourberies furent enfin démasquées; et aussi le renvoi définitif du

---

[1] MONTPENSIER, *Mém.*, t. XLIII, p. 43, 44. — MOTTEVILLE, t. XL, p. 174, 175. — LOUIS XIV, *Œuvres*, t. V, p. 160. — LA FAYETTE, *Hist. d'Henriette d'Angleterre*, t. LXIV, p. 407. — HAMILTON, *Mém. de Gramont*, t. I, p. 103, édit. de ses *Œuvres* par Renouard, 1812, in-8°.

[2] LA FAYETTE, *Hist. d'Henriette d'Angleterre*, t. LXIV, p. 407, 408, 422, 423, 424. — LOUIS XIV, *Œuvres*, t. V, p. 90, *lettre* en date du 22 août. — CONRART, *Mém.*, t. XLVIII, p. 280.

[3] Voyez ci-après, IIIe partie, chap. XII, p. 197.

comte de Guiche, ainsi que beaucoup d'autres révolutions de cour, produites par la même cause.

Corbinelli, que nous avons déjà fait connaître comme ami intime de madame de Sévigné, l'était aussi de mademoiselle de Montalais. Celle-ci avait déposé toutes les lettres qui lui avaient été personnellement adressées entre les mains de son amant Malicorne et de Corbinelli. Dans le nombre de ces lettres étaient celles que le comte de Guiche, amant de MADAME, lui avait écrites. Malicorne et Corbinelli, voyant avec peine mademoiselle de Montalais oubliée dans sa captivité par les personnages puissants qu'elle avait servis, voulurent les forcer à s'occuper de ses intérêts et à employer leur crédit et leur influence pour lui faire recouvrer sa liberté. Ils y parvinrent en profitant de l'important dépôt dont ils étaient nantis. La mère du comte de la Fayette, supérieure du couvent de Chaillot, cette ancienne fille d'honneur d'Anne d'Autriche, qui avait été l'objet des froides et pudiques amours de Louis XIII, intervint dans cette affaire. Le maréchal duc de Gramont, père du comte de Guiche, le courtisan le plus délié et le plus recherché à la cour, s'y employa d'une manière active; et de Vardes, amoureux aussi de MADAME, fit tous ses efforts pour que Corbinelli lui remît les lettres du comte de Guiche, dont il était dépositaire[1]. L'étroite liaison que Corbinelli contracta à cette époque avec le marquis de Vardes fut un des principaux obstacles qui s'opposèrent par suite à sa fortune[2].

Il ne nous reste malheureusement aucune lettre de

---

[1] LA FAYETTE, *Histoire d'Henriette*, t. LXIV, p. 427.—LOUIS XIV, *Œuvres*, t. V, p. 103 (*lettre* du 20 décembre 1662). — Maréchal DE GRAMONT, *Mém.*, t. LVII, p. 93.

[2] CONRART, *Mém.*, t. XLVIII, p. 283.

madame de Sévigné pendant toute la durée de cette année, si pleine d'événements qui devaient l'intéresser vivement. Nous n'avons pu découvrir aucune pièce, aucun document qui se rattache à elle, et qui nous apprenne d'une manière certaine où elle séjournait en 1662, si ce fut à Bourbilly, aux Rochers, ou dans son hôtel à Paris. Mais tout fait présumer qu'elle ne quitta pas la capitale pendant la durée des fêtes; qu'elle assista au carrousel, à la représentation des ballets royaux; et que si elle alla visiter une de ses terres pendant la belle saison, elle connut en partie tout ce qui agitait en secret la cour, par la correspondance qu'elle entretenait alors avec son amie la plus intime, madame de La Fayette. Celle-ci avait formé avec le duc de La Rochefoucauld une union si constante que la mort seule put la dissoudre. Madame de La Fayette était très-avant dans la faveur de MADAME, dont elle a écrit la vie; et elle la suivait partout, quoiqu'elle n'eût aucune charge dans sa maison. Elle connut peut-être mieux, et plus promptement que tout autre, les intrigues compliquées dont les sombres allées, les voûtes de verdure et les ruelles de Fontainebleau, de Saint-Germain, de Versailles, de Saint-Cloud, furent successivement le théâtre. Longtemps après, les récits plus ou moins véridiques qu'on a faits les ont rendues publiques; mais alors c'étaient encore des mystères que des voiles impénétrables dérobaient aux regards curieux ou intéressés des courtisans[1].

Un des motifs qui doivent faire croire que madame de Sévigné séjourna à Paris dans cette année 1662, et qu'elle s'y trouvait du moins encore au milieu d'avril,

---

[1] LORET, liv. XIII, p. 69, 100-170, 13 mai, 1er juillet, 4 nov. 1662. — MOTTEVILLE, t. XL, p. 177. — LA FAYETTE, Mém., t. LXIV, p. 395.

c'est qu'alors on célébra dans l'église des Filles de Sainte-Marie la béatification de François de Sales ; et, par la liaison qui avait existé entre ce saint évêque et la pieuse Chantal [1], cette cérémonie était en quelque sorte une fête de famille pour madame de Sévigné. Plusieurs de ses lettres nous démontrent combien elle avait d'attachement pour les filles de Sainte-Marie, combien elle aimait à aller les visiter dans leurs couvents. Il est probable que ce fut à elles qu'elle confia pendant quelque temps l'éducation de sa fille chérie, dont elle eût, dit-elle, la barbarie de se séparer. Elle la mit au couvent un peu avant l'époque dont nous traitons, probablement pour mieux la préparer à l'accomplissement du plus grand des devoirs religieux [2].

Ce qui confirme toutes nos conjectures relativement au séjour de madame de Sévigné dans la capitale pendant la plus grande partie de cette année, ou peut-être pendant toute cette année, c'est qu'elle paraît avoir été occupée à instruire sa fille pour la produire dans le monde. Nous apprenons par des vers de Saint-Pavin adressés à mademoiselle Marguerite-Françoise de Sévigné, à l'époque où elle devait être âgée de quatorze ans, que la jeune Manon, comme on avait coutume de l'appeler, s'offensait déjà qu'on lui donnât ce nom ; qu'elle commençait à faire le charme de la société de sa mère, où on ne l'appelait que la belle Madelonne ; qu'abandonnant les oiseaux et les poupées, elle avait pris goût au jeu de reversi [3]. Ce fut

---

[1] LORET, *Muse historique*, liv. XIII, p. 62 (16 avril 1662).

[2] SÉVIGNÉ, *Lettres* (6 mai 1676), t. IV, p. 422, édit. de G. de S. G., t. IV, p. 281, édit. M.

[3] SAINT-SURIN, *Notice sur Sévigné*, et *Lettres de Saint-Pavin à madame de Sévigné*, t. I, p. 84, et p. VII et VIII des *Pièces préliminaires*, dans l'édit. de Monmerqué des *Lettres* de SÉVIGNÉ.

pendant l'hiver qui termina cette année et qui commença l'année 1663 que madame de Sévigné présenta[1] pour la première fois sa fille à la cour, où nous la verrons figurer dans les ballets royaux. A cette époque, madame de Sévigné n'avait point de motif pour rechercher la solitude ; elle se trouvait portée par sa position, comme elle l'était par ses inclinations, à se répandre dans le monde. Nous avons des preuves qu'on s'y occupait beaucoup d'elle. Quoique Corbinelli fût, à Paris, membre d'une académie italienne, qu'il avait contribué à former[2], cependant nous apprenons par le *Grand Dictionnaire des Précieuses*, publié alors, que Corbinelli devait la plus grande partie de sa célébrité à un portrait de madame de Sévigné qu'on disait avoir été écrit par lui, et aussi à l'avantage qu'il avait d'être compté au nombre des amis de notre belle veuve. De Somaize, dans son dictionnaire, n'a pas manqué de donner un article sur madame de Sévigné, qu'il désigne sous le nom de *Sophronie* ; et un autre plus court sur Corbinelli, qu'il nomme *Corbulon*[3]. Nous citerons ces deux articles, qui, quoique d'un médiocre écrivain, acquièrent cependant de l'importance par la date de leur publication. La plus simple esquisse, tracée d'après nature, vaut mieux, pour la ressemblance, que la peinture la plus savamment élaborée loin de l'objet qu'on a voulu représenter, ou longtemps après qu'il a disparu.

---

[1] Sévigné, *Lettres*, édit. de 1734, p. xix de la préface du chevalier Perrin, ou t. I, p. xxvi de l'édit. de 1754.

[2] Loret, lib. VIII, p. 148 (*lettre* du 29 avril 1657).

[3] De Somaize, *Grand Dictionnaire des Précieuses*, 1661, in-12, t. II, p. 150. — La Clef, p. 15, Sophronie, *madame la marquise de Seuigny.*

« Sophronie (la marquise de Sévigné).

« Sophronie est une veuve de qualité ; le mérite de cette précieuse est égal à sa naissance ; son esprit est vif et enjoué, et elle est plus propre à la joie qu'au chagrin. Cependant il est aisé de juger par sa conduite que la joie chez elle ne produit pas l'amour ; car elle n'en a que pour celles de son sexe, et se contente de donner son estime aux hommes ; encore ne la donne-t-elle pas aisément. Elle a une promptitude d'esprit la plus grande du monde à connaître les choses et à en juger. Elle est blonde, et a une blancheur qui répond admirablement à la beauté de ses cheveux. Les traits de son visage sont déliés, son teint est uni ; et tout cela ensemble compose une des plus agréables femmes d'Athènes [Paris]. Mais si son visage attire les regards, son esprit charme les oreilles, et engage tous ceux qui l'entendent ou lisent ce qu'elle écrit. Les plus habiles font vanité d'avoir son approbation. Ménandre [Ménage] a chanté dans ses vers les louanges de cette illustre personne. Cresante [Chapelain] est un de ceux qui la visitent le plus souvent. Elle aime la musique et hait mortellement la satire. Elle loge au quartier de Léolie [le Marais du Temple]. »

Corbulon (Corbinelli)[1].

« Corbulon est illustre dans l'empire des précieuses, pour avoir fait le portrait de Sophronie, où il a parfaitement réussi, et pour être de plus son lecteur. Il est natif de l'Étrurie, et fort noble ; il a l'esprit fin et beaucoup de douceur. Il aime fort la musique, et loge au quartier de Léolie [le Marais du Temple]. »

[1] De Somaize, le *Grand Dictionnaire des Précieuses*, 1661, in-12, t. I, p. 93.

CHAPITRE XXI.

1663 — 1666.

Réflexions sur les sentiments maternels. — Amour de madame de Sévigné pour ses enfants, et particulièrement pour sa fille. — Constance et durée de son affection pour elle. — Comment on doit désormais la considérer et la juger. — La tendresse de madame de Sévigné pour sa fille nous a valu ses Lettres. — Elles sont des mémoires curieux du siècle de Louis XIV. — Chaque année ajoute à la splendeur de ce règne. — Louis XIV envoie de puissants secours à l'empereur d'Allemagne. — Soins que Louis XIV se donnait pour maintenir la discipline, pour régler l'intérieur. — Circulaire envoyée par ses ordres aux intendants. — Travaux entrepris au Louvre et à Versailles. — Jonction des deux mers par un canal. — Encouragements donnés aux génies qui surgissent à cette époque. — Boileau fait paraître son *Discours au roi* et ses premières *Satires*. — La Fontaine, ses *Contes*. — Molière fait jouer les trois premiers actes de son *Tartufe*. — De Molière et de Lulli. — De Boileau, de La Fontaine et de Racine. — Les fêtes de Louis XIV étaient données pour mademoiselle de La Vallière. — Sa liaison avec le roi devient publique. — La reine mère voulut en vain s'y opposer. — Elle tombe malade. — Soins de Louis XIV pour sa mère. — Témoignage que lui rend madame de Motteville. — Louis XIV exige que les dames de la cour suivent mademoiselle de La Vallière.

Les sentiments énergiques et durables se rencontrent rarement : des désirs modérés, des volontés faibles ou changeantes, sont le partage du plus grand nombre. C'est là un des bienfaits de la nature. Si une vive et forte sensibilité, quand elle est satisfaite, exalte l'âme jusqu'au plus haut degré de félicité auquel l'humanité puisse parvenir, elle la plonge aussi dans le plus profond abîme de douleur et d'amertume quand elle est dépouillée de ses illusions ou déchue de ses espérances. Cependant comment se fait-il que le vulgaire se complaise dans la peinture des passions les plus délirantes, qu'il n'éprouva jamais, qu'il n'est pas même susceptible d'éprouver? C'est que ces passions, qui ne sont toujours au fond que l'amour ou l'ambition différemment modifiés, se rattachent aux plus impérieux besoins de notre nature, à nos penchants les plus universels, les plus irrésistibles; à cette sympathie qui entraîne les deux sexes l'un vers l'autre, ou à cette aversion pour toute contrainte, à ce désir de domination, à cette avidité pour les richesses, à ces jouissances du luxe, à ces émotions de haine, à ces désirs de vengeance, à ces mouvements d'orgueil et de vanité, que tous conçoivent parce que tous les ont éprouvés ou les éprouvent plus ou moins fortement. Mais, par la même raison, les passions qui sont les résultats de circonstances moins générales, ou qui naissent de notre organisation ou des facultés qui nous sont particulières, rencontrent moins de sympathie, ou n'en rencontrent point du tout; et dans ce dernier cas ceux qui en sont les témoins, ne pouvant les concevoir, en rejettent l'existence, et considèrent comme de simples apparences, ou comme des émotions factices, tout ce qui émane de sentiments étrangers à leur nature, et selon eux à toute nature humaine. Cependant il est de violents penchants dont personne ne conteste la réalité, quoiqu'il n'y ait qu'une certaine classe d'individus qui soient appelés à les partager. La nature nous en fournit des exemples journaliers, et qu'il nous est impossible de méconnaître sans cesser d'obéir à cette loi de notre raison qui veut que des effets toujours semblables nous paraissent produits par des causes semblables. L'amour maternel est dans le genre de ces passions exceptionnelles que tout le monde conçoit, sans qu'on se sente capable de les éprouver. Par une sage disposition de la Providence, cette passion n'a jamais plus de force chez les femmes que lorsque leurs enfants, en bas âge, réclament plus de soins, plus de vigilance, une protection plus constante. Aussi toutes les faiblesses, toutes les douleurs, toutes les anxiétés d'une mère pour son jeune enfant, émeuvent les personnes même qui ne sont pas destinées à éprouver le sentiment qui les fait naître; des expériences journalières leur ont démontré la présence de ce sentiment dans le cœur de toutes les mères, et cette conviction leur suffit pour sympathiser avec toutes celles qui l'éprouvent. L'affection qui unit une mère à son enfant devenu grand, qui la surpasse par les forces du corps ou de l'intelligence, qui n'a plus besoin de ses soins, qui a pris son essor, a formé d'autres liens, qui n'est plus identifié avec elle par ses désirs et son amour, se conçoit bien encore comme un sentiment tendre, calme, réglé par la raison et avoué par elle, mais nullement comme une passion, parce qu'habituellement la tendresse maternelle n'a point alors cette force entraînante, irrésistible, qui caractérise la passion. Cependant il peut arriver que cet instinct, que ce besoin qui unit d'une manière si intime une mère à l'innocence au berceau, s'accroisse encore par les charmes attirants de l'adolescence, par l'éclatante beauté de la jeunesse, par les talents brillants, les qualités aimables et les hautes vertus d'un âge plus avancé; qu'ainsi l'amour maternel, au lieu de diminuer avec le temps, ne fasse que s'augmenter et se développer avec une chaleur et une énergie toujours croissantes; et qu'enfin dans le cœur d'une mère exempte de tout autre attachement il prenne le caractère d'une de ces passions ardentes qui absorbent une vie tout entière. Mais comme une telle passion doit être aussi rare que la réunion des circonstances qui peuvent la faire naître, comme elle contredit l'expérience journalière, elle ne sera pas toujours comprise, et trouvera beaucoup d'incrédules.

Tel a été le sort de madame de Sévigné. Toutes les affections, toute la sensibilité de cette âme aimante s'étaient concentrées sur ses enfants, et plus particulièrement sur sa fille. L'admiration qui se joignait à la tendresse qu'elle avait pour elle lui faisait toujours croire qu'elle ne pouvait jamais la chérir et la louer assez, et toujours craindre de n'en être pas assez aimée. Il est difficile que l'expression si souvent répétée d'un sentiment qui par sa force et sa durée est une sorte de phénomène ne fatigue pas promptement; aussi a-t-on reproché aux lettres de madame de Sévigné ces éloges continuels donnés à sa fille, ces regrets sans cesse renouvelés, et ces répétitions fréquentes sur la douleur qu'elle éprouve d'en être séparée. On a cru qu'il y avait chez elle à cet égard défaut de sincérité, ou tout au moins exagération; et il devait en être ainsi, d'après les raisons que nous venons d'exposer.

Par les réflexions qui précèdent, je ne prétends pas que l'on doive se plaire à la lecture de toutes les lettres où madame de Sévigné a répandu avec tant de profusion, et sous des formes toujours variées, ses vives émotions; qu'on doive trouver les expressions de sa tendresse aussi naturelles que si elles étaient celles d'un amant à sa maîtresse, quoique cependant elles soient aussi tendres, aussi passionnées, quoiqu'elles soient les indices d'un sentiment aussi vrai et plus durable : j'ai voulu seulement avertir mes lecteurs que, parvenu à l'époque où madame de Sévigné a présenté sa fille dans le monde, c'est en qualité de mère que nous aurons à les entretenir de cette femme célèbre. Ils doivent encore être prévenus que ce n'est point seulement d'une mère tendre, affectionnée, dont il s'agira désormais dans cet ouvrage, mais d'une mère dont le cœur était frappé d'une véritable passion, et que cette passion ne différait de celle à laquelle on a donné trop exclusivement le nom d'amour, qu'en ce qu'au lieu de diminuer, comme elle, par l'effet du temps, de l'âge et de l'absence, elle croissait toujours en force par toutes ces causes. Ce n'est point là un éloge que nous voulons faire de madame de Sévigné, c'est simplement un fait que nous voulons signaler : parce qu'il est nécessaire que nos lecteurs le connaissent, pour bien saisir le but déguisé ou avoué, secret ou patent, de toutes ses actions, de toutes ses pensées, pendant les années de sa vie qui nous restent à parcourir. Ce fait fut de bonne heure reconnu par ses contemporains. Le grand Arnauld reprochait à madame de Sévigné qu'elle faisait de sa fille son idole, et il l'avait surnommée la jolie païenne. Au reste, pardonnons-lui ce besoin qu'elle éprouvait de s'occuper toujours de celle qu'elle chérissait, de lui écrire sans cesse lorsqu'elle en était séparée, de chercher à lui plaire, à la distraire, à l'intéresser par des traits d'esprit, d'imagination, des réflexions sérieuses, des nouvelles plaisantes ; pardonnons-lui ses écarts, ses redites, ses divagations, ses faiblesses, ces susceptibilités d'un cœur trop sensible, et les désirs insatiables de cette amitié goulue, comme dit Molière[1] ; pardonnons-lui tout cela, puisque c'est à cela que nous devons les mémoires les plus amusants, les mieux

---

[1] MOLIÈRE, *École des Femmes*, acte II, scène III, p. 24 de l'édition de 1663 ; t. III, p. 26 de l'édition d'Auger.

écrits, les particularités les plus curieuses de l'histoire du règne de Louis XIV.

De ce règne chaque année accroissait l'éclat. La France était en paix avec toute l'Europe; mais le jeune roi avait envoyé un puissant secours à l'empereur d'Allemagne contre les Turcs. Les nombreuses lettres qu'il écrivit à Coligny, auquel il avait confié le commandement de cette petite armée, nous prouvent combien il avait à cœur l'honneur des armes françaises, la bonne discipline des troupes; combien il se donnait de peines et de soins pour récompenser les belles actions. Ces lettres sont des instructions particulières propres à Louis XIV, lettres confidentielles, et indépendantes de celles que ses ministres écrivaient en son nom pour les besoins du service[1]. Il nous reste encore de lui d'autres lettres, écrites alors à La Feuillade, parti pour la même expédition à la tête d'un bon nombre de gentilshommes volontaires, où nous voyons comme ce jeune roi savait surveiller ses généraux[2], et se faire instruire par plus d'une voie de la conduite de chacun. La même sagesse, la même sollicitude se font voir dans les lettres adressées au duc de Beaufort[3] et à Vivonne, relativement à l'expédition de Gigeri en Afrique, et dans celles qu'il écrivit au marquis de Tracy, qui commandait dans les colonies[4]. A cette époque Louis XIV n'employait les

---

[1] Louis XIV, *Œuvres*, t. V; *Lettres*, p. 203-205, 208, 209, 260 (des 7 et 15 août 1664).

[2] Louis XIV, t. V, p. 179-220. — Monglat, *Mém.*, t. LI, p. 131. — Bussy, *Mém.*, t. II, p. 208 et 209, édit. in-12.

[3] Louis XIV, *Œuvres*, t. V, p. 145, 193, 210, 228, 264, 269, 281, 291, 305, 311, 318, 356, 365, 368, 377, 380, 384, 388, 403.

[4] Louis XIV, *Œuvres*, t. V, p. 262. — Loret, liv. XV, p. 63.

forces de la France que pour protéger la civilisation et la chrétienté contre la barbarie du mahométisme, et délivrer les mers de la tyrannie et de la cruauté des pirates[1]. En même temps que par tous ses actes il imprimait au dehors le respect et la crainte[2], tout était par lui au dedans assujetti à des formes régulières, à des améliorations rapides et successives. Il terminait le Louvre et commençait Versailles[3]; il ordonnait que le projet de canal conçu pour la jonction des deux mers fût exécuté[4]; il donnait, par la construction des routes, une nouvelle vie au commerce intérieur; il faisait renaître le commerce maritime, en encourageant l'esprit d'association et en autorisant l'établissement d'une Compagnie des Indes orientales[5]; il enrichissait les artistes en leur confiant d'importants travaux; il acquérait pour son compte la manufacture des Gobelins[6], pour placer ensuite à la tête de cet établissement le peintre Le Brun; et la musique, la danse, l'art du décorateur, étaient naturalisés en France, avec des conditions de perfectionnement toujours croissantes par la fondation de l'Opéra[7]. Lorsqu'il voyageait, le jeune roi avait soin de faire prévenir les autorités de tous les lieux où il devait se rendre, afin qu'elles avertissent les habitants des campagnes et des villes du jour et de l'heure de son passage, et que tous ceux qui auraient à

---

[1] Louis XIV, *Œuvres*, t. V, p. 205-225.

[2] La Fare, *Mémoires*, t. LXV, p. 149. — Monglat, *Mém.*, t. LI, p. 130.

[3] Loret, liv. XIV, p. 58-61 (21 et 28 avril 1664).

[4] *Histoire de la Monarchie Françoise*, 1697, in-12, t. II, p. 236.

[5] Ibid., t. II, p. 226 et 166.

[6] Loret, liv. XIV, p. 124 (en date du 29 juillet 1663).

[7] La Fontaine, *Œuvres*, édit. 1827, t. VI, p. 109, note 1.

former des plaintes ou des demandes pussent les lui présenter en personne¹. En même temps Colbert, par ses ordres, envoyait à tous les intendants du royaume une circulaire qui contenait un système entier et complet d'instruction, pour les recherches à faire sur toutes les branches de l'administration de la France².

Par une rencontre heureuse, des génies d'un ordre supérieur se développaient à la même époque pour célébrer les merveilles du nouveau règne, et en augmenter le nombre par leurs immortels chefs-d'œuvre. Les derniers rayons de la gloire du grand Corneille brillaient encore à l'aurore de celle de Louis XIV; et alors que Racine, encore inconnu, faisait entendre les premiers accents de sa muse harmonieuse³, les premiers vers de Boileau furent publiés dans un recueil, sans l'aveu de leur auteur. Dans le *Discours au Roi*, tous les genres de mérite qui distinguaient le jeune monarque et le recommandaient à l'amour du peuple y étaient dignement célébrés⁴. Le recueil qui contenait ce discours renfermait aussi les premières satires du jeune poëte, où Ménage et Chapelain⁵, ces hautes puissances littéraires, étaient attaqués sans ménagements, et où Molière était exalté et vengé de tous ses critiques.

---

¹ Louis XIV, t. V, p. 204 et 205 (*lettre* à Courtin, datée de Fontainebleau, le 10 août 1664).

² D'Hauterive, *Quelques Conseils à un jeune Voyageur* (16 avril 1826), in-8°.

³ François de Neufchateau, *Esprit du grand Corneille*, p. 434.

⁴ *Suite du Nouveau Recueil de plusieurs pièces diverses et galantes de ce temps*, 1665, p. 82 et 86 (avec la sphère).

⁵ *Nouveau Recueil de plusieurs pièces diverses et galantes de ce temps*, in-12, p. 24, la satire à Molière; p. 56, la satire à La Mothe Le Vayer.

Racine venait de débuter au théâtre par une pièce assez faible, et La Fontaine avait mis en même temps au jour quelques-uns de ses Contes. Les écrits de ces quatre amis, qui se succédèrent rapidement, ne tardèrent pas à opérer une révolution dans le goût du public; et de tous les poëtes (trop prônés d'abord, trop dépréciés depuis) du règne de Richelieu, de la Fronde et de Mazarin, un seul resta debout, ce fut Corneille; semblable à un grand colosse qu'aurait entouré de ruines un tremblement de terre, sans pouvoir ébranler sa masse, et qui devient plus imposant et plus majestueux par les vieux débris couchés sur le sol et par les nouvelles constructions qu'on y a élevées.

Mais Molière était alors le seul des quatre nouveaux poëtes dont la réputation fût faite, dont le mérite fût reconnu [1] et universellement apprécié; le seul qui fût en possession de la faveur du roi. Déjà, dans une de ces fêtes brillantes données à la cour, où il figurait toujours et comme auteur et comme acteur, on avait représenté les trois premiers actes (les seuls qui fussent achevés) de son plus étonnant chef-d'œuvre, le *Tartufe*. Pour Louis XIV, tout divertissement eût été incomplet sans l'esprit de Molière et la musique de Lulli : les sons mélodieux de ce dernier étaient fort bien assortis à ces ballets magnifiques où le jeune monarque aimait à développer ses talents pour la danse; et ils convenaient aux madrigaux, aux allégories ingénieuses et quelquefois graveleuses que composait Benserade; mais le génie de Molière n'avait aucune analogie avec ces brillantes fadaises. Il était difficile de comprendre comment la comédie maligne et moqueuse,

---

[1] Frères PARFAICT, *Hist. du Théâtre françois*, t. IX, p. 304.

avec son franc-parler, ses mordantes saillies, pouvait se mêler à toute cette pompe, à tout ce bruit, à tout ce mouvement, de manière à ne pas former un ensemble qui ne fût pas incohérent. N'importe, il le fallait ; le roi demandait, et Molière se prêtait à tout pour lui plaire ; de là *l'Impromptu de Versailles*, *le Mariage forcé*, *la Princesse d'Élide*[1], compositions irrégulières, indéfinissables, dans lesquelles l'auteur, sachant faire ployer son art aux fantaisies du monarque, écrivait encore des scènes empreintes de naturel et de comique ; et dans les efforts même qu'il faisait pour échapper aux difficultés qu'on lui imposait, mêlant ensemble la prose et les vers, des airs et du dialogue, du récitatif et des danses, des sujets sérieux et des jeux bouffons, il inventait de nouveaux genres de compositions scéniques, qui ont eu depuis leurs théâtres spéciaux, et ont contribué à varier les plaisirs des représentations théâtrales chez la nation qui a toujours montré pour elles le plus de prédilection et a su le mieux les apprécier.

Ce n'était pas le besoin de vaines distractions qui engageait Louis XIV à prodiguer des sommes considérables pour donner des fêtes splendides, à l'époque même où il cherchait, par une sévère économie, à mettre de l'ordre dans ses finances. Mais de même que ses désirs de gloire le portaient à violenter ses habitudes, à se condamner tous les jours à plusieurs heures de travail fastideux, pour être puissant et redouté en Europe ; de même l'amour l'excitait à se montrer généreux et galant, à déployer ses grâces et son adresse dans des exercices de

---

[1] Molière, édit. d'Auger, t. III, p. 386, et t. III, p. 296, édit. d'Aimé Martin.

corps; à se montrer vêtu avec goût et magnificence au milieu de son brillant cortége; à paraître toujours plus grand et plus aimable, pour être toujours plus admiré et plus aimé. Personne n'ignorait, depuis quelque temps, que ces fêtes multipliées, données sous divers prétextes aux reines ou à MADAME, avaient lieu principalement pour mademoiselle de La Vallière, dont la liaison avec le monarque n'était plus un mystère[1]. Divers emblèmes de ces fêtes, les vers qu'on y récitait, les airs qu'on y chantait, faisaient des allusions non déguisées aux inclinations amoureuses du roi, à celle qui en était l'objet, et à toutes les liaisons de même nature qui avaient lieu dans cette cour galante et voluptueuse. Si Benserade se les permettait, c'est qu'il savait que c'était un moyen de plaire au roi, qui, fier et orgueilleux de sa belle maîtresse et de l'amour qu'il lui inspirait[2], croyait qu'il était au-dessous de sa dignité de feindre et de se cacher; qui éprouvait le besoin de faire connaître son bonheur, et d'y faire participer une cour jeune, indulgente et facile.

Anne d'Autriche, ne pouvant empêcher les écarts de son fils, avait voulu l'engager à sauver au moins les apparences. Mais tous ses efforts, et les vertueuses résistances ménagées ou appuyées par elle, ne servirent qu'à irriter le jeune monarque : il signala ses impérieuses volontés par d'éclatantes disgrâces, dans lesquelles Anne d'Autriche parut elle-même enveloppée. Mais alors elle tomba malade; et l'affection que son fils lui portait se

---

[1] BENSERADE, t. II, p. 287. — GUERET, Carte de la Cour, 1663, p. 69.

[2] MOTTEVILLE, Mém., t. XL, p. 141, 212 et 213.

manifesta par des actes touchants, qu'à tort on a cru peu dignes de la majesté de l'histoire. L'histoire, au contraire, ne doit rien laisser en oubli de tout ce qui peut contribuer à nous mieux faire connaître les personnages qui ont exercé une grande influence sur les destinées des hommes et des États.

Tant que Louis XIV put craindre de perdre sa mère, toutes les réjouissances furent suspendues. Les emportements de l'amour ne l'empêchèrent pas de consacrer à cette mère chérie tous les moments que les affaires de son royaume lui laissaient pendant le jour. La nuit, il couchait près d'elle tout habillé, sur un matelas qu'il faisait étendre au pied de son lit. Madame de Motteville, qui veilla seule plusieurs fois auprès d'Anne d'Autriche, vit dormir le roi dans cette situation. Son visage, qui brillait alors de tout l'éclat de la première jeunesse, acquérait, dit-elle, par le sommeil, plus de douceur, sans rien perdre de sa beauté et de sa majesté. Madame de Motteville montre dans tout ce qu'elle a écrit un jugement exquis et un rare discernement ; mais elle avait cependant, comme toutes les femmes de son temps, la mémoire remplie de faits chevaleresques et des aventures amoureuses des héros de l'Arioste, d'Astrée, d'Amadis, des romans de La Calprenède et de mademoiselle de Scudéry. C'étaient les lectures favorites des femmes les plus spirituelles de cette époque. Madame de Motteville, d'un âge déjà mûr, avoue avec naïveté qu'en contemplant le jeune monarque ainsi endormi, oubliant la tristesse et les inquiétudes que lui causait l'état où se trouvait la reine mère, il lui est arrivé quelquefois, dans le silence de la nuit, de s'abandonner aux rêves de son imagination, et que, moitié éveillée moitié assoupie, elle croyait être une jeune princesse qui, après mille courses aventureuses, avait été transportée dans l'épaisseur d'un bois ou sur le rivage de la mer, où un beau guerrier, un héros illustre, accablé par la fatigue et plongé dans un profond sommeil, s'était offert à ses regards [1]. Puis, honteuse de ces folles pensées et de l'impression qu'elle en ressentait, elle se levait de dessus son fauteuil, et se mettait à genoux, priant Dieu avec ferveur pour celui qui les lui avait inspirées. Ce mélange d'émotions sensuelles ou profanes et de sensibilité religieuse caractérise surtout les personnages de ce temps, et se retrouve dans presque tous.

Louis XIV ne se reposait sur personne pour la surveillance des soins dont dépendaient les jours de sa mère. « Il l'assistait, dit madame de Motteville, avec une application incroyable; il aidait à la changer de lit, et la servait mieux et plus adroitement que toutes ses femmes [2]. » Ce témoignage rendu à la piété filiale de Louis XIV est d'autant moins suspect, que madame de Motteville, amie de madame de Navailles, ne jouissait pas de la faveur du roi; il attribuait à ses conseils la sévérité de sa mère à son égard, et il pensa un instant à la séparer d'elle en l'exilant.

Lorsque Anne d'Autriche fut convalescente, Louis XIV lui témoigna son repentir des chagrins qu'il lui avait causés; mais il ne se montra pas plus disposé à en tarir la source. Au contraire, son amour pour La Vallière continuant à prévaloir sur toute autre considération, il déclara que, sous peine d'encourir sa disgrâce, les dames de qualité devaient la suivre. Cette résolution du jeune monar-

---

[1] MOTTEVILLE, *Mémoires*, t. XL, p. 185-186.
[2] Ibid., p. 186.

que remplit pendant quelque temps la cour d'intrigues et de cabales ; les résistances et les complaisances auxquelles elle donna lieu devinrent l'origine de l'abaissement des uns et de l'élévation des autres [1].

[1] Motteville, t. XL, p. 199, 201, 203, 211, 213, 218, 225.

CHAPITRE XXII.

1663 — 1664.

Nouvelles fêtes à la cour. — Mademoiselle de Sévigné y paraît. — Mot du marquis de Tréville en la voyant. — Détails sur ce qui la concerne. — Comparée avec sa mère. — Éloge et reproche que lui adresse La Fontaine. — Elle danse dans le ballet du roi. — Vers de Benserade faits pour elle dans ce ballet. — Éloges qu'en fait Loret dans sa gazette. — Loret dit que La Vallière est digne d'avoir un balustre. — Usage du balustre. — Éloge que Loret fait de mademoiselle de Mortemart, devenue madame de Montespan. — La liberté dans le langage ne choquait point alors. — La semaine sainte interrompt les fêtes. — Diverses causes les font recommencer avec plus d'ardeur. — Mademoiselle de Sévigné reparaît dans le ballet des *Amants déguisés.* — Vers de Benserade pour elle dans ce ballet. — Éloge que Loret fait de ce ballet et de mademoiselle de Sévigné. — Divertissements de cette année, plus variés que de coutume. — Jeux de la ramasse. — Foire Saint-Germain. — Bal masqué donné par la reine. — Ballet des *Amants déguisés.* — Fêtes du mois de mai de 1664. — Il est probable que madame de Sévigné s'y est trouvée avec sa fille. — Elle se rend à sa terre de Bourbilly, et se retrouve avec Bussy. — Il y a tout lieu de croire que son départ de la capitale n'eut lieu qu'après celui de la cour.

Si on excepte le temps que dura la maladie de la reine mère, et les intervalles qui paraissaient bien longs du carême et de la semaine sainte, pendant lesquels le jeune abbé Bossuet faisait entendre des paroles fortes et sévères [1], les années du nouveau règne s'écoulaient dans une suite presque continuelle de bals, de jeux, de spectacles et de

---

[1] LORET, liv. XV, p. 66 (15 mai 1664).

divertissements. Durant cette année (1663), des mariages et des naissances dans la famille royale et dans d'autres grandes familles; la création de nouveaux ducs et pairs; les grâces du roi, répandues sur plusieurs de ses serviteurs; la présence du prince royal de Danemark et des envoyés de la confédération des Suisses à Paris; l'arrivée d'un légat du pape; le retour du prince et de la princesse de Conti dans la capitale, et plusieurs autres circonstances moins importantes, donnèrent encore plus d'activité aux fêtes, et les rendirent plus fréquentes [1].

Ce fut dans ces fêtes que parut pour la première fois à la cour la fille de madame de Sévigné. Elle avait quinze ans : en la voyant, le marquis de Tréville, connu par son esprit et par ses bons mots, dit : « Cette beauté brûlera le monde. » Et en effet au teint éclatant d'une blonde mademoiselle de Sévigné joignait les traits les plus réguliers et une taille svelte, aux formes les plus gracieuses; elle montrait alors une intelligence prompte et facile. Sa mère sut mettre à profit ces dispositions naturelles, par l'éducation la plus complète et la mieux dirigée. Lorsque cette éducation fut terminée, mademoiselle de Sévigné écrivait non-seulement sa langue, mais encore la langue italienne, avec beaucoup de pureté; elle savait un peu de latin, et, selon la coutume de cette époque, parmi les femmes d'un certain rang, de ne point rester étrangères à tout ce qui faisait l'entretien des hommes, elle apprit la philosophie de Descartes, dont on s'occupait beaucoup alors. L'application qu'elle mettait aux études sérieuses

---

[1] Loret, liv. XV, p. 33, 61, 123, 165, 195-203, 206, 3 mars 28 avril, 29 juillet, 6 octobre, 1er et 15 décembre 1663. — Motteville, *Mém.*, t. XL, p. 195. — Montpensier, *Mém.*, t. XLIII, p. 54-67.

n'avait point nui à l'acquisition des talents ni aux arts d'agrément. Elle excellait surtout dans la danse, et ce fut sans doute ce qui lui valut l'honneur d'être admise, si jeune, à danser avec le roi [1]. On ne peut disconvenir qu'en la laissant déployer toutes ses grâces et tous ses attraits aux yeux d'un monarque facile à enflammer, et en la produisant de si bonne heure au milieu d'une cour voluptueuse, madame de Sévigné ne s'abandonnât avec trop peu de prudence aux jouissances de l'orgueil maternel. Heureusement pour elle et pour sa fille, la prédiction du marquis de Tréville ne s'accomplit pas. Mademoiselle de Sévigné a donné une preuve de plus que la beauté et la supériorité du savoir et des talents ne suffisent pas seules pour faire naître les grandes passions; que l'admiration ne produit pas toujours la tendresse; et que l'esprit et les yeux peuvent être satisfaits sans que le cœur soit touché. Beaucoup plus belle que sa mère, plus savante peut-être, plus habile dans les arts d'agrément, mademoiselle de Sévigné, avec une riche dot, dans tout l'éclat de la jeunesse, eut de la peine à rencontrer un parti sortable, et ne fit jamais naître l'amour; tandis que tous les hommes qui voyaient madame de Sévigné se passionnaient pour elle, et qu'elle aurait pu, même après un veuvage déjà avancé, choisir un époux à son gré et contracter encore un mariage brillant, si sa tendresse pour ses enfants, et surtout pour sa fille, ne l'en eût empêchée. La cause de ceci nous est connue : mademoiselle de Sévigné était froide et réservée, et son premier abord avait quelque chose de dédaigneux; elle ne possédait pas la moindre étincelle de ce feu qui ani-

---

[1] Sévigné, *Lettres*, t. II, p. 92.

mait sa mère; elle n'avait rien de cette vivacité affectueuse, de cette sensibilité exquise, de cette verve spirituelle, qui charmait tant dans madame de Sévigné, et lui prêtaient des attraits souvent enivrants pour ceux à qui elle voulait plaire; et elle le voulait presque pour tous. Elle mettait son bonheur à être recherchée, admirée, louée, et surtout à être aimée. Il n'en était pas ainsi de mademoiselle de Sévigné : sa froideur était si connue, si généralement sentie, que La Fontaine lui en fait un reproche dans une fable qu'il lui a dédiée; mais, avec ce tact fin qui le caractérise, il déguise le blâme sous les termes ambigus d'un éloge :

> Vous qui naquîtes toute belle,
> A votre indifférence près [1].

Ainsi, selon La Fontaine, une femme ne pouvait être parfaitement belle si elle était indifférente. La Fontaine avait raison : la beauté froide est cette Galatée muette et immobile, cette statue de la fable, que le souffle divin n'a point animée, et qui ne peut inspirer d'amour qu'à celui dont elle fut l'ouvrage. Si, comme Pygmalion, madame de Sévigné eût pu transmettre son âme à celle qui lui devait la vie, à celle qu'elle s'était plu à former et à combler de tant de perfections, elle n'eût pas été la seule à la chérir, à s'occuper d'elle avec délices, à épuiser en sa faveur toutes les formes de l'éloge, toutes les expressions de la tendresse; et cette beauté, comme avait dit le marquis de Tréville, eût brûlé le monde. Mais celle qui était remarquable par ses attraits fut admirée; celle qui se montra

---

[1] LA FONTAINE, *Fables*, liv. IV, fable 1; t. I, p. 177 des *Œuvres* de LA FONTAINE, édit. 1827, in-8°.

sage dans sa conduite fut estimée, et ce fut tout. Tout..., je me trompe : celle qui ne chercha point à plaire déplut, celle qui mit trop peu de prix à paraître aimable ne fut point aimée. Dans le monde moral, comme dans le monde physique, toujours les conséquences sont conformes aux prémisses.

Au temps dont nous nous occupons, on cherchait à la voir, on aimait à la regarder comme un astre nouvellement levé sur l'horizon : on ne voulait point la juger. Au milieu de tant de beautés ravissantes, la jeune Sévigné apparaissait semblable à une des fleurs, à peine entr'ouverte, d'un buisson de roses, mais brillant par de si fraîches et de si vives couleurs, qu'elle fixe les regards de préférence à toutes les autres. Ce fut en janvier 1663, et dans le *ballet des Arts*, qu'elle dansa pour la première fois : la sensation qu'elle produisit fut grande ; c'est ce que Benserade fait entendre dans les premiers vers récités dans ce ballet, à son sujet :

> Déjà cette beauté fait craindre sa puissance ;
> Et, pour nous mettre en butte à d'extrêmes dangers,
> Elle entre justement dans l'âge où l'on commence
> A distinguer les loups d'avecque les bergers.

Dans ce même ballet, qui fut joué pendant tout l'hiver, le roi représentait un berger[1], MADAME jouait le rôle de Pallas, et mademoiselle de Sévigné dansait avec elle, dans la septième entrée, avec mesdemoiselles de Mortemart, de Saint-Simon et de La Vallière. Toutes les quatre étaient vêtues en Amazones. Les vers chantés ou récités à cette occasion pour mademoiselle de Sévigné,

---

[1] BENSERADE, *Œuvres*, t. II, p. 285, 288.

démontrent tout ce qu'on permettait de licence à la muse de Benserade dans ces représentations théâtrales, où se trouvaient cependant deux reines, et où la plus jeune figurait comme actrice.

Pour mademoiselle de Sévigny, *Amazone.*

> Belle et jeune guerrière, une preuve assez bonne
> Qu'on suit d'une Amazone et la règle et les vœux,
> C'est qu'on n'a qu'un teton : je crois, Dieu me pardonne,
>   Que vous en avez déjà deux ¹.

Loret, en rendant compte de la première représentation de ce ballet, dans sa Gazette du 20 janvier 1663, après avoir décrit l'entrée de Madame et des demoiselles Saint-Simon, Mortemart et La Vallière, ajoute :

> Sévigny, pour qui l'assemblée
> Était de merveille comblée,
> Chacun paraissant enchanté
> De sa danse et de sa beauté.
> Fille jeune, fille brillante,
> Fille de mine ravissante,
> Et dont les jolis agréments
> Charment les cœurs à tous moments ².

Loret fait ensuite l'éloge du roi, qu'il appelle un brave porte-couronne. Le plaisir que Louis XIV prenait à ces danses et à ces divertissements était singulièrement augmenté par les éloges détournés et les allusions ingénieuses qu'ils suggéraient à Benserade dans la composition des vers de ces ballets.

---

¹ Benserade, *Œuvres*, t. II, p. 299.
² Loret, *Muse historique*, liv. XIV, p. 10.

On joua encore de nouveau, l'année suivante, le *ballet des Arts* : les mêmes personnages y figurèrent; et parmi les belles dont Loret fait l'éloge, au sujet de cette reprise, mademoiselle de Sévigné n'est pas oubliée :

> Les autres beautés renommées,
> Qu'ailleurs j'ai toutefois nommées,
> C'était Saint-Simon, Sévigny
> De mérite presque infini ;
> La Vallière, autre fille illustre,
> Digne un jour d'avoir un balustre.

Ce dernier vers fait allusion à l'usage où l'on était d'entourer d'un balustre l'estrade sur laquelle le lit était élevé ; ce qui n'avait lieu que pour les rois, les reines, et les personnages d'une haute distinction. Mademoiselle de Mortemart, qui figurait encore dans ce ballet avec mademoiselle de Sévigné, comme une des quatre Amazones, s'était mariée à Montespan depuis la première représentation ; et c'est par cette raison que Loret la nomme la défunte Mortemart, car, dit-il,

> Depuis qu'elle n'est plus pucelle,
> Ce n'est plus ainsi qu'on l'appelle [1].

On voit d'après cette citation, à laquelle je pourrais en joindre d'autres, que les gazettes de Loret, qui ne circulaient qu'à la cour et dans le beau monde, étaient écrites d'un style aussi libre que les ballets de Benserade. L'on doit, d'après cela, moins s'étonner de certaines expressions de Molière et des auteurs de ce temps, et par conséquent de celles qui se présentaient sous la plume de

---

[1] Loret, liv. XIV, p. 26 (17 février).

madame de Sévigné, ou qui lui échappaient dans la vivacité du dialogue. Quoiqu'elle eût passé sa première jeunesse parmi les précieuses, la mobilité de son imagination lui faisait facilement adopter les nouveaux usages qui étaient favorables à la gaieté de son caractère.

Le carême et la semaine sainte vinrent interrompre tout divertissement mondain, et ramenèrent le règne des prédicateurs et les somptueuses cérémonies ecclésiastiques. Dans celles-ci, la musique de La Barre, de Boisset, de Hottman, de Molière (j'entends le musicien, et non pas le poëte), et les belles voix des demoiselles Hilaire, Saint-Christophe et Cercamanans, faisaient, comme dans les fêtes profanes, les délices des assistants [1]. Les deux reines et les personnes pieuses joignaient, à leur exemple, aux actes de dévotion, qui étaient de rigueur, de fréquents voyages à l'ermitage du mont Valérien, alors occupé par des dominicains; ce pèlerinage était fort en vogue [2].

Après ce temps de pénitence et de privations, les plaisirs recommencèrent par des festins, des bals donnés par le roi et les grands de la cour [3], auxquels succédèrent des chasses brillantes à Versailles, à Vincennes et à Chantilly; puis, la foire Saint-Laurent, qui jamais n'avait eu tant d'éclat [4].

Lorsque l'hiver survint, au commencement de l'année suivante, on monta un nouveau ballet, intitulé *les*

[1] LORET, *Muse historique*, liv. XIV, p. 46 (31 mars 1663).

[2] Ibid., p. 13, 18, 48 et 49 (27 janvier, 3 février, 17 mars, et 7 avril 1663).

[2] Id., liv. XIV, p. 188, 192 (17 et 24 novembre 1663). — MONTPENSIER, *Mém.*, t. XLIII, p. 54. — LORET, liv. XIV, p. 33 (3 mai).

[4] Id., liv. XIV, p. 139, 140 (25 août), p. 174 (20 octobre).

Amours déguisés. Mademoiselle de Sévigné était un trop grand ornement de ces ballets, pour que le roi ne désirât pas qu'elle figurât dans tous. Elle était dans celui de l'année 1664 au nombre des Amours déguisés en Nymphes maritimes, avec mademoiselle d'Elbœuf, madame de Montespan et madame de Vibraye : Benserade termine les vers qu'il fit pour elle, à cette occasion, par un compliment à sa mère [1] :

Pour mademoiselle DE SÉVIGNY, *Amour déguisé en Nymphe maritime.*

> Vous travestir ainsi, c'est bien être ingénu,
> Amour ! c'est comme si, pour n'être pas connu,
> Avec une innocence extrême,
> Vous vous déguisiez en vous-même.
> Elle a vos traits, vos feux, et votre air engageant,
> Et, de même que vous, sourit en égorgeant.
> Enfin, qui fit l'une a fait l'autre,
> Et, jusques à sa mère, elle est comme la vôtre.

Loret, dans sa gazette, a fait une description pompeuse de la première représentation de ce ballet, qui eut lieu dans le milieu de février 1664. On voit, par son récit, que les grands de la cour y figuraient avec les acteurs et les actrices les plus renommés, avec

> L'excellent acteur Floridor,
> Qui vaut mieux que son pesant d'or,

et la célèbre Desœillets, et Montfleury et sa fille. Après avoir, selon son usage, commencé par l'éloge du roi, de MONSIEUR, des reines, des princesses, Loret en vient

---

[1] BENSERADE, *Œuvres*, 1697, t. II, p. 316. — LORET, liv. XV, p. 25, *lettre* 6, en date du 9 février 1664.

aux filles d'honneur, et termine tous ces éloges par celui de mademoiselle de Sévigné.

> J'ai pensé faire une folie
> En oubliant cette jolie,
> Cette pucelle Sévigny,
> Objet de mérite infini.
> Certes, moi qui l'ai deux fois vue
> De divers agréments pourvue,
> Et d'une très-rare beauté,
> Aux ballets de Sa Majesté,
> Si quelqu'un s'en venait me dire,
> Et fût-ce le roi notre sire :
> As-tu rien vu de plus mignon?
> Je lui dirais hardiment : Non [1].

La reine mère, se ployant aux goûts et aux désirs de son fils, donna un bal masqué vers la fin du carnaval. A tous les plaisirs des années précédentes, la rigueur du froid en fit joindre un d'un genre tout nouveau : c'était le jeu qu'on appelle *la ramasse*, qui eut alors une grande vogue. Ce jeu consistait à se faire précipiter de haut en bas avec une grande rapidité, au moyen d'une machine qui devait ressembler à celle des montagnes russes, que nous avons vue de nos jours [2]. La foire Saint-Germain offrit aussi cette fois une richesse et une pompe extraordinaires; elle fut plus fréquentée, eut un aspect encore plus gai, plus animé que dans les années précédentes.

Mais toutes les fêtes de l'hiver furent surpassées par celles que Louis XIV donna au printemps, dans le parc

---

[1] Loret, liv. XV, p. 27 (16 février 1664). — Ibid., p. 32 et 33, et 35 (1er mars).

[2] Ibid., pag. 18 (2 février).

de Versailles : elles commencèrent le 7 mai, et durèrent six jours. Le décorateur Vigarani donna pour titre à ces fêtes : *les Plaisirs de l'île enchantée.* Comme celles du Carrousel et des Tuileries, elles laissèrent un long souvenir. Benserade[1] composa des sonnets, des madrigaux et des quatrains, contenant l'éloge de tous ceux qui y figuraient, à commencer par le roi. Molière, à cette occasion, composa *la Princesse d'Élide* et *le Mariage forcé*[2]. Nous ne pouvons douter que madame de Sévigné et sa fille n'aient assisté à ces fêtes, qui eurent lieu au commencement de mai, surtout si nous remarquons que mademoiselle de Sévigné participait à la représentation de *l'Amour déguisé*, qui fut donnée chez Monsieur, au Palais-Royal, à la fin de février. Cependant nous n'avons aucune preuve directe de leur présence à Versailles à cette époque; et nous savons que madame de Sévigné se rendit cette année dans sa terre de Bourbilly, en Bourgogne, où elle se retrouva dans la société de son cousin Bussy[3]; mais ses départs pour la province n'avaient ordinairement lieu que lorsque la cour quittait la capitale pour transporter son séjour à Saint-Germain, à Compiègne ou à Fontainebleau.

[1] Benserade, *Œuvres*, t. II, p. 319 à 324.
[2] Loret, *Muse historiques*, liv. XV, p. 73. — Benserade, t. II, p. 319, 324. — Molière, *Œuvres*, t. III, p. 105 à 150, édit. d'Auger; t. III, p. 447, édit. d'Aimé Martin. — Marigny, *Relation des fêtes que le roi a données aux reines dans le parc de Versailles* (14 mai 1664), dans les *Œuvres de* Marigny, p. 34. — *Les Plaisirs de l'île enchantée*, 1 vol. in-folio, accompagné de neuf planches gravées par Israël Sylvestre.
[3] *Lettre de Bussy à madame de Sévigné*, le 21 novembre 1666, dans Sévigné, *Lettres*, t. I, p. 109, édit. M.; t. I, p. 154, édit. G.

CHAPITRE XXIII.

1665.

Aucune femme ne figurait dans les fêtes de Versailles.— Nouveau ballet donné à la cour. — Mademoiselle de Sévigné y figure sous le costume d'Omphale. — Vers de Benserade à sa louange. — Madrigal en langue italienne composé pour elle par Ménage. — Épigramme du même sur madame de Sévigné. — Les éloges donnés à son teint, dans cette pièce, sont confirmés par Bussy et madame de la Fayette. — Le temps entre 1663 et 1669 fut le plus heureux de la vie de madame de Sévigné. — Elle le passa dans la société de ses anciens amis et amants et dans des fêtes continuelles. — Intrigues de cour qui donnaient un grand intérêt à ces fêtes. — Madame de Sévigné était répandue dans la société des gens de robe et de finance, comme parmi ceux de la cour.— Elle était liée avec madame Duplessis-Guénégaud ; elle l'allait voir à Fresnes, où celle-ci donnait des fêtes fréquentes. — Madame de Guénégaud donne un ballet à mascarades à Fresnes, lors du mariage de sa fille. — Son mari est obligé de rendre des comptes, et elle est privée d'une partie de sa fortune. — Louis XIV contraint à l'obéissance, par des moyens despotiques, tous ceux qui résistent à ses ordonnances. — Bussy est arrêté et mis à la Bastille.

Si madame de Sévigné se trouva avec sa fille aux fêtes de Versailles, elles furent toutes deux au nombre des spectatrices, et mademoiselle de Sévigné n'eut point de rôle à jouer ; ce qui ne doit point étonner, puisque aucune dame de la cour ne figura dans ces fêtes. Il y eut une course de bague, où les hommes se montrèrent sous divers déguisements. Louis XIV y parut habillé d'abord en berger, et ensuite sous le costume du chevalier Roger, ce fameux paladin du poëme de l'Arioste. Il y eut des festins, des feux d'artifice, la comédie, des cavalcades, mais aucune représentation de ballet royal [1].

On en composa un nouveau pour l'hiver suivant. Il était intitulé : *la Naissance de Vénus*. Le duc de Saint-Aignan en était l'inventeur ; Benserade avait mis ses idées en vers ; Vigarani avait construit les décorations ; les deux plus fameuses cantatrices de l'époque, mademoiselle Hilaire et mademoiselle Christophe, y faisaient entendre leurs voix. Mademoiselle de Sévigné, sous le costume d'Omphale, figurait avec le roi dans la dernière entrée de ce ballet. Les vers de Benserade que l'on y récitait à la louange de la jeune Omphale contenaient aussi un éloge de sa mère ; et tout le monde applaudissait le poëte qui, au milieu de tant de licence, rendait justice à la vertu, et savait être flatteur sans flatterie.

Pour mademoiselle DE SÉVIGNY, *Omphale.*

Blondins accoutumés à faire des conquêtes,
Devant ce jeune objet si charmant et si doux,
   Tous grands héros que vous êtes,
Il ne faut pas laisser pourtant de filer doux.
L'ingrate foule aux pieds Hercule et sa massue ;
Quelle que soit l'offrande, elle n'est point reçue :
Elle verrait mourir le plus fidèle amant,
Faute de l'assister d'un regard seulement.
Injuste procédé, sotte façon de faire,
Que la pucelle tient de madame sa mère,
Et que la bonne dame au courage inhumain,
Se lassant aussi peu d'être belle que sage,
Encore tous les jours applique à son usage,
   Au détriment du genre humain [2].

Mademoiselle de Sévigné avait alors atteint l'âge de

[1] LORET, *Muse historique*, liv. XV, p. 73.
[2] BENSERADE, t. II, p. 354. — LORET, *Muse historique*, liv. XVI, p. 23.

dix-sept ans; ses charmes avaient acquis tous leurs développements, et sa beauté était déjà devenue célèbre. Ménage, dans la nouvelle édition de ses poésies, avait adressé un madrigal en vers italiens « à la très-belle et très-vertueuse demoiselle Françoise de Sévigné ». Il la prie de ne pas croire son cœur insensible, parce qu'il ne ressent pas pour elle l'amour qu'elle inspire à tous; mais ce cœur a déjà été enflammé par sa mère, et réduit en cendre par elle : il n'a plus la faculté de brûler [1]. Ménage ne croyait pas qu'il y eût du ridicule dans de pareilles fadaises, parce qu'il les écrivait en langue étrangère. Il donne encore, dans une petite pièce qu'il a intitulée, à la manière des anciens, *Épigramme*, parce qu'elle était courte, des éloges à mademoiselle de Sévigné; mais ce n'est que pour rehausser ceux de sa mère.

A madame la marquise DE SÉVIGNY.

ÉPIGRAMME.

Je l'ai dit dans la famille,
Et je le dirai toujours,
Vous n'aimez point votre fille,
Ce miracle de nos jours.
Par l'éclat incomparable
De votre teint, de vos yeux,
Par votre esprit adorable,
Vous l'effacez en tous lieux [2].

Cet éloge était vrai sous le rapport de l'esprit, vrai sous le rapport de la vivacité des yeux. On pourrait

---

[1] ÆGIDII MENAGII, 1680, in-12, édit. 7ma, p. 304.

[2] ÆGIDII MENAGII, 4e édit., 1663, p. 288. Ménage supprima cette pièce, et elle ne se trouve plus dans la 7e édition de ses poésies, publiée en 1680.

croire, relativement à ce que Ménage dit du « teint incomparable, » qu'il fait son métier de poëte et d'amant, et qu'il flatte; car mademoiselle de Sévigné était blonde comme sa mère, et dans toute sa fraîcheur. Cependant l'assertion de Ménage est confirmée par les portraits que Bussy-Rabutin et madame de La Fayette ont faits de madame de Sévigné. Le premier commence le sien en disant : « Madame de Sévigné a d'ordinaire le plus beau teint du monde[1].... » La seconde, en s'adressant à madame de Sévigné elle-même, dit : « Je ne veux point vous accabler de louanges, ni m'amuser à vous dire que votre taille est admirable, que votre teint a une fleur qui assure que vous n'avez que vingt ans[2].... » Madame de Sévigné en avait environ trente-trois lorsque ces deux portraits furent écrits, et on doit remarquer que l'intention de Bussy, dans le sien, était de la déprécier, et non de la louer; de l'offenser, et non pas de la flatter. Il est vrai que lorsque Ménage écrivit son épigramme, elle avait quelques années de plus : elle était âgée d'environ trente-huit ans; mais c'est à cet âge que, dans nos climats du moins, les femmes prennent un embonpoint, signe de force et de santé, qui leur donne un teint plus égal, plus reposé, non aussi frais, mais plus vif que dans leur première jeunesse. C'est cette seconde jeunesse, c'est cette jeunesse de l'âge mûr, qui est dans la vie comme le second mouvement de la séve des végétaux dans le déclin de l'année, et que l'on a nommée avec énergie le regain de la beauté.

---

[1] BUSSY DE RABUTIN, *Hist. am. des Gaules*, édit. 1754, t. I, p. 242. — *Hist. amoureuse de France*, p. M***, 1710, in-12, p. 283.

[2] SÉVIGNÉ, *Lettres*, édit. de G. de S.-G., t. I, p. CXXIX; édit. de Grouvelle, 1811, t. I, p. CLXIX.

On peut affirmer, avec toute certitude, que cette époque a été pour madame de Sévigné la plus heureuse. Lorsqu'on réfléchit à sa fortune, à son rang, à sa position dans le monde, à son organisation vive et sensible, accessible à toutes les impressions agréables, parfaitement adaptée aux jouissances de son temps, il est permis de croire qu'il est peu de femmes qui aient jamais été appelées à jouir d'un aussi grand bonheur. Tous ses amis de la Fronde étaient rentrés. Le cardinal de Retz lui-même avait obtenu la permission de se rendre à Fontainebleau, et de se présenter devant le roi ; madame de Sévigné était allée à sa rencontre jusqu'à Saint-Denis. S'il ne lui fut plus permis de demeurer à la cour, si la carrière de l'ambition lui fut pour toujours fermée, il fut plus entièrement livré à ses amis et à ceux dont il se faisait chérir. Il n'erra plus loin de sa patrie ; et après tant d'agitations, dans sa belle retraite de Commercy, il put passer dans le repos les dernières années de sa vie[1]. Il s'y occupa de philosophie, de métaphysique[2], et s'amusa à rédiger ses Mémoires, qui lui ont acquis, comme écrivain, le premier rang en ce genre. Les autres amis de madame de Sévigné, Turenne, le comte du Lude, Tonquedec, le gai Marigny, et tant d'autres, restés en faveur, ou pardonnés, étaient revenus de leur exil. Ainsi tous ceux qui l'avaient vue entrer à la cour et dans le monde, elle les retrouvait ; ils composaient encore sa société intime, et, toujours belle, riche, spirituelle, elle jouissait également des nou-

---

[1] Guy-Joly, *Mém.*, t. XLVII, p. 446-468, 470, 473-474. — Louis xiv, *Œuvres,* t. V, p. 81 (*lettre* en date du 17 mars 1662). — Ibid., t. V, p. 186 (en date du 27 mai 1685).

[2] Conférez M. Cousin, *Journal des Savants*, 1842.

veaux hommages que ses charmes lui attiraient parmi les jeunes gens, et de ceux que depuis longtemps lui rendaient ses anciens adorateurs. Mais les succès qu'elle obtenait n'étaient rien en comparaison des jouissances que lui donnaient ceux de sa fille. C'est par elle, c'est pour elle, qu'elle semblait vivre et plaire, pour elle qu'elle éprouvait tant d'orgueil et de délices à ces ballets. La jeunesse et les grâces de mademoiselle de Sévigné attiraient tous les regards; et jamais peut-être les fêtes ne furent plus multipliées que depuis sa présentation à la cour jusqu'à son mariage, c'est-à-dire depuis l'année 1663 jusqu'à l'année 1669. Il y en avait sans cesse, il y en avait partout; car on ne se contentait pas de celles que donnaient le roi et les princes : à leur imitation, les personnages qui, par leur rang ou leur fortune, tenaient un grand état de maison avaient aussi leurs ballets, leurs mascarades, leurs musiciens et leurs danseurs.

Madame de Sévigné était invitée aux fêtes les plus magnifiques : elle n'était pas seulement répandue dans la noblesse; ses liaisons avec Fouquet lui avaient procuré des amis parmi les gens de robe et parmi ceux de la haute finance. Ainsi qu'on l'a vu, madame Duplessis-Guénégaud avait conçu une vive amitié pour elle : cette amitié s'était augmentée par l'intérêt qu'elle lui vit prendre au surintendant, lors du fameux procès; ce qui faisait dire alors en plaisantant, à madame de Sévigné, que madame de Guénégaud l'aimait « par réverbération. » Madame de Sévigné nous dépeint madame de Guénégaud « comme une femme d'un grand esprit et de grandes vues, et qui avait un grand art de posséder une grande fortune [1]. »

---

[1] Sévigné, *Lettres*, t. V, p. 192, édit. de Monmerqué, *lettre* en date du 18 août.

Ceci est dit à cause des fêtes brillantes que M. et Madame de Guénégaud donnèrent dans le magnifique hôtel qu'ils avaient fait construire sur l'emplacement de l'hôtel de Nevers, et dans leur beau château de Fresnes. La plus remarquable de ces fêtes eut lieu à Paris en 1665, lors du mariage de mademoiselle de Guénégaud avec le duc de Caderousse [1]. Les amis de madame de Guénégaud y exécutèrent un ballet-mascarade, intitulé : *les Muets du Grand Seigneur*. Madame de Guénégaud y était désignée sous le nom d'Amalthée; et voilà pourquoi madame de Sévigné la nomme si souvent ainsi dans sa correspondance.

On voyait dans ce ballet des démons habillés sous mille formes différentes, pour faire invasion dans le beau palais d'Amalthée, c'est-à-dire dans cet hôtel de Guénégaud, qu'on nommait encore l'hôtel de Nevers. Puis les ombres racontaient ce qu'elles avaient observé de la vie intérieure d'Amalthée; ce qui leur donnait occasion de dévoiler sa bonté, sa générosité, toutes les qualités qui la faisaient chérir, et de varier, au moyen des caractères de chaque démon, les louanges délicates qui lui étaient adressées.

Lorsque Duplessis-Guénégaud jouissait ainsi avec profusion de sa grande fortune, il n'ignorait pas que l'examen de la chambre de justice chargée de prononcer sur la gestion de ceux qui avaient eu part aux opérations du surintendant tendait à l'en priver [2]; mais en ne changeant rien à sa manière de vivre il croyait montrer

---

[1] Sévigné, *Lettres*, t. I, p. 168, édit. de Monmerqué; *Lettres à Pomponne* en date du 18 novembre 1664; *Pièces galantes*, 1667, Cologne, chez Pierre Marteau, seconde partie, p. 79 à 93.

[2] Hénault, *Abrégé chronologique*, t. III, p. 851.

par là qu'il n'avait rien à craindre des poursuites dirigées contre lui, et qu'il suffisait seulement de gagner du temps : il espérait que Louis XIV se relâcherait des mesures de rigueur que l'on présumait lui être inspirées par les ennemis du surintendant.

Mais au milieu des pompes et des délices de sa cour, dont il paraissait uniquement occupé, le jeune monarque poursuivait ses desseins avec une constance et une ardeur que nul autre souverain n'a égalées. Malheureusement il ne connaissait que les mesures despotiques, dont le règne de Richelieu et l'anarchie de la Fronde lui avaient facilité l'emploi, en donnant lieu de penser qu'ils étaient les seuls moyens de gouvernement possibles et efficaces [1]. La Bastille et le For-l'Évêque se remplissaient de financiers, de maltôtiers, prévenus de prévarications ; de gentils-hommes et de militaires qui, au mépris des ordonnances, s'étaient battus en duel ou étaient accusés de contraventions à d'autres édits du roi [2]; de jansénistes qui s'opposaient au formulaire et à la bulle du pape Alexandre VII, pour l'enregistrement de laquelle Louis XIV s'était rendu lui-même au parlement et avait fait violence à cette compagnie [3]. On emprisonnait aussi arbitrairement tous ceux qui avaient offensé, soit par leurs écrits, soit par leurs discours, la personne du roi ou mal parlé de son gouvernement, ou même qui étaient simplement soupçonnés de ce délit. Dans le nombre de ces derniers se trouvait le comte de Bussy de

[1] MONTPENSIER, *Mém.*, t, XLIII, p. 35, 38, 39.
[2] LORET, liv. XIII, p. 41 (18 mars). — Ibid., liv. XIV, p. 56. — CHOISY, *Mém.*, t. LXIII, p. 277.
[3] *Abrégé chronologique des principaux événements qui ont précédé la constitution* Unigenitus; Utrecht, 1730, in-24, p. 10. — GUY-PATIN, *Lettres*, t. V, p. 22.

Rabutin; il fut arrêté le 17 avril 1665, et renfermé à la Bastille [1]. Pour bien connaître les causes de son arrestation, il faut reprendre la suite de ses aventures, et l'histoire de sa liaison et de ses rapports avec madame de Sévigné, depuis l'époque où nous avons cessé d'en entretenir nos lecteurs, jusqu'à cet événement même, qui eut une si triste influence sur le reste de sa vie. Ce récit fera le sujet des deux chapitres suivants.

[1] Bussy, *Mémoires*, t. II, p. 301, édit. 1721, in-12. — Ibid., t. II, p. 399, édit. in-4°. — Bussy, *Discours à ses Enfants*, p. 374.

CHAPITRE XXIV.

1658 — 1665.

Bussy abandonne le parti de Condé. — Il se rend désagréable au roi. — Désordre de ses affaires. — Il a recours au surintendant, — et ensuite au roi. — Il n'obtient rien. — Il se retire dans sa terre. — Ses amours avec madame de Monglat. — C'est pour son amusement qu'il compose l'*Histoire amoureuse des Gaules*. — Il en fait des lectures. — Il en prête le manuscrit à la marquise de La Baume. — Aventure de la marquise de La Baume avec le duc de Candale. — Elle est mise au couvent. — Billet d'elle trouvé dans les papiers de Fouquet. — Elle tire copie du manuscrit de l'*Histoire amoureuse des Gaules*. — Bussy assure à celui-ci que cette copie est brûlée. — Le jeune Louvois devient l'ami de madame de La Baume. — Bussy se répand en injures contre elle. — Elle fait imprimer, pour se venger, l'*Histoire amoureuse des Gaules*, et y ajoute une clef. — L'ouvrage était interpolé. — Déchaînement général contre Bussy. — Il fait remettre au roi son manuscrit original. — Bussy n'a jamais osé rien écrire contre Louis XIV. — Preuves de ce fait. — Louis XIV en était convaincu. — Louis XIV ne détestait pas la satire contre ceux qui l'entouraient. — Il ne la souffrait pas contre lui. — Louis XIV accorde une entrevue particulière à Bussy. — Il approuve sa nomination à l'Académie Française. — Condé et son parti sont furieux contre Bussy. — Louis XIV fait mettre Bussy à la Bastille, pour le sauver de ses ennemis. — Une jeune religieuse devient amoureuse de lui. — Il tombe malade de tristesse. — On le force à vendre sa charge de mestre de camp de cavalerie. — Il obtient sa liberté. — Il est exilé dans sa terre. — Il est trompé. — Chagrin qu'il en ressent. — Il se réconcilie avec sa cousine la marquise de Sévigné. — Elle lui rend son amitié, mais non pas sa confiance.

Bussy, malgré ses efforts [1], ne put jamais recueillir de sa défection du parti de Condé le prix qu'il en avait es-

---

[1] Voyez ci-dessus, chapitre XI, p. 130 à 144.

péré. En abandonnant dans un moment décisif ce parti pour s'offrir à Mazarin dans le temps où ce ministre était le plus détesté, il s'était fait des ennemis de tous les partisans des princes, du parlement et de la Fronde. Il perdit ainsi l'appui et l'affection de tous ceux qu'il avait quittés, et n'obtint pas la confiance de ceux à qui il s'était donné. Il ne réussit point à la cour : on y redoutait son esprit caustique et railleur ; on y détestait son caractère égoïste, vaniteux, faux et versatile. Le pire, c'est qu'il devint personnellement désagréable au roi. Comme il servait avec distinction, on lui permit cependant d'acheter la charge de mestre de camp de la cavalerie légère ; mais cette grâce, dont on pensa qu'il devait se contenter, lui fut onéreuse par le prix considérable qu'il fut obligé d'y mettre[1]. Il était déjà obéré quand il fit l'acquisition de cette charge ; pour la payer, il eut recours au surintendant, et se trouva ainsi forcé à des déférences et à des souplesses envers un homme qu'il détestait, parce qu'il était son rival auprès de sa cousine. Mais ses sentiments secrets étaient ignorés ; on n'en pouvait juger que par ses actions. Son intimité et ses liaisons avec Fouquet, auquel il était obligé de rendre continuellement des devoirs par les besoins qu'il avait de lui, le rendirent de plus en plus suspect à Mazarin. Cependant il n'obtint pas non plus tout ce qu'il désirait du surintendant, qui ne l'aimait pas ; et sa fortune continua à se délabrer par son inconduite et sa prodigalité.

Mazarin mourut ; et l'arrestation de Fouquet et la saisie de ses papiers firent connaître au roi l'engagement que

---

[1] Bussy, *Discours à ses Enfants*, 1694, in-12, p. 403. — *Mémoires*, t. II, p. 354. Bussy acheta cette charge 252,000 livres, environ 500,000 francs monnaie actuelle.

Bussy avait pris de donner sa démission de la charge de mestre de camp de la cavalerie légère en faveur du surintendant, afin que celui-ci pût en disposer et la faire donner à un de ses parents ou à quelqu'un qui lui fût dévoué. Dès ce moment Bussy devint suspect à Louis XIV. En vain Bussy faisait partout et en toute occasion l'éloge du roi [1], en vain il devint un souple et obséquieux courtisan : il ne put obtenir ni argent, ni grade, ni honneurs, ni même un accueil gracieux [2]. Le roi lui montra toujours un visage froid et sévère. On ne lui payait pas la pension qui lui était due pour sa charge de mestre de camp; il ne fut point compris dans la nombreuse promotion qui eut lieu de chevaliers des Ordres, faveur à laquelle il avait des droits, et que le maréchal de Turenne, qu'il s'était aliéné, refusa de demander pour lui [3]. Enfin, il ne fut pas même désigné pour figurer dans le fameux carrousel de 1662, où il ne pouvait se trouver comme simple spectateur, puisque tous ceux qui avaient comme lui commandé en chef à la guerre y figuraient. Le dépit et la nécessité de déguiser sa disgrâce obligèrent donc Bussy à se retirer dans sa terre. Là, son amour pour la marquise de Monglat le consolait en partie de ses revers de fortune et des mécomptes de l'ambition. Cependant, comme dans le malheur l'esprit est plus accessible aux soupçons, et le cœur plus susceptible et plus exigeant, Bussy crut s'apercevoir que son adversité et sa défaveur auprès du roi refroidissaient la passion que la marquise lui avait montrée jusque alors; mais par ses protestations et par les témoi-

---

[1] Bussy, *Mém.*, t. II, p. 171.
[2] Ibid., t. II, p. 167.
[3] Ibid., t. II, p. 179.

gnages de sa tendresse elle parvint à dissiper ces noires impressions de jalousie [1].

C'était pour plaire à la marquise de Monglat et pour son amusement que Bussy, deux ans auparavant (en 1660) avait mis par écrit, sous la forme d'un petit roman [2] et sous des noms supposés, le récit de quelques intrigues amoureuses de plusieurs dames de la cour et une partie des siennes. Il y avait dans ce petit ouvrage des anecdotes scandaleuses, mais vraies; des portraits satiriques, mais ressemblants et spirituellement touchés. Il n'en fallait pas tant sur un pareil sujet pour exciter vivement la curiosité. Bussy ne se contenta point de régaler madame de Monglat de sa maligne production; il en fit quelques lectures à plusieurs de ses amis, et bientôt l'existence de cet ouvrage fut connue à la cour. Ceux qui l'avaient entendu lire parlèrent avec exagération de ce qu'il renfermait de piquant et de spirituel, et donnèrent grande envie aux jeunes gens et aux jeunes femmes de le connaître. Les sollicitations dont Bussy fut assiégé à ce sujet flattèrent son amour-propre d'auteur, et le firent céder plusieurs fois aux instances qui lui étaient faites; ce qui accrut la célébrité de l'ouvrage.

Une dame que Bussy avait courtisée avec succès, sans qu'il cessât d'aimer madame de Monglat, désira vivement connaître cet écrit, dont tout le monde parlait. Cette dame (Bussy ne la désigne pas autrement dans ses Mémoires) était alors renfermée au couvent de la Miséricorde, par lettre de cachet obtenue par son mari. Elle

---

[1] Bussy, *Mém.*, t. II, p. 182.
[2] Bussy, *lettre au duc de Saint-Aignan*, dans ses *Mémoires*, t. II, p. 326 de l'édit. in-12. — Ibid., édit. in-4°, t. II, p. 162.

ne pouvait sortir, mais il était assez facile de la voir; et dans le dessein de la satisfaire, Bussy se rendit à la grille du parloir du couvent au jour et à l'heure qu'elle lui avait indiqués. Cependant il ne put, dans ce rendez-vous, avoir avec elle un assez long tête-à-tête pour lui donner une lecture entière de son ouvrage. Elle le supplia de vouloir bien lui prêter son manuscrit, promettant de ne le garder que deux jours[1], et de ne le communiquer à personne.

Cette dame était la marquise de La Baume, connue par ses attraits, ses caprices, son humeur quinteuse, et le scandale de sa vie. C'était la nièce du premier maréchal de Villeroi, et la mère de celui qui fut depuis le maréchal de Tallard[2]; enfin la belle-sœur de cette marquise de Courcelles dont nous parlerons plus amplement dans la suite de ces Mémoires. La marquise de La Baume demeurait à Lyon. La mort de son amant, le duc de Candale, l'avait plongée dans le désespoir. Le jour même qu'elle en apprit la nouvelle, son mari, qu'elle détestait, entra dans sa chambre au moment où on la peignait; et il se mit à la louer sur ses cheveux, d'un blond admirable, et remarquables par leur abondance et leur longueur. Obsédée par la douleur qu'il lui fallait cacher, et dépitée des fadeurs et des tendresses maritales, voulant s'en délivrer à tout prix, elle saisit fortement sa belle chevelure dans une de ses mains, et, de l'autre, prenant ses ciseaux,

---

[1] BUSSY, *Mém.*, t. II, p. 194. — BUSSY DE RABUTIN, *Supplément aux Mémoires et Lettres*, t. I, p. 65.

[2] SAINT-SIMON, *Mém.*, ch. XXXVII, t. X, p. 449 et 450. — Ibid., t. V, chap. VII, p. 102 et 103. — SÉVIGNÉ, *Lettres*, t. V, p. 377, note *b*, édit. de Monmerqué. — MONTPENSIER, *Mém.*, t. XLII, p. 400. — CHAVAGNAC, *Mém.*, t. I, p. 198. — CHOISY, *Mém.*, t. LXIII, p. 418.

elle la coupa tout entière[1]. Prodigue et adonnée au jeu, le besoin d'argent la rendait souvent peu scrupuleuse sur les moyens d'en obtenir. On en eut la preuve par ce billet écrit de sa main, qui fut trouvé parmi les papiers de Fouquet, et qu'elle lui avait adressé dans un temps où elle voulait obtenir de lui dix mille écus : « Je ne vous aime point, je hais le péché, mais je crains encore plus la nécessité; c'est pourquoi venez tantôt me voir[2]. » On ignore quelles furent les nouvelles galanteries qui, mettant à bout la patience du mari de la marquise de La Baume, le forcèrent à la faire mettre au couvent, et de quelle manière a commencé sa liaison avec Bussy. Ce que nous savons, c'est qu'elle fut en partie fidèle à la promesse qu'elle lui avait faite, et qu'elle lui rendit son manuscrit au bout de deux jours; mais elle se garda bien de lui dire que, dans ce court intervalle de temps, elle en avait tiré une copie.

Bussy apprit peu après, par madame de Sourdis, qu'il était trahi, et qu'une copie de son ouvrage avait été communiquée à plusieurs personnes par madame de La Baume. Il eut avec elle une explication très-vive, après laquelle ils se séparèrent brouillés[3]. Le comte du Lude cependant se fit médiateur entre eux : il alla trouver la marquise de La Baume, et obtint d'elle de brûler lui-même en sa présence la copie de l'*Histoire amoureuse des Gaules* qu'elle possédait. Le comte du Lude fit ensuite part à Bussy du succès de sa négociation. D'après ce qui avait été convenu, Bussy promit, de son côté, de ne rien dire

---

[1] Montpensier, *Mém.*, t. XLII, p. 400.
[2] Conrart, *Mém.*, t. XLVIII, p. 258.
[3] Bussy, *Discours à ses Enfants*, 1694, in-12, p. 373.

et de ne rien faire qui fût contraire aux intérêts de la marquise de La Baume; de ne jamais parler d'elle, ni en bien ni en mal.

Mais dans les deux parties contractantes il n'y avait aucune sincérité : après avoir tous deux trompé leur négociateur, elles voulaient se tromper mutuellement[1]. Le jeune Louvois, fils du chancelier Le Tellier, déjà dans les charges, et qui depuis s'acquit comme ministre une si grand célébrité, devint l'amant favorisé de la marquise de La Baume. Ce fut là l'origine de l'inimitié qui subsista toujours entre Louvois et Bussy. Depuis lors Bussy ne parla plus qu'avec mépris de cette marquise; et elle le méritait bien, si, comme il l'avance dans ses Mémoires, après avoir été longtemps la maîtresse de Louvois, elle descendit ensuite à son égard au rôle ignoble de confidente[2].

Quoi qu'il en soit, il paraît constant que ce fut la marquise de La Baume qui communiqua d'abord, à tous ceux qui voulaient le lire ou le copier, l'ouvrage de Bussy. Cet ouvrage se répandit par les copies qui en furent faites; mais cette publicité clandestine ne suffisait point à la marquise, qui, toujours plus animée contre Bussy, voulait se venger de lui en lui mettant sur les bras un plus grand nombre d'ennemis. Elle fit imprimer l'ouvrage en Hollande. Cette première édition in-18, avec les types des Elzeviers, sans date ni nom d'imprimeur, portant le nom de Liége pour lieu d'impression et pour fleuron une croix de Saint-André, paraît avoir été mise au jour à la fin de l'année 1664, ou au commencement

---

[1] Bussy, *Mém.*, t. II, p. 200 à 214.
[2] Bussy, *Supplément*, t. I, p 65.

de 1665[1]. Cette édition semble conforme au manuscrit primitif; mais l'auteur avait eu soin d'atténuer le venin de son ouvrage en donnant à des faits trop véridiques une apparence romanesque, et en masquant les personnes par des noms supposés. La marquise de la Baume, en livrant l'ouvrage à l'impression, y ajouta une clef, où les noms véritables se trouvaient en regard de ceux que l'auteur leur avait substitués. Alors cet ouvrage, par le fait de l'impression et par la divulgation des personnages, changea entièrement de nature. Il devait être, dans l'intention de Bussy, un roman spirituel et amusant, où la malignité des gens de cour devait avoir le plaisir de deviner les allusions à des intrigues qui leur étaient connues, et de saisir la ressemblance des portraits, en apparence imaginaires, avec les individus qui avaient pu servir de modèles. Au moyen de la clef, le livre prit le caractère d'un libelle odieux et déhonté, où l'on dévoilait aux provinces et à l'étranger les mœurs de la cour, et les déportements scandaleux de femmes d'une grande naissance; où des hommes revêtus de hautes dignités, ou environnés de gloire, étaient représentés sous des couleurs fantasques ou ridicules.

Alors le déchaînement contre Bussy devint général. Il en craignit les suites; et, sachant que son ouvrage avait été dénoncé au roi[2], il lui fit remettre le manuscrit original par le duc de Saint-Aignan, son ami, qui supplia

---

[1] *Histoire amoureuse des Gaules,* Liége, in-18, en deux parties, dont la première a 190 pages, la seconde 69, et la clef. — SÉVIGNÉ, *lettre de Bussy-Rabutin* en date du 19 juillet 1669, t. I, p. 136, édit. de Monmerqué.

[2] BUSSY, *Mém.*, t. II, p. 200.

CHAPITRE XXIV.

même temps le monarque de daigner le lire en entier. Quoique Louis XIV fût mentionné dans cet ouvrage, Bussy pouvait, sans y rien changer, désirer qu'il en prît lecture.

On a dit que la principale cause de la longue disgrâce de Bussy et son emprisonnement provenaient d'un cantique obscène contre Louis XIV, qui se trouve inséré dans les éditions de l'*Histoire amoureuse des Gaules* que l'on a faites après la première; mais, quoique cette opinion soit générale, elle n'en est pas moins fausse, et elle prouve seulement qu'on ne s'est pas donné la peine d'étudier les événements de cette époque, le caractère des personnages qui y ont joué un rôle, leur position, et les intérêts qui les faisaient agir.

D'abord Bussy ne s'est jamais servi, en écrivant, d'expressions obscènes. Dans les récits des nombreuses aventures galantes et licencieuses qui se trouvent dans ses Mémoires, il n'y a pas un seul de ses vers ni une seule ligne de sa prose qui puissent fournir un exemple d'un mot que le bon goût ne puisse avouer, ou que le bon ton réprouve. Dans tout ce qu'il a écrit, il prend soin d'éviter les mots ignobles; et quand il est forcé de parler des choses qui les expriment, il a soin d'user à dessein de périphrases obscures. D'ailleurs, quoiqu'il se soit permis des épigrammes, des chansons, des traits satiriques en vers et en prose contre tous ceux qu'il n'aimait pas, hommes et femmes, financiers, gens de robe, gens de cour, généraux, ministres, princes du sang même, jamais cependant il n'osa s'attaquer au roi, autrement que par des plaintes amères sur ses injustices à son égard. Ses discours, ses écrits, livrés au grand jour de l'impression; ses lettres particulières les plus secrètes, les plus confidentielles, sont marquées au coin de l'enthousiasme le plus grand pour Louis XIV, de la louange la plus sincère ou de la flatterie la plus basse. Lors même qu'on accorderait qu'il lui est échappé contre le roi quelque épigramme, comme celle que Loménie de Brienne lui attribue[1], et que nous ne croyons pas être de lui, ce ne serait pas une raison suffisante pour qu'on pût supposer qu'il ait écrit l'infâme et burlesque cantique qu'on a laissé passer sous son nom. Si jamais Louis XIV eût seulement soupçonné Bussy capable de l'insulter à ce point, jamais sa liberté ne lui aurait été rendue, et il serait mort dans un des cachots de la Bastille. Le chancelier Seguier, qui se montra si souple dans l'affaire de Fouquet; le duc de Saint-Aignan, ce courtisan si fin, si délié, si dévoué, qui ne cessa jamais d'être le confident le plus intime et le plus utile des amours de son maître, étaient aussi les amis particuliers de Bussy. Le duc de Saint-Aignan, qui non-seulement ne l'abandonna pas dans la disgrâce, mais qui le servit avec chaleur auprès du roi, eût-il osé avouer son amitié pour Bussy, s'il n'avait pas eu la conviction que celui-ci n'avait ni rien dit ni rien écrit contre Louis XIV? Bussy lui-même, livré au pouvoir de ses ennemis, sous les verrous de la Bastille, exhorte dans ses défenses ses amis à le renier, à l'abandonner, s'ils le croient coupable d'un tel délit. Il offre sa tête à l'échafaud, si l'on fournit la moindre preuve qu'il soit l'auteur des chansons et des écrits satiriques contre le roi qu'on a voulu lui attribuer. Il défie de montrer une seule ligne de lui où il soit question du roi, sans qu'elle ne contienne son éloge; il se soumet aux peines les plus rigoureuses, si l'on peut le convaincre qu'il ait tenu

---

[1] DE BRIENNE, *Mém. inédits*, t. II, p. 304, ch. XXVIII.

au sujet du roi le moindre propos qui soit contraire aux sentiments qu'il a manifestés par écrit. Bussy eût-il tenu ce langage s'il avait pu croire que le résultat pût lui être contraire? Trois éditions successives de l'*Histoire amoureuse des Gaules*, sous la rubrique de Liége, parurent sans le cantique que les imprimeurs de Hollande eurent l'impudence d'y insérer depuis[1].

Louis XIV était lui-même convaincu que Bussy n'avait ni la volonté ni l'audace de s'attaquer à lui. Conformément à la demande qu'il lui avait faite, il lut son livre. Cette lecture eut lieu vers la fin de mars 1665, au retour d'un voyage que le roi fit à Chartres pour un pèlerinage à la sainte Vierge, afin d'accomplir un vœu que la reine avait fait pendant sa grossesse[2]. Cet acte de dévotion sincère n'empêchait pas que le roi ne fût alors dans une disposition d'esprit très-propre à se plaire aux récits des aventures galantes dont se composait l'ouvrage de Bussy, et aux traits satiriques qui y étaient répandus. Les intrigues d'amour tenaient alors une grande place dans la vie de Louis XIV; et pourvu que le sarcasme ne l'atteignît pas, il se plaisait à le voir lancer contre ceux qui, maintenant si souples et si soumis, s'étaient montrés si arrogants et si remuants pendant sa minorité. Là se trouve

---

[1] La première avec une croix de Saint-André sur le titre, et deux paginations finissant, l'une à la page 190, l'autre à 69; la seconde (suivant nous), avec une arabesque triangulaire sous le titre, et une seule pagination finissant p. 208 : ces deux éditions sont sans date; la troisième avec une sphère sur le titre, intitulée *édition nouvelle*, portant la date de 1666, et n'ayant qu'une seule pagination finissant à la p. 260.

[2] Loret, *Muse historique*, liv. XVI, p. 149. — Bussy, *Mém.*, t. II, p. 297, 298.

le secret de la haute protection qu'il accordait à Molière, et de la hardiesse des scènes de cet auteur. L'ouvrage de Bussy, bien loin donc de déplaire à Louis XIV, l'amusa ; mais il ne lui inspira aucune estime pour son auteur, et encore moins d'affection : il regarda Bussy comme un homme dangereux, qu'il fallait peut-être contenir, même ménager, et surveiller toujours. Bussy lui ayant demandé la faveur d'une audience particulière, il la lui accorda. Bussy fut touché jusqu'aux larmes de la manière aimable dont il fut accueilli : le roi lui promit de ne prêter l'oreille à aucune accusation, sans lui donner les moyens de se justifier ; et, de son côté, Bussy fit serment de ne se permettre aucune action, aucun écrit, aucun discours qui pût déplaire au roi [1]. Ce qui démontre, malgré ce qui se passa ensuite, que Louis XIV était sincère dans ses promesses, c'est l'approbation qu'il donna au choix que l'Académie Française fit de Bussy pour remplacer Perrot d'Ablancourt [2].

Cette indulgence et cette bienveillance apparentes furent ce qui perdit Bussy. Tous ceux qui se trouvaient blessés par la publicité donnée à son ouvrage s'agitèrent. Lenet, qui, comme nous l'avons vu, était l'ami de sa jeunesse, mais dévoué aux Condés, rompit avec lui [3]. Il fut un des plus ardents à faire entendre de vives réclamations contre l'espèce d'autorisation ou de tolérance accordée à un ouvrage qui contenait des outrages contre le premier prince du sang, le plus grand guerrier de son siècle. On produisit des chansons, des épigrammes, des libelles récemment composés contre le roi et son gouvernement,

---

[1] Bussy, *Mém.*, t. II, p. 283.
[2] Ibid., p. 295.
[3] Bussy, *Supplément*, Ire *partie*, p. 68.

que l'on attribuait à Bussy. Il était généralement considéré comme le plus bel esprit de la cour ; admiré au delà de son mérite, plus redouté que redoutable. Il ne fut pas difficile de persuader à la reine mère, dont le nom se trouvait souvent dans ces pièces satiriques, de se joindre aux ennemis de Bussy pour appeler contre lui des mesures de rigueur. Elle dit un jour, à son cercle : « Je suis surprise que monsieur le Prince, qui ne passe pas pour endurant, souffre patiemment ce que Bussy a dit de lui[1]. » Ces paroles réveillèrent la fureur du grand Condé ; et il se proposait de faire un affront à Bussy ; celui-ci ne l'ignorait pas, et il ne marchait qu'armé et cuirassé. Louis XIV, pour éviter un éclat et pour prévenir des violences qu'il eût été obligé de punir, fit, ainsi que nous l'avons dit, arrêter Bussy. Il fut conduit à la Bastille le 17 avril 1665[2]. Les accusations se renouvelèrent avec plus de force contre l'imprudent auteur de l'*Histoire amoureuse des Gaules*. On le représenta comme un factieux, et on parvint à donner quelque vraisemblance aux assertions qui le faisaient auteur de certains écrits contre le roi, récemment publiés dans l'étranger. Le président Tardieu, celui-là même dont les vers de Boileau ont rendu célèbres la sordide avarice et la funeste fin[3], fut chargé d'interroger Bussy au sujet de ces libelles. Louis XIV demeura convaincu qu'il n'en était pas l'auteur ; mais il le retint cependant à la Bastille, autant pour donner satisfaction à ses ennemis que pour

---

[1] Bouhier, *Manuscrits* cités dans *la Cour et la Ville*, publiés par M. Barrière, p. 464.

[2] Bussy *Mém.*, t. I, p. 301. — Bussy, *Discours à ses Enfants*, p. 374.

[3] Boileau, *Satire X*, v. 253 à 328, t. I, p. 182 à 185 de l'édit. de Saint-Marc, 1747, in-8°.

le protéger contre leur fureur. Bussy tomba malade de tristesse. Dans sa convalescence, le désir de faire cesser sa captivité lui faisait adresser sans cesse au roi et à la reine mère des placets où il prodiguait les éloges les plus emphatiques et les supplications les plus basses. Il assiégeait de ses lettres le duc de Saint-Aignan, Montausier, Le Tellier, l'archevêque de Paris, tous ceux qu'il savait à la cour lui porter de l'intérêt. Ils intercédaient en sa faveur auprès du roi ; mais Louis XIV ne répondait à aucune de ces sollicitations [1]. Ce ne fut qu'après que Bussy eut consenti à résigner à Coaslin sa charge de mestre de camp de la cavalerie légère, pour une somme moindre que celle qu'elle lui avait coûté, qu'il obtint enfin un adoucissement à son sort. Il sortit de la Bastille le 17 mai 1666, et il lui fut permis d'aller chez le chirurgien Dallancé (le même qui avait secouru Marigny) pour y rétablir sa santé [2]. Dans le mois d'août suivant, il fut exilé dans sa terre. Il partit le 6 septembre de Paris, et arriva quatre jours après dans son château de Bussy, où il commença une vie de retraite qui aurait pu être heureuse, s'il avait su bannir de son cœur les passions qui le dominaient. Mais l'amour et l'ambition ne cessaient point de le tourmenter. Pendant son séjour à la Bastille, une jeune religieuse, âgée de moins de vingt ans, s'était éprise de lui, et voulait tout sacrifier pour contribuer à sa délivrance. Ce fut lorsqu'il recevait une preuve si touchante d'un attachement auquel il ne répondit pas, qu'il apprit que madame de Monglat le trahissait, et en aimait un autre. Elle était la femme dont il

[1] BUSSY, *Mém.*, t. II, p. 336-356-358-367-368-370-372.

[2] Voyez la Ire partie de ces Mémoires, ch. XXXV, p. 479. Dallancé mourut fort riche, et laissa un fils, physicien célèbre. Conférez BOILEAU, Sat. X, v. 434, t. I, p. 194 de l'édit. de Saint-Marc.

se croyait le plus aimé, et il la jugeait incapable de l'abandonner dans le malheur [1]; aussi son désespoir ne se peut décrire quand il fut certain qu'elle le trompait : « Je faillis en mourir, dit-il, et je suis venu, à la fin, à ce bienheureux état d'indifférence qu'elle méritait il y avait longtemps [2]. » Mais on pourrait douter, malgré cette assertion, que ce bienheureux état ait jamais existé pour lui : quatorze ans après sa rupture avec madame de Monglat, il faisait des vers contre elle; et les inscriptions et les emblèmes qui se voyaient au château de Bussy, et qui y sont peut-être encore, sont des preuves irrécusables que le souvenir de cette infidélité lui fut toujours amer [3].

Cependant madame de Sévigné, que Bussy avait si odieusement outragée, voulut se rapprocher de lui quand elle le sut malheureux et captif : ce qui s'est passé entre elle et lui à cette époque orageuse de leur liaison sera l'objet du chapitre suivant.

[1] Bussy, *Mém.*, t. II, p. 362.
[2] Ibid.
[3] Millin, *Voyages dans les départements du Midi*, t. I, p. 210, 213. — Corrard de Breban, *Souvenirs d'une visite aux ruines d'Alise et au château de Bussy-Rabutin*, Troyes, 1833, p. 18.

CHAPITRE XXV.

1658 — 1668.

Attachement réciproque de madame de Sévigné et de Bussy. — Bussy se repent vivement d'avoir offensé sa cousine. — Belle conduite de Bussy envers elle, lors des lettres qui furent trouvées chez Fouquet. — Discussion qu'il eut à ce sujet avec de Rouville, son beau-frère. — Madame de Sévigné est sensible au procédé de Bussy. — Ce qui s'était passé à l'égard du portrait de madame de Sévigné de l'*Histoire amoureuse des Gaules*. — Madame de Sévigné prête de l'argent à Bussy. — Bussy et madame de Sévigné se voient en Bourgogne, et sont charmés l'un de l'autre. — Madame de Sévigné apprend qu'il court des copies de l'ouvrage de Bussy. — Elle rompt tout commerce avec lui. — Il est mis à la Bastille. — L'intérêt que lui porte madame de Sévigné se réveille. — Elle envoie savoir de ses nouvelles. — Elle se brouille avec la marquise de La Baume. — Rapports inexacts faits à Bussy sur madame de Sévigné. — Il la croit contre lui. — Elle est la première à l'aller voir chez Dallancé. — Ils n'osent s'expliquer, et se séparent à moitié réconciliés. — Leur correspondance recommence. — Lettre de Bussy à madame de Sévigné, contenant le récit d'une visite au château de Bourbilly. — Madame de Sévigné met peu d'empressement à répondre. — Reproche que lui en fait Bussy. — Il lui confie toutes ses affaires. — Peu satisfait d'elle, il est quelque temps sans lui écrire. — Elle lui rappelle qu'elle lui a écrit la dernière. — Explication entre Bussy et madame de Sévigné. — Bussy retrace sa conduite envers elle, et il lui reproche de l'avoir abandonné. — Nouvelle lettre de Bussy qui renouvelle les reproches de la première. — Madame de Sévigné répond par une longue apologie. — Réplique de Bussy. — Madame de Sévigné lui demande la généalogie des Rabutins. — Nouvelles explications, et nouvelles réfutations de madame de Sévigné des reproches de Bussy. — Fin de cette discussion. — Bussy écrit à sa cousine qu'il se rend à discrétion. — Réplique aimable de madame de Sévigné. — Renouvellement de leur correspondance et de leur intimité.

Quoique, dans le nombre de ceux qui composaient la société de madame de Sévigné, Bussy n'était pas celui qui lui paraissait le moins exempt de défauts, c'était celui pour lequel elle se sentait cependant la plus forte inclination. D'un autre côté, si, dans toutes les femmes que Bussy avait connues, madame de Sévigné n'était pas celle qui lui avait inspiré le plus violent amour, ce fut celle vers laquelle il se sentait le plus constamment attiré par les liens les plus durables, par la confiance la plus intime, par l'estime la mieux sentie. Madame de Sévigné admirait dans son cousin les talents militaires, une bravoure brillante, les grâces du courtisan, le savoir et les talents de l'homme de lettres. Elle exagérait beaucoup sans doute son mérite, surtout sous ce dernier rapport ; toutefois, elle avait raison de le considérer comme un des hommes les plus spirituels de la cour, un de ceux qui parlaient et écrivaient avec le plus de facilité et de pureté. Lui, ne faisait que porter sur sa cousine un jugement équitable, quand il voyait en elle la femme la plus aimable de son temps, celle qui dans un cercle, ou la plume à la main, possédait le plus de moyens de plaire. Il la flattait quand il lui disait qu'elle était la plus jolie femme de France ; mais il lui rendait justice quand il se montrait persuadé qu'elle était la femme la plus attrayante et du mérite le plus accompli.

Tous les deux éprouvaient une peine extrême de se trouver brouillés l'un avec l'autre, parce qu'en effet en rompant ensemble chacun avait perdu son plus sincère admirateur, son confident le plus intime. Madame de Sévigné ressentait contre son cousin un courroux qui n'était que trop justifié par les mortifications que son perfide écrit lui faisait subir ; mais elle avait en même temps de vifs regrets que les conseils de son oncle lui eussent fait perdre l'occasion de rendre à son cousin le service qu'il lui avait demandé, et de lui avoir donné lieu de soupçonner sa sincérité et son amitié. Quant à Bussy, il éprouvait un remords profond de s'être vengé d'une manière si cruelle. C'est lui-même qui nous le dit [1]. Il ne pouvait se pardonner « d'avoir offensé une femme jolie, excellente, sa proche parente, qu'il avait toujours aimée et de l'amitié de laquelle il ne pouvait pas douter ».

Avec ces mutuelles dispositions, la moindre circonstance pouvait opérer une réconciliation. Cette circonstance se présenta.

Lorsqu'on sut que parmi les papiers saisis chez le surintendant il se trouvait un grand nombre de lettres qui lui avaient été adressées par madame de Sévigné, la malignité publique, qui, telle qu'un génie infernal, se complaît surtout dans la chute de ce qu'il y a de plus pur et de plus parfait, s'empara aussitôt d'une réputation qu'elle s'était vue contrainte de respecter jusque ici, pour se donner le plaisir de la déchirer. Elle y procéda avec cette dextérité cruelle que donne l'envie qui s'attache à la vertu : on fouilla dans le passé, on rappela toutes les attentions, tous les soins, toutes les galanteries de Fouquet pour madame de Sévigné. Si jusque ici, disait-on, elle avait échappé aux soupçons qui pour tant d'autres s'étaient convertis en certitude, c'est qu'elle avait su mieux dissimuler et mieux sauver les apparences. En vain ses nombreux amis s'efforçaient-ils de persuader que sa correspondance avec le surintendant n'était relative qu'à des affaires de famille;

---

[1] Bussy, comte de Rabutin, *Mém. mss.* cités dans Monmerqué, *Lettres* de Sévigné, t. I, p. 56.

en vain on citait, pour le prouver, les paroles du roi et de son ministre : Fouquet n'avait pas coutume de serrer des papiers d'affaires dans sa cassette réservée. On savait quelles étaient les lettres de mademoiselle de Menneville, et de plusieurs autres dames de la cour, qui avaient été trouvées dans cette mystérieuse cassette : pouvait-on croire que celles de madame de Sévigné fissent exception et fussent d'une autre nature?

Il est des circonstances où l'on donne plus de poids aux accusations quand on cherche à les combattre : telle était la position où se trouvait placée madame de Sévigné. Tâcher de repousser les soupçons auxquels elle était en butte, c'était déjà reconnaître qu'ils pouvaient être fondés, et renoncer à ce juste orgueil d'une bonne conscience, qui nous persuade que nous sommes au-dessus des atteintes de la calomnie ; avoir la force de les mépriser est peut-être le moyen le plus efficace de les anéantir. D'ailleurs, la faveur dont madame de Sévigné jouissait à la cour, la manière dont le monarque s'exprimait sur son compte, ne permettaient pas d'en agir avec elle comme avec celles dont les papiers trouvés chez Fouquet avaient mis à nu les intrigues et la vénalité, et dont la conduite scandaleuse avait été punie par l'exil ou le couvent. C'était avec ménagement qu'on se permettait contre elle les plus perfides insinuations ; c'était avec de cruelles réticences, avec de malins sourires, ou un air de compassion et de tristesse hypocrite, qu'on s'entretenait de ses liaisons avec le surintendant, et des malheureuses lettres qu'on avait trouvées dans la fatale cassette. On peut se présenter en face devant la diffamation qui se produit dans les carrefours, ou qui s'annonce à son de trompe ; mais celle qui s'enferme dans des réduits, qui ne parle qu'à l'oreille, qui renie ses actes et dissimule son visage, comment l'atteindre? Cependant les blessures faites par des coups portés dans l'ombre ne sont ni moins nombreuses ni moins douloureuses ; le feu attisé pour consumer ce que vous avez de plus cher, votre honneur, votre bonne renommée, n'en est pas moins dévorant, quoiqu'il couve et se propage sous la cendre, et qu'il ne jette point de flamme. Ainsi, madame de Sévigné, journellement exposée à des attaques qu'elle ignorait, se trouvait dans l'impuissance de se justifier, en faisant connaître quelles avaient été ses relations avec Fouquet, et en mettant au grand jour sa sincérité, son désintéressement et l'innocence de sa vie.

Bussy fut celui qui ressentit plus vivement toute la peine qu'elle éprouvait : comme parent, il s'indigna des discours qu'on tenait sur son compte; il s'en affligea comme amant. Les sentiments de tendresse qu'il avait autrefois ressentis pour cette cousine si bonne, si aimable, si séduisante, et qui jamais n'avaient été entièrement éteints, se réveillèrent alors avec force. Le remords de l'avoir offensée, d'avoir contribué à accroître contre elle la puissance des calomniateurs; le besoin qu'il éprouvait de laver, comme il le dit lui-même, une tache dans sa vie, le portèrent à défendre la réputation de madame de Sévigné, à la justifier de tous les torts qu'on voulait lui imputer [1].

Cependant Bussy, en homme qui par sa propre expérience a acquis des preuves répétées de la fragilité des femmes, crut devoir agir avec prudence. Avant de se déclarer le champion de l'honneur de sa cousine avec toute l'énergie et la hauteur que comportaient l'orgueil de son caractère et ses titres de gentil-homme et de guerrier, il crut

---

[1] SÉVIGNÉ, *Lettres*, t. I, p. 57, édit. 1820.

devoir s'assurer si, comme on le prétendait, les lettres qu'elle avait écrites à Fouquet n'étaient pas de nature à ébranler la confiance qu'on devait avoir dans sa vertu. Laissons-le s'expliquer lui-même sur ce sujet délicat : « Avant de m'embarquer, dit-il, à la défense de la marquise, je consultai Le Tellier, qui seul avait vu, avec le roi, les lettres qui étaient dans la cassette de Fouquet. Il me dit que celles de la marquise étaient d'une amie qui avait bien de l'esprit, qu'elles avaient bien plus réjoui le roi que les douceurs des autres ; mais que le surintendant avait mal à propos mêlé l'amour avec l'amitié. »

Sûr de son fait, Bussy se fit hautement, avec chaleur et en toute occasion, l'avocat de madame de Sévigné. Il éleva la voix contre tous ceux qui voulaient la confondre avec les maîtresses de Fouquet. De Rouville, beau-frère de Bussy, ignorant ce qu'il pensait à cet égard, parla un jour, dans une société où ils se trouvaient tous deux, de l'intrigue de la jolie marquise de Sévigné comme d'une chose connue, avérée et démontrée par ses lettres. Bussy prit la parole pour lui répondre, et donna avec calme des explications qui satisfirent toutes les personnes présentes à cette discussion, à la réserve de Rouville, qui souffrait impatiemment, surtout de la part d'un beau-frère, de se trouver convaincu d'avoir mal parlé d'une femme digne de considération et de respect. Comme tous ceux qui n'ont ni assez de justice dans le cœur ni assez de loyauté dans le caractère pour convenir qu'ils ont tort, et qui, dans l'impuissance de réfuter la défense, s'attaquent au défenseur, de Rouville dit à Bussy : « Il est bien plaisant de vous voir défendre si fortement madame de Sévigné, après en avoir parlé comme vous avez fait. » — « Jamais, répondit Bussy d'une voix tonnante, je n'ai attaqué sa vertu. » — « Après avoir fait tant de bruit contre elle, dit de Rouville, il vous sied mal de trouver mauvais que d'autres en fassent. » — « Je le trouve très-mauvais, au contraire, répondit Bussy ; et je n'aime le bruit que quand je le fais moi-même [1]. »

Nous ignorons comment se termina cette querelle entre les deux beaux-frères ; mais ce que nous en savons nous prouve l'ardeur avec laquelle Bussy plaida la cause de sa cousine. Rien ne contribua plus à rectifier l'opinion sur madame de Sévigné, et à lui faire rendre enfin toute la justice qui lui était due, que le témoignage d'un parent avec lequel elle était depuis longtemps brouillée, qui avait donné des preuves publiques d'animosité contre elle, qui par son caractère était porté au dénigrement, dont l'esprit malin et caustique aimait singulièrement à s'exercer contre les femmes, et se plaisait à en médire. Le bien que Bussy fit à madame de Sévigné dans cette circonstance surpassa de beaucoup le mal qu'il lui avait fait par son écrit ; ou plutôt on peut dire avec vérité qu'il lui eût été impossible de lui faire autant de bien, s'il ne lui avait pas fait tant de mal.

Madame de Sévigné fut extrêmement touchée de la conduite de son cousin. A cette époque l'*Histoire amoureuse des Gaules* n'était connue que par quelques lectures qu'en avait faites Bussy, devant un très-petit nombre de personnes, dont les indiscrétions avaient seules donné connaissance à madame de Sévigné du portrait satirique que son cousin avait fait d'elle. Madame de Monglat, qui désirait gagner l'affection de madame de Sévigné, lui dit qu'elle avait obligé Bussy à retrancher de

---

[1] Bussy, *Mém. mss.* ; dans Sévigné, *Lettres*, édit. 1820, t. I, p. 58.

sa scandaleuse histoire tout ce qui la concernait, et qu'elle l'avait fait consentir à brûler devant elle toute cette partie de son ouvrage.

Alors rien ne s'opposait plus à une réconciliation que madame de Sévigné ne désirait pas moins que Bussy. Elle eut lieu lorsque, en 1662, madame de Sévigné revint à Paris, après avoir passé en Bretagne les six premiers mois qui suivirent l'arrestation de Fouquet. Cette réconciliation fut sincère de part et d'autre, et cimentée par un échange mutuel de bons offices [1]. Bussy, dont les affaires étaient toujours en désordre, ayant eu besoin (en 1663) d'une somme de quatre mille livres pour se rendre au camp de Marsal, les trouva dans la bourse de sa cousine. Ils se virent ensuite familièrement en Bourgogne, car il y a lieu de présumer que ce fut au commencement de l'année 1664 que Bussy se rendit dans sa terre pour y recevoir le maréchal Duplessis-Praslin, qui allait à Lyon prendre le commandement de l'armée d'Italie [2] ; madame de Sévigné les reçut tous deux dans son château de Bourbilly, où alors elle se trouvait [3]. Quoi qu'il en soit, il est certain que ce fut au retour d'un voyage fait en Bourgogne que Bussy et madame de Sévigné revinrent mutuellement charmés l'un de l'autre ; c'est à cette époque que leur liaison reprit ce caractère d'intimité qui leur rappelait à tous deux les belles années de leur jeunesse [4].

Cet heureux temps ne fut pas de longue durée. Le manus-

---

[1] Sévigné, lettre en date du 26 juillet 1668, t. I, p. 129.

[2] Bussy-Rabutin, Mém., t. II, p. 201.

[3] Bussy-Rabutin, lettre à madame de Sévigné (datée de Forléans, le 21 novembre 1666), t. I, p. 109 et 110 de l'édit. de Monmerqué.

[4] Sévigné, Lettres, t. I, p. 129, en date du 26 juillet 1668.

crit de l'*Histoire amoureuse des Gaules*, qui fut prêté à la marquise de La Baume, contenait le portrait de madame de Sévigné, soit qu'il n'eût jamais été retranché de l'ouvrage, soit, comme le prétend Bussy, qu'après avoir été déchiré, et non pas brûlé, en présence de la marquise de Monglat et de son mari, ce dernier en eût ensuite ramassé et rejoint les morceaux, et en eût fait faire une copie que Bussy voulut revoir, et qu'il eut la faiblesse de prêter à la marquise de La Baume, dont il ne pouvait prévoir la trahison[1]. Ce qu'il y a de certain, c'est que madame de Sévigné fut à peine de retour à Paris, qu'on la prévint que Bussy la trompait; qu'il n'avait point détruit le portrait satirique qu'il avait fait d'elle; on assurait même l'avoir vu entre les mains de la marquise de La Baume. Madame de Sévigné n'ajouta aucune foi aux bruits qui couraient à cet égard. Elle crut que c'était une invention des ennemis de Bussy, devenus nombreux et implacables depuis qu'il circulait des copies de son scandaleux libelle. Mais il fallut bien se rendre à l'évidence lorsque l'ouvrage fut imprimé. Madame de Sévigné eut le cœur navré d'une telle perfidie. Aussitôt qu'elle eut vu le livre, convaincue par ses propres yeux qu'on lui avait dit la vérité, elle en parla à Bussy, qu'elle rencontra avec toute la cour chez MONSIEUR, au Palais-Royal. Bussy resta d'abord interdit par la vivacité de ses reproches; mais ensuite il chercha à lui persuader qu'il avait réellement retranché de son ouvrage les passages qui la concernaient, et qu'il fallait que depuis ils eussent été rétablis de mémoire par celle qui avait voulu se venger de lui, en livrant à l'impression ce qu'il ne lui avait communiqué que sous le sceau du secret. Madame de Sé-

---

[1] Bussy, *lettre* en date du 29 juillet 1669, t. I, p. 135.

rien de si vrai ; et je vous donne avis que si vous la vendez jamais, vous fassiez ces marchés par procureur; car votre présence en diminuerait le prix. En arrivant, le soleil, qu'on n'avait pas vu depuis deux jours, commença à paraître, et lui et votre fermier firent bien les honneurs de la maison : celui-ci en me faisant une bonne collation, et l'autre en dorant toutes les chambres que les Christophle [1] et les Guy [2], s'étaient contentés de tapisser de leurs armes. J'y étais allé en famille, qui fut aussi satisfaite de cette maison que moi. Les Rabutins vivants, voyant tant d'écussons, s'estimèrent encore davantage, connaissant par là ce que les Rabutins morts faisaient de cette maison. »

Madame de Sévigné était en Bretagne, à sa terre des Rochers, qu'elle s'occupait à agrandir et à embellir, lorsqu'elle reçut cette lettre de son cousin. Elle ne mit pas beaucoup d'empressement à répondre. Elle attendit l'époque de son retour à Paris. Sa réponse est du 20 mai 1667, c'est-à-dire postérieure de quatre mois et demi à la lettre que Bussy lui avait écrite. Elle excuse, mais assez mal, ce long retard [3]. Bussy lui en fait de légers reproches [4]. Madame de Sévigné répondit encore ; mais comme nous n'avons pas sa lettre, nous ne pouvons juger si Bussy fut mécontent de ce qu'elle avait de nouveau trop tardé à lui écrire, ou s'il fut peu satisfait des choses qu'elle lui avait

---

[1] Christophle de Rabutin, seigneur de Sully et de Bourbilly, né vers 1500, mort en 1529.
[2] Guy de Rabutin, né en 1532, le premier qui porta le titre de baron de Chantal.
[3] SÉVIGNÉ, Lettres, t. I, p. 111 (en date du 20 mai 1667).
[4] SÉVIGNÉ, Lettres, t. I, p. 113 (lettre de Bussy, en date du 23 mai 1667).

écrites : ce qui est certain, c'est qu'il suspendit alors sa correspondance avec elle. Dans sa dernière lettre, cependant, il avait montré la plus entière confiance dans sa cousine ; il lui avait fait part de ses affaires, il lui avait envoyé copie de toutes les lettres qu'il avait adressées au roi.

Madame de Sévigné fut étonnée du long silence de Bussy à son égard, et désira y mettre fin. Soit qu'elle se reprochât d'y avoir donné lieu en tardant trop à lui répondre, soit qu'elle se repentît de la manière dont elle lui avait répondu, soit par toute autre cause, elle se décida à lui écrire de nouveau. Dans sa lettre en date du 6 juin 1668, lettre très-courte mais très-significative, elle rappelle à son cousin que c'est elle qui lui a écrit la dernière ; qu'elle a de trop légitimes sujets de plaintes contre lui pour qu'il en ajoute de nouveaux en la négligeant.

Alors commence une longue explication, que quelques mots dits chez Dalancé auraient rendue inutile ; mais nous ne devons point regretter que ces mots n'aient point été prononcés, car nous n'aurions pas les lettres qui nous font le mieux connaître le noble caractère de madame de Sévigné.

La défense de Bussy contre la trop juste accusation que lui intente sa cousine est un chef-d'œuvre d'adresse. Il commence d'abord par faire l'éloge de son accusatrice, et il accompagne cet éloge de phrases pleines de tendresse et de galanterie. Il avoue qu'il a été bien coupable ; mais du moins les remords de sa faute ont été sincères, tandis que sa cousine ne paraît pas avoir fait franchement le sacrifice de son ressentiment, et qu'elle semble même se repentir de lui avoir pardonné [1]. Il lui rappelle

---

[1] SÉVIGNÉ, *Lettres*, t. I, p. 121 (le 9 janvier 1668).

vigné ne fut pas dupe des mensonges de son cousin. Dès ce moment il ne lui fut plus possible d'avoir confiance en lui, ni d'être pour lui ce qu'elle avait été.

Cependant, ce fut presque aussitôt après cette explication que Bussy fut mis à la Bastille. On sut que la publication de son ouvrage était la principale cause de son arrestation, et que cette publication était due à la trahison de la marquise de La Baume, avec laquelle il s'était brouillé [1]. Madame de Sévigné n'eut plus le même ressentiment contre Bussy dès qu'elle le sut malheureux : elle envoya s'informer de sa santé ; mais il paraît qu'on n'eut pas soin d'instruire le prisonnier de ces marques d'intérêt qui lui étaient données par sa cousine. On lui dit, au contraire, que, très-animée contre lui, elle se répandait en plaintes amères sur l'indignité de ses procédés. Il n'en était rien : madame de Sévigné ne parlait de Bussy qu'avec attendrissement, et pour exprimer la peine qu'elle éprouvait de le savoir captif. Elle rompit tout commerce avec la marquise de La Baume [2], condamna hautement sa conduite, et soutint qu'une femme ne doit jamais chercher à se venger des injures qui lui sont faites, parce que pour atteindre ce but il faut qu'elle abdique cette vertu du cœur qui est le plus bel attribut de son sexe, la bonté. Bussy, qui, malgré la haute opinion qu'il avait de sa cousine, ne connaissait pas toute sa grandeur d'âme, ajouta foi aux rapports mensongers qui lui étaient faits. Madame de Sévigné ne fut donc point au nombre des personnes avec lesquelles il chercha à se mettre en communication dans sa prison. Il ne la pria point d'intercéder en sa faveur, et préféra

---

[1] SÉVIGNÉ, *lettre* en date du 26 juillet 1668, t. I, p. 131.

[2] BUSSY, *loc. cit.*

s'adresser pour cet objet à madame de Motteville, avec laquelle il était lié d'une manière bien moins intime [1].

Cependant, lorsque Bussy sortit de la Bastille, la première personne qui vint le voir chez Dalancé, ce fut madame de Sévigné. Cette visite, à laquelle il ne s'attendait pas, lui fit un plaisir extrême, malgré les torts qu'il supposait à sa cousine ; il en avait envers elle de si graves, qu'il n'osa pas lui faire des reproches. Il évita donc avec soin une explication ; madame de Sévigné, qui croyait n'avoir pas besoin d'en donner, n'en provoqua aucune. Ils se séparèrent avec les dehors d'une apparente cordialité et les sentiments d'une défiance réciproque [2].

Telles étaient leurs dispositions l'un envers l'autre lorsque leur correspondance recommença ; mais ce fut d'abord, comme on va le voir, lentement et péniblement.

Bussy, retiré dans sa terre, où il resta exilé pendant dix-sept ans, écrivit le premier à sa cousine une lettre affectueuse et galante [3]. Il venait de visiter le château de Bourbilly, et se rappelait avec tristesse la dernière et aimable réception que sa cousine lui avait faite dans ce séjour.

« Je fus hier à Bourbilly, dit-il ; jamais je n'ai été si surpris, ma belle cousine. Je trouvai cette maison belle ; et quand j'en cherchai la raison, après le mépris que j'en avais fait il y a deux ans, il me sembla que cela venait de votre absence. En effet, vous et mademoiselle de Sévigné enlaidissez ce qui vous environne ; et vous fîtes ce tour-là il y a deux ans à votre maison. Il n'y a

---

[1] Bussy, *Mém.*, t. III, p. 337.

[2] Sévigné, *Lettres*, t. I, p. 131-137 (*lettre de madame de Sévigné*, en date du 26 juillet, et *de Bussy*, en date du 29).

[3] Bussy (*lettre* du 21 novembre 1666), dans Sévigné, t. I, p. 109.

que lorsqu'ils étaient encore brouillés, il prit sa défense contre ses calomniateurs, et qu'au contraire elle l'a abandonné lorsqu'il était accablé par ses ennemis : « Ces changements, dit-il, sont étranges en vous, car vous êtes pleine de douceur et d'amitié pour moi : seulement, vous n'avez pas la force de résister à la mode, et je n'y suis plus : voilà mon malheur. »

Madame de Sévigné ne fit point d'abord de réponse à cette lettre, ce qui laissa le temps à son cousin de lui en écrire une autre, très-courte, six semaines après[1]. Dans celle-ci, Bussy demande à madame de Sévigné de le recommander à un conseiller rapporteur dans un procès qu'il avait au grand conseil, si toutefois elle ne craint pas de se compromettre en témoignant de l'intérêt pour un homme tombé en disgrâce.

Alors madame de Sévigné n'y peut tenir, elle éclate; et dans une longue lettre, écrite avec une éloquente impétuosité, elle accable son cousin de toute la puissance et de toute la force de la vérité, et termine, sans aigreur, par les assurances de sa tendresse, exprimées de la manière la plus vive et la plus aimable.

Elle commence cette lettre remarquable en lui disant[2] :

« Mon cousin, apprenez de moi que ce n'est pas la mode de m'accuser de faiblesse pour mes amis. J'en ai beaucoup d'autres, comme dit madame de Bouillon, mais je n'ai pas celle-là. Cette pensée n'est que dans votre tête; et j'ai fait ici mes preuves de générosité sur le sujet des disgraciés, qui m'ont mise en honneur dans beaucoup de bons lieux, que je vous dirais bien si je voulais. Je ne

---

[1] SÉVIGNÉ, Lettres, t. I, p. 126 (en date du 17 juillet 1668).
[2] Ibid., p. 127 (en date du 26 juillet 1668).

crois donc pas mériter ce reproche : il faut que vous rayiez cet article sur le mémoire de mes défauts... Mais venons à vous. »

Elle y vient en effet ; et c'est pour lui montrer toutes les contradictions, les absurdités dans lesquelles lui, homme d'esprit, était tombé, par l'impossibilité de se justifier autrement que par des impostures. Elle réfute les sophismes par lesquels il a voulu rejeter sur elle des torts qui étaient les siens ; elle déjoue toutes les ruses de son esprit, et le poursuit dans tous les subterfuges de sa conscience ; puis, certaine qu'il ne peut rien opposer à l'évidence des faits, à la force des arguments, elle termine ainsi :

« Voilà ce que je voulais vous dire une fois en ma vie, en vous conjurant d'ôter de votre esprit que ce soit moi qui ait tort. Gardez ma lettre, et la relisez, si jamais la fantaisie vous prenait de le croire ; et soyez juste là-dessus, comme si vous jugiez d'une chose qui se fût passée entre deux autres personnes : que votre intérêt ne vous fasse pas voir ce qui n'est pas. Avouez que vous avez cruellement offensé l'amitié qui était entre nous, et je suis désarmée. Mais de croire que si vous répondez, je puisse jamais me taire, vous auriez tort, car ce m'est impossible. Je verbaliserai toujours ; au lieu d'écrire en deux mots, comme je vous l'avais promis, j'écrirai en deux mille ; et enfin j'en ferai tant par des lettres d'une longueur cruelle et d'un ennui mortel, que je vous obligerai, malgré vous, à me demander pardon, c'est-à-dire à me demander la vie. Faites-le donc de bonne grâce. »

Bussy pourtant ne voulut pas accepter tout ce que cette lettre avait d'accablant pour lui. Dans une réponse très-longue, et qui commence sur le ton le plus sérieux et le plus froid¹, il cherche par de nouvelles explications à démontrer que si les torts qu'il a eus ont été les plus graves, ce n'est pas une raison pour donner à sa cousine le droit de penser qu'elle n'en a eu aucun. Toute sa lettre se résume par les paroles suivantes, qui étaient sincères, et qui même, dans l'accusation qu'elles renferment, n'étaient pas dénuées de vérité² :

« Je vous avoue que j'ai mille fois plus de torts que vous, parce que ma représaille a été plus forte que l'offense que vous m'aviez faite, et que je ne devais pas m'emporter si fort contre une jolie femme comme vous, ma proche parente, et que j'avais toujours bien aimée : pardonnez-moi donc, ma cousine, et oublions le passé au point de ne nous en souvenir jamais. Quand je serai persuadé de votre bonne foi dans votre retour pour moi, je vous aimerai mille fois plus que je n'ai jamais fait ; car, après avoir ce qu'on appelle tourné et viré, je vous trouve la plus agréable femme de France. »

Madame de Sévigné n'ignorait pas que pour mieux convaincre il faut quelquefois ne pas montrer trop d'empressement à le faire, et qu'on a plus de facilité à détruire une opinion quand la chaleur de l'esprit est refroidie et laisse au jugement toute sa liberté. Au lieu donc de répondre à son cousin sur ce que renfermait sa dernière lettre, elle se contenta de lui en accuser réception, promettant d'y faire de longues apostilles quand elle en aura le loisir. Pour le moment elle lui demande les copies des titres de la maison de Rabutin, pour M. de Caumartin, qui s'occupe de mettre en ordre les preuves de no-

---

¹ Sévigné, *Lettres*, t. I, p. 133 (*lettre* en date du 29 juillet 1668).
² Ibid., p. 138 (*lettre* du 29 juillet 1668).

blesse relatives aux familles de la province : « Ne manquez pas à cela, lui dit-elle : il y va de l'honneur de notre maison ; on ne peut être plus vive sur cela que je le suis. Adieu, faites réponse à ceci ; je vous écrirai plus à loisir[1]. »

Bussy transmet à sa cousine les pièces qu'elle réclame[2], et en même temps il montre une grande impatience de recevoir son commentaire à la dernière lettre qu'il lui a écrite.

Enfin arrive la réponse de madame de Sévigné à cette lettre de son cousin[3], cette *duplique* à la réplique, comme elle l'appelle plaisamment. Elle insiste cette fois, plus fortement que la première, pour prouver qu'elle n'a pas eu les premiers torts, et elle entre à cet égard dans de grandes explications ; peut-être parce que c'était là le point le plus difficile de la cause. Il lui était impossible de trouver l'argent que lui avait demandé Bussy, « à moins, dit-elle, de l'aller prendre dans la bourse du surintendant, où je n'ai rien voulu chercher ni trouver. Ensuite elle remet dans tout son jour, mais avec gaieté, et dans un style tout différent de celui de sa première lettre, toute la cruauté, tout l'odieux des procédés de Bussy à son égard, qui après un raccommodement, après qu'elle s'était remise avec lui de bonne foi, l'avait livrée sans pitié aux brigands, « c'est-à-dire, dit-elle, à madame de La Baume. Ne me dites point que c'est la faute d'un autre, cela n'est point vrai ; c'est la vôtre purement : c'est sur cela que je vous donnerais un beau soufflet, si j'avais

---

[1] SÉVIGNÉ, t. I, p. 143, édit. de Monmerqué (*lettre* en date du 14 août 1668).

[2] Ibid., p. 144 (*lettre* en date du 14 août).

[3] SÉVIGNÉ, *lettre* en date du 28 août 1668, t. I, p. 145.

l'honneur d'être près de vous, et que vous me vinssiez conter ces lanternes. » Afin d'adoucir tout le mordant de ses arguments, elle termine en disant : « Adieu, comte; je suis lasse d'écrire, et non pas de lire tous les endroits tendres et obligeants que vous avez semés dans votre lettre [1]. »

Bussy voulut ne pas avoir l'air de se montrer assez peu galant, de continuer une discussion où sa cousine voulait avoir le dernier : il commence sa réponse par déclarer que, sans même demander à capituler, il se rend à discrétion. « On ne peut pas être moins capable de triplique que je le suis, ma belle cousine : pourquoi m'y voulez-vous obliger? Je me suis rendu dans la réplique que je vous ai faite; je vous ai demandé la vie. Vous me voulez tuer à terre, et cela est un peu inhumain. Je ne pensais pas que vous vous mêlassiez, vous autres belles, d'avoir de la cruauté sur d'autres chapitres que celui de l'amour. Cessez donc, petite brutale, de vouloir souffleter un homme qui se jette à vos pieds et qui vous avoue sa faute, et qui vous prie de la lui pardonner. Si vous n'êtes pas encore contente des termes dont je me sers en cette rencontre, envoyez-moi un modèle de la satisfaction que vous souhaitez, et je vous la renverrai écrite et signée de ma main, contre-signée d'un secrétaire, et scellée du sceau de mes armes. Que vous faut-il davantage [2]? »

« Levez-vous, comte, dit madame de Sévigné dans sa réponse à cette dernière lettre de Bussy, je ne veux point vous tuer à terre; ou reprenez votre épée, pour recom-

---

[1] SÉVIGNÉ, Lettres, t. I, p. 146, lettre en date du 28 août 1669.
[2] SÉVIGNÉ, Lettres, t. I, p. 149, lettre de Bussy, en date du dernier août 1668.

mencer le combat. Mais il vaut mieux que je vous donne la vie et que nous vivions en paix [1]. »

Ainsi finit cette explication ; les résultats en furent heureux. Par là madame de Sévigné et Bussy se purgèrent de toutes ces humeurs rancuneuses, de toutes ces réticences qui sont mortelles en amitié. En même temps, le désir qu'ils avaient de se plaire et de renouer leur correspondance les porta à adoucir les reproches qu'ils s'adressaient, par des éloges si flatteurs et des protestations si affectueuses, qu'ils restèrent pleinement rassurés sur les dispositions où ils se trouvaient l'un envers l'autre. Les restes d'animosité et de défiance qu'ils avaient conservés se dissipèrent. Si l'intimité de leur commerce fut quelquefois troublée par de légers nuages, du moins elle n'éprouva plus d'interruption ; leur correspondance redevint fréquente et active ; et les liens de parenté, le voisinage de leurs terres, l'admiration qu'ils avaient l'un pour l'autre, tout leur fit un besoin de se communiquer leurs pensées : ce besoin devint une habitude que la mort seule eut le pouvoir de rompre.

[1] Sévigné, *Lettres*, t. I, p. 150 (en date du 4 septembre 1668).

Nous finissons ici cette seconde partie des Mémoires sur madame de Sévigné. Celles qui suivent resteront peut-être encore longtemps entre les mains de leur auteur, si nous nous déterminons à les mettre au jour. Il y a plus de dix ans que nous avons composé et achevé cet ouvrage. Un motif qui paraîtrait bien léger, mais qui est pour nous d'un grand poids, nous a engagé à donner nos soins à la publication de ces deux volumes, lorsque tout concourait à nous écarter d'un tel travail, et que nous éprouvions une extrême répugnance à soumettre au jugement du public une production étrangère aux travaux qui nous occupent exclusivement. Ce qui doit nous servir d'excuse, c'est que ces deux parties forment un tout distinct, et ont une utilité spéciale. En effet :

Dans la première partie prenant madame de Sévigné au berceau, nous l'avons montrée recevant la plus heureuse éducation, sans qu'il en coûtât aucun sacrifice aux moindres joies de son enfance; puis au sein des richesses goûtant d'abord tout le bonheur et éprouvant ensuite toutes les peines de l'état conjugal; veuve, enfin, et encore jeune et belle, sachant, au milieu de la plus effroyable licence, se conserver pure, quoique sans cesse assiégée par les plus dangereuses séductions.

Dans la seconde partie on a vu madame de Sévigné, femme aimable et mère héroïque, se consacrer à l'éducation de ses enfants sans rompre avec le monde, sans fuir les hommages que ses charmes et les grâces de son esprit lui attiraient. L'histoire de son siècle, celle des personnages qui lui furent attachés par les liens du sang ou de l'amitié, ou que subjugua une plus forte passion; la description des mœurs et des habitudes des temps qu'elle a traversés, nous ont occupé autant qu'elle-même ; de sorte que ces deux parties forment, nous le croyons, une introduction complète à ce recueil des lettres que nous devons aux besoins de son cœur maternel, en proie aux tourments de l'absence. Lorsque ce recueil parut, on ne le considéra que comme une œuvre littéraire, que comme une longue et charmante causerie, qui offrait un parfait modèle du style épistolaire ; mais un des hommes les plus spirituels de cette époque, qui avait vu finir le grand siècle, écrivait, après en avoir achevé la lecture :

« Je n'ai jamais eu l'imagination aussi frappée : il m'a semblé que d'un coup de baguette, comme par magie, elle avait fait sortir cet ancien monde, que nous avons vu si différent de celui-ci, pour le faire passer en revue devant moi [1]. »

Cet ancien monde est encore bien plus différent du nôtre que celui du milieu du dix-huitième siècle, dont il est fait mention dans la lettre du duc de Villars-Brancas, que nous venons de citer ; mais les vives peintures que madame de Sévigné en a tracées, obscurcies par le temps, ont besoin, pour reprendre tout leur éclat, qu'une main réparatrice en fasse ressortir les curieux détails et les principales figures, et nous montre combien les tableaux dont ils font partie sont féconds en instructions historiques.

[1] Duc de VILLARS-BRANCAS, *Lettre* dans l'édition de Sévigné de M. Monmerqué, 1820, in-8°, t. I, p. xxiv.

NOTES

ET

ÉCLAIRCISSEMENTS.

NOTES
ET
ÉCLAIRCISSEMENTS.

PREMIÈRE PARTIE.

CHAPITRE PREMIER.

Page 3, ligne 25 : Le pain des pauvres.

Il faut remarquer que ce ne fut que longtemps après la mort de madame de Sévigné que Fremyot de Chantal fut déclarée sainte. Elle fut d'abord béatifiée par les filles entre les bras desquelles elle mourut. Cette béatification fut confirmée par le pape en 1751 ; mais sainte Chantal ne fut canonisée qu'en 1767, le 16 juillet.

Page 7, ligne 7 : Ce fut le célèbre Cromwell.

Tout ce que nous savons du fameux Cromwell à l'époque du combat de l'île de Ré semble réfuter la supposition qu'il s'y soit trouvé. Le nom de Cromwell n'est pas rare en Angleterre ; peut-être le guerrier qui blessa mortellement le baron de Chantal portait-il ce nom, et cela aura occasionné une méprise. Les Anglais furent ensuite repoussés de l'île de Ré par Toiras. Cotin a célébré ce succès dans un cantique. Voyez *Poésies chrétiennes* de l'abbé Cotin, 1668, in-12, pages 112 à 118.

CHAPITRE II.

Page 10, ligne 5 : Le joli village de Sucy.

Ce nom est écrit *Sussy* sur la plupart des cartes, et on l'avait converti en *Sully* dans plusieurs éditions des lettres de madame de Sévigné, ce qui a causé beaucoup de méprises de la part des éditeurs.

Page 10, ligne 7 : Emmanuel y était né.

Pour preuve du lieu de naissance de Coulanges, on peut conférer à l'endroit cité les vers qu'il adresse à un vieux lit de famille retrouvé à Sucy, et qui commencent ainsi :

Enfin je vous revois, vieux lit de damas vert ;
Je vous revois, vieux lit si chéri de mes pères,
  Où jadis toutes mes grand'mères,
Lorsque Dieu leur donnait d'heureux accouchements,
De leur fécondité recevaient compliments.

Coulanges était né en 1631.

Page 14, ligne 11-16.

Nous avons plusieurs portraits gravés de madame de Sévigné ; un des moins ressemblants, ou plutôt un des plus certainement faux est celui qui est dans la meilleure édition de ses lettres, 1re et 2e édit. de M. Monmerqué, 1818 et 1820, in-8°. Un des meilleurs est celui qui est dans l'édition de Simart, 1734 ; il est gravé par Jacques Chereau, et pour un âge plus avancé que celui qui a été gravé par Edelinck, d'après un pastel de Nanteuil. Conférez la notice qui est à la fin de ce volume *sur les différents portraits de madame de Sévigné.*

CHAPITRE IV.

Page 31, ligne 27 : Polie sans affectation.

Huet s'exprime sur madame de Rambouillet exactement comme Fléchier : *Maxima erat hoc tempore Rambullietanæ domus celebritas, quam magnopere exornaverat Catharina Vivonnæa, marchione Rambullieto pridem viduata, primaria femina natalibus, ita animis et moribus vere Romana.* — Huetii *Commentarius de rebus ad eum pertinentibus*, p. 212.

Page 35, ligne 14 : Durant le temps de leur règne.

Balzac écrivait à Conrart : « Votre mauvaise santé vous permet-elle de fréquenter souvent le temple des Muses, de l'Honneur et de la Vertu ? (C'est le nom que je donne d'ordinaire à l'hôtel Rambouillet.) La déesse qui y préside est-elle toujours favorable à vos vœux ? » *Lettre de Balzac à Conrart*, p. 26. Et encore : « Je n'écris pas à madame la marquise de Rambouillet, mais je ne laisse pas d'être toujours un de ses dévots, et d'avoir la vénération que les hommes doivent aux choses divines. » Ibid., p. 215. La Mesnardière, dans son *Hymne sur les plus belles connaissances de la nature*, Poésies, Paris, 1656, in-folio, p. 89, compare la marquise de Rambouillet aux astres, et il la nomme l'arbitre du destin ; il ne croit pas, après tant de louanges, lui en donner une plus grande que de lui dire qu'elle a enfanté Julie :

Sang des héros de France et des dieux d'Italie,
Et, pour comble d'honneur, la mère de Julie.

Voyez encore à ce sujet la dédicace du troisième acte de la *traduction du Berger fidèle*, 1665, in-12, et la troisième partie de ces *Mémoires*, p. 455.

CHAPITRE V.

Page 38, ligne 3 du texte : Les rideaux de soie bleue.

Sauval a décrit très en détail l'hôtel que madame de Rambouillet fit construire avec une si parfaite intelligence des distributions intérieures, avec tant de goût et d'élégance dans l'architecture, que cet hôtel devint un modèle pour les constructions de même nature. Sauval mourut en 1670. Son ouvrage n'a été imprimé que cinquante-quatre ans après, en 1724. L'emphase qu'il met dans quelques-uns de ses écrits lui attira un sarcasme de Boileau. Voyez satire VII, t. I, p. 175, édit. de Saint-Surin. Si ce défaut existait dans ses *Recherches sur Paris*, ses éditeurs l'ont fait disparaître. L'ouvrage de Sauval a aussi été lu et revu en manuscrit non-seulement par Colbert, mais aussi par Costar, Pellisson et le père Le Long.

C'est dans la chambre bleue de l'hôtel de Rambouillet que Voiture demandait, dans sa lettre à mademoiselle de Bourbon, qu'il lui fût dressé un pavillon de gaze, où il serait servi et traité magnifiquement par deux demoiselles, en réparation du tort qu'on lui avait fait.

Dans tout le cours de la description que donne Sauval de l'hôtel de Rambouillet, il se conforme à l'usage galant et respectueux de son temps : il n'a désigné madame de Rambouillet que par le nom d'Arthénice, anagramme de celui de Catherine, qui était le sien. Segrais, secrétaire de *Mademoiselle*, fille de Gaston d'Orléans, habitué au Luxembourg, où il logeait, s'étonnait de ne pouvoir parvenir auprès de madame de Rambouillet que par « une enfilade de pièces, d'antichambres, de chambres et de cabinets. » Voyez Segrais, *Œuvres*, 1755, t. I, p. 20.

La position précise de l'hôtel de Rambouillet dans la rue Saint-Thomas du Louvre n'a été indiquée par aucun des auteurs qui ont écrit sur Paris. Le plan de Bercy dressé en 1654 nous jetterait à cet égard dans l'erreur, parce qu'il fait par son dessin une confusion de l'hôtel de Rambouillet et de celui de Chevreuse, et que le nom du premier hôtel est placé après celui de Chevreuse, et plus près de la rue du Doyenné. Mais ce plan est bien inférieur à celui de Gomboust, levé et dressé géométriquement, sous l'inspection de Petit, directeur des fortifications de Paris. Sur ce plan, l'on trouve que l'hôtel de Rambouillet touche à l'hôtel de Chevreuse, mais est plus rapproché de la place du Palais-Royal; cet hôtel touche aux Quinze-Vingts, hospice qui bordait la place du Palais-Royal. Le Jardin de Rambouillet avait pour mur mitoyen, sur le derrière, le petit enclos qui formait le cimetière des Quinze-Vingts. Sur le plan de Paris de Buillet, dressé en 1676, toute la partie de l'enclos des Quinze-Vingts sur la rue Saint-Thomas du Louvre est pointillée comme consistant en maisons jusqu'à l'hôtel de Longueville, le seul hôtel qui y soit marqué. L'hôtel de Rambouillet, qui alors portait le titre d'hôtel de Montausier, n'y est point marqué. On n'y trouve nommé que l'hôtel de Longueville, qui allait de la rue Saint-Thomas du Louvre à la rue Saint-Nicaise; mais c'est une omission qu'on a réparée dans une nouvelle édition de ce plan, corrigé par Jaillot en 1707. On trouve sur ce plan rectifié l'hôtel de Rambouillet parfaitement bien dessiné, à côté de l'hôtel Longueville, avec l'élévation des bâtiments, la cour, le parterre. Dans le plan en détail de Lacaille, 1714, in folio (quartier du Palais-Royal, pl. xi), on lit la description de l'hôtel de Rambouillet, imprimée derrière la planche. Sur le plan dit de Turgot, en perspective, et terminé en 1739, on voit cet hôtel dessiné; mais le jardin semble déjà occupé par d'autres constructions, et ce plan, comme celui de Lacaille, donne des constructions particulières, faites sur la rue, et dépendant de l'enclos des Quinze-Vingts. L'entrée de cet hospice se trouvait rue Saint-Honoré, vis-à-vis la rue de Richelieu, et les rues de Rohan et de Valois en occupent actuellement l'emplacement. Le plan de Turgot nous montre rue Saint-Nicaise, entre cette rue et la rue Matignon, près de l'hôtel de Créquy et plus près du quai, un assez grand hôtel, nommé l'hôtel de Crussol. L'éditeur de la dernière édition de Germain Brice, de 1752, t. I, p. 190, s'est trompé; il dit : « que l'hôtel Montausier, autrefois l'hôtel de Rambouillet, appartient à présent à Jean-Charles de Crussol d'Uzès, et qu'il se nomme hôtel d'Uzès. » Il est certain que l'hôtel de Rambouillet porte le nom d'hôtel d'Uzès sur le plan de Buillet, revu par Jaillot en 1707 ; sur celui de Regnard, revu par Jaillot en 1717, et sur un plan mauvais de de Fer, de 1692. En 1739, les ducs d'Uzès ont dû demeurer à l'hôtel Crussol. Depuis, ils ont encore changé de demeure, et ont fait construire, sur les dessins de Le Doux, ce magnifique hôtel rue Montmartre, où on avait placé l'administration des douanes.

Il y a eu à Paris au moins trois hôtels ou habitations dites de Rambouillet ; ce qui a causé des confusions et des erreurs dont les historiens les plus exacts et les plus savants de la ville de Paris n'ont pas toujours su se garantir. On compte d'abord sous ce nom : 1° l'hôtel de Rambouillet qu'a occupé le marquis de Rambouillet et ses ancêtres, qui fut acheté en 1602 par le duc de Mercœur, pour agrandir le sien. C'est en partie sur l'emplacement de cet hôtel qu'a été construit le palais Cardinal, nommé depuis Palais-Royal ; 2° le marquis de Rambouillet a occupé depuis l'hôtel de Pisani ou de son beau-père, qui ainsi que nous l'avons expliqué ailleurs, devint le fameux hôtel de Rambouillet ? 3° Enfin, il y avait la maison des quatre pavillons, avec le vaste enclos de Reuilly, dans le hameau de ce nom, englobé depuis dans le faubourg Saint-Antoine, qui, à cause du financier Rambouillet de la Sablière, fut quelquefois nommé aussi hôtel Rambouillet. Jaillot, trompé par un vice de rédaction qui se trouve dans cet endroit de l'ouvrage de Sauval, a confondu les deux premiers hôtels ; d'autres auteurs ont confondu les deux derniers, et le marquis avec le financier. Dans la *Description nouvelle de la ville de Paris, par M. B**** (Germain Brice), imprimée en 1685, l'hôtel de Rambouillet porte le nom d'hôtel de Montausier, parce qu'après la mort de la marquise de Rambouillet il appartenait au duc de Montausier, qui avait épousé Julie d'Angennes, unique héritière des biens de la maison de Rambouillet, ses deux frères étant morts, ainsi que sa sœur madame de Grignan, et les deux sœurs qui lui restaient s'étant faites religieuses.

L'ouvrage de Colletet, intitulé *Ville de Paris*, que j'ai cité, quoique portant sur le frontispice de mon exemplaire la date de 1689, doit être de l'année 1671, puisque le privilége est du mois de juillet 1671 ; et même il ne paraît être qu'un livre plus ancien, antérieur à 1665, plusieurs fois réimprimé. Ce qui semble prouver qu'on a seulement changé le titre, c'est que l'auteur, p. 108, s'exprime ainsi : « L'hostel de Rambouillet, rue Saint-Thomas du Louvre, où loge aussi Mgr le duc de Montausier, mon illustre maître et Mécène. » Ceci paraît écrit antérieurement à la mort de madame de Rambouillet, lorsque son gendre et sa fille demeurèrent avec elle. Quoi qu'il en soit, immédiatement après cet article, François Colletet ajoute : « Autre hôtel de Rambouillet, au bout du faubourg Saint-Antoine, qui est la maison des quatre pavillons. »

Selon Sauval, l'hôtel de Montausier ou de Rambouillet, avant de porter le nom de Pisani, avait porté les noms d'O et de Noirmoutier. Outre les erreurs commises par ceux qui ont étudié l'ancienne topographie de Paris, il y a celles de ceux qui ne la connaissent pas du tout, dont je ne parlerai pas. Je remarquerai seulement que M. Taschereau, écrivain consciencieux et exact, dans sa *Vie de Molière* (p. 350), introduit encore un nouveau sujet de confusion dont personne ne s'était avisé, en affirmant que le célèbre hôtel de Rambouillet était situé rue des Fossés-Montmartre, sur l'emplacement des maisons 1 et 3 ; et il cite pour garant la *Gazette des Tribunaux*, du 27 mai 1827. C'est assurément là une des erreurs les plus fortes et les plus manifestes que l'on ait commises sur cette matière. J'ignore ce qui l'a causée, n'ayant point la *Gazette* que l'on cite ; mais je remarquerai qu'il a peut-être encore existé à Paris un quatrième hôtel de Rambouillet, indépendamment des trois que j'ai mentionnés ; car Rambouillet de la Sablière et sa femme n'ont jamais habité la maison des quatre pavillons, qui était pour Rambouillet le père une maison de plaisance, et non de ville. Il se pourrait donc que la maison dont a parlé la *Gazette des Tribunaux* eût pris le nom d'hôtel de Rambouillet d'après Rambouillet de la Sablière, surtout dans les derniers temps du siècle de Louis XIV, et lorsque le fameux hôtel de Rambouillet avait pris le nom d'hôtel de Montausier. Alors ce nom de Rambouillet ne se trouva plus attaché dans Paris et dans ses faubourgs qu'à des propriétés appartenant à la famille du financier Rambouillet, qui n'avait rien de commun avec celle des d'Angennes ou du marquis de Rambouillet. L'emplacement de l'hôtel où demeurait madame de la Sablière serait d'autant plus intéressant à découvrir que La Fontaine y a passé vingt ans de sa vie.

On lit dans les *Mémoires* de Retz, de Motteville, de la Rochefoucauld et autres, que le prince de Condé, retiré à Saint-Maur, et le duc d'Orléans, qui se trouvait à Paris, se rendirent à Rambouillet pour conférer ensemble. Comme ce nom de Rambouillet sans autre explication doit s'entendre de la ville qui est à treize lieues de Paris, on cherche le motif qui a pu engager ces princes à se transporter si loin. Mais les *Mémoires* de Talon nous expliquent que ce Rambouillet était « la maison du jardin de Rambouillet, qui est dans Reuilly, hors de la porte Saint-Antoine. » Ce lieu se trouvait effectivement entre Saint-Maur et le palais du Luxembourg. (Talon, *Mém.*, collection de Petitot, t. LXII, p. 227 et 235.) Dans le portefeuille XXV de la collection intitulée *l'Histoire de France par estampes*, Bibliothèque du Roi, il y a un plan du combat du faubourg Saint-Antoine, entre Condé et Turenne, le 2 juillet 1652, où l'on voit ce qu'était ce faubourg de Paris à cette époque; on y trouve Reuilly et le clos de Rambouillet, avec le plan du jardin. La gravure de ce plan est moderne; mais il a été probablement copié sur un plan ancien, dressé pour les campagnes de Condé ou de Turenne. Dans l'édition de Germain Brice que nous avons citée, il est dit qu'assez proche de l'hôtel d'Uzès on a établi depuis fort peu de temps une nouvelle manufacture de fer fondu, dont on fait des ouvrages de serrurerie d'une beauté qui n'avait point encore paru dans ce genre, sous la conduite de M. de Réaumur, de l'Académie des Sciences. Piganiol de la Force, *Description historique de Paris*, 1765, t. II, p. 350, dit aussi que l'hôtel de Rambouillet prit le nom d'hôtel Montausier, qu'il a porté jusqu'à la mort du duc de Montausier, arrivée en 1690, et qu'après il fut appelé hôtel d'Uzès, parce que Marie-Julie de Saint-Maur épousa Emmanuel de Crussol, duc d'Uzès. Piganiol dit encore, p. 348, qu'en sortant du Palais-Royal, et en entrant dans la rue des Filles-Saint-Thomas, on voit l'hôtel d'Uzès. Mais Saint-Foix, dans ses *Essais historiques sur Paris*, t. I, p. 325, dit, en parlant de la rue Saint-Thomas du Louvre : « Vers le milieu de cette rue, cette maison bâtie de pierres et de briques, qui appartient aujourd'hui à M. Artaud, était, il y a cent ans, l'hôtel de Rambouillet, tant célébré par mademoiselle de Scudéry et les autres beaux esprits de ce temps-là. »

N'oublions pas de rappeler que l'hôtel de Rambouillet porte le nom d'hôtel d'Uzès sur le beau plan de Paris de Buillet, architecte du roi et de la ville, en 12 feuilles, augmenté par Jaillot en 1707, et pareillement sur un autre plan de Bernard Jaillot, en 4 feuilles, dédié à Bignon, prévôt des marchands. Cependant, en 1714, Lacaille, dans sa description du plan du quartier du Palais-Royal, ne lui donne pas d'autre nom que celui d'hôtel de Rambouillet; ce qui prouve que les noms d'hôtel de Montausier, d'hôtel d'Uzès, qui avaient succédé, n'avaient pas fait dans l'usage disparaître l'ancien nom. Je remarquerai aussi qu'autrefois le côté occidental de la rue Saint-Thomas du Louvre s'avançait jusqu'à l'alignement de la rue Saint-Honoré, et resserrait, avec le côté oriental de la rue Froidmanteau, qui a gardé son prolongement, la place qui est devant le Palais-Royal : cela est encore ainsi dans le grand plan de 1739. L'hôtel Rambouillet, situé au n° 15, où était l'hôtel de Belgique lorsque j'écrivis cette note il y a douze ans, occupait donc à peu près le milieu de la rue, comme le disent les descriptions, tandis que son emplacement actuel se trouve au commencement, parce qu'on a abattu les maisons qui de ce côté prolongeaient la rue jusqu'à l'alignement transversal de la rue Saint-Honoré. Le plan manuscrit qui fut fait pour l'agrandissement de la place du Palais-Royal, en 1719, par le régent, et qui contient toute la rue Saint-Thomas du Louvre, existe à la Bibliothèque du Roi, portefeuille III des *Détails topographiques sur Paris*. On y voit qu'entre le bout de la rue Saint-Thomas du Louvre, du côté de la rue Saint-Honoré et de l'hôtel de Montausier, il y avait six maisons, et que cet hôtel resserrait plus l'hôtel de Longueville de ce côté que du côté de la rue Saint-Nicaise, et faisait un angle droit enfoncé avec le terrain de l'hôtel de Longueville, qui était sur cette rue. Les plans anciens prouvent que l'hôtel de Longueville n'avait pas une aussi longue façade sur la rue Saint-Thomas du Louvre, et que dans les agrandissements qu'il a subis de ce côté il a englobé une partie de l'hôtel de Rambouillet.

Il existe un plan gravé *de la paroisse royale de Saint-Germain l'Auxerrois, fait par les soins du curé de ladite paroisse, en* 1698; l'hôtel d'Uzès et l'hôtel de Longueville s'y trouvent dessinés, mais leur cour intérieure et leur principale entrée sont tracées de sorte que ces deux hôtels semblent séparés par des maisons, quoique primitivement ils se touchassent. Il y a un autre plan de la même paroisse, plus beau et mieux gravé, intitulé *Plan de la paroisse de Saint-Germain l'Auxerrois divisé en neuf quartiers*, fait par l'ordre de M. Labrue, curé de ladite paroisse, en octobre 1739, levé géométriquement par M. Faure. Dans toute la rue des Filles-Saint-Thomas, on ne voit sur ce plan, qui est très-grand, qu'un seul hôtel : c'est celui de Longueville. Mais, comme sur le plan de Turgot, on voit l'hôtel Crussol, dans la rue Saint-Nicaise et sur le Carrousel, attenant à l'hôtel de Longueville, du côté du quai. Comme l'hôtel de Montausier est encore entier sur le plan manuscrit de 1719, c'est entre cette année et 1739 qu'est l'époque où l'hôtel de Rambouillet a disparu, et fut converti en maisons particulières; et que les Crussol, ducs d'Uzès, ont été occuper leur nouvel hôtel, rue Saint-Nicaise. C'est donc en copiant les anciennes éditions que les éditeurs de Germain Brice, en 1752, ont encore placé l'hôtel d'Uzès rue Saint-Thomas du Louvre : il n'y était plus. Il y a un plan gravé, de Lenoir, des bâtiments construits sur les terrains des Quinze-Vingts, qui éclaircit les changements faits dans ce quartier. Il existe aussi des vues de l'hôtel de Longueville, gravées par Jean Marot, qui nous le montrent tel qu'il était primitivement; mais je n'en connais pas de l'hôtel de Rambouillet.

Page 38, ligne 13 et 14 : A travers les colonnes dorées de cette alcôve.

Je ne trouve le mot *alcôve* dans aucun de nos dictionnaires antérieurs à celui de Richelet, en 1680. Il n'est point dans le *Thresor de la Langue Françoise*, par Jean Nicot (sic), 1606, in-folio, ni dans le *Grand Dictionnaire François-Latin, recueilli de plusieurs hommes doctes, entre autres de M. Nicod* (sic), 1625, in-4°; il n'est point dans le *Dictionnaire François et Anglois de Cotgrave*, en 1632. La Fontaine, dans son roman de *Psyché*, en 1669, fait mention des alcôves comme d'une nouveauté, et pour le mot et pour la chose. (Voyez *Œuvres de La Fontaine*, édition 1827, in-8°, t. V, p. 57.) Furetière avait employé le mot *alcôve* avant La Fontaine, dans son *Roman comique*, qui parut en 1666. Dans la nouvelle de *l'Amour égaré* on lit : « Elle avait certains jours destinés à recevoir le monde dans son alcôve. » (*Roman comique*, édit. 1724, Amsterdam, in-12, p. 208. (*Le Lutrin*, qui fut publié en 1674, contient, comme tout le monde sait, un vers où se trouve le mot *alcôve*, ch. I, vers 57. Ce sont là, selon ce que j'ai pu découvrir, les premiers auteurs où ce mot se voit employé; mais une preuve qu'il était nouveau, c'est qu'on ne savait de quel genre il devait être. Scarron, madame de Villedieu, un puriste nommé Milon, souvent cité comme autorité par les auteurs de ce temps, tenaient pour le masculin; d'Ablancourt, Boileau, Ménage, le voulaient féminin. Richelet en 1680, et l'Académie en 1694, dans leurs dictionnaires, ne se décidèrent pour aucun de ces deux genres, et laissèrent la chose indécise (voyez Alamand, *Nouvelles Observations*, ou *guerre civile des François sur la Langue*, 1688, in-12, p. 89). L'usage a fait prévaloir le féminin. Félibien des Avaux, dans le livre intitulé *Plans et description des deux plus belles maisons de Pline le consul*, ne traduit jamais le *cubiculum dormitorium*, ou le *zoteca*, par alcôve, quoique ce fût le mot propre. M. Mazois, au contraire, n'a pas hésité à rendre ces mots par celui d'alcôve; il a raison. (Voyez *Palais de Scaurus*, deuxième édition, 1822, in-8°, p. 96.) Le mot français *alcôve* vient de l'espagnol *alcoba*, qui signifie une chambre à coucher; et le mot espagnol vient du mot arabe *al-cobba*, qui signifie un dôme, une voûte.

Ces alcôves étaient très-vastes, et formaient une petite chambre renfermée dans une plus grande. Le lit était placé au milieu, sur une estrade, souvent entouré d'un balustre, et laissant de chaque côté une vaste ruelle. Aussi la conclusion de la requête de Ribercour, dans le *Procès des Précieuses*, de Somaize, est que, pour leur châtiment,

> Le lit desdites femelles
> Soit les deux côtés sans ruelles,
> Et qu'il soit mesmement placé
> Sans être du tout exaucé.

Cette conclusion hostile y est répétée trois fois.

On lit dans le *Jeu poétique*, à M. des Yvetaux, du père Le Moine :

> On n'y voit point le sang des races dévorées,
> En estrades d'ivoire, en alcôves dorées.

(*Recueil des plus belles Pièces des Poëtes françois*, 1692, in-12, t. III, p. 337.)

Cet exhaussement des lits était fort ancien; et Sauval, t. II, p. 280, remarquant que dès le règne de Charles V les lits étaient placés sur une estrade, ajoute : « Par là il se voit que sous Charles V les alcôves, dont les dames de notre siècle s'attribuent l'invention, étaient en usage. » Non ; car l'estrade seule ne constitue pas l'alcôve. Ainsi ce passage de Sauval, au lieu de contredire l'assertion de Tallemant, la confirme, puisqu'il nous apprend que l'usage des alcôves était récent, et qu'on en attribuait l'invention aux femmes. Scarron, dans ses œuvres, parle plusieurs fois des alcôves : « Il y avait des meubles, des alcôves, des estrades, et une provision de bonne senteur. » (*Le Chastiment de l'Avarice*, dans les *Dernières Œuvres* de Scarron ; 1700, in-12, p. 112.)

Les tapis chinois sont foulés
Dans leurs alcôves bien meublés.

(Scarron, *la Baronéide*, dans les *Dernières Œuvres*, 1700, in-12, p. 175.)

L'usage des femmes de réunir le matin la société dans leurs alcôves fit que le mot *ruelle* s'employa pour celui de *réduit*, puis pour ceux d'*assemblée*, de *cercle*, d'*académie*. Cependant ces mots n'étaient pas tout à fait synonymes.

Boileau a dit :

Ne vous enivrez pas des éloges flatteurs
Qu'un amas quelquefois de vains admirateurs
Vous donne en ces *réduits*, prompts à crier merveille.

Et ailleurs :

Que de son nom, chanté par la bouche des belles,
Benserade en tous lieux amuse les *ruelles*.

Furetière, dans son *Roman bourgeois*, nous fournit les passages suivants, qui prouvent ce que nous avançons : « La qualité la plus nécessaire à un poëte pour se mettre en réputation, c'est de hanter la cour ou d'y avoir été nourri ; car un poëte bourgeois, ou vivant bourgeoisement, y est peu considéré. Je voudrais qu'il eût accès dans toutes les *ruelles*, *réduits* et *académies illustres*. » (T. I, p. 162.) Tout ce passage est contre Benserade ; et en général ce roman de Furetière est plein d'allusions à des personnages du temps, mais qui ne sont pas comprises, faute d'un commentaire, dont cet ouvrage ne serait pas indigne. Voici encore les autres passages qui prouvent que Furetière faisait une distinction entre les mots *réduits* et *ruelles*, liv. I;

p. 147 : « On permit aussi à Javotte de voir le beau monde, de faire des visites dans les beaux *réduits*, et de se mêler en des compagnies d'*illustres* et de *précieuses*. » Page 166 : « J'avoue bien, Pancrace, que ceux qui sont déjà en réputation, et dont les ouvrages ont été loués dans les *ruelles* et par la cabale, l'ont pu conserver dans leurs recueils. » Page 171 : « Car, comme dans les académies de jeu on pipe souvent avec de faux dés et de fausses cartes ; de même, dans les *réduits académiques*, on pipe souvent l'impromptu. » Et, page 156 : « Il s'amassait tous les jours bonne compagnie chez Angélique. Quelquefois on y traitait des questions curieuses ; d'autres fois on y tenait des conversations galantes, et on tâchait d'imiter tout ce qui se pratique dans les *belles ruelles* par les précieuses du premier ordre. » Ainsi, le mot *réduit* s'employait de préférence pour les assemblées qui se tenaient dans d'autres chambres que celles où étaient des alcôves, et chez des hommes ; quoique cependant Somaize mette parmi ceux qui tenaient *ruelles* Ménage et l'abbé Testu.

Somaize désigne comme les principaux introducteurs des ruelles de son temps l'abbé Bellebat et l'abbé du Buisson (voyez page 311). Dans la comédie intitulée *les Véritables Précieuses*, on lit ce dialogue, page 32 :

LE BARON.

Avez-vous grande foule d'alcovistes chez vous ? Qui préside ? Qui est de quartier ?

ISABELLE.

Nous en avons plusieurs de la vieille roche.

Dans le *Grand Dictionnaire des Précieuses, ou la clef des ruelles,* 1660 (ouvrage de Somaize différent de celui qui est intitulé aussi *Grand Dictionnaire des Précieuses, historique, critique*, 1661, 2 vol. in-12), p. 79, on lit que ces mots, *qui préside ? qui est de quartier chez vous ?* sont synonymes de *Qui est-ce qui vient souvent vous voir ?*

Cet usage de recevoir dans les alcôves en produisit un autre, qui subsista longtemps : ce fut celui qu'avaient les jeunes mariées de recevoir, assises sur leur lit, en grande parure, les visites qui leur étaient faites le lendemain de leurs noces.

Saint-Simon (*Mémoires complets et authentiques*, t. I, p. 277), parlant de son mariage, dit :

« Nous couchâmes dans le grand appartement de l'hôtel de Lorges.

Le lendemain, M. d'Anneuil, qui logeait vis-à-vis, nous donna un grand dîner, après lequel la mariée reçut sur son lit toute la France à l'hôtel de Lorges, où les devoirs de la vie civile et la curiosité attirèrent la foule.... » « Le lendemain elle reçut toute la cour sur son lit, dans l'appartement de la duchesse d'Arpajon, comme plus commode, parce qu'il était de plain pied. » (Page 278.)

En parlant de sa belle-sœur, Saint-Simon dit : « Mademoiselle de Quentin ne tarda pas à avoir son tour. M. de Lausun la vit sur le lit de sa sœur, avec plusieurs autres filles à marier. » Quand de Lausun est marié avec mademoiselle de Quentin, il dit, en parlant du duc de Lausun : « Le lendemain, il fit trophée de ses prouesses. Sa femme vit le monde sur son lit. » (Page 280.) Puis, pour le jour d'après, il ajoute : « Elle vit toute la cour sur son lit, et tout s'y passa comme à mon mariage. »

Le même Saint-Simon (t. II, p. 125 et 126), en parlant du mariage de mademoiselle d'Aubigné, nièce de madame de Maintenon, avec le comte d'Ayen, dit : « La déclaration s'en fit le mardi 11 mars. Le lendemain madame de Maintenon se mit sur son lit, au sortir de table, et les portes furent ouvertes aux compliments de toute la cour. » Ceci se passait avant la messe de mariage; après cette messe, Saint-Simon ajoute encore : « L'après-dînée, madame de Maintenon, sur son lit, et la comtesse d'Ayen sur un autre, dans une autre pièce joignante, reçurent encore toute la cour. »

C'est sur cet usage que La Bruyère s'exprime en ces termes :

« Le bel et judicieux usage que celui qui, préférant une sorte d'effronterie aux bienséances et à la pudeur, expose une femme d'une seule nuit, sur un lit, comme sur un théâtre, pour y faire pendant quelques jours un ridicule personnage, et la livre en cet état à la curiosité de l'un ou de l'autre sexe, qui, connus ou inconnus, accourent de toute une ville à ce spectacle pendant qu'il dure ! Que manque-t-il à une telle coutume pour être entièrement bizarre et incompréhensible, que d'être lue dans quelque relation de la Mingrélie ? »

(La Bruyère, *Caractères*, ch. VII, *De la Ville*.)

Cet usage continua dans le dix-huitième siècle. Au sujet du mariage du duc de Berri, en 1710, on lit dans Saint-Simon :

« Au sortir de table, le roi alla dans l'aile neuve, à l'appartement des mariés. Toute la cour, hommes et femmes, l'attendait en haie dans la galerie, et l'y suivit avec tout ce qui avait été du souper. Le cardinal Janson fit la bénédiction du lit. Le coucher ne fut pas long. Le roi donna la chemise à M. le duc de Berri. »

Le même Saint-Simon, en racontant le mariage du fils de Tallard avec une fille du prince de Rohan, qui eut lieu chez la duchesse de Ventadour, en 1713, dit, t. X, p. 455 : « Le lendemain la mariée reçut sur le lit la duchesse de Ventadour, les visites de toute la cour, et celles que les duchesses ont accoutumé de recevoir des personnes royales. « Voy. la note, p. 697, de notre édition de La Bruyère.

Page 38, ligne 4 : N'y laissait pénétrer qu'un demi-jour azuré.

Dans la pièce de Somaize, Roguespine, un des personnages, dit (*Procès des Précieuses*, p. 47) :

> Je considérais fort la chambre
> Dans laquelle à loisir je vis
> Des précieuses de Paris
> Une longue et nombreuse bande.
> . . . .
> Cette chambre était assez sombre ;
> Le grand jour n'y pouvait entrer,
> A cause qu'elles font tirer,
> Pour l'empêcher de trop paraître,
> Des rideaux devant la fenêtre ;
> Sachant que la grande clarté
> Efface un peu la beauté.
> J'y remarque de plus ensuite,
> Quoique la chambre fût petite,
> Un paravent qui s'étendait
> Jusque près de la cheminée.

Page 39, ligne 5 : C'était mademoiselle Paulet.

Mademoiselle Paulet était la fille d'un Languedocien, Charles Paulet, secrétaire du roi, qui inventa le fameux impôt de *la paulette*. Si l'on en croit Tallemant des Réaux, mademoiselle Paulet fut galante dans sa jeunesse ; mais l'amitié de madame de Clermont d'Entragues, femme d'une grande vertu, la remit en crédit. « Madame de Rambouillet, dit-il, la reçut pour son amie ; et la grande vertu de cette dame purifia pour ainsi dire mademoiselle Paulet, qui depuis fut chérie et estimée de tout le monde. » (Tallemant, *Historiettes*, p. 200.) Mademoiselle Paulet avait une très-belle voix. Lorsqu'elle vint pour la première fois à Rambouillet, madame de Rambouillet la fit recevoir à l'entrée du bourg par les plus jolies filles du lieu, couronnées de fleurs; une d'entre elles lui présenta les clefs du château, et on tira deux petites pièces d'artillerie. Mademoiselle Paulet mourut en 1651, chez madame de Clermont en Gascogne.

Page 40, ligne 2 : Madame Duplessis.

La maison de madame Duplessis-Guénégaud était le rendez-vous de ce qu'il y avait de plus distingué à la cour et à la ville. Ce fut elle qui depuis contribua à former la société de Fouquet, et qui lui indiqua les gens de lettres et les hommes de mérite qu'il devait protéger.

Page 40, ligne 9 : de la fameuse guirlande.

Dans le *Huetiana*, page 105, le don de cette guirlande est rapporté à l'année 1633 ou 1634, au lieu de 1640, qui est sa véritable date. Ce beau manuscrit a été vendu 14,510 fr. à la vente de La Vallière.

Page 40, ligne 15 : Moitié assis, moitié couchés sur leurs manteaux.

Roguespine, dans la pièce de Somaize, continuant sa description, dit :

>Pour ne pas perdre le moment
>Que j'avais de lorgner ces belles
>Dedans l'une de leurs ruelles.
>Seize environ elles étaient ;
>De plus, toutes elles avaient,
>Au moins il ne s'en fallait guère,
>Assis sur leurs manteaux par terre,
>Paraissant fort humiliés,
>Un homme chacune à leurs pieds ;
>Sans ceux qui, très-fort à leur aise,
>Étaient assis dans une chaise,
>Et faisaient peu les courtisans.

Dans *la Comtesse d'Escarbagnas*, un homme ridicule qui cherche à singer les airs du grand monde s'assoit au pied de la comtesse pour écouter la comédie. — Dans le récit d'un bal de province, le comte de Bussy, en parlant du comte de Souvré, dit : « Il était au premier rang de ceux qui étaient assis sur leurs manteaux. »

Page 40, ligne 20.

Somaize parle dans son Dictionnaire de madame du Vigean, sous le nom de Valérie, page 36 de la clef; et t. II, page 195 du Dictionnaire, il lui donne le nom de mademoiselle. — Voiture et l'annotateur des chansons manuscrites lui donnent le titre de madame, et ce dernier nous apprend qu'elle était sœur de la duchesse de Richelieu.

Page 41, ligne 8 : Toutes les dames tenaient une petite badine. Roguespine dans Somaize, continuant sa narration, dit :

> La plupart encore d'entre elles,
> Soit des laides, ou soit des belles,
> Tenaient avec un air badin
> Chacune une canne à la main,
> La faisant brandiller sans cesse.

Page 41, lignes 13 : Les blancs et gros panaches de leurs petits chapeaux.

Roguespine dit encore :

> Ils avaient, selon leurs coutumes,
> Des chapeaux tout chargés de plumes.

L'auteur du *Récit de la Farce des Précieuses*; Anvers (1660, p. 19), dans le récit du costume de Mascarille, fait mention de son chapeau, si petit « qu'il était aisé de juger que le marquis le portait « bien plus souvent dans la main que sur la tête. » Ce récit est de mademoiselle Desjardin; il a été composé après la première représentation des *Précieuses*, et avant que la pièce ne fût imprimée. Il est en forme de lettre adressée à une dame dont le nom, omis comme celui de l'auteur, était madame de Morangis. J'ai puisé ces détails dans les manuscrits de Conrart qui sont à la bibliothèque de l'Arsenal, n° 902; on y trouve une copie du *Récit*, t. IX, p. 1017.

Page 41, ligne 20 : Chapelain.

Le cardinal de Retz dit que Chapelain avait de l'esprit; et Retz était bon juge en cette matière. (Voyez *Collection des Mémoires de Petitot*, t. XLIV, p. 158.)

Page 41, ligne 22 : L'abbé Bossuet, le petit abbé Godeau.

L'abbé Godeau était parent de Conrart, et ce fut lui qui le produisit à l'hôtel de Rambouillet. — Bossuet, né en 1627, n'avait que dix-sept ans en 1644 ; mais on sait qu'il fut très-précoce, et l'on connaît le mot de Voiture sur un sermon récité par lui à l'âge de seize ans à l'hôtel de Rambouillet.

Page 42, ligne 18 : Voiture demeure dans cette rue.

Voiture mourut rue Saint-Thomas du Louvre, le 27 mai 1648.

Page 44, ligne 18 : Afin de ne pas froisser ses canons.

A l'époque du mariage de madame de Sévigné, on portait de grands canons ; on les portait moins longs lorsque Molière s'en moquait dans *les Précieuses ridicules*, en 1659 ; puis huit ans après, lorsque *le Misanthrope* fut représenté en 1667, les grands canons redevinrent à la mode.

Molière a dit dans *l'École des Maris*, acte I, scène 1 :

Et de ces grands canons où, comme en des entraves,
On met tous les matins ses deux jambes esclaves,
Et par qui nous voyons ces messieurs les galants
Marcher écarquillés ainsi que des volants.

La pièce de Molière fut donnée en 1661. L'auteur des *Lois de la Galanterie*, que l'on trouve dans le *Recueil des pièces choisies en prose*, publié en 1658, s'exprime exactement de la même manière : « Si quelques-uns disaient encore autrefois qu'ils se formalisaient de ce rond de botte fait comme le chapiteau d'une torche, dont l'on avait tant de peine à conserver la circonférence, qu'il fallait marcher en écarquillant les jambes, comme si l'on eût quelque mal caché ; et si depuis, ayant quitté l'usage des bottes, et porté de simples canons de la grandeur d'un vertugadin, on en a fait de pareilles plaintes, c'était ne pas considérer que ces gens qui observent ces modes vont à pied le moins qu'ils peuvent. D'ailleurs, quoiqu'il n'y ait guère que cela ait été critiqué, la mode est déjà changée. Les genouillères rondes et étalées n'ont été que pour les grosses bottes, les bottes mignonnes ayant été ravalées depuis jusqu'aux éperons, et n'ayant eu qu'un bec rehaussé devant et derrière. Quant aux canons de linge qu'on étalait au-dessus, nous les approuvions bien dans leur simplicité, quand ils étaient fort larges et de toile de batiste bien empesée, quoique l'on ait dit que cela ressemblait à une lanterne de papier, et qu'une lingère du Palais s'en servit un soir, mettant sa chandelle au milieu, pour la garder contre le vent. Afin de les orner davantage, nous voulions dès lors que d'ordinaire il y eût double et triple rang de toile, soit de batiste, soit de Hollande; et d'ailleurs cela était encore mieux s'il s'y pouvait avoir deux ou trois rangs de point de Gênes. Ce qui accompagnait le jabot devait être de même parure (p. 66 et 67).... Depuis que, l'usage des bottes étant aboli, si ce n'est pour aller à la guerre ou se promener aux champs, les grands canons ont été en crédit, soit de toile simple, ou ornés de belles dentelles; à quoi il fallut que les vrais galants se soient accoutumés, parce que c'était un équipage magnifique, et que d'ailleurs cela servait grandement à cacher la défectuosité de quelques jambes cagneuses ou trop menues. Mais s'il arrive que maintenant la mode de ces canons se passe, il faut que chacun porte des bas de soie..... L'on a aussi porté des canons d'étoffe au lieu de ceux de toile..... »

Scarron, continuant le portrait dont nous avons cité le commencement, dit :

Il avait deux canons, ou plutôt deux rotondes,
Dont le tour surpassait celui des tables rondes ;
Il chantait en entrant je ne sais quel vieux air,
S'appuyait d'une canne, et marchait du bel air.
Après avoir fourni sa vaste révérence,
Se balançant le corps avecque violence,
Il me dit..... etc.

Dans la description que fait Loret de son noble de province, il dit, livre VII, p. 87, *lettre* 22, du 3 juin :

Il portait en son haut de chausse
Des galons jusqu'à seize cent.
. . . .
Ce *nobilis* voyait avec ravissement
Ses rubans de couleur exquise,
Et ses canons d'étoffe grise,

Qui de rondeur, chacun à part,
Avaient deux aunes et mi-quart.

. . . .

De petits enfants à jaquette
Qui jouaient à cligne-musette :
Deux d'entre eux s'allèrent cacher
(Pour se faire longtemps chercher)
Sous les canons du gentil-homme.

. . . .

Ils étaient spacieux assez
Qu'on ne leur voyait pieds ni tête, etc.

. . . .

Ma muse et moi nous maintenons
Que ces démesurés canons
Sont une extravagante mode,
Laide, embarrassante, incommode :
Cependant messieurs les coquets
Disent qu'outre leurs doux caquets,
Cet attirail est nécessaire
Pour ravir, pour charmer, pour plaire ;
Que l'honneur, l'esprit, la vertu,
Sont estimés moins qu'un fétu
Dans l'empire des amourettes ;
Et que pour dompter des coquettes,
Des Suzons, Fanchons et Nanons,
On ne le peut pas sans canons.

Page 48, ligne 6 : La séparation.

Ce rondeau ne se trouve pas dans la première édition de Voiture, 1650, in-4°. C'est dans cette première édition qu'est le seul bon portrait de Voiture ; il est gravé par Nanteuil, d'après Philippe de Champagne. Il y a eu une seconde édition de la même année, in-4°, corrigée et augmentée. Celle que je cite, in-12, est la meilleure, et le rondeau s'y trouve.

Page 49, ligne 12 : Parce qu'il est votre grand madrigalier.

Conrart avait surnommé La Sablière le grand madrigalier français. Voy. Ancillon, *Vie des Personnages célèbres*.

Page 50, ligne 1 : De toutes les façons, etc.

Dans les éditions de Montreuil, cette pièce y est intitulée *Pour madame de Sévigny jouant à colin-maillard* (on écrivait alors Sevigny au lieu de Sévigné; Scarron et Bussy-Rabutin n'écrivent pas autrement). Dans le recueil de Sercy, où cette pièce avait paru d'abord, le nom de madame de Sévigné ne se trouve pas. Les œuvres de Montreuil contiennent en outre deux lettres adressées par lui à madame de Sévigné, pag. 5, 107 de l'édit. 1666, et 4 et 72 de l'édit. de 1671. Il faut que les éditeurs de madame de Sévigné n'aient point connu ces lettres, puisqu'ils ne les ont pas, selon leur plan, réimprimées avec les siennes. La seconde édition du recueil de Montreuil ne paraît être qu'une réimpression de la première : elle est seulement moins belle. La meilleure pièce de Montreuil n'est point dans ce recueil : c'est son épître à Martin Pinchesne, qu'il a imprimée dans les œuvres de ce dernier après la mort de l'auteur. On a souvent confondu Mathieu Montreuil avec Jean Montreuil, son frère aîné, qui fut un des plus jolis hommes de France. (Retz, *Mém.*, t. XLV, p. 181 et 191.) Ce dernier fut très-utile à la cause des princes, par son esprit et son adresse; il fut reçu de l'Académie Française, et mourut à trente-sept ans. Petitot, ou l'ancien éditeur des Mémoires de Joly, *Collection des Mémoires*, t. XLVII, p. 107, confond, dans une de ses notes, Mathieu avec Jean. (Voy. Pellisson, *Hist. de l'Académie Française*, 1729, in-4°, p. 261 à 265). Il paraîtrait, d'après un passage des *Mém. de Conrart*, t. XLVIII, p. 57, que Montreuil l'académicien a été secrétaire des commandements de MADAME, femme de Gaston.

Page 51, lignes 9 et 10 : Faisons encore jouer madame de Sévigné à colin-maillard.

Le jeu de colin-maillard, qui nous paraît si enfantin, était alors fort à la mode parmi les gens du grand monde. Le comte de Gramont, dans ses Mémoires, parle du goût de mademoiselle Stewart pour ce jeu. La mode le maintint longtemps en vogue. Loret, dans sa *Muse historique*, liv. III, p. 7, lettre 2, du 14 janvier 1652, en parlant des divertissements qui se donnent chez MADEMOISELLE, dit :

  Enfin, en ce palais d'honneur
  On a ce merveilleux bonheur

NOTES ET ÉCLAIRCISSEMENTS.

De s'y réjouir d'importance ;
Et, mieux que pas un lieu en France,
Comédie, bal, en tout temps,
Y rendent les esprits contents.
Au chagrin on y fait la moue,
Et tous les soirs presque on y joue
A ce jeu plaisant et gaillard
Qu'on appelle colin-maillard.

Louis XIV aimait ce divertissement dans sa jeunesse. Un jour qu'il y jouait chez madame de Puisieux, il mit son cordon bleu autour de Puisieux pour mieux se déguiser ; et cela plus tard fit nommer Puisieux chevalier des ordres. Saint-Simon, t. IV, p. 288 (chapitre 24).

Page 52, ligne 16 : Des fauteuils, des chaises et des placets.

J'ai fait mention des placets, ci-dessus, page 41, ligne 17.

Boileau a dit dans sa satire :

Saint-Amand n'eut du ciel que sa veine en partage :
Un lit et deux *placets* composaient tout son bien.

Dans le Lutrin :

En achevant ces mots, cette amante enflammée
Sur un *placet* voisin tombe demi-pâmée.

Brienne dit, p. 203 : « Cependant la reine me fit donner un *placet*. » Et p. 218 : « Mon père......, comme il ne pouvait se tenir debout, s'asseyait sur un *placet* qui était au bout de la table. »

Page 53, lignes 9 et 10 : *Théodore vierge et martyre,*
tragédie chrétienne.

C'est de cette tragédie que Voltaire a dit qu'il n'y avait rien de si mauvais. Il a épuisé à son égard les expressions les plus dures que le mépris et le dégoût peuvent inspirer. Sa critique est outrée, et on aurait d'après elle une fausse idée de la pièce. On la lit sans ennui ; Corneille s'y retrouve assez souvent. Elle eut du succès en province, mais n'en eut aucun à Paris. Elle a été bien appréciée par François de Neufchâteau.

Page 55, ligne 8 : Tout le monde dirigea ses regards sur l'ecclésiastique adolescent.

Bossuet fut introduit à l'hôtel de Rambouillet par le marquis de Feuquières, et y prêcha un sermon à l'âge de seize ans. Il vint à Paris en 1642, et ce ne fut que postérieurement qu'il alla résider à Metz, pour y achever ses études ecclésiastiques.

CHAPITRE VI.

Page 59, ligne 6 : Un *honnête homme.*

Voici comment s'exprime l'auteur des *Lois de la Galanterie* à l'endroit cité : « Il faut que chacun sache que le parfait courtisan que le comte Balthazar de Chastillon a voulu décrire en langage italien, et l'honnête homme que le sieur Faret a entrepris de dépeindre en français, ne sont autre chose qu'un vrai galant. » Le mot *gentleman* en anglais correspond à plusieurs de ces significations vagues, et à nuances diverses, du mot honnête homme dans le siècle de Louis XIV.

Page 60, ligne dernière : Boileau l'a cependant employée depuis.

Boileau a dit dans une de ses épîtres, longtemps après madame de La Fayette :

Les yeux, d'un tel discours faiblement éblouis,
Bientôt dans ce tableau reconnaîtraient Louis.

Le poëte Lebrun a fait sur ces vers la remarque suivante : « Des yeux éblouis d'un discours, c'est-il bien français ? On n'est point ébloui de ce qu'on ne voit pas. M. Auger s'étonne avec raison d'une telle critique de la part d'un poëte, et répond que chaque jour on emprunte des mots à un ordre de sensations, pour les appliquer à un autre. Mais l'expression de madame de La Fayette, quoique en apparence semblable, est tout autre et bien plus hardie que celle de Boileau ; car c'est réellement, et non pas au figuré, qu'elle affirme que madame de Sévigné, par sa conversation, éblouissait les yeux.

Page 63, ligne 19.

Ma plume, pour rimer, rencontrera Ménage.

Presque tous les commentateurs de Boileau ont commis une erreur, lorsqu'ils ont dit que ce vers et celui qui le précède n'avaient existé qu'en manuscrit. Cette satire adressée à Molière parut pour la première fois dans le *Recueil de Vers choisis*, imprimé en 1665, sans nom de ville ni d'imprimeur, avec une sphère sur le titre. Les vers sur Ménage s'y trouvent tels que nous les avons rapportés.

Page 63, ligne 23 : Substitua l'abbé de Pure.

Si je veux d'un galant dépeindre la figure.
Ma plume, pour rimer, rencontrera de Pure.

Voyez *Nouveau Recueil*, etc., 1665, in-12, p. 24.

Page 68, ligne 3 : L'interprétation que nous leur avons donnée.

M. Monmerqué (t. I, p. 39) fixe la date de la lettre que j'ai citée à l'année 1655 : je la crois postérieure. Cette lettre se rattache à celle du n° 29, p. 55, et à celle qui a été publiée dans les *Mémoires de Coulanges*, p. 323 ; ce qui doit faire croire qu'il y est question de Servien, et nom de Fouquet. De même, la lettre du 12 janvier, t. I, p. 16, que nous avons citée en second, classée par M. Monmerqué sous l'année 1654, nous paraît devoir être placée sous l'année 1652, lorsque madame de Sévigné revint de Bretagne après son veuvage. Conférez Loret, *Muse historique*, t. I, p. 157, en date du 19 novembre 1651.

Page 70, note 2 : Bussy, *Histoire amoureuse des Gaules*.

L'édition que j'ai citée dans cette note et dans plusieurs autres me paraît être l'édition originale du fameux ouvrage de Bussy. Elle est in-18, sans date, sans nom de libraire ni d'imprimeur, et ayant seulement une croix de Saint-André sur le frontispice. L'ouvrage commence au haut de la page, sans que le titre soit répété. La pagination se suit jusqu'à la page 190, puis elle recommence à l'histoire d'Ardelise jusqu'à la page 69, et ensuite il y a une clef. Le caractère est beau et semblable à celui des Elzevirs. Il y a du même ouvrage une autre édition pareillement indiquée comme étant imprimée à Liége, sans date ni nom d'imprimeur, mais avec un grand fleuron triangulaire sur le frontispice : ce volume, moins bien imprimé que le précédent, a 208 pages, sans la clef; la pagination se suit, et l'historiette de Ménage est à la page 189. Barbier a commis une faute grave, dans son Dictionnaire des Anonymes, en confondant, t. I, p. 46, l'*Histoire amoureuse des Gaules* de Bussy avec le recueil intitulé :

les Amours des Dames de notre siècle, recueil de libelles composés par différentes mains, la plupart de Sandraz de Courtils. A la vérité, dans l'édition de 1754, en 4 volumes, on a compris toutes ces petites chroniques scandaleuses sous le titre général d'*Amours des Gaules*, et on a attribué le tout à Bussy; mais il n'y a de lui dans ces 4 volumes que le 1er; et cette édition de ses *Amours des Gaules*, quoique la plus connue, n'est pas bonne. Nous reviendrons sur ce recueil au sujet d'une autre édition, où les vrais noms sont mieux indiqués que dans l'édition de 1754, et que nous avons découverte depuis. Nous prouverons aussi que les *Amours des Gaules* de Bussy ont été composées en 1659 et 1660, mais n'ont été imprimées qu'en 1662. Les diverses pièces renfermées dans le recueil intitulé *les Amours des Dames de notre siècle* sont toutes postérieures à cette époque. (Voyez la IIIe partie de ces *Mémoires*, p. 445.)

Page 75, ligne 10 : Telle était Montreuil.

On ne voit point mes vers, à l'envi de Montreuil,
Grossir impunément les feuillets d'un recueil.

BOILEAU, *satire* VII.

M. de Saint-Surin, dans son commentaire, a dit à tort que le Montreuil dont parle Boileau fut de l'Académie Française. Il le confond avec son frère, qui en fut, et mourut en 1650 sans avoir rien publié. Pellisson, dans son *Histoire de l'Académie Française*, et Saint-Marc, probablement d'après Pellisson, prétendent que le véritable nom est Montreul. Cela se peut; mais dans les deux éditions que Mathieu Montreuil a publiées lui-même de ses ouvrages, l'*i* s'y trouve; il y a Montreüil, et jamais Montreul. Voyez *Œuvres de Montreuil*, édit. 1666, p. 5, et édit. 1671, p. 4.

Page 75, ligne dernière : Ce chansonnier de la Fronde, gros, court.

Le poëte Saint-Amand, dans son poëme sur la Vigne, s'exprime ainsi sur Marigny, dont il était l'ami :

Marigny, rond en toute sorte,
Qui parmi les brocs te transporte,
Et dont l'humeur, que je chéris,
M'a pu faire quitter Paris.

La petite seigneurie de Marigny était située près de Nevers.

NOTES ET ÉCLAIRCISSEMENTS. 403

Page 76, ligne 11 : Saint-Pavin, le petit bossu.

Le nom de Saint-Pavin était Denis Sanguin de Saint-Pavin. Titon du Tillet (*Parnasse Français*, 1722, in-folio, p. 298) nous apprend que de son temps la maison de Saint-Pavin appartenait au duc de Lorges. Je ne sais où M. Durozoir (*Biographie universelle*, t. XL, p. 36) a trouvé que Saint-Pavin le poëte avait été pourvu de l'abbaye de Livry, et qu'il avait précédé l'abbé de Coulanges à cette abbaye. Je crois qu'il a confondu avec le poëte Saint-Pavin Denis Sanguin de Saint-Pavin, évêque de Senlis, qui en effet fut pourvu de l'abbaye de Livry après, et non avant, l'abbé de Coulanges. L'abbé Le Bœuf dit avoir vu dans l'église Notre-Dame de Livry la tombe d'un M. Sanguin, seigneur de Livry, mort en 1650. C'était peut-être celle de Christophe Sanguin, seigneur de Livry. (Voyez *Histoire du Diocèse de Paris*, t. VI, p. 197.) M. Gault de Saint-Germain, dans une note sur les Lettres de madame de Sévigné, t. III, p. 275, a dit que Saint-Pavin était abbé de Livry ; et c'est probablement dans cet auteur, si rempli d'inexactitudes, que M. Durozoir aura puisé ce fait.

Page 77, ligne 11 : Amenant avec lui ses compagnons de plaisir.

Parmi les joyeux convives qui fréquentaient le plus la maison de Saint-Pavin et venaient avec lui chez l'abbé de Coulanges, madame de Sévigné nomme Saint-Germain.

Page 79, ligne 7 : Sont faits égaux comme de cire.

Vers de Marot dans l'épigramme qui commence ainsi :

Monsieur l'abbé et monsieur son valet
Sont faits égaux tous deux comme de cire.

Page 79, avant-dernière ligne : Les éloges que dans la suite Boileau.

Que Segrais, dans l'églogue, en charme les forêts.

CHAPITRE VII.

Page 85, ligne 4, note 1.

« Les quatre grands diseurs de bons mots de notre temps, dit Ménage, étaient Angevins : M. le prince de Guémenée, M. de Beautru, M. le comte de Lude, et M. le marquis de Jarzé. »

Page 88, ligne 14 : Une ode de Racan adressée au père de Bussy.

Nous citerons ici une belle strophe de cette ode de Racan, dont Bussy, puisqu'il l'admirait tant, aurait dû profiter.

> Que sert aux courtisans ce pompeux appareil,
> Dont ils vont dans la lice éblouir le soleil,
>   Des trésors de Pactole?
> La gloire qui les suit après tant de travaux
> Se passe en moins de temps que la poudre qui vole
>   Du pied de leurs chevaux.

Bussy fut reçu à l'Académie Française en 1665, à l'âge de quarante-sept ans.

Page 91, ligne 9 : Agé de près de vingt ans.

Bussy naquit à Épiry, en 1618; il eut quatre frères, et par leur mort il resta l'unique rejeton de la descendance mâle des Rabutins dans la branche cadette. Il entra dans la carrière militaire en 1634, et se distingua au siége de La Motte en Lorraine. Il fut fait mestre de camp d'infanterie en 1638, après trois campagnes. C'est en 1644 qu'il acheta 12,000 écus la lieutenance des chevau-légers. C'était la compagnie d'ordonnance de Henri de Bourbon, prince de Condé, gouverneur de Bourgogne, père du grand Condé. C'est aussi en 1644 que le père de Bussy mourut, et que, par la protection du prince de Condé, il devint lieutenant du roi en Nivernais; il fit le 18 février 1645 son entrée dans cette province.

Page 91, ligne 11 : Qui comptait environ vingt-cinq ans.

Bussy dit dans ses *Mémoires* (t. I, p. 3, édit. in-12) qu'il est né à Épiry, le vendredi saint, troisième avril 1618. Selon Monmerqué, on devrait lire, d'après un manuscrit, le treizième d'avril : différence peu importante. Cette date est confirmée par le tableau généalogique des Rabutins, extrait de la bibliothèque de Dijon, publié dans les *Lettres inédites* (Paris, 1819, in-12), et aussi par son épitaphe, composée par la comtesse d'Alets, qui donne à son père soixante-quinze ans au moment de sa mort, arrivée le 9 avril 1693. Cependant Bussy, dans ses Mémoires, dit, sous la date de 1638, en marge (t. I, p. 38 de l'édit. in-12, et p. 47 de l'édit. in-4°) : « Ma maîtresse avait vingt-cinq ans; je n'en avais guère plus de seize; » et en 1640, suivant toujours le même système, il ne se donne que dix-huit ans, et il dit (t. I, p. 54 de l'édit. in-12, ou t. I, p. 67 de l'édit. in-4°) : « Avec tout cela, une femme de quinze ans n'en peut guère savoir plus qu'elle n'en savait; pour moi, qui en avais dix-huit, j'étais bien plus habile. » La marge porte en cet endroit 1640. Le premier éditeur des Mémoires de Bussy s'est aperçu de cette contradiction, et a cherché à y remédier dans l'errata. Il a corrigé pour la page 3, c'est-à-dire à la date de la naissance, 1622 au lieu de 1618; et à la page 6 il met dans le texte, en toutes lettres, « plus de vingt » au lieu de plus de dix-huit. Ces deux corrections se contredisent; il y en a une évidemment fausse. La première est pour faire concorder la date de seize ans que Bussy se donne à la page 47, et dont l'éditeur ne parle pas : et en effet, s'il était né en 1622, il n'aurait eu que seize ans en 1638. La seconde correction, au contraire, est pour faire concorder la date de la page 63 avec celle qui a été donnée à la page 3 pour la naissance; car, né en 1618, Bussy en 1640 avait vingt-deux ans, et non dix-huit, comme il le dit; mais s'il était né en 1622, il n'en avait plus que dix-huit. On doit se rappeler que les Mémoires de Bussy n'ont paru qu'en 1696, trois ans après sa mort. S'il les avait publiés lui-même, il aurait achevé de les rédiger, et il eût fait disparaître ces contradictions. C'est probablement d'après ces erreurs de l'éditeur (qui est, je crois, le père Bouhours) qu'Auger, dans son article Bussy (*Biographie universelle*, t. VI, p. 374), fait débuter Bussy dans la carrière militaire à l'âge de douze ans, ce qui est invraisemblable; il fit, au contraire, des études brillantes et complètes, qui ne furent terminées qu'à seize ans. Il ne commença sa carrière militaire, au siége de La Motte en Lorraine, qu'en 1624. Mais je m'aperçois qu'Auger a puisé cette erreur dans la notice de Grouvelle sur Bussy-Rabutin (Lettres de Sévigné, édition d'Herhan; 1811, in-12, t. I, p. 134.)

Page 91, ligne dernière : François de L'Hospital.-Et page 92, ligne 12 : Elle vécut avec Louis de Lorraine.

François de L'Hospital, comte de Rosny, seigneur du Hallier, fut abbé de Sainte-Geneviève et évêque de Meaux, sous Henri IV; il fut fait maréchal de France le 23 avril 1643, et mourut le 20 avril 1660, âgé de soixante-dix-sept ans; il était donc né en 1583, et avait cinquante-cinq ans lors de la visite que lui fit Bussy en 1638. Sa première femme, Charlotte des Essarts, était fille unique de François des Essarts, seigneur de Sautour, qui fut tué à Trèves, en 1590. Ce fut vers cette époque qu'elle vécut avec Henri IV. Elle en eut deux filles légitimées, qui eurent le titre de princesses. La première, Jeanne-Baptiste de Bourbon, mourut abbesse de Fontevrault, le 16 juillet 1680; la seconde, abbesse de Chilly, le 10 février 1680; elle se nommait Marie-Henriette de Bourbon. On a prétendu que Charlotte des Essarts avait été mariée clandestinement au cardinal de Guise, par contrat de mariage du 4 février 1611. Ce fait est probable. Il en eut cinq enfants : trois garçons et deux filles. La seconde, Louise de Lorraine, dame de Romorantin, dont il est question dans les Mémoires de Bussy, épousa, le 24 novembre 1639, Claude Pot, seigneur de Rhodes, grand maître des cérémonies de France. Elle mourut sans enfants, à Paris, le 15 juillet 1652. Il en sera souvent fait mention dans cet ouvrage. La Borde (t. II, p. 200 de son édition *des Amours du grand Alcandre*) inscrit deux fois, comme deux enfants différents, Louise de Lorraine, dame de Romoratin, et Louise de Lorraine, sans titre. C'est une erreur : il n'y en a qu'une. Le même confond les enfants de Henri IV avec ceux du cardinal de Guise. Charlotte des Essarts, ou la maréchale de L'Hospital, étant morte le 8 juillet 1651, le maréchal de L'Hospital se remaria à Claudine-Françoise Mignot, fille d'une herbière du Brachet, près de Grenoble, et alors veuve de Pierre de Portes, trésorier de la province du Dauphiné. Ce mariage se fit le 24 août 1653. Après la mort du maréchal de L'Hospital, Claudine Mignot se remaria une troisième fois, dans son hôtel, à Paris, rue des Fossés-Montmartre, le 4 novembre 1672, à Jean-Casimir, autrefois roi de Pologne, et alors abbé commendataire de Saint-Germain des Prés, de Saint-Saurin à Évreux, et d'autres abbayes, et qui mourut le 16 décembre suivant. Claudine Mignot vécut jusqu'au 30 novembre 1711.

Page 94, ligne 11 : Plus jeune que lui.

Bussy dit cependant : « Mademoiselle Romorantin avait vingt ans, et je n'en avais pas dix-sept. » Mais il nous apprend que ce fut en 1639 qu'il passa l'hiver à Chalons. Né en 1618, il avait donc alors vingt et un ans. On comprend cette préoccupation de Bussy, qui le porte à se rajeunir toujours de trois ou quatre ans. Toutes les faiblesses qui tiennent à l'orgueil ou à la vanité, il les avait.

Page 98, ligne 4 : Elle devint veuve en 1650.

Pendant les grandes intrigues de madame de Rhodes à Paris, Bussy en était absent, et suivait un autre parti. Fort liée avec mademoiselle

NOTES ET ÉCLAIRCISSEMENTS. 407

de Chevreuse, dont elle favorisa les amours avec le cardinal de Retz, madame de Rhodes fut sur le point d'épouser, par l'entremise de mademoiselle de Chevreuse, le président de Bellièvre.

Page 101, ligne dernière : Bussy épousa peu de temps après mademoiselle de Toulongeon.

Bussy épousa Gabrielle de Toulongeon, fille d'Antoine de Toulongeon, gouverneur de Pignerol, et de Françoise de Rabutin, fille du baron de Chantal, à Alonne près d'Autun, le 28 mai 1643.

CHAPITRE VIII.

Page 116, note 1.

Je remarque que quoique les Mémoires de Bussy n'aient été imprimés qu'en 1696, c'est-à-dire deux ans après son *Discours à ses Enfants*, le nom de madame de Sévigné, qui était en toutes lettres dans le Discours, se trouve en blanc dans les Mémoires.

CHAPITRE IX.

Page 119, ligne 3 du texte : Il eut la douleur de perdre sa femme.

Dans la généalogie de Marie de Rabutin par le comte de Bussy, publiée dans les *Lettres inédites de madame de Sévigné* (1819, p. 18), qui a été reproduite par M. Gault de Saint-Germain dans son édition de *Sévigné* (t. I, p. 72), on place la mort de Gabrielle de Toulongeon en 1648. C'est évidemment une erreur, qui tient à ce que les Mémoires de Rabutin portent en marge dans cet endroit l'année 1648; mais l'auteur dit dans son texte que trois jours après il apprit aussi la mort du prince de Condé; et cette mort eut lieu le 28 décembre 1646.

M. Weiss, dans la *Biographie universelle* (t. IX, p. 391), indique une date un peu différente; mais cette différence ne provient que de celle qui existe entre l'ancien et le nouveau calendrier; il paraît, d'après cela, que Gabrielle Toulongeon mourut vers le 15 décembre 1646.

Page 120, ligne 24.

Le *lambel* dont madame de Sévigné parle dans cette lettre est une barre crénelée qu'on met dans les armoiries, pour indiquer une branche cadette ou collatérale. Ainsi la maison d'Orléans avait les mêmes armes que le roi de France, les trois fleurs de lis, mais surmontées d'un *lambel*.

CHAPITRE X.

Page 125, ligne 16 : D'un vieux bourgeois nommé le Boccage, propriétaire d'un domaine.

D'après le nom du personnage, il est évident que ce domaine était celui de Lagrange au Bocage, à quatre lieues et demie de Sens et à quatre lieues au nord-est de la commanderie de Launay, nommée Lanny, par erreur du graveur, sur la carte de Cassini. Il y a un court article sur cette commanderie dans le grand Dictionnaire de la France d'Expilly.

Page 125, ligne 27 : Et, de plus, millionnaire.

Bussy dit qu'elle avait quatre cent mille écus de bien, c'est-à-dire deux millions quatre cent mille livres, monnaie de cette époque. C'est près de cinq millions de notre monnaie actuelle.

Page 127, ligne 26 : Qu'ils restaient toujours impunis.

Le père du comte de Chavagnac, despote altier, voulait, comme ancien chef huguenot, forcer son fils à épouser la veuve d'un M. de Montbrun, fille de Courval, et très-riche héritière. Il la fit enlever, au nom de son fils, par quinze gentils-hommes de ses amis ou vassaux. Elle était vieille et laide, et sans esprit ; elle voulut réclamer, intenter un procès, et protester contre un mariage fruit de la force : celui qu'on voulait lui faire épouser ne désirait pas plus qu'elle-même ce mariage. Chavagnac parvint à contraindre son fils, aussi bien que la veuve, en menaçant de se porter contre tous deux à de plus grandes violences ; et le mariage fut maintenu.

Page 129, note 1 : L'ABBÉ DE CHOISY, *Vie de Madame de Miramion*.

L'édition in-12 de la *Vie de madame de Miramion* (1707) n'est que la réimpression de l'in-4°, accompagnée d'un beau portrait de cette dame, par Edelinck, qui a été réduit par le même graveur dans l'édition in-12.

Page 132, ligne 26 : Grand-père du mari qu'elle avait perdu.

Ce M. de Choisy, conseiller d'État, était un des frères du père de l'abbé de Choisy, l'auteur des *Mémoires*, puisqu'il est dit page 19 de la *Vie de madame de Miramion*, que lui, abbé de Choisy, était cousin germain de madame de Miramion, c'est-à-dire de son mari.

Page 133, ligne 23 : Sur la route qui conduit de Saint-Cloud au mont Valérien.

Bussy désigne très-exactement l'emplacement où se trouvait posée sa petite troupe. C'était « au-dessus du jardin de madame du Tillet, que Philippe de France acheta pour agrandir le sien. » Ainsi, cet emplacement doit être actuellement renfermé dans le parc de Saint-Cloud.

Page 134, ligne 9 : Avant d'entrer dans le bois de Boulogne.

C'est ainsi que s'exprime Bussy ; ce qui prouve que dès lors la route directe de Saint-Cloud à Issy, qui oblige de passer deux fois la rivière, était déjà pratiquée, et qu'il y avait un bac vis-à-vis le *Point du Jour*.

Page 138, ligne 3 : Un chevalier de Malte.

Il est probable que ce chevalier était Guy de Rabutin, le dernier des frères suivants de Bussy, qui mourut au Temple, un an après cet enlèvement de madame de Miramion.

CHAPITRE XI.

Page 150, ligne 8 du texte : Au nord de Montargis.

L'abbaye de Ferrières se trouve à peu de distance de la jonction du Loing avec une petite rivière nommée Cléry. Il est dit dans la *Gallia Christiana*, t. XII, p. 166 : « *Ferrariæ a ferri venis, e quibus elicitum olim metallum, nomen videntur invenisse; Ferrariæ positus est locus in Wastiniensi pago* (le Gâtinais), *ad Clarisam amnem, in Lupum* (le Loing) *influentem; tribus admodum leucis ab urbe Montis Argivi.* »

Page 151, ligne 1 : Dont il fut fait évêque.

Jacques de Nuchèze naquit en 1591, le 26 octobre, de Jacques Nuchèze, baron de Bussy-les-Francs, et de Marguerite Fremyot, sœur de sainte Chantal. Il fut nommé évêque comte de Châlons en 1624, et mourut en mai 1652, âgé de soixante-six ans et six mois, après avoir occupé trente-trois ans le siége de Châlons-sur-Saône, dont il fut le soixante-dix-neuvième évêque.

Page 154, ligne 13 : La belle terre de Savigny-sur-Orges.

Conférez Le Bœuf, *Histoire de Diocèse de Paris*, t. XII, p. 70, et Monmerqué, *Sévigné*, t. II, p. 180. Cette terre de Savigny, qui avait appartenu au comte de Montrevel, devint la propriété du marquis de Vins, qui la possédait en 1708. Le comte du Luc, héritier de la marquise de Vins, a depuis eu cette terre, et y est décédé, en juillet 1740.

CHAPITRE XII.

Page 166, ligne 15 : La reine est si bonne.

Ce mot est de La Feuillade, le père de celui qui fut à la cour de Louis XIV, et auquel nous devons la place des Victoires.

Page 180, ligne 28 : Et le marquis de Sévigné.

Conrart dit : « Le marquis de Sévigné était étrangement frondeur, comme parent du coadjuteur. » Mais dans la phrase suivante Conrart a commis une erreur, que son savant éditeur, M. Monmerqué, a relevée.

Page 181, ligne 17.

Ce fut le 13 septembre que la reine se retira à Ruel. Ce château était celui que le cardinal de Richelieu avait laissé à sa nièce, la duchesse d'Aiguillon.

Page 181, ligne 19 : Ramena la reine à Paris.

« La reine, dit madame de Motteville, partit de Saint-Germain pour revenir à Paris la veille de la Toussaint. »

CHAPITRE XIII.

Page 184, ligne 28 : Au premier jour de l'an mil sept cent quarante-neuf.

Il faut corriger le second vers de cette petite pièce, et changer les mots de *mil sept cent soixante-neuf* en ceux de *mil sept cent qua-*

rante-neuf, faute qui se trouve dans les œuvres de Marigny et dans le *Recueil des plus belles Pièces des Poëtes français*, chez de Sercy. Cela est démontré par le recueil de Sercy, où cette pièce a été imprimée pour la première fois, en 1653. On voit par là combien une seule faute d'impression peut jeter de confusion dans les recherches historiques, combien il est essentiel de toujours recourir aux éditions originales, et de se défier des réimpressions. Le mot *franchise* signifiait liberté à cette époque. Il y en a des exemples sans nombre.

Page 190, ligne 5 : Le lendemain du jour qui suivit le départ de cette lettre.

L'attaque de Charenton eut lieu le 8 février. Le départ de Bussy de Saint-Denis eut lieu le 6, et non pas le 16, comme on a mis par faute d'impression dans les *Mémoires de Bussy*. Comme la lettre qu'il adressa à madame de Sévigné est antérieure d'un jour à ce départ, elle doit porter la date du 5 février, au lieu du 15. Ni le P. d'Avrigny, dans son ouvrage sur le règne de Louis XIV, ni aucun des éditeurs des lettres de madame de Sévigné, ne se sont aperçus de cette contradiction ; tous ont reproduit les erreurs de chiffres que l'imprimeur ou les copistes ont introduites dans les *Mémoires de Bussy*.

Page 191, ligne 4 : La lettre suivante pour madame de Sévigné.

Je rectifie encore ici les dates des lettres de Bussy, que les éditeurs de ses *Mémoires* et, par suite, ceux des *Lettres de madame de Sévigné*, ont altérées. En effet, au lieu des 25 et 26 mars pour ces deux lettres, il faut 5 et 6 mars. Nous savons, par les *Mémoires de Monglat*, t. L, p. 159, et *d'Omer Talon*, t. LXI, p. 424, que la ville de Brie-Comte-Robert fut pillée le 27 février, et que son château se rendit le 28. Bussy dit que cette expédition ne dura que huit jours, et qu'il écrivit à sa cousine, au sujet de ses chevaux, aussitôt après son retour ; ce qui nous porte juste au 5 mars, le mois de février n'ayant que 28 jours. D'ailleurs, il parle, dans sa lettre, de la paix comme entravée par les négociations et n'étant pas encore conclue. S'il avait écrit le 26 mars, il n'aurait pas ignoré que cette paix était signée depuis quinze jours. Aucun des éditeurs de *Madame de Sévigné* n'a soupçonné cette erreur, et la correction doit être faite dans toutes les éditions.

Page 195, ligne 20 : Les projets de mariage...

Pendant son voyage à Dijon, Bussy voulut épouser la fille du président B***; mais il prétend que L*** (probablement Lenet) fit manquer l'affaire.

CHAPITRE XIV.

Page 198, ligne 21 : Telle était son intention ; mais le soir même...

Bussy dit que cette conversation qu'il eut avec le prince de Condé eut lieu le mardi, et que l'arrestation des princes se fit le même jour ; mais tous les Mémoires du temps placent au 18 cette arrestation. Il y a donc erreur de date dans Bussy. Ses *Mémoires* en renferment de plus fortes, et nous en avons signalé quelques-unes.

Page 203, ligne dernière : Son mariage projeté avec Louise de Rouville.

Louise de Rouville, que Bussy-Rabutin épousa en secondes noces, était fille du second lit de Jacques de Rouville (chevalier d'honneur de madame la duchesse de Montpensier) et d'Isabelle de Longueval.

CHAPITRE XV.

Page 214, ligne 21 : Le poëte Marlet.

Guy-Patin le nomme Morlet. Sa satire était intitulée : *la Custode du Lit de la Reine.*

Page 220, note 1 : *Le Secret, ou les véritables causes*, etc.

Cet écrit, peu connu, qui parut presque aussitôt après la sortie des princes, dévoile toutes les intrigues de la cour aussi complétement que l'ont fait les Mémoires que l'on a publiés depuis. On y trouve, page 45, la phrase latine que le coadjuteur improvisa dans une séance du parlement, comme étant une citation de Cicéron.

Page 221, ligne dernière : Sévigné, de race frondeuse.

Loret écrit Cevigny, et ailleurs Sevigny ; c'est de cette dernière manière qu'on écrivait alors habituellement ce nom.

Page 221, lignes 20 et 21 : Sa protectrice mademoiselle de Longueville.

Elle était fille du duc de Longueville et de Louise de Bourbon-Soissons, sa première femme. Formée à l'hôtel de Rambouillet, elle partagea sa vie entre la culture des lettres et l'administration de ses grands biens. Elle occupait à Paris, de moitié avec la princesse de Carignan, sa tante, ce magnifique hôtel de Soissons qui a été abattu, et que la halle aux blés a remplacé. Loret, liv. I, p. 9, nous apprend que la duchesse de Nemours était blonde. Le château de Trie, près de Coulommiers, lui appartenait. Elle mourut en 1707, à quatre-vingt-six ans. Saint-Simon raconte différemment des autres auteurs l'anecdote piquante du confesseur.

CHAPITRE XVI.

Page 225, note 3 : COSTAR, *Lettres*.

Le premier recueil des Lettres de Costar, publié par Costar lui-même, est dédié à Fouquet. Dans sa préface, il parle « des faveurs continuelles dont il a eu la bonté de le prévenir. » Le vrai nom de Costar était Coustart. Voyez à ce sujet le *Ménagiana* et la lettre que Costar adressa à son cousin de Coustart, part. II, p. 773, lettre 23 ; et la *Vie de Costar*, t. VI, p. 233 des *Historiettes* de Tallemant des Réaux, édit. in-8°.

Page 225, ligne 18 : Leur château de Champiré près Segré ; et p. 226, ligne 1 : Renaud de Sévigné.

Costar écrit Sévigny, comme tous ceux de son temps. Il reproche galamment à mademoiselle de Lavergne d'avoir la bouche trop petite. — Aucun livre n'est inutile : après avoir cherché Champiré dans le dictionnaire de la poste aux lettres et dans tous les dictionnaires de géographie de la France les plus amples, j'ai trouvé dans le *Journal de la Mode*, ou *Revue du Monde élégant*, quatrième année, douzième livraison, à la p. 32, dans la liste des souscripteurs pour ces deux filles héroïques, Marie Bossy et Charlotte Moreau, « le comte de Narcé, au château de Champiré, près Segré. » Nul doute que ce château ne soit celui qui a appartenu à Renaud de Sévigné.

Page 226, ligne 14 : Qu'à la sérieuse et savante comtesse de La Fayette.

Auger et M. de Saint-Surin font naître madame de La Fayette en 1632 ; mais Grouvelle, dans son édition des *Lettres de madame de Sévigné*, l'auteur de la notice sur madame de La Fayette dans la *Galerie Française*, et celui de la Collection des meilleurs romans (Dauthereau, 1827, in-18), la font naître en 1633.

Page 228, ligne 26 : Une satire intitulée *la Mazarinade*.

Le passage de Guy-Joly prouve que *la Mazarinade* fut écrite en 1649.

Page 229, ligne dernière : Mais à la mode du Marais.

Cette sœur de Scarron, qui fut maîtresse du marquis de Tresme, était fort belle. Scarron avait une autre sœur. Une des deux aimait le vin.

Page 230, ligne 3 : Qui mourut dans le cours de l'année 1650.

Denon, conteur aimable, espiègle et spirituel, a fait à M. de Saint-Aulaire un récit sur Marion de Lorme, que l'historien de la Fronde a pris au sérieux, et qu'il a de bonne foi inséré dans son histoire, t. I, p. 58, et t. III, p. 51, parmi les pièces justificatives. Je parle de la première édition de cet ouvrage. On en a fait depuis une seconde : j'ignore si cette anecdote y a été reproduite.

Page 230, ligne 5 : Afin de ne voir son mari ni dans ce monde ni dans l'autre.

Tallemant attribue ce mot à la comtesse de la Suze, et le *Ménagiana* à mademoiselle de Montausier.

Page 231, ligne 8 : Un sujet bachique.

Le sujet de l'autre tableau était le ravissement de saint Paul.

CHAPITRE XVII.

Page 236, ligne 17 : Anne de Lenclos a vécu près de quatre-vingt-dix ans.

Voltaire, qui était fils du notaire de mademoiselle de Lenclos, nous a conservé sur elle quelques anecdotes précieuses, mais plutôt d'après les souvenirs de l'abbé de Châteauneuf que d'après les siens propres ; il a écrit avec légèreté, et n'a pas pris la peine, dans ce qu'il a dit de cette femme célèbre, de se mettre d'accord avec lui-même. Il ne lui fut présenté que peu de temps avant qu'elle mourût. Elle avait alors quatre-vingt-neuf ans, et lui onze et demi, et non treize, comme il le dit. Il donne, dans ses *Mélanges*, t. XLIII, édit. Renouard, p. 470, soixante-dix ans à Ninon lors de son aventure avec Châteauneuf; et dans le *Dictionnaire philosophique*, t. XXXV, p. 224, il ne lui en donne plus que soixante à cette même époque; il dit aussi, p. 125, qu'il a vu Ninon décrépite à l'âge de quatre-vingts ans; et il oublie que lorsque Ninon avait quatre-vingts ans, lui, Voltaire, n'avait que deux ans. A quatre-vingt-neuf ans elle sut apprécier dans le jeune Arouet le génie précoce d'un enfant de onze ans, puisqu'elle lui légua une assez forte somme pour acheter des livres. Bret a recueilli, sans choix et sans critique, tous les contes qu'il a trouvés épars dans les recueils d'ana. Douxmesnil a écrit avec plus de discernement, d'après les récits et les souvenirs de Fontenelle et de la comtesse de Sandwich, de l'abbé Fraguier et de l'abbé Gedoyn, qui tous cependant n'avaient connu Ninon que dans sa vieillesse. Tous ces ouvrages doivent être employés avec précaution. On trouve de meilleurs et de plus sûrs matériaux dans les Mémoires du temps écrits par les contemporains de Ninon, surtout dans les Mémoires de Tallemant des Réaux, qui étaient manuscrits lorsque nous en avons fait usage; ainsi que dans les œuvres de Saint-Évremond, dans les lettres de madame de Sévigné, de madame de Maintenon, et dans les Mémoires de Saint-Simon.

Page 239, ligne 1 : Et qui n'engage à aucune reconnaissance.

Il est probable que l'abbé de Châteauneuf, qui tenait la doctrine de Ninon de sa propre bouche, l'a rendue dans les mêmes mots. Aussi nous n'y avons rien changé.

Page 239, ligne 2 : Abandonnée à elle-même dès l'âge de quinze ans.

Elle perdit sa mère à quatorze ans, en 1630, et son père à quinze, en 1631.

Page 240, ligne 10.

Dans la pièce gracieuse, mais beaucoup trop longue, de la Mesnardière, que nous citons; intitulée : *Galanterie à mademoiselle de Lenclos*, le poëte lui dit :

> Prenez soin de corriger
> Votre enfant Amour, qui m'outrage.
> . . . .

Pardonnez-moi si je le chasse :
Mais que voulez-vous que j'en fasse?
. . . .
Mais, pour dormir en patience
Et conserver quelque embonpoint,
Ninon, que ne ferait-on point?
. . . .
J'observe. . . . .
Qu'il m'aime fort auprès de vous ;
Et pour moi, j'y voudrais bien être.
Mais aussi je voudrais connaître
Que sa maman n'aimât que moi ;
Et je doute fort que le roi
Puisse avoir ce crédit en France.

Page 241, ligne 6 : Un attrait inexprimable.

Au-devant des Mémoires de Bret sur Ninon est une réduction de son portrait peint par Ferdinand, et qui peut nous donner quelque idée de ses traits ; mais son portrait de profil, que M. Renouard a inséré dans son édition de Voltaire, est tout à fait faux et imaginaire.

Page 244, ligne 5 : Le gentil et spirituel Charleval.

Charleval mourut en 1693.

Page 244, ligne 10 : Le marquis de Soyecourt, si fameux dans les annales de la galanterie.

C'est de Soyecourt (on prononçait Saucourt) que Benserade a dit, au sujet d'un ballet où il représentait un diable :

Contre ce fier démon voyez-vous aujourd'hui
    Femme qui tienne?
Et toutes cependant sont contentes de lui,
    Jusqu'à la sienne.

Page 248, ligne 14 : D'une manière peu honorable.

Tallemant dit que Lenclos se conduisit indignement dans le duel avec Chaban, et que son action pouvait passer pour un assassinat.

Chaban avait un pied dans la portière de sa voiture lorsque Lenclos le perça de son épée.

Page 248, ligne 15 : Lenclos jouait fort bien du luth.

C'est ce qui a fait dire que Ninon était fille d'un joueur de luth ; mais Douxmesnil réfute cette erreur, mieux instruit à cet égard que Voltaire, qui la reproduit.

Page 249, lignes 3 et 5 : Saint-Étienne fut le premier amant de Ninon.

Chocquart de Saint-Étienne, originaire d'Amiens, servit pendant vingt-cinq campagnes avec une valeur extraordinaire : d'abord comme chevau-léger, puis en qualité de maréchal des logis, d'aide-major, de cornette, de lieutenant et de capitaine dans les régiments de cavalerie de Bussy de Vère, Mérinville-Pardaillan et Plessis-Praslin. Louis XIV lui accorda des lettres de noblesse pour lui et ses descendants, le 19 septembre 1660.

Page 249, lignes dernières : Elle comptait au nombre de ses amis plusieurs créatures du cardinal.

Bois-Robert était très-lié avec Ninon, et on sait quelles étaient les mœurs de cet abbé. Tallemant raconte qu'un jour on faisait la guerre à Bois-Robert sur le vice honteux qu'on lui connaissait ; il ne se défendit que faiblement, en disant : On ne doit pas parler de cela en présence de mademoiselle de Lenclos. (Voyez le *Ménagiana*, t. I, p. 45.)

Page 250, ligne 7 : Ce fut Marion de Lorme, selon Chavagnac.

Dans les Mémoires de Chavagnac, les personnages ne sont pas nommés, et Marion de Lorme n'est désignée que par des astérisques. La troisième édition de ces Mémoires, 1721, in-12, n'est qu'une réimpression de la première, et a de même les noms en blanc. Dulaure, qui rapporte ce passage dans son Histoire de Paris, a mis les noms en toutes lettres, mais sans en prévenir ses lecteurs. Richelieu naquit le 5 septembre 1585. C'est dans les Mémoires de Chavagnac que Bret semble avoir puisé le fait que Richelieu fit de vaines tentatives auprès de Ninon.

Page 250, ligne 24 : Raré, cet aimable garçon.

Saint-Simon fait mention d'une madame de Langle qui était fille de M. de Raré.

Page 251, ligne 8 : Une circonstance peu importante.

Tallemant dit que la jeune Ninon, sévèrement surveillée par sa mère, ayant un jour aperçu Raré dans la rue, descendit en toute hâte de chez elle pour lui parler. Un mendiant vint troubler leur conversation. N'ayant point d'argent à lui donner, elle se hâta de lui remettre un mouchoir bordé d'une belle dentelle, en lui disant : « Va-t'en ; » et elle se débarrassa ainsi de ce témoin importun.

Page 251, ligne 15 : Elle alla se jeter dans un couvent, et annonça l'intention d'y rester.

Scarron confirme ceci, et, dans son épître à Sarrasin, dit :

> Puis j'aurais su...
> Ce que l'on dit du bel et saint exemple
> Que la Ninon donne à tous les mondains,
> En se logeant avecques les nonains ;
> Combien de pleurs la pauvre jouvencelle
> A répandus quand sa mère, sans elle,
> Cierges brûlant, et portant écussons,
> Prêtres chantant leurs funèbres chansons,
> Voulut aller, de linge enveloppée,
> Servir aux vers d'une franche lippée.

La fin de cette épître prouve qu'elle a été écrite trois jours après la mort de la mère de Ninon :

> Fait à Paris, dessous ma cheminée,
> Par moi Scarron, carcasse décharnée,
> Trois jours après que les yeux furent clos
> Pour tout jamais à la mère Lenclos.

Page 252, ligne 11 : De Bois-Dauphin (Souvré).

Madeleine de Souvré, femme de Philippe-Emmanuel de Laval, marquis de Sablé, seigneur de Bois-Dauphin, mourut en 1678.

Page 252, ligne 21 : Coligny, marquis d'Andelot, depuis duc de
Châtillon.

Gaspard, duc de Châtillon, marquis d'Andelot, mourut lieutenant général, le 9 février 1649, à l'attaque de Charenton. Il eut en 1641 le régiment de Piémont. Il paraît, en comparant les *Mémoires* de Chavagnac avec les autres récits, que Chavagnac a mal compris son frère, ou que ses souvenirs, en écrivant, l'ont trompé. Le frère de Chavagnac était l'ami intime de d'Andelot, et il paraît avoir aimé Marion de Lorme à la même époque où d'Andelot se passionna pour Ninon. C'est dans les *Mémoires* de Chavagnac qu'on trouve le récit le mieux circonstancié de la mort de Châtillon ; Chavagnac se trouvait près de lui au moment fatal.

Page 254, ligne 3 : A Châtillon succéda Miossens, depuis maréchal
d'Albret.

Miossens ou Miossans est une des douze grandes baronnies du Béarn. Le nom de Miossens était Charles Amanien d'Albret. Il mourut en 1678 ; en lui s'éteignit la postérité masculine des Miossens.

Page 254, lignes 13 et 15 : D'Elbène était connu par l'originalité
de son esprit.

Guy d'Elbène fut marié à Charlotte Refuge, qui, dit-on, lui apporta en dot quatre-vingts procès. Elle mourut le 3 septembre 1680. En 1649 d'Elbène fut envoyé à Rome. (Voyez RETZ, *Mém.*, t. XLV, p. 56.) Guy d'Elbène mourut à l'hôpital. (Voyez la lettre de Ninon à Saint-Évremond, dans Douxmesnil, p. 194.) Un Alphonse d'Elbène, peut-être le frère de celui-ci, fut évêque d'Orléans en 1646, et mourut le 2 mai 1665. Il en est parlé dans le Voyage de Chapelle et Bachaumont, 1755, in-12.

Page 255, lignes 26 à 27 : Ses liaisons avec le chevalier de Méré
datent de cette époque.

George Brossin, chevalier et marquis de Méré, descendait d'une ancienne famille du Poitou. Il était cadet, et avait fait quelques campagnes sur mer. Il se retira dans une terre qu'il avait en Poitou. « La société de madame la marquise de Pont, sa belle-sœur, n'a pas peu contribué à le détacher du monde et de la cour. Il lui laissa tout son bien. »

Page 256, ligne 3 : Le cardinal archevêque de Lyon lui rendit de fréquentes visites.

Le caractère sévère de du Plessis de Richelieu, son âge et sa piété bien connue, le mettent à l'abri de tout soupçon dans ses relations avec Ninon ; voilà pourquoi j'ai dû interpréter favorablement ce passage assez singulier des *Mémoires* de Tallemant : « Elle se mit dans un couvent : le cardinal de Lyon devint amoureux de sa belle humeur, et fit quelques folies pour elle » Dans un autre endroit de ses *Mémoires*, Tallemant parle d'un abbé de Richelieu qui entretenait Claudine Colletet. Cet abbé était probablement neveu du cardinal et du ministre. Conférez *Œuvres de La Fontaine*, édit. 1823, t. VI, p. 276.

Page 259, lignes 1 et 2 : Cette réponse à la reine, qui, selon Saint-Simon et Chavagnac.....

Douxmesnil (p. 154) a tort de vouloir faire considérer ce fait comme invraisemblable. Il est attesté par les meilleures autorités, par les hommes les mieux instruits sur ce qui concerne Ninon : Chavagnac, Tallemant des Réaux, Saint-Simon et Voltaire. Il se peut que sous Louis XV, en 1751, lorsque Douxmesnil écrivait, on s'inquiétât peu des liaisons amoureuses et de la conduite scandaleuse ou non des femmes nobles ou non nobles ; mais il n'en était pas ainsi sous la régence d'Anne d'Autriche, ni même sous le règne de Louis XIV, qui plus tard, et lorsqu'il avait tant de motifs pour être indulgent sur cet article, obligea cependant mademoiselle de La Force à mettre un terme à son genre de vie peu réglé et à se retirer dans un couvent. Conférez l'*Histoire de la Vie et des Ouvrages de La Fontaine*, troisième édition, page 513.

Page 259, ligne 3 : Qu'elle laissa Ninon en repos.

Chavagnac dit que la reine, en apprenant cette réponse, dit en riant : « Fi ! la vilaine ! qu'elle s'en aille où elle voudra. » Ceci est plus dans le caractère d'Anne d'Autriche que ce que dit Saint-Simon.

Page 259, ligne 20.

Voltaire attribue ce mot à Ninon même; mais le *Ménagiana* est une autorité antérieure et préférable. Le mot est meilleur dans la bouche d'un autre que dans celle de Ninon.

Pages 260, lignes 2 et 3 : Émery vivait depuis longtemps avec la femme de Coulon.

Un de ces couplets, dans mon recueil manuscrit, se termine ainsi :

. . . .
Ne t'étonne pas si Coulon
Aime bien la fille Ninon,
Car il a droit de représailles.
. . . .
Daye d'Andaye.

Dans mon exemplaire il y a cette note marginale . « Ninon est celle qu'on appelle aujourd'hui mademoiselle de Lenclos. » Cette note a été évidemment écrite dans la dernière époque de la vie de Ninon, et prouve ce que nous avons dit sur la manière de la désigner. Il a été fait de ces recueils manuscrits de chansons et de vaudevilles satiriques un grand nombre de copies. Il y en a dans diverses bibliothèques particulières, à la Bibliothèque du Roi, à la Bibliothèque Mazarine, et ailleurs. Il y a dans les *Mémoires* de Tallemant le récit d'une dispute entre Coulon et sa femme, en présence de madame de Tallemant, au sujet d'Émery, mais qui est trop ignoble pour pouvoir être rapportée.

Page 261, lignes 4 et 5 : Il (d'Aubijoux) mourut le 9 novembre 1656.

François-Jacques d'Aubijoux était baron de Castelnau, de Bonnefons, de Sauveterre et de Casaubon. Sa famille descendait d'un frère du cardinal d'Amboise. Les vers du *Voyage de Chapelle et Bachaumont* dont nous parlons sont ceux qui commencent ainsi :

Sous ce berceau, qu'Amour exprès, etc.

La mort du comte d'Aubijoux, qui arriva en 1656, nous fait penser que ce voyage eut lieu en 1655. L'édition faite sur le meilleur manuscrit est celle de La Haye, 1732, chez Pierre Gosse. Saint-Marc, le seul qui ait exécuté sur cet auteur un travail d'éditeur, en fait l'aveu ; mais il dit qu'il a connu trop tard cette édition pour pouvoir en faire usage. Toutes les éditions postérieures à celle de Saint-Marc ne sont que des réimpressions de la sienne. La plus mauvaise et la plus belle est celle de Lille, 1826, in-8°.

Page 263, ligne 11 : D'un oculiste nommé Thévenin.

Tallemant nous apprend que madame Thévenin, la femme de l'oculiste, était la tante de M. Paget. (Tallemant, *Historiettes*, t. II, p. 232.)

CHAPITRE XVIII.

Page 265, note 2, et page 269, note 1 : Bussy, *Hist. am. des Gaules.*

J'ai cité quatre éditions primitives de l'ouvrage de Bussy : la première ayant pour titre : *Histoire amoureuse des Gaules* ; Liége, sans nom d'imprimeur, sans date, de 208 pages, petit in-12. Le morceau sur madame de Sévigné est pages 170-171. Le titre du livre porte des arabesques en triangle. Le titre de l'autre édition est pareil, porte aussi le nom de Liége, mais a une croix de Saint-André noire et pleine. Cette édition est faite avec des caractères elzéviriens, et sur plus beau papier que la précédente. Elle a deux paginations. Le morceau sur madame de Sévigné commence à la page 23, et se termine à la page 46 de la seconde pagination. Dans ces deux éditions les noms sont déguisés, et il y a une clef à la fin. Le cantique inséré page 236 de l'édition de 1754, qui commence ainsi,

Que Deodatus est heureux, etc.,

ne se trouve dans aucune des deux éditions primitives. Deux autres éditions portent la date de 1666 ; l'une, intitulée : *Édit. nouvelle*, a une clef ; l'autre porte le nom de Bussy, et est, je crois, la première avec les noms réels insérés dans le texte. Une autre édition du même ouvrage, intitulée *Histoire amoureuse de France*, chez Adrian Moetjens, 1710, 2 vol. in-12, minces, a aussi les noms réels. Elle n'a point été connue de l'éditeur de 1754, qui a rétabli ces noms uniquement d'après la clef ; mais cette clef ne les donne pas tous, de sorte que l'éditeur a laissé dans certains endroits des noms feints, dont les véritables étaient donnés par l'édition de 1710. Il y a dans cette édition de 1710 un frontispice gravé, qui paraît être de l'invention de Bussy, car il y a au bas : *Bus. inv. — Rabut. excud.* C'est peut-être la réduction d'un dessin du manuscrit original. Il représente une Renommée, à la trompette de laquelle est attaché un drapeau portant l'*Histoire amoureuse des Gaules*. Cette renommée s'envole au-dessus du globe de la terre, sur lequel on lit ces mots : *la Gaule*; un Amour dirige des flèches sur l'endroit où ce mot est écrit, et un groupe de petits Zéphyrs se précipite sur le même lieu. Dans cette édition de 1710 on trouve le cantique, mais à la fin, et avec d'autres vers de Bussy. Le volume est terminé par la lettre de Bussy au duc de Saint-Aignan, qui est placée en tête dans l'édition de 1754. Le morceau sur madame de Sévigné est aux pages 281-308. Cette édition de 1710 est presque entièrement conforme au manuscrit de l'*Histoire amoureuse de France* qui est dans la bibliothèque de l'Institut, n° 220, in-4°, quoiqu'elle n'ait point été faite sur ce manuscrit, comme le prouvent des variantes importantes. Ce manuscrit commence par la relation des amours de la cour de Savoie, et ne contient ensuite que l'*Histoire amoureuse de France*.

CHAPITRE XIX.

Page 273, ligne 12 : Il (Scarron) se décida à s'embarquer.

Une femme, nommée Céleste Palaiseau, devait accompagner Scarron dans ce voyage. C'était une fille bien née, qu'il avait séduite dans sa jeunesse. Elle s'était faite ensuite religieuse. Son couvent ayant été supprimé en raison des dettes qu'il avait contractées, Scarron l'avait reprise avec lui par commisération. (Conférez la note suivante.)

Page 274, ligne 12 : Cependant la première embarcation pour la nouvelle colonie eut lieu.

La Martinière, dans la *Vie de Scarron*, t. I, p. 47, et madame Guizot, dans la *Vie des Poëtes Français*, t. I, p. 485, ont confondu les dates relatives à la formation de cette compagnie et au mariage de Scarron. Cette compagnie se forma en l'année 1651, et le mariage de Scarron ne se fit que l'année suivante. Nous mettrons ici les extraits des lettres de Scarron et de Loret relatifs à cette curieuse affaire.

« Je jurerais bien qu'arrivant à l'Amérique, où mon chien de destin me mène.... » *Lettre à la comtesse de Fiesque*, dans les *Œuvres de Scarron*, t. I, p. 34.

« Mais mon chien de destin m'emmène dans un mois aux Indes occidentales ; ou plutôt j'y suis poussé par une sorte de gens fâcheux qui se sont depuis peu élevés dans Paris, et qui se font appeler *pousseurs de beaux sentiments*. On ne demande plus parmi eux si on est honnête homme ; on demande si on pousse de beaux sentiments. Voilà, notre cher ami, le plus spirituel de l'Europe, ce qui me fait fuir en Amérique. Je me suis donc mis pour mille écus dans la nouvelle compagnie des Indes, qui va faire une colonie à trois degrés de la ligne, sur les bords de l'Orillane et de l'Orénoque. Adieu, France ; adieu, Paris ; adieu, tigresses déguisées en anges ; adieu, Ménage, Sarrazin, Marigny : je renonce aux vers burlesques, aux romans comiques et aux comédies, pour aller dans un pays où il n'y aura ni faux béats, ni filous de dévotion, ni inquisition, ni hiver qui m'assassine, ni fluxion qui m'estropie, ni guerre qui me fasse mourir de faim. » Scarron, *Œuvres*, 1737, t. I, p. 41.

Madame Guizot regrettait de ne pas connaître la date de cette lettre de Scarron ; on voit, par la gazette de Loret, liv. II, p. 14, lettre 4, en date du 22 janvier 1652, qu'elle a dû être écrite en décembre 1651 :

Une prudente maréchale
Dans l'Amérique occidentale
Va, dit-on, planter le piquet :
Non pas pour jouer au piquet,
Ni planter des choux ni des raves,
Mais pour, en trafiquant d'esclaves,
Gagner bravement tous les ans
Des cent cinquante mille francs ;
Ninon, la belle courtisane,
Et le sieur d'Aubigny, dit-on,
Parent du défunt roi breton.

Et liv. II, p. 179 (lettre en date du 31 décembre), Loret dit encore :

Monsieur Scarron, dit-on, se pique
De transporter dans l'Amérique
Son corps maigret, faible et menu,
Quand le printemps sera venu ;

NOTES ET ÉCLAIRCISSEMENTS. 425

> Et que l'aimable sœur Céleste,
> Qui pour l'esprit en a de reste,
> Doit être aussi, sans manquement,
> Comprise en cet embarquement.

Cet embarquement eut lieu un peu au-dessous de Paris, le 13 mai 1652, ainsi que nous l'apprend la gazette de Loret :

> Hier samedi, chose certaine,
> Sur le beau fleuve de la Seine,
> S'embarquèrent dessous Paris,
> Tant veufs que garçons, que maris,
> Non point pour aller en Afrique
> Mais en un coin de l'Amérique,
> Des hommes jusques à sept cents,
> Sans y comprendre les absents ;
> De plus, sept douzaines de filles,
> Pour établir là des familles,
> Et multiplier audit lieu,
> Selon l'ordonnance de Dieu.

LORET, III, 57ᵉ lettre, du 19 mai 1652, p. 68.

Un abbé de Mariveau, qui était le chef principal de l'entreprise, se noya dans la Seine, près du Cours, en voulant sauter dans le bateau. (Cf. Raynal, *Hist. des Établissements européens dans les deux Mondes*, édit. 1820, in-8°, t. VII, p. 44, et Ternaux-Compans, *Notice hist. sur la Guyane française*, 1843, in-8°, p. 50 à 59.)

Page 276, ligne 6 : Ménage, qui n'aimait pas le marquis.

Tallemant rapporte que Ménage disait sans cesse à madame de Sévigné que son plus grand malheur était d'avoir épousé le marquis de Sévigné, et qu'il n'était personne qui, les connaissant tous deux, ne dît aussitôt : « Quel homme pour une telle femme ! »

CHAPITRE XX.

Page 279, ligne 21 : Un des fils Galland, avocat célèbre.

Il paraît que l'avocat Goudran est le même qui fut greffier du grand conseil, et dont Loret, dans l'endroit cité, fait un grand éloge comme royaliste, et comme homme charitable. Galland son père était peut-être celui auquel on doit un *Traité sur le Franc-Alleu*, cité par de Marca dans son *Histoire de Béarn*, p. 850, à l'*errata*.

Page 280, ligne 6 : Avec La Roche-Giffard, gentil-homme breton.

Ce La Roche-Giffard prit le parti de la Fronde, et fut tué à l'attaque de la porte Saint-Antoine.

Page 281, ligne 5 : Le jeune abbé d'Aumale.

L'abbé d'Aumale fut sacré archevêque de Reims sous le nom de Henri IV, en 1651. Il épousa Marie d'Orléans, fille unique du duc de Longueville, en 1657, et mourut le 5 janvier 1659.

CHAPITRE XXI.

Page 286, ligne dernière, et 287, ligne première : Il (le marquis de Sévigné) ne fut.

Conrart dit de Sévigné : « Quoiqu'il eût quelque esprit et qu'il fût bien fait de sa personne, on ne s'accommodait point de lui, et il passait presque partout pour un fâcheux. » Ceci a été écrit avant la comédie de Molière, et démontre que cette expression était en usage avant notre grand comique.

Page 289, ligne 24 : Portaient ainsi un remède à la sédition.

Le prévôt des marchands et toute la cour, intimidés de la hardiesse et de l'insolence des séditieux, voulaient qu'Anne d'Autriche allât loger avec le roi à l'hôtel de ville; mais elle eut plus de courage et de tête que tout ce qui l'entourait, et comprit toute l'importance d'une telle démarche.

Page 292, ligne 11 : Ce parti, proposé par de vils et ambitieux courtisans.

M. de Saint-Aulaire ne parle qu'obscurément de ce projet, et semble l'attribuer à la reine. Anne d'Autriche gardait bien ses secrets; on voit que même avec le maréchal Duplessis, qui lui était tout dévoué, elle dissimulait, et qu'elle ne laissa pas percer vis-à-vis de lui le projet qu'elle avait de faire arrêter M. le Prince : alors elle voulut envoyer Duplessis en province. (Voyez Duplessis, *Mémoires*, t. LVII, p. 363-368.)

Page 292, ligne 21 : Les députés de la noblesse et des provinces.

Les députés de la noblesse s'étaient d'abord réunis chez le duc de Nemours ; depuis, ils tinrent leurs assemblées aux Cordeliers.

Page 294, ligne 11 : Que des personnes qui détestaient ce ministre.

Villeroy, Roquelaure, Joyeuse, qui occupaient les premières charges de la cour, étaient du parti de *Monsieur*, ou du duc d'Orléans. « Je n'ai, disait Anne d'Autriche dans un moment de découragement, que des traîtres et des poltrons à l'entour de moi. »

Page 294, ligne 15 : Secondée par la duchesse de Navailles.

C'est à Mazarin que Navailles devait son titre de duc.

Page 299, ligne 12 : Les théâtres, aussi encombrés de spectateurs.

La foule se portait surtout au théâtre de la rue Guénégaud, où les allusions à ce qui se passait en Angleterre, et l'impopularité du grand Condé, firent accueillir froidement la pièce nouvelle du grand Corneille, *Don Sanche d'Aragon*, tandis que son frère (qui se faisait appeler Corneille Delisle) s'attirait des applaudissements pour sa comédie intitulée *l'Amour à la Mode* ; il y donnait dans Oronte le type de tous les petits maîtres qui ont été depuis mis au théâtre. *Don Sanche* fut imprimé en 1650, mais ne fut joué qu'en 1651 ; le prince de Condé a donc pu y assister. Ceci rectifie ce qu'a dit M. Taschereau, *Vie de Corneille*, 1829, in-8°, p. 159.

Pages 299, deux dernières lignes : Dont elle gratifiait deux fois la semaine toute la haute société.

Le mariage du duc de Mercœur avec une fille de Mancini, nièce du cardinal, fut une occasion de fêtes ; il en était de même pour le mariage projeté de mademoiselle de Chevreuse et du prince de Conti. Les occasions qu'on cherchait à faire naître pour déterminer *Mademoiselle* et sa sœur la duchesse d'Alençon, ainsi que mademoiselle de Longueville et d'autres riches partis, étaient aussi des motifs puissants pour toutes ces réjouissances. Les ambassadeurs étrangers, qui étaient invités à toutes ces réunions, voulurent faire honneur à leur nation, et rendirent des fêtes non moins splendides. L'ambassadeur de Venise en donna une magnifique, dans les premiers jours de novembre 1651. Elle commença par une collation, puis après il y eut comédie, ensuite bal, puis le dîner, après feu d'artifice, et enfin concert. Ces fêtes duraient presque toujours toute la journée. Dans les fêtes que donnait MADEMOISELLE, elle faisait venir aussi des acteurs; après la comédie, on dansait, on jouait au colin-maillard. Toute la famille royale d'Angleterre se trouvait à ces réunions, et ce fut alors que le duc d'York fut sur le point d'épouser mademoiselle de Longueville. (Montpensier, *Mémoires*, t. XLI, p. 156.)

CHAPITRE XXII.

Page 307, ligne 21 : Du grand prieur de Malte.

Le grand prieur de Malte, Hugues Rabutin, mourut en 1656; il était né en 1588.

Page 308, ligne 15 : A la place, celle de mon veuvage.

J'ai suppléé dans ce passage ces mots : *et le commencement d'une existence*, qui ne se trouvent point dans le texte; ce texte est incomplet sans cela. Si le texte original est conforme à l'impression, c'est madame de Sévigné elle-même qui aura fait cette omission, ce qui arrive fréquemment lorsqu'on écrit rapidement une lettre, et sans la relire. Cela est évident; le *qui* et tout ce qu'il régit ne peuvent se rapporter à l'année de son veuvage, mais à sa vie entière; le sens et les adjectifs féminins le font assez connaître. Ce passage et une grande portion de cette lettre ont été donnés au public pour la première fois dans l'édition de M. Monmerqué; mais aucun éditeur n'a remarqué que la phrase était incomplète.

Page 315, ligne 17 : Le seul parmi les parlements du royaume qui se fût déclaré pour lui.

Le parlement de Bordeaux ne se sépara des autres parlements qu'en haine du duc d'Épernon, que la reine s'obstina à vouloir maintenir comme gouverneur de Guyenne.

Page 317, ligne 12 : A l'exclusion de Mazarin, qu'ils détestaient.

La Rochefoucauld, la duchesse de Nemours et plusieurs autres crurent que Châteauneuf était parvenu à gagner les bonnes grâces de la reine, et que Mazarin n'était plus désiré que par les partisans qu'il avait à la cour, qui s'agitaient pour le faire revenir, en haine des ministres et de Châteauneuf; mais une étude approfondie de tous les documents de cette époque démontre qu'il n'en était pas ainsi, et que tous ceux qui l'ont cru ont été trompés par la profonde dissimulation d'Anne d'Autriche. Conférez surtout les *Mémoires* de Duplessis-Praslin, t. LVII, p. 336.

Page 318, ligne 17 : Par un arrêt il confirma celui de Mazarin.

Les précédents arrêts de la même cour, des 7 et 8 février, 11 mars, 2 et 8 août, rendus pour le même objet et dans la même année, se trouvent, avec l'arrêt cité, dans un recueil que nous possédons. L'arrêt cité fut rendu le 29 décembre; il est signé Du Tillet. Il fut publié à son de trompe, dans tous les carrefours de Paris, le vendredi 30 décembre 1651, ville et faubourgs, par Canto, juré-crieur ordinaire du roi, accompagné de trois trompettes de S. M.

Pages 318 et 319, lignes dernière et première : Qu'on s'interdisait même contre les pirates.

Heureusement que cette atrocité n'eut d'autre suite que celle d'occasionner les plaisanteries de Marigny, qui dressa un état de répartition des 150,000 livres accordées pour la tête de Mazarin, et mettait tant pour le nez, tant pour les oreilles, tant pour la langue de M. le cardinal, tant pour les membres, etc.

CHAPITRE XXIII.

Page 323, ligne 23 : La cour même et la plus grande partie des royalistes.

Loret emploie dans cet endroit le mot *royaliste*, que nous avons conservé.

Page 327, note 1re : Chavagnac.

Ces *Mémoires* de Chavagnac sont fort curieux, et ils auraient dû, ainsi que ceux de Bussy et de Navailles, être insérés par Petitot dans sa collection, plutôt que les Mémoires anonymes relatifs au dix-septième siècle, qui sont supposés ; compilation médiocre, qui n'apprend rien qu'on ne trouve ailleurs.

Page 327, ligne 14 : A lever un régiment pour ce prince.

Il y avait encore à cette époque un reste de ligue parmi les seigneurs huguenots, puisqu'ils faisaient une pension de huit mille livres au père du comte de Chavagnac. (Chavagnac, *Mémoires*, t. I, p. 141.)

Pages 328, lignes 13 et 14 : C'est pourquoi il s'attachait à se rendre maître de l'esprit du duc d'Orléans.

Il est difficile de deviner ce qui a pu porter Lemontey à faire du cardinal de Retz un factieux dans la première partie de sa vie, un héros dans la seconde, si ce n'est la manie d'établir des contrastes piquants, et d'entasser des phrases ingénieuses aux dépens de la vérité. Cependant la lecture seule des *Mémoires* du cardinal de Retz, faite avec discernement, suffit pour démentir l'idée que Lemontey veut en donner. Cet auteur ne paraît avoir étudié l'histoire de la Fronde que dans les *Mémoires* de Retz; et il était difficile de choisir un guide plus infidèle et plus partial.

Page 329, lignes 23 et 24 : Et voulait brûler la maison où elles s'étaient réfugiées.

Cette maison appartenait à un nommé Vaurouy.

Page 331, ligne 6 : Cependant Innocent.

C'est par une distraction bien singulière qu'Anquetil a écrit (dans l'*Intrigue du Cabinet*, t. IV, p. 145) *Léon X*, au lieu d'*Innocent X*. Cette faute n'est point corrigée dans l'*errata*.

Page 333, ligne 8 : La duchesse d'Aiguillon et Fabert.

Fabert était tout dévoué à Mazarin, qui lui avait confié l'importante place de Sedan, et lui avait donné ses nièces à garder.

Page 334, ligne 7 : Une autorité au moins nominale.

Condé adjoignit à son frère, pour commander sous son nom, le comte de Marsin, un des généraux les plus expérimentés.

Page 334, lignes 9 et 10 : A des libelles outrageants pour tous deux.

Conrart, à l'endroit cité, a le passage suivant : « On assure qu'ils (Jarzé et Sarrazin) ajoutaient qu'étant survenu quelque chose de pressé, où il fallait avoir les ordres du prince de Conti, on les avait été chercher dans la chambre de madame de Longueville, où on les trouva tous deux au même lit. Ces placards se sont vus imprimés. »

Page 334, ligne dernière : Négligeait par trop le soin de sa personne.

Cette malpropreté était de famille; car le grand Condé, selon *Mademoiselle*, était remarquable sous ce rapport. (Montpensier, *Mém.*, t. XLI, p. 314; t. XLII, p. 220.)

Page 336, ligne 8 : A la muse spirituelle de Benserade.

Cette chanson de Benserade commençait ainsi :

>Châtillon, gardez vos appas
>Pour une autre conquête :
>Si vous êtes prête,
>Le roi ne l'est pas.

Bussy, dans son *Histoire amoureuse des Gaules*, rapporte le premier vers de cette chanson, et nomme l'auteur, Prospère. Ce qui prouve encore que les éditeurs de l'édition de 1754 ont mis les noms d'après la clef de la première édition, c'est que cette clef ne contenait pas l'explication du nom de Prospère, et qu'ils ont laissé ce nom sans explication. Loménie de Brienne nomme Benserade au lieu de Prospère, et dans l'édition de l'*Histoire amoureuse de France* de 1710 le nom de Benserade est substitué à celui de Prospère. Les éditions récentes de l'*Histoire amoureuse des Gaules*, sous format in-8°, ne sont que des réimpressions de l'édition de 1754, avec de nouvelles fautes d'impression.

Page 336, ligne 20 : Cambiac se retira lorsqu'il sut que Condé était son rival.

Lenet dit : « La princesse (de Condé la mère) tint un conseil composé de Roquette, de la duchesse (de Châtillon), de madame de Bourgneuf, de Cambiac, et de moi. » Ce passage prouve que Cambiac était du conseil intime de la princesse douairière, et confirme tout ce que Bussy en dit, page 181. On doit remarquer que MADEMOISELLE et Lenet confirment ce que Bussy dit sur Cambiac; ce qui vient à l'appui de l'assertion de Bussy dans sa lettre au comte de Saint-Aignan, où il affirme que dans l'*Histoire amoureuse des Gaules* il n'a fourni que la broderie, mais que pour les faits, il n'a écrit que ce qui était connu à la cour. Il y a ici de notables différences entre les diverses éditions de ce livre. Celle de 1710, intitulée *Histoire amoureuse de France*, donne sans déguisement le nom de Cambiac.

Page 338, ligne 15 : Publiaient l'un contre l'autre des libelles anonymes.

Gondi répondit à tous les écrits de Chavigny par un petit écrit intitulé *les Contre-temps du sieur de Chavigny*; pamphlet plein de sel et de gaieté, qui fit, dit-on, pleurer de rage celui contre lequel il était dirigé.

Page 339, lignes 12 et 13 : En empêchant les troupes du roi de pénétrer dans Orléans.

On fit alors une estampe satirique qui représentait MADEMOISELLE en amazone, armée d'un grand balai, et balayant, comme une ordure, Mazarin hors des portes d'Orléans.

Page 341, ligne 19 et 20 : Qu'il protégeait contre tous les maux de la guerre-civile.

Brienne dit : « On eût bien pu trouver des endroits convenables, en Normandie, au séjour de la cour; mais on craignait de donner de la jalousie et du soupçon à M. de Longueville, qui faisait en sorte que le roi y jouissait d'une partie de ses revenus, qui empêchait qu'on s'y soulevât, et qu'on y causât le moindre préjudice au service de S. M.; mais il donnait assez à entendre qu'il ne fallait pas en demander davantage de lui. »

Page 342, lignes 4 et 5 : Et une hideuse famine.

Balzac écrivait à Conrart, le 20 novembre 1651 : « Quand la paix se ferait demain, cette courte guerre y laissera une longue mémoire des maux qu'elle a faits. Si on réforme et si on règle ainsi les États, bien heureux sont les États qu'on laisse dans le désordre et la corruption. »

CHAPITRE XXIV.

Page 346, ligne 5 : Une actrice.

Cette actrice se nommait Baron.

Page 347, ligne 4 : La duchesse d'Orléans.

La duchesse d'Orléans mit aussi à profit la fureur du jeu, et joua ses meubles contre des sommes qui surpassaient leur valeur, mais dont la destination était marquée d'avance. Cet exemple fut imité.

Page 348, ligne 15 : Leurs ouvrages et leurs exemples avaient donné un caractère plus grave à ces réunions d'hommes de lettres.

Un maître des requêtes, membre de l'Académie Française, Habert de Montmor, était à cette époque le Mécène des gens de lettres. Il cultivait également les sciences et la littérature, et faisait facilement des vers latins. Il avait table ouverte pour les savants et les beaux esprits. Il en logeait plusieurs dans son hôtel. Gassendi, l'homme le plus universel de son temps, ce digne rival de Galilée et de Képler, ce précurseur de Newton et de Leibnitz, logea chez lui, et y mourut. Les réunions dont il était l'oracle et le patriarche ne discontinuèrent pas même pendant les crises orageuses de l'année suivante. On y lisait fréquemment des lettres de la reine Christine, alors en correspondance avec Gassendi et avec plusieurs autres savants de Paris, qu'elle cherchait à attirer en Suède, donnant ainsi l'exemple rare, parmi les souverains, de sa prédilection pour un genre de gloire préférable à celui des conquêtes.

Page 355, ligne 7 : Saint-Évremond.

Saint-Évremond a fait le portrait de la comtesse d'Olonne dans le temps où il en était lui-même amoureux. Sa mère se nommait Marie de Raynier. La comtesse d'Olonne mourut le 13 juin 1714.

Page 359, avant-dernière ligne : Fit échouer les projets du cardinal.

La sœur cadette de la comtesse d'Olonne épousa le maréchal de la Ferté. Les deux sœurs se ressemblaient par les mœurs, et demeurèrent ensemble vers la fin de leur vie. Elles étaient d'une branche cadette de la maison d'Angennes. Elles moururent toutes deux en 1714. Saint-Simon rapporte sur elles une anecdote curieuse à l'endroit cité.

CHAPITRE XXV.

Page 362, ligne 6 : Quand on veut jaser et qu'on n'ose.

Loret donne une épithète à chacune de ses lettres, pour en caractériser par un seul mot le contenu, et il a surnommé *tremblante* celle du 18 août. A la page 40 du livre III, il nous apprend que sur le Pont-Neuf les crieurs faisaient retentir la place des nouvelles victoires remportées contre les mazarinistes, tandis que chez le maréchal de L'Hospital on faisait ceux-ci victorieux.

Page 362, lignes 17 et 18 : On s'empressait aux sermons du père Le Boux..... du père George.....

Le père Berthod indique encore un autre prédicateur qui, comme le père George, prêchait contre Mazarin ; mais il n'en donne pas le nom. Nous apprenons par Loret que c'était à l'église de Saint-Severin que prêchait le père Le Boux ; le père George prêchait aux Jacobins de la rue Saint-Honoré.

Page 365, ligne 23 : Le déguisement qu'il avait emprunté.

On commanda à Condé de brider un cheval, et il ne sut comment s'y prendre. Une autre fois, on lui donna la queue de la poêle à tenir pour faire cuire une omelette, et, en voulant la retourner, il la jeta dans le feu. M. de Saint-Aulaire, dans son *Histoire de la Fronde*, t. III, p. 120, se trompe lorsqu'en parlant de cette marche il dit de Condé, « qu'il s'acquittait mieux qu'aucun de ses compagnons des différents rôles que lui imposait la nécessité ». Il est à présumer qu'il n'a lu ni la relation de Chavagnac ni celle de Gourville, qui sont les deux véritables autorités pour ce point d'histoire. Nemours, qui avait fait une traversée semblable avec Chavagnac, pour aller en Flandre chercher les troupes espagnoles, s'était montré encore plus inexpérimenté. Malgré son courage, il ne pouvait supporter la fatigue et les privations ; et il subissait tous les inconvénients d'une éducation molle et efféminée.

Page 365, ligne 23 : Contre un gentil-homme royaliste.

La Rochefoucauld nomme ce gentil-homme La Bassinière ; Chavagnac le nomme Bassiniac. Chavagnac raconte, à la page 151, un singulier acte de brutalité de Condé envers Guitaut.

Page 367, lignes 13 et 14 : *Le Languedoc ne lui eût point été contraire.*

Du Languedoc il faut excepter la ville de Toulouse, que le parlement eût maintenue dans le parti du roi.

Page 367, ligne 23 : *Condé se rendit à Paris.*

Loret nous apprend que ce fut un jeudi que Condé entra dans Paris. Le bas peuple cria *vive Condé!* et des femmes du peuple allèrent à sa rencontre avec des lauriers.

CHAPITRE XXVI.

Page 373, ligne 3 : *Il chemina lentement.*

Le roi alla loger au Louvre, qui était alors entouré de fossés, et non aux Tuileries.

Page 373, note 2 : *Loménie de Brienne.*

On dira peut-être, au sujet de cette citation de Loménie de Brienne, qu'elle prouve peu, parce que dans ce passage c'est le fils du maréchal de Villeroi qui dément les bruits injurieux répandus sur son père relativement à l'éducation de Louis XIV, dont le maréchal était gouverneur; mais ce témoignage vaut bien celui des ennemis de Mazarin, qui avaient plus d'intérêt à noircir ce ministre, que Villeroi fils à le disculper longtemps après sa mort.

Page 377, ligne 12 : *La dispersion du papier par ceux de la paille.*

L'affaire du papier, quoique réprimée, produisit cependant son effet; elle amena la concession des passe-ports qu'on avait refusés aux bourgeois députés par le roi, et la démission de Broussel de sa place de prévôt des marchands.

Page 377, ligne 16 : *Les partisans du roi dans Paris.*

Sève, annonçant au roi qu'il était suivi par un grand nombre de ses concitoyens, dit : « Sire, laissez-vous vaincre à leurs prières, rendez-vous à leurs larmes, etc. »

Page 378, note 2 : *Berthod.*

La publication récente des Mémoires du P. Berthod a jeté un jour tout nouveau sur cette partie importante de l'histoire de la Fronde. Quand les masses sont préparées à une révolution, l'influence individuelle a une grande puissance; quand, au contraire, elles sont opposées à tout changement, cette influence est nulle.

Page 380, ligne 19 : Jaloux de la faveur dont il jouissait.

Loret lui-même, quoique bon royaliste, n'aimait pas Mazarin, et dit qu'il est haï des provinces.

Page 382, ligne 12 : Mazarin reparut.

Tandis que Condé pillait les convois de grains qui entraient dans la capitale, Mazarin les faisait protéger par les troupes royales. Quand il fallut conférer pour l'entrée du roi, ce ne fut pas aux chefs des partis, ou au prévôt des marchands, ou au gouverneur, que l'on voulut avoir affaire, mais avec les six corps des marchands et avec les trois cents bourgeois qui commandaient la garde urbaine. Voilà de l'habileté. MADEMOISELLE s'enfuit, masquée et déguisée, et sous un faux nom, dans le carrosse de madame de Montmort. Gaston, en partant, ne voulut point la voir; il lui reprochait de l'avoir poussé contre la cour. Les caractères faibles se font justice : ils sentent qu'ils ne peuvent rien par eux-mêmes, et attribuent toujours aux autres les fautes qu'ils commettent. Tous les membres du parlement, quelles que fussent leurs opinions, quelle qu'eût été leur conduite, furent convoqués au Louvre, à la réserve d'un très-petit nombre des plus factieux; savoir, Broussel, Vial, de Thou, Portail, Bertaut, Croissy, Fouquet, Machault-Fleury. Vincennes et la Bastille furent rendus par Louvière et madame de Chavigny, sur un simple ordre du roi. Gaston et le parti des princes voulurent faire croire à la cour que Paris était encore trop près de la révolte; ils demandaient du temps pour disposer la population à recevoir le roi; mais on était trop bien instruit de l'état des choses pour se laisser tromper, et la cour continua sa marche. La même situation se retrouva pour Louis XVIII. Fouché persuada au conseil du roi que les jacobins étaient encore redoutables dans Paris, et il arrêta le monarque à Saint-Ouen; par là on crut cet homme nécessaire ainsi que les siens, et il souilla la royauté de son ministère. On apprit ainsi aux peuples que le sceptre résidait entre les mains de la peur. Tous les malheurs qui suivirent viennent de cette première faute. Lorsque Louis XVIII crut devoir s'arrêter à Saint-Ouen, les jacobins avaient encore moins d'influence dans Paris que les frondeurs lors du retour de Louis XIV. On ne sut pas séparer le parti conventionnel ou jacobin du parti militaire ou bonapartiste ; ces deux partis étaient bien distincts, et opposés. Ils se réunirent quand ils se virent enveloppés par la royauté dans une même défiance. Alors le roi et la monarchie restèrent dépouillés de leurs plus fermes appuis, et eurent pour ennemis les bonapartistes, qui alors, ayant répudié leur chef, avaient intérêt à tout conserver, à tout affermir, et au besoin à tout reconquérir.

Page 383, lignes 4, 5 et 6 : Cette marche habile lui acquit l'estime de tous les cabinets étrangers.

De même que Richelieu, Mazarin ne sépara jamais ses intérêts de ceux du royaume, ni le royaume de la personne du roi. Lorsque Condé voulait dominer le roi, Mazarin conseillait à la reine de s'unir au coadjuteur, qui pourtant était son plus grand ennemi ; et plus tard il préférait mettre le roi sous le joug de Condé, et par conséquent sous celui de ses sujets révoltés, plutôt que sous la domination des Espagnols.

Page 386, ligne 21 : Au lieu d'armer et de se fortifier.

Le roi d'Angleterre (le prétendant) prêta au cardinal de Retz jusqu'à cent vingt hommes pour se fortifier.

Page 387, lignes 5 et 6 : Où il étala tant de luxe et de magnificence.

Pendant la durée de cette ambassade, sa dépense se montait à huit cents écus par jour.

CHAPITRE XXVII.

Page 392, lignes 21, 23, 24 : Condé... vient siéger sur les fleurs de lis.

Monglat dit que ce fut le 10 août que Condé vint siéger au parlement.

Page 393, note 1 : DE VILLEFORE, la véritable vie d'Anne-Geneviève de Bourbon, duchesse de Longueville, etc.

L'édition qui porte pour titre : *Vie de madame de Longueville*, et

37.

qui est sans nom de lieu, est faite à Paris. L'auteur n'est point nommé, tandis qu'il l'est deux fois dans l'édition d'Amsterdam, dans un avis du libraire et dans un avertissement d'éditeur. L'avis du libraire, qui indique les retranchements qu'a subis l'édition de Paris, est à la fin du volume.

Page 399, ligne 2 : C'est dans le château de celui-ci que se fit le mariage.

Ce mariage se fit en 1646, vers la fin de l'hiver. Mademoiselle de Rohan avait vingt-sept à vingt-huit ans, et était d'une vertu sévère.

Page 400, ligne 9 : Sa mort termina ce romanesque procès.

Tancrède mourut le 1er février 1649, âgé de dix-neuf ans. Conférez l'*Histoire de Tancrède de Rohan* (par le père Griffet); Liége, 1767, in-12, p. 55 et 91. Ce volume, par les pièces justificatives qui le terminent, contient quelques documents curieux pour l'histoire.

CHAPITRE XXVIII.

Page 404, ligne 21 : La duchesse n'y paraissait point.

Mademoiselle de Montpensier décrit, dans ses Mémoires, une fête qui eut lieu chez la comtesse de Choisy, où il y eut comédie et collation. Puis elle ajoute : « Tout ce qu'il y avait d'hommes et de femmes à Paris y vinrent. » Ce qui veut dire, dans son langage, qu'il n'y avait pas un seul homme ni une seule femme de la classe bourgeoise.

Page 404, les deux dernières lignes : C'est que c'était aux Tuileries, où elle demeurait alors.

Mademoiselle de Montpensier fut délogée des Tuileries au retour du roi. Il faut lire dans l'endroit cité les regrets qu'elle exprime d'être forcée de quitter ces magnifiques appartements, où elle avait toujours habité.

Page 408, ligne 12 : Adonnée à l'astrologie et à la divination.

Il faut lire dans Segrais la curieuse histoire de l'abbé Brigalier.

Page 409, lignes 27 et 28 : La présidente de Pommereuil pour le cardinal de Retz.

Le cardinal de Retz donna au roi et à la reine d'Angleterre un repas si magnifique, qu'il fut pendant quelques jours, dans Paris, l'objet principal des entretiens des cercles et des ruelles.

Page 410, ligne 3 : Chez la marquise de Bonnelle.

C'était, à ce qu'il paraît, d'après Loret, chez la marquise de Bonnelle que l'on jouait alors. Le jeu à la mode était celui de quinola ou le reversis. Il venait d'Espagne.

Page 410, lignes 6 et 7 : MADEMOISELLE faisait presque toujours venir les vingt-quatre violons.

Les vingt-quatre violons firent partie de la maison du roi, mais ils ne formaient pas les seuls musiciens de la chambre; il y avait encore les joueurs de violons ordinaires, les joueurs de hautbois, de *saqueboutes* et *cornets*, les joueurs de *phiphres, tabourins* et *muzettes*. Tous avaient des gages, et les sommes qu'ils recevaient se lisent p. 143, 144, 168 et 169 de l'ouvrage du sieur de LA MARINIÈRE, intitulé *Estat général des officiers, domestiques et commençaux de la Maison du Roy*; Paris, 1660, in-8°. Ce livre est curieux et peu connu, et il ne faut pas le confondre avec l'*État de la France*, dont on publiait une nouvelle édition presque tous les ans, et auquel a succédé l'*Almanach royal*.

Page 411, ligne 2 : Joints aux négociations.

La duchesse d'Aiguillon négociait à Saint-Germain pour le prince de Condé. Voyez Chavagnac, t. I, p. 167. Il y a dans cet endroit une erreur de pagination.

Page 411, ligne 16 : La gaieté régnait au milieu des dangers.

Remarquons cependant que dans le midi la guerre se faisait avec acharnement, et donnait lieu à d'atroces forfaits : témoin l'affaire du chevalier de Canolle, pendu quoique prisonnier de guerre, et celle du père de Chavagnac, livré par ses propres troupes et assassiné par son maître d'hôtel.

Page 412, lignes 14 et 15 : Ces divers spectacles attiraient hors de Paris.

Ces divertissements et ces communications eurent surtout lieu lorsque Turenne s'était retranché derrière le bois qui est sur les hauteurs de Villeneuve-Saint-Georges; alors les princes se trouvaient campés proche de Boissy-Saint-Léger, dans la plaine qui est entre ce village et le bois de Villeneuve-Saint-Georges (le bois du château de La Grange) ; le bois séparait les deux camps, et formait l'intervalle qu'aucune des deux armées n'osait franchir.

CHAPITRE XXIX.

Page 413, ligne 2 du texte : Fut encore augmenté par l'arrivée du duc de Lorraine à Paris.

Ce fut le 5 septembre que le duc de Lorraine vint à Paris, accompagné du duc de Wurtemberg. Le duc de Lorraine était né en 1604.

Page 414, lignes 10, 11 et 12 : Faisait profession de ne tenir à sa parole qu'autant que son intérêt l'y obligeait.

Pavillon, dans son Testament de Charles IV, a très-bien dit de lui :

> Il donna librement sa foi
> Tour à tour à chaque couronne ;
> Il se fit l'étrange loi
> De ne la garder à personne.

Cette morale dépravée fut commune parmi les guerriers de ce temps, et le duc de Lorraine fit plus d'un élève. On peut lire dans les *Mémoires de Loménie de Brienne*, t. II, p. 295, quels affreux conseils donnait à ce jeune homme entrant dans le monde le duc de Vendôme.

Page 414, ligne 20 : En épousant ensuite Béatrix de Cusane, princesse de Cantecroix.

Le mariage du duc de Lorraine avec la princesse de Cantecroix eut lieu en 1637, à Besançon.

Page 415, ligne 25 : Les déterminations de Charles IV.

La duchesse de Châtillon elle-même ne craignait pas de donner de la jalousie à Condé, en faisant des coquetteries au duc de Lorraine.

Page 416, ligne 2 : Ses manières si étranges parurent piquantes.

Dans une promenade au Cours que le duc de Lorraine fit avec la duchesse de Chevreuse, sa fille, et madame de Frontenac, sa conversation fut tout à fait ordinaire. Voyez les Mémoires de Conrart.

Page 416, ligne 10 : Les troupes de tous les partis.

Les troupes du duc de Lorraine n'étaient pas les seules qui commissent des désordres; celles des princes, les troupes royales elles-mêmes, ne se conduisaient pas mieux. Pour donner une idée de l'indiscipline de ces dernières, il suffit de dire que le maréchal d'Hocquincourt, qui les commandait, ne put empêcher sa maison d'être dévastée. Chavagnac avoue que pendant deux jours qu'il fut cantonné à Poissy, il reçut de riches présents des propriétaires des environs pour empêcher qu'ils ne fussent pillés.

Page 416, ligne 20 : Le chef d'une troupe de démons que, comme un général d'armée...

Loret, dans sa gazette, raille ainsi les Parisiens de l'accueil qu'ils faisaient au duc de Lorraine :

> Les soldats du duc de Lorraine
> Ont enfin traversé la Seine,
> Et plusieurs des gens de Paris,
> Loin d'en avoir les cœurs marris,
> Après avoir mangé leurs soupes,
> Allèrent voir passer ces troupes
> Avant-hier, qu'il faisait beau,
> Dans la plaine de Long-Boyau.
> Ils ont brûlé cinq cents villages,
> Ravi douze cents pucelages,
> Fait deux mille maris cornus,
> Et pourtant sont les bien-venus.

Page 418, ligne 15 : L'abbesse de Pont-aux-Dames.

Conrart place ce fait le 4 juin.

Page 421, lignes 6 à 8 : Elles portaient des rubans, des montres d'or, etc.

Au sujet des habillements de ces religieuses, voici comment s'exprime saint Vincent de Paul :

« Plures vestes monialum deferunt indecentes, et immodestas. In locutoriis se ostentant vittis ignei coloris fulgentes; horarias aureas, seu horologia aurea gestitant; chirotecas etiam raras, et quas vocant hispanas, induunt. » (G. Delort, *Mes Voyages aux environs de Paris*, in-8°, t. II, p. 173.)

CHAPITRE XXX.

Page 425, ligne 6 : Où chaque guerrier se bat avec acharnement.

Cette bataille eut lieu le 5 juillet. Les descriptions qu'en ont données les historiens que j'ai cités se ressemblent toutes, et sont exactes ; mais elles sont dépourvues de ces scènes animées qu'on trouve dans les Mémoires, et dont nous avons tenté de donner une esquisse. Il y a dans Ramsay, ainsi que dans Désormeaux, un très-beau plan de cette bataille ; c'est le même dans les deux ouvrages. Il a été réduit dans l'édition in-12 de l'ouvrage de Désormeaux.

Page 425, ligne 21 : En versant des torrents de sang.

L'aide de camp de Chavagnac, après s'être battu en brave homme, fut tellement frappé d'horreur du massacre de cette journée, qu'il quitta l'état militaire et se fit capucin.

Page 426, ligne 16 : Mais nul plus que Saint-Mesgrin.

Personne n'était plus aimé à la cour que Saint-Mesgrin. Malgré sa jeunesse, il avait commandé en chef une armée en Catalogne, et déployé dans cette campagne les plus grands talents pour la guerre. La reine mère, dont il était chéri et favorisé, le pleura, et le fit inhumer avec pompe à Saint-Denis. Saint-Simon donne très en détail, dans l'endroit cité, toute l'histoire du père de ce jeune homme, qui mourut en 1665, à l'âge de quatre-vingt-trois ans. Il était gendre du maréchal de Roquelaure, et grand sénéchal de Guyenne. Saint-Simon nous apprend que le vrai nom du père de Saint-Mesgrin était Esthuert ; ce fut par une héritière de Caussade, dont il joignit son nom au sien, qu'il devint Saint-Mesgrin. Dans l'insipide ouvrage de Somaize, il y a quelques détails sur la duchesse de Chaulnes, qui fut veuve de Saint-Mesgrin, et sur les femmes qui étaient ses amies. Elle est désignée sous le nom de Clidaris ; Sophronie est madame de Sévigné ; le Palais-Sénèque est le Palais-Royal ; Barsane est cette marquise des Brosses dont j'ai raconté les aventures touchantes dans la Vie de Maucroix. Le jeune de Fouilloux s'était joint aussi à Saint-Mesgrin, et périt dans la même action.

Page 428, lignes 8 et 9 : Dans une maison de particulier.

Cette maison était celle d'un nommé de La Croix, maître des comptes.

CHAPITRE XXXI.

Page 431, ligne 16 : Le duc de Beaufort, le héros de la populace de Paris.

L'hôtel de Beaufort était alors rue Quincampoix.

Page 431, lignes 19, 20 : Qui épouvantèrent le gouverneur, le prévôt des marchands, les échevins.

Le carrosse du prévôt des marchands fut attaqué par la populace, et un échevin fut blessé. On pilla la boutique d'un armurier nommé Regnicourt. Un nommé L'Espinois, capitaine de son quartier, manqua d'être jeté à l'eau, parce qu'il était accusé d'être retz ou mazarin.

Page 431, ligne 21 : Et forcèrent à fuir sous divers déguisements...

La maréchale de Turenne, qui demeurait alors rue Saint-Louis au Marais, alla rejoindre la cour ; Séguier, premier président, en fit autant, ainsi que le roi et la reine d'Angleterre, qui se trouvaient alors à Paris. (Loret, liv. III, p. 64.)

Page 432, ligne 9 : Força de recourir à une assemblée générale.

Talon donne, dans cet endroit de ses Mémoires, des renseignements curieux et intéressants sur les grandes et les petites assemblées de la ville de Paris.

Page 432, lignes 16 et 17 : De ses soldats déguisés en gens du peuple.

Lefebvre de La Barre, prévôt des marchands, donna sa démission aussitôt après le tumulte.

Page 432, ligne 22 : A se soustraire à la fureur populaire.

Les vers de Loret, quoiqu'ils soient toujours dépourvus de grâce et de poésie, ont, en racontant ces scènes déplorables, une naïveté qui plaît, parce qu'on y voit une douleur sincère dans celui qui les écrivait. Ce gazetier si insipide, ce versificateur si plat, était un des plus honnêtes hommes de cette époque ; il montre partout les sentiments d'un bon Français ; et s'il flattait les grands, il ne les abandonnait pas dans le malheur, comme le prouva l'affaire de Fouquet.

Page 434, ligne 24 : Avaient encore augmenté le resserrement de la population.

Talon dit qu'il y avait alors cent mille personnes auxquelles la charité était distribuée. Le pain blanc valait le 6 juillet onze à douze sous la livre (c'est vingt-quatre sous d'aujourd'hui). Le pain bis valait sept sous (quatorze sous).

Page 435, ligne 21 : Pour un vol de 300,000 livres de marchandises.

C'est Chavagnac lui-même qui raconte ce fait. Ces marchandises appartenaient à des bourgeois de Paris.

Page 435, ligne 25 : Gaston fit aussitôt conduire le comte de Rieux à la Bastille.

Il est fait mention de cette affaire du comte de Rieux dans plusieurs des Mémoires du temps ; mais c'est dans les Mémoires de Talon qu'elle est le mieux détaillée.

Page 436, ligne 11 : Beau, galant, gracieux et enjoué.

Voici le portrait que Bussy-Rabutin, qui n'est pas louangeur, nous a laissé du duc de Nemours : « Ce duc avait les cheveux fort blonds, le nez bien fait, la bouche petite et de belle couleur ; il avait la plus jolie taille du monde, et dans ses moindres actions une grâce qu'on ne pouvait assez admirer ; l'esprit fort enjoué et badin. »

Page 438, ligne 25 : Pour en arracher cette détermination.

Condé, par le moyen de ses liaisons avec l'Espagne, avait obtenu, au moyen d'une rançon, la liberté du duc de Guise, fait prisonnier par les Espagnols, lors de son expédition contre le royaume de Naples ; mais en arrivant à Paris le duc de Guise se déclara pour le roi, et siégea dans la séance où la déclaration royale qui proscrivait Condé fut enregistrée. Le duc de Rohan aussi accepta l'amnistie, et ne suivit pas Condé.

Page 439, ligne 24 : Depuis qu'il n'était plus obligé de la disputer à Nemours.

Lorsque Condé, par une habile manœuvre, eut enfermé l'armée de Turenne entre la sienne et celle du duc de Lorraine, il fut saisi d'une fièvre qui lui dura quelques jours, et l'empêcha de profiter des succès de ses combinaisons. Guy-Joly dit, dans ses Mémoires, que cette indisposition de M. le Prince fut causée par une comédienne dont il s'était trop approché. Ce qui me semble prouver, comme je l'ai dit, que Condé bien avant son départ de Paris était fort refroidi à l'égard de la duchesse de Châtillon.

Pages 441, lignes 1 et 2 : De femmes qui dans le vice conservassent moins de respect pour la vertu.

Sauval donne encore pour amants à la duchesse de Châtillon, Bouchu, intendant de Bourgogne, et Cambiac, auquel il donne le titre de chanoine d'Alby et de Montauban; Mais Sauval, mal instruit des choses de la cour, a écrit longtemps après les événements. Pour tous ces petits faits scandaleux, qui ont de l'importance par leur influence sur les grands événements, il faut consulter les Mémoires des personnes qui ont connu les personnages mêmes auxquels ces anecdotes sont relatives. Les Mémoires de Montpensier, de Motteville, et surtout ceux de Bussy, sont les meilleures sources et les plus authentiques.

CHAPITRE XXXII.

Page 446, ligne 17 : Telles étaient les dispositions où se trouvait Balzac.

Jean-Louis Guez, seigneur de Balzac, naquit en 1594 et mourut en 1655. Employé d'abord à Rome sous le cardinal de la Valette, il avait été fait conseiller d'État.

Page 448, lignes 26 et 27 : Le suivirent à Nantes.

Salmonet était d'avis que le cardinal de Retz s'évadât; et s'il avait suivi ce conseil et qu'il eût cessé d'intriguer avec ceux du parti de Condé, il se serait encore arrangé avec la cour, tant la possession de l'archevêché de Paris et son union avec le clergé de cette ville le rendaient puissant, et exigeaient de ménagements de la part de l'autorité.

Page 451, lignes 17 et 18 : Après ce piquant écrit : *Vita Mamurræ*.

La *Vita Gargillii Mamurræ* fut composée en 1636, et imprimée en 1643 par Adrien de Valois, dans un recueil de pièces contre Montmaur, t. I, p. 23. L'Anti-Gomorrhe, t. I, p. 44, de Sallengre, est de Charles Vion. Sallengre cite des mots de Montmaur très-spirituels. La *Vita Mamurræ* est dédiée à un nommé Ferramus, avocat; il était de Boulogne.

Page 452, ligne dernière du texte : Dans cette première édition des poésies de Ménage.

Ménage, à la cinquième édition, ajouta à l'idylle d'Alexis les deux vers suivants, p. 146 :

> Digne objet de mes vœux, à qui tous les mortels
> Partout, à mon exemple, élèvent des autels.

Et dans la septième, à ces mots : *à la tendre amitié*, il substitua : *aux lois de l'amitié*; et à ceux-ci : *et dont l'âme insensible*, — *et toujours insensible*.

CHAPITRE XXXIII.

Page 456, ligne 1re du texte : Le marquis de Tonquedec était...

Conrart rapporte les deux versions qui coururent dans le public sur cette première rencontre de Tonquedec et de Rohan : la version de Rohan et celle de madame de Sévigné (p. 91). Celle de madame de Sévigné mérite le plus de confiance, et est aussi la plus vraisemblable.

Page 459, lignes 22 et 23 : Et Loret même en avait parlé dans sa gazette.

Loret, dans sa *Muse historique*, annonce ainsi cette affaire :

> Rohan, dont le cœur et la mine
> L'ont fait parvenir à l'hermine,
> Et le marquis de Tonquedec,
> Quoique dans un lieu de respec,
> Savoir, chez Sevigny la belle,
> Eurent entre eux grosse querelle, etc.

NOTES ET ÉCLAIRCISSEMENTS. 447

Page 461, ligne 25 : Le duc de Rohan mourut.

Loret a donné la date précise de la mort du duc de Rohan, dans sa gazette datée du 6 mars, lorsqu'il dit :

> Ce fut depuis sept jours en çà
> Que le noble duc trépassa, etc.

CHAPITRE XXXIV.

Page 464, ligne 1re : Scarron se maria.

L'époque du mariage de Scarron avec Françoise d'Aubigné (depuis madame de Maintenon) se trouve exactement déterminée par la gazette de Loret; cependant presque tous les auteurs qui ont écrit sur elle ou sur Scarron l'ont ignorée, ou, ce qui est pire, lui ont assigné une fausse date. M. Monmerqué, si curieux et si exact dans ses recherches, ne donne point la date de ce mariage dans l'article *Maintenon*, dont il a enrichi la *Biographie Universelle*. Madame Suard et Dreux du Radier placent ce mariage en 1650, deux ans avant sa véritable date. Madame Guizot le met en 1651, probablement sur l'autorité de La Beaumelle, qui même va jusqu'à désigner en marge le mois d'avril; mais la date de l'année comme celle du mois sont également fausses. Segrais, par ses contradictions, est la première cause de ces erreurs; dans une page de ses *Souvenirs*, il dit que Scarron se maria en 1650 (voyez page 100), et dans une autre, p. 105, en 1651. Les auteurs subséquents ont pris à peu près au hasard l'une ou l'autre date, sans se douter qu'ils ne choisissaient qu'entre deux erreurs. Cependant, longtemps avant moi, les frères Parfaict, dans leur *Histoire du Théâtre français*, avaient, d'après la gazette de Loret, donné la véritable date. M. Fabien Pillet, dans l'article *Scarron*, de la *Biographie Universelle*, a bien dit que ce mariage eut lieu en 1652, mais sans aucune discussion, et sans détermination plus précise. C'est dans sa lettre 52, du 31 décembre 1651 (liv. II, p. 179), que Loret parle du projet de Scarron de se transporter en Amérique avec la sœur Céleste (mademoiselle de Palaiseau), quand le printemps sera venu; nulle mention alors que Scarron eût pris femme : c'est dans la lettre 22 du 9 juin 1652 (liv. III, p. 77) que Loret parle du mariage récent de Scarron, et de son procès avec sa belle-mère.

> Monsieur Scarron, esprit insigne...,
> Avait un procès d'importance,

Lequel il a perdu tout net.
. . . .
Car enfin ledit personnage
Ayant contracté mariage
Avec une épouse ou moitié,
Qu'il a prise par amitié,
Il était chargé, ce me semble,
De deux pesants fardeaux ensemble.

C'est à l'imitation de Scarron que Loret écrivait sa gazette en style burlesque. Il le regardait comme son maître et son modèle dans ce genre d'écrire. Il professait pour lui la plus grande admiration. Il donne place dans sa gazette aux plus petites choses qui le concernent. Si donc ce mariage avait été antérieur de plus de quinze jours à cette feuille du 9 juin, Loret n'aurait pas manqué d'en faire mention dans les gazettes antérieures; il n'en dit rien : donc c'est entre la gazette qui a précédé celle-ci et le 9 juin que ce mariage a eu lieu.

Page 463, note 2 : *Lettre* à mademoiselle d'Aubigné.

Cette curieuse lettre de Scarron est certainement adressée à mademoiselle d'Aubigné, quoique son nom ne soit pas dans les éditions. Les correspondances de Scarron, de madame de Maintenon, et de Bussy, ont été imprimées avec une négligence qui les rend souvent inintelligibles même aux plus instruits.

Page 464, lignes 7 et 8 : Agée de seize ans et demi.

Madame de Maintenon était née le 28 novembre 1635; elle avait donc seize ans et demi lors de son mariage; son frère était plus jeune.

Page 465, lignes 6 et 7 : Contemplez cet enfant qui se joue sur le rivage de Sicile.

Des recherches récentes, dues à un savant Italien, sur l'origine de la famille de Mazarin, ont constaté ces faits. Ils m'ont été communiqués par M. Artaud de Montor, qui a résidé longtemps en Italie, auquel nous devons la meilleure traduction et la meilleure vie du Dante, et tant d'excellents ouvrages qui concernent l'Italie. Saint-Simon, si curieux et si savant sur tout ce qui se rapporte aux recherches généalogiques, avait en quelque sorte deviné la naissance infime de Mazarin; car dans ses *Mémoires*, après avoir parlé des nièces du cardinal, il dit : « Si les pères de ces nièces n'étaient rien, leurs mères, sœurs du cardinal Mazarin, étaient, s'il se peut, encore moins. Jamais on n'a pu remonter plus haut que le père de cette fameuse éminence, ni savoir où elle est née, ni quoi que ce soit de sa première jeunesse. On sait seulement qu'ils étaient de Sicile; on les a crus des manants de la vallée de Mazare, qui avaient pris le nom de Mazarin, comme on voit à Paris des gens qui se font appeler Champagne, Bourguignon. La mère du cardinal était Buffalini. Son père mourut obscur à Rome, en 1654, âgé de soixante-dix-huit ans. Cela n'y fit pas le moindre bruit. Les nouvelles publiques de Rome eurent la malice d'y insérer ces mots : « Les lettres de Paris nous apprennent que le seigneur Pietro Mazarini, père du cardinal de ce nom, est mort en cette ville de Rome, etc. » (T. XI, p. 190.) Loménie de Brienne, qui écrivait du vivant même de Mazarin, et lorsqu'il était tout-puissant, ne savait rien non plus sur son origine; il dit, t. II, p. 10 : « Que le cardinal fût de Rome ou de Mazara, qu'il fût né gentil-homme ou non, je laisse ces difficultés à débrouiller aux généalogistes. »

Page 466, ligne 24 : Au dur despotisme d'une parente avare.

Cette parente était la comtesse de Neuillant, mère de madame la duchesse de Navailles.

Page 466, lignes 26 et 27 : On la croyait née en Amérique.

Saint-Simon le croyait encore, et ignorait de qui elle était descendue. La justice vient tard pour les personnages qui ont exercé un grand pouvoir; tout ce que dit Saint-Simon sur madame de Maintenon est l'expression de la haine et le résultat de la plus injuste partialité. Il en est de même de ce qu'a dit MADAME (mère du duc d'Orléans, régent) dans sa correspondance. Il en est de même de presque tous ceux qui ont écrit sur cette femme célèbre dans le temps de sa faveur. Pendant tout le dix-huitième siècle les philosophes, à cause de sa dévotion, lui ont attribué sur les affaires une influence qu'elle n'avait pas, afin de pouvoir rejeter sur elle les malheurs publics et les désastres des dernières années du règne de Louis XIV. Ce n'est que de nos jours que l'on a commencé à la juger impartialement.

Page 467, lignes 17 et 18 : Loret, en devisant sur ce prétendu voyage dans sa bavarde gazette.

Dans la lettre 25, en date du 5 octobre 1652, liv. III, p. 139, Loret dit :

> Monsieur Scarron, auteur burlesque,
> Fort aimé du comte de Fiesque,
> Est parti de cette cité
> Ayant sa femme à son côté,
> Ou du moins en étant bien proche,
> Lui dans une chaise, elle en coche,
> Pour devers la ville de Tours
> Aller attendre quelques jours
> L'embarquement pour l'Amérique,
> Où sa personne poétique
> Espère trouver guérison.

Puis, dans la lettre 45, en date du 9 novembre 1652, liv. III, p. 154, c'est-à-dire un mois après la lettre précédente :

> J'avais dit, en juin ou juillet,
> Que cet esprit rare et follet,
> Admiré de tout galant homme,
> Qui le petit Scarron se nomme,
> Avait choisi par amitié
> Une jeune et belle moitié.
> J'ai dit, en une autre semaine,
> Que vers les champs de la Touraine
> Icelui s'était transporté
> Ayant sa femme à son côté,
> Avec intention formée
> (Ce disait lors la Renommée)
> D'attendre, sans y manquer,
> La saison propre à s'embarquer,
> Pour voguer en terre lointaine,
> Que l'on appelle américaine,
> En laquelle il prétend, dit-on,
> Devoir rehausser son menton.
> Or, j'ai maintenant à vous dire
> Que cet auteur à faire rire,
> Nonobstant son corps maladif,
> Est devenu génératif;
> Car un sien ami tient sans feinte
> Que sadite épouse est enceinte

De trois ou quatre mois et plus.
Et puis dites qu'il est perclus !

Madame de Maintenon écrivait, dans une de ses lettres à son frère : « Vous savez que je n'ai jamais été mariée. »

Page 468, lignes 15 et 16 : C'est elle-même qui a fait l'aveu de ce dernier motif comme d'une faiblesse...

Dans le passage cité de La Beaumelle, elle dit : « J'en suis punie aujourd'hui par l'excès de faveur; comme si Dieu m'eût dit, dans sa colère : Tu veux de la gloire et des louanges : eh bien ! tu en auras jusqu'à en être rassasiée. »

Pages 468 et 469, lignes dernière et première : Les doutes qu'on a élevés sur madame Scarron au sujet du marquis de Villarceaux.

Tallemant des Réaux, après avoir rapporté un voyage que madame Scarron fit au château de Villarceaux avec Ninon, et l'amour que Villarceaux avait pour madame Scarron, et les efforts qu'il fit pour la séduire, termine ainsi : « On croit cependant qu'elle n'a pas franchi le pas. » Scarron à l'endroit cité marque le commencement de sa liaison avec Villarceaux, et ajoute : « Je vous en dirai demain davantage chez mademoiselle de Lenclos, où je me ferai porter à l'heure du dîner. »

Page 469, ligne 21.

La pièce de Scarron intitulée *Étrenne à mademoiselle de Lenclos* est, suivant moi, du temps de la jeunesse de Scarron et de Ninon. Voici le passage de Saint-Simon sur la liaison de madame de Maintenon avec Ninon : « Elle (Ninon de Lenclos) avait été amie intime de madame de Maintenon tout le temps que celle-ci demeura à Paris. Madame de Maintenon n'aimait pas qu'on lui parlât d'elle, mais elle n'osait la désavouer. Elle lui a écrit de temps en temps jusqu'à sa mort avec amitié. Lenclos (car Ninon avait pris ce nom depuis qu'elle eut quitté le métier de sa jeunesse longtemps poussée) n'y était pas si réservée avec ses amis intimes; et quand il lui est arrivé de s'intéresser fortement pour quelqu'un ou quelque chose, ce qu'elle savait rendre rare et bien ménager, elle en écrivait à madame de Maintenon, qui la servait efficacement et avec promptitude; mais depuis sa grandeur elles ne se sont vues que deux ou trois fois, et bien en secret. »

Page 472, ligne 14 : Il propose des plans d'entreprise.

Il s'agissait de créer des offices de *déchargeurs* pour les marchandises, auxquels une compagnie aurait avancé des fonds pour payer les droits, et faire rendre et décharger les marchandises dans les magasins, aux frais, risques et périls des déchargeurs.

Page 473, ligne 7 : Sa femme obtint une pension.

La Beaumelle place en 1653 la pension de seize cents livres que madame de Maintenon obtint par l'entremise de madame Fouquet.

Page 473, lignes 17 et 18 : Qui chantaient les louanges de la belle Indienne.

Voici quelques vers de la pièce de La Mesnardière, intitulée *la Belle Indienne*, à la jeune, belle et spirituelle madame Scarron :

Galanterie.

Quant à moi, je me persuade
Que ce rare et plaisant malade,
Votre fameux et cher époux,
Se passera fort bien de vous.
. . . .
Et pour lui faire voir, ma belle,
Combien votre approche est mortelle,
Je connais des gens à la cour
Qui, pour avoir vu certain jour
Seulement votre gorge nue,
En ont la fièvre continue.
Quel devrait être leur tourment,
S'ils vous voyaient à tout moment !

Ceci prouve, au reste, qu'alors la mode pour les femmes était de se découvrir le sein lorsqu'elles étaient habillées ; mais ce n'est pas sur ce ton que la Mesnardière louait les appas de la marquise de Rambouillet, ou de sa fille, la duchesse de Montausier. Segrais rapporte que Scarron avait un valet fort simple et fort benêt, auquel les jeunes seigneurs qui venaient chez lui s'amusaient à demander si son maître ne ferait pas bien un enfant à sa femme, parce qu'il répondait toujours : « Oui-da, monsieur, s'il plaît à Dieu. »

Page 473, ligne 23 : Qu'avant l'invention des sonnettes de renvoi.

Saint-Simon dit aussi de l'abbé de Fleury, dans ses *Mémoires*, qu'il s'était rendu agréable dans plusieurs maisons, et qu'il suppléait aux sonnettes avant leur invention.

Page 474, ligne 16 : Nos recherches n'ont pu nous faire découvrir.

J'ai cherché en vain l'époque de l'invention des sonnettes de renvoi dans les ouvrages qui décrivent l'art de la serrurerie, dans le grand Dictionnaire des Inventions. Elle n'est pas ancienne; et en parcourant les gazettes publiques du commencement de la régence, on doit pouvoir la déterminer facilement. Ceci m'a donné occasion de remarquer plusieurs passages de Saint-Simon qui nous indiquent les époques auxquelles il a écrit les différents volumes de ses *Mémoires*. Né en janvier 1675, déjà en 1699, à l'âge de vingt-quatre ans, il les avait commencés, puisque alors il consultait l'abbé de Rancé pour savoir si en sûreté de conscience il pouvait se permettre de les continuer. Ce qui concerne l'année 1714 a été écrit ou retouché postérieurement à l'année 1732 (voy. t. XI, p. 371), puisque Saint-Simon cite dans cet endroit ce que Du Halde lui a dit en 1732. L'année 1715 a été écrite en septembre 1745 (voyez t. XII, p. 248); une autre portion de ces *mémoires*, en 1746, c'est-à-dire plus de trente ans après l'événement. Le discours préliminaire, ou l'introduction, est daté de juillet 1743 ; c'est dans cette année ou dans l'année précédente qu'a été écrit le XVIIIe volume, qui concerne les années 1719 et 1721.

Page 474, deux dernières lignes : Qu'elle fit pleuvoir sur ses anciennes protectrices.

On trouve dans les lettres de Scarron quelques détails curieux sur les rapports de madame Scarron avec les grandes dames ses protectrices, dont quelques-unes ont été depuis protégées par elle. Scarron, t. I, p. 92, écrit au maréchal d'Albret : « Madame Scarron a été à Saint-Mandé. Elle est fort satisfaite de la civilité de madame la surintendante (madame Fouquet) ; et je la trouve si férue de ses attraits, que j'ai peur qu'il ne s'y mêle quelque chose d'impur. Mais comme elle ne va que quand ses amis la mènent, faute de carrosse, elle ne peut lui faire sa cour aussi souvent qu'elle le souhaite. » — Il dit encore au maréchal d'Albret : « Votre carrosse rendait ma petite porte vénérable à tous les habitants de la rue Saint-Louis. » — Dans sa lettre au duc d'Elbœuf, il se plaint que madame de Montchevreuil lui a enlevé madame Scarron.

CHAPITRE XXXV.

Page 479, avant-dernière ligne : Dans le grenier d'une maison voisine

Le maître de la maison dans laquelle Marigny s'était retiré ne sut que longtemps après qu'il avait donné refuge à un criminel d'État, et les soins que sa servante lui avait rendus. C'est presque aussitôt après s'être évadé de Paris, et au commencement de l'année 1655, que Marigny écrivit de Bruxelles cette lettre à Gaston, qui depuis a été imprimée, et où il lui parle de toutes les beautés que le prince avait eu occasion de fréquenter autrefois pendant son séjour dans la capitale de la Flandre. Cette lettre nous apprend que la comtesse flamande qui envoya un médaillier à Gaston, dont parle mademoiselle de Montpensier, mais qu'elle ne nomme pas, était la marquise de Lédé.

CHAPITRE XXXVI.

Page 488, ligne 19 : Nulle femme n'a jamais su mieux qu'Anne d'Autriche tenir un cercle.

Saint-Simon dit que Louis XIV, élevé dans les cercles brillants de la reine sa mère, aurait voulu les faire revivre, mais qu'il ne put y parvenir. Ces cercles finirent avec elle.

Page 490, ligne 24 : Toutes les fois qu'on donnait *le Cid*.

On représenta *le Cid* aux noces de mademoiselle de Schomberg, et il eut alors un succès extraordinaire.

Page 492, lignes 16 et 17 : Dans son château de Saint-Fargeau, qu'elle agrandissait.

Ce fut Le Vau, architecte du roi, qui fit les nouvelles constructions du château de Saint-Fargeau. MADEMOISELLE y dépensa plus de 200,000 fr., valeur de cette époque (400,000 fr.). Elle avait avec elle dans son exil la vieille comtesse de Fiesque, puis sa belle-fille la comtesse de Fiesque la jeune, et madame de Frontenac. Elle eut de fréquentes querelles avec ces deux dernières : elle n'en était guère aimée, et leur rendait le change. La vieille madame de Fiesque voulut introduire dans le château mademoiselle d'Outrelaise, qu'à cette occasion Loret nomme la *divine*. Nous reviendrons sur cette expression, et sur mademoiselle d'Outrelaise, lorsque madame de Sévigné, qui fait mention d'elle, nous en fournira l'occasion.

Page 492, ligne 19 : Sa naine.

Loret, dans sa gazette, annonce sa mort et fait son épitaphe. Il dit qu'en la mettant dans une petite balance, avec sa robe, sa chemise et sa coiffure, elle ne pesait pas plus qu'un louis d'or. Si le fait était rigoureusement vrai, il resterait à déterminer quel était le poids d'un louis d'or en 1653.

Page 492, ligne 20 : Entretenait une troupe de comédiens.

Nous avons dit qu'on ne donnait pas une grande fête, pas un grand repas, sans le secours des comédiens. Ainsi lorsque le président Tubœuf régala toute la cour dans son château de Ruel, qui avait appartenu au cardinal de Richelieu, il fit représenter, avec des décorations de Beaubrun, la pastorale d'*Amarillis*, qui avait eu tant de succès l'année précédente. Beaubrun était un fameux peintre de portraits, qui mourut en 1692, à quatre-vingt-huit ans. Loret a décrit le repas donné au mois d'août à Monsieur par Mazarin, et où se trouvèrent le roi, les deux reines, c'est-à-dire la reine mère et la reine d'Angleterre, avec les princes ses fils, le prince et la princesse de Galles, le duc d'York et le duc de Glocester, qui venait d'arriver ; et dans cette description le gazetier n'oublie pas de nous dire

> Qu'après les friands aliments
> Vinrent les divertissements,
> Savoir, d'excellentes musiques
> Et de beaux spectacles comiques.

Loret nous apprend que le service fut fait en argent ou porcelaine. La porcelaine était donc alors en usage. Voyez Loret, liv. IV, p. 97, et liv. V, p. 24.

Loret, en décrivant le repas donné par le duc d'Arpajon, dit :

> Tout y fut assez jovial,
> Car la comédie et le bal
> Qui suivirent cette abondance
> Divertirent fort l'assistance.

Et aussi, lors du festin pour les noces du marquis de Bade :

> Enfin, après ce grand repas
> Si semé de plats et d'appas,

> On ouït quelque mélodie,
> Et sur le soir la comédie.

Voyez Loret, liv. V, p. 19, lettre en date du 7 janvier 1654, et p. 24, lettre en date du 21 février 1654. Je pourrais multiplier ces exemples.

Page 493, ligne 25 : Et celui du Petit-Bourbon.

Loret nous apprend ce fait dans sa gazette du 30 août 1653 :
> Une troupe de gens comiques
> Venus des climats italiques,
> Dimanche dernier, tout de bon,
> Firent dans le Petit-Bourbon
> L'ouverture de leur théâtre.

Page 494, ligne 19 : Ayant pour titre *la Nuit*.

La description de ce ballet de *la Nuit* fut imprimée chez Ballard ; mais il en existe une copie manuscrite in-folio à la bibliothèque de l'Institut, avec les dessins de tous les personnages revêtus de leurs costumes, peints à l'aquarelle. Ces costumes étaient riches en couleurs, chargés d'or et d'argent, de galons, et de paillettes brillantes, bizarres et fantastiques.

Je remarque que, dans la prolixe description qu'il a donnée de ce ballet, Loret parle de Villequier (probablement le duc de Villequier) qui distribuait des billets, et faisait placer tout le monde. La rue qui passait devant le théâtre du Petit-Bourbon, et qui était une continuation de la rue actuelle des Poulies, se nomme Villequier sur le plan de Paris de Bercy de 1654 ; et je crois que ce nom a échappé à Jaillot, et à tous les laborieux scrutateurs des origines de Paris.

Page 496, lignes 12 et 13 : La suite en fit voir de déplorables conséquences.

Philippe de France ou Monsieur, frère de Louis XIV, naquit le 21 septembre 1640 · Louis XIV, le 5 septembre 1638. Les preuves abondent sur les goûts dépravés de Monsieur, qui inspiraient à son frère une juste aversion. Saint-Simon, à l'endroit cité, dit : « Le goût de Monsieur n'était pas celui des femmes, et il ne s'en cachait pas. » A ce ballet de *la Nuit*, le duc de Buckingham, fils de celui qui excita si vivement la jalousie de Louis XIII par ses attentions pour Anne d'Autriche, représenta le démon du feu. (Benserade, t. II, p. 57.)

Je remarque dans les diverses descriptions de ce ballet que certains objets de luxe étaient alors d'une cherté qu'on a peine à concevoir aujourd'hui : ainsi Loret nous apprend qu'une orange de Portugal coûtait cinq livres, c'est-à-dire dix livres de notre monnaie actuelle. (Loret, liv. IV, p. 59.)

Page 497, lignes 11 et 12 : Monsieur et madame de Montausier étaient occupés à solliciter.

La marquise était venue à Paris la première, pour solliciter Mazarin. Son mari ne vint l'y rejoindre qu'après la paix de Bordeaux, le 31 juillet.

Page 498, lignes 20 et 21 : Ne sont pas toujours exemptes d'obscénités.

Voyez, p. 74 de ce recueil de Sercy, une pièce intitulée *A une demoiselle tourmentée de vents*, dont je ne puis rien citer. Cela se dédiait à un aumônier du roi, et s'imprimait avec privilége du roi. Le privilége est du 19 janvier 1653. Le livre fut achevé d'imprimer le 24 mars de la même année.

Page 498, note 1 : *Poésies choisies*, etc.

C'est dans ce recueil de Sercy qu'on trouve aussi pour la première fois imprimés les vers pour la Guirlande de Julie, et les épigrammes, rondeaux et impromptus auxquels la dispute des sonnets de Job et d'Uranie a donné lieu.

CHAPITRE XXXVII.

Page 505, note 1 : CORBINELLI, *Histoire de la maison de Gondi*.

L'histoire généalogique de la maison de Gondi a été composée par Corbinelli, en commun avec Ant. Pezay. La duchesse de Lesdiguières en fit les frais. C'est un ouvrage magnifique, pour la beauté des portraits. Des *Anciens Historiens réduits en Maximes*, il n'y a d'imprimé que les extraits de Tacite.

Page 505, ligne 11 : Il se logea dans le quartier du Marais du Temple.

Saint-Simon nous apprend qu'au sujet des différents quartiers de Paris, et des statues de nos rois qui s'y trouvaient, on disait : Henri IV avec son peuple sur le Pont-Neuf, Louis XIII avec les gens de qualité à la place Royale, et Louis XIV avec les maltôtiers à la place des Victoires. Sur quoi Saint-Simon ajoute : « Celle de Vendôme, faite longtemps depuis, ne lui a guère donné meilleure compagnie. »

Page 506, ligne 3 : Il l'acheta 270,000 livres.

Bussy dit quatre-vingt-dix mille écus. C'était l'écu de 1641, qu'on appelait louis blanc ; mais alors le louis d'or ne valait que 12 fr., ou plutôt 11 f. 05. Voyez l'*Extrait de tous les Édits et déclarations sur les Monnaies*, 1643, in-4°. Bussy, dans l'histoire qu'il a donnée de cette charge de mestre de camp de la cavalerie légère, remonte jusqu'à sa première formation, due à un seigneur albanais nommé George Castriol, sous Charles VIII. Le prix de ces charges était énorme. Ainsi le marquis de Soyecourt vendit 400,000 liv. (800,000 fr.) la charge de maître de la garderobe au duc de Roquelaure, qui se maria ensuite à la belle du Lude (Loret, *Muse historique*, liv. IV, p. 106 et 107). Beringhen acheta le même prix de Saint-Simon (le père de l'auteur des *Mémoires*), alors en disgrâce, la charge de premier écuyer, et de plus 20,000 fr. de pension sa vie durant. De tels prix ne pouvaient provenir que des droits et priviléges lucratifs attachés à ces charges. Mais ce qu'on a plus de peine à comprendre, c'est le haut revenu des gouverneurs des petites places de guerre. Celle de Doullens, une des moindres, valait à son gouverneur vingt mille écus (120,000 fr. monnaie actuelle).

Page 507, ligne 26 : La vicomtesse de Lisle.

Cette madame de Lisle, dont parle Bussy, était probablement belle-fille du comte de Lisle qui en 1654 servait sous Conti, à l'armée de Catalogne. Voyez *Histoire de la Monarchie Françoise sous le règne de Louis le Grand*, 1697, in-12, t. II, p. 66, 4e édit.

Page 513, ligne 1 : Madame de Précy s'aperçut qu'elle était jouée.

Dans les éditions de 1710 (p. 337), comme dans l'édition de 1754, le récit de Bussy finit ainsi : « J'en avertis madame de Monglas, ce qui fut cause qu'elles rompirent ensemble, et que dans la suite cette belle eut toutes les raisons du monde de croire que j'avais véritablement de l'amour pour elle. » Dans les deux éditions de Liége sans date, page 69 de l'une, page 207 de l'autre, on lit pour cette fin : « Le grand jour obligea la compagnie à se séparer, et la fin de cette histoire mit fin à l'entretien des quatre illustres pénitents, qui après une si belle préparation s'en retournèrent à Paris faire leurs pasques. »

NOTES ET ÉCLAIRCISSEMENTS. 459

Au lieu de cette fin, qui est une dérision, on lit ce qui suit dans le manuscrit de l'Institut : « Mais madame de Monglas, qui était prévenue de ses artifices, lui battit froid là-dessus ; et c'est là où finit cette plaisante affaire, à cause que la fonction de ma charge m'obligea d'aller à l'armée. »

CHAPITRE XXXVIII.

Page 515, ligne 8 : *Le nombre de mariages.*

Les principaux mariages qui eurent lieu pendant cet hiver dans la noblesse furent ceux du marquis de Bade et de la princesse de Savoie, et du comte d'Orval. Le grand maître de l'artillerie donna un dîner au roi ; les religieuses même s'en mêlèrent. Il y eut un repas magnifique donné à la reine par l'abbé de Saint-Antoine, qui coûta 3,130 écus, ou environ 18,780 francs de notre monnaie actuelle.

Page 517, note 1 : *Description particulière du grand ballet de Pélée et Thétis*, etc.

Dans cet ouvrage les costumes de chaque rôle sont décrits ; on donne les noms de tous les acteurs, au nombre desquels étaient le roi de France, le duc d'York, la princesse d'Angleterre. Les figures de l'exemplaire qui est à la bibliothèque de l'Institut sont sur papier, mais peintes ou enluminées, et collées sur vélin. Le roi (Louis XIV) s'y trouve avec son costume d'Apollon. Ainsi que je l'ai déjà dit, ces costumes n'ont rien d'antique ; ils sont bizarres, de mauvais goût, seulement éclatants par la richesse.

Le ballet de *Pélée et Thétis* fut joué alors, pour la dernière fois, en mai 1654. Cependant ce goût des ballets dura longtemps : dans un beau tableau de Mignard, que nous possédons, madame de Thianges est représentée en Thétis, tenant par la main le duc du Maine, âgé d'environ douze ans, costumé en guerrier, et figurant Achille adolescent. Loret nous apprend que des particuliers, à l'exemple du roi, firent jouer chez eux des ballets en action. Un sieur Maréchal fit représenter chez lui un ballet intitulé *les Plaisirs de la Vie*.

Page 518, ligne 8 : *Par les révélations de La Porte.*

Voltaire a très-bien jugé ce fait, et bien apprécié la conduite de La Porte. La haine contre le cardinal l'aveugla ; il crut avoir trouvé occasion de le perdre par la plus absurde des accusations. Mais La Porte était de bonne foi dans cette accusation.

Page 518, ligne 24 : Cette gentille Henriette.

Louis XIV, à qui Henriette d'Angleterre plut peut-être trop par la suite, ne l'aimait pas dans sa jeunesse; ou plutôt encore adolescent, et dans la première effervescence des sens, l'instinct de la nature lui faisait préférer les femmes formées à celles qui étaient à peine sorties de l'enfance. En 1645, dans un bal où se trouvait la princesse d'Angleterre, il se disposait à commencer la danse avec Olympe Mancini : l'impétueuse Anne d'Autriche, qui était présente, devint rouge de colère, arracha à son fils la nièce du cardinal, qu'il tenait à la main, et le força d'aller prier la princesse d'Angleterre. Elle lui fit sévèrement sentir qu'étant roi, c'était à lui, plus qu'à tout autre, de donner l'exemple du respect et des honneurs dus au sang royal, et que la jeunesse de la princesse, comme lui issue de Henri IV, et sa parente, ne le dispensait pas de ce devoir. (Voir Motteville, t. XXXIX, p. 367-368.)

Page 519, note 4 : MONMERQUE.

Le savant biographe donne sur ce sujet des détails curieux, et auparavant inconnus. Il rapporte une épître de Godeau, évêque de Vence, à Conrart, en date du 22 janvier 1655, qui prouve que la première partie de *Clélie* a dû paraître en 1654. Cependant l'exemplaire que j'ai vu porte pour cette première partie 1656. Est-ce un titre renouvelé, ou une réimpression?

Page 520, ligne 21 : La mort du marquis de La Vieuville.

La Vieuville mourut le 2 janvier 1654.

Page 522, ligne 14 : Ses châteaux de Vaux et de Saint-Mandé.

La bibliothèque que Fouquet avait réunie à Saint-Mandé était une des plus belles de l'Europe.

Page 523, ligne 25 : De celle qu'il venait d'épouser.

Turenne s'était marié en 1653, à Charlotte de Caumont, fille du maréchal de La Force, riche héritière, qui mourut sans enfants.

CHAPITRE XXXIX.

Page 528, ligne 13 : Ce nom de Saint-Nectaire.

Dans la gazette de Loret il est parlé « du bonhomme Senetaire, raffiné courtisan, vieil ami de maint partisan. » Ainsi Bussy, Loret les Mémoires de madame de Motteville et ceux de Retz nous donnent des exemples de la transformation successive de ce nom de Saint-Nectaire en Senectaire, Senetaire, et Senneterre.

Page 533, lignes 3 et 4 : « *Si l'on pouvait avoir de vos poulets, madame, on ne ferait pas tant de cas de vos lettres.* »

Le mot *poulet* signifiant un billet galant n'est pas fort ancien ; il ne se trouve ni dans Nicot, ni dans Cotgrave. Il vient évidemment de l'usage d'appeler amoureusement une jeune fille *poulette*. Du temps de Voiture, qui s'est rendu célèbre par l'élégance de ses *poulets*, ce mot était fort en usage. Il l'était encore lorsque Bussy écrivait sa lettre à madame de Sévigné ; mais, vingt-cinq ans après, Richelet remarqua dans son Dictionnaire (1699, in-4°, t. II, p. 199) que « le mot *poulet* en ce sens (de petite lettre d'amour ou galante) n'est pas si en usage qu'il était autrefois. » Cependant l'Académie Française n'a pas cessé dans toutes les éditions de son Dictionnaire, depuis la première jusqu'à la dernière (1694-1835) de mettre le mot *poulet* avec la signification donnée par Richelet, sans reproduire sa remarque, qui n'a pas cessé d'être vraie.

Page 535, ligne 16 : La marquise d'Uxelles lui plaisait plus par son esprit que par sa beauté.

La lettre du 20 juin 1672 nous apprend que la marquise d'Uxelles était devenue fort grasse, et qu'elle avait eu une intrigue avec le fils du duc de Longueville. La lettre du 14 août 1676 prouve son étroite intimité avec un nommé La Garde, dont le mariage la contraria si fortement.

Page 536, ligne 10 : Déja mariée en secondes noces.

Anne-Élisabeth, comtesse de Lannoi, fut mariée en premières noces à Henri-Roger du Plessis, comte de La Roche-Guyon. Elle fut mariée en secondes noces au duc d'Elbeuf, le 7 mars 1648, et mourut à vingt-huit ans, le 3 octobre 1654.

Page 537, lignes 6 et 7 : Ne comptait pas une année de mariage.

Il résulte des deux lettres citées de Loret que le mariage de la duchesse de Roquelaure a eu lieu entre le 20 et le 26 septembre 1653. Dans la première lettre de Loret il est parlé des fiançailles de la duchesse de Roquelaure, et nous y apprenons que le duc de Roquelaure donne à sa fiancée douze bourses parfumées, contenant six mille pièces d'or de onze livres dix sous chacune, faisant 69,000 livres monnaie de cette époque, ou 138,000 fr. valeur actuelle.

Page 538, avant-dernière ligne : La cour entière fut attristée par sa mort.

D'après la dernière lettre de Loret que nous citons, nous voyons que cet accouchement, à la suite duquel mourut la duchesse de Roquelaure, était au moins le second, et que le premier accouchement avait été également difficile. Loret en annonçant cette mort de la duchesse de Roquelaure,

> Plus fraîche et plus belle que Flore

ajoute :

> Quand au Louvre on sut le trépas
> De cet objet rempli d'appas,
> Une tristesse générale
> S'empara de la cour royale ;
> Et les cœurs les plus généreux,
> Qui sans doute étaient amoureux
> De ses vertus et de ses charmes,
> Versant abondance de larmes,
> Firent bien voir que cette mort
> Les touchait et les blessait fort.
> . . . .
> O fleurs d'une aimable jeunesse,
> Vous êtes charmantes et belles,
> Mais vous n'êtes pas immortelles.

DEUXIÈME PARTIE.

CHAPITRE I.

Page 3, ligne 13 : Le 7 juin.

Deux jours après, le jeune roi toucha les écrouelles.

Page 4, ligne 17 : Quand tout paraissait perdu, il sauva tout.

Ce sont les expressions mêmes de la lettre de Philippe IV à Condé: « Mi primo, he intendido toto estava perdido, V. A. ha conservado toto. »

Page 7, lignes 2 : Il s'était servi de l'abbé Fouquet.

L'abbé Fouquet fut soupçonné d'avoir profité de la confiance que lui accordait Mazarin, et des vilaines fonctions dont il l'avait chargé, pour assouvir ses vengeances particulières. Un jour le gardien de la Bastille témoignait son étonnement à la vue d'un lévrier qui se trouvait dans la cour, et demandait pourquoi il était là : « C'est, lui répondit un prisonnier, parce qu'il aura mordu le chien de l'abbé Fouquet. »

Page 8, ligne 4 : Ses intrigues avec les anciens frondeurs.

Le président Le Coigneux, qui avait été un des plus violents dans le parlement contre Mazarin, fut un des premiers corrompus.

Page 8, lignes 10 et 11 : Après la mort de son oncle.

L'oncle du cardinal de Retz mourut le 21 mars 1654.

Page 9, lignes 7 et 8 : Dans le château de Nantes.

Le cardinal de Retz sortit de Vincennes pour aller à Nantes, le 30 mars 1654.

Page 11, ligne 4 : Il s'évada en plein jour.

Retz se sauva de Nantes le samedi 8 août, à cinq heures du soir. Il arriva à Belle-Isle le 14 août.

Page 12, ligne 6 : dans l'île Majorque.

Retz pour traverser la Méditerranée s'embarqua au port de Vivaros en octobre 1654.

Page 13, ligne 2 : Que pour venir à temps.

Le cardinal de Retz fit son entrée dans Rome le 28 novembre 1654.

Page 13, lignes 5 et 6 : Un souverain pontife.

Innocent X mourut le 7 janvier 1655.

Page 14, ligne 22 : Soit à Belle-Isle.

Je pense que ce fut de Machecoul ou de Belle-Isle, et non d'Espagne, comme le croit M. Monmerqué, que Retz écrivit à madame de Sévigné. D'abord on doit supposer que Retz, dont l'honneur se trouvait compromis par sa fuite, devait être empressé de faire parvenir au maréchal les motifs qui pouvaient l'excuser. De plus, les *Mémoires de Joly* prouvent (t. XLVII, p. 322) que Retz aborda à Belle-Isle le vendredi 14 août, et en Espagne le 12 septembre (t. XLVII, p. 330). La lettre de madame de Sévigné est du 1ᵉʳ octobre ; par conséquent celle de Retz a dû lui parvenir le 29 septembre au plus tard, puisqu'elle dit l'avoir envoyée au maréchal le 30. Il est difficile de croire qu'une lettre partie d'Espagne, pays avec lequel on était en guerre, soit parvenue à Paris, et ensuite envoyée en Bretagne, et remise au château des Rochers, où était madame de Sévigné, dans un espace de quinze à seize jours, à une époque où les communications étaient difficiles et lentes. Encore même, pour qu'il y ait quinze à seize jours d'intervalle, faut-il supposer que la lettre de Retz a été écrite et est partie d'Espagne le lendemain ou le surlendemain de son débarquement, et que Ménage l'a transmise à madame de Sévigné le jour même où il l'a reçue.

CHAPITRE II.

Page 18, ligne 5 du texte : Et son vicaire Chassebras.

La sentence du parlement qui bannit à perpétuité Chassebras, vicaire de la Madeleine, est du 27 septembre 1652.

Page 18, ligne 8 du texte : Le retour du jeune roi dans sa capitale.

Loret (livre VI, page 106) dit qu'il y avait cent six carrosses à cette entrée.

Page 19, ligne 7 : D'une des demoiselles de Mortemart.

Cette demoiselle de Mortemart, qui fut marquise de Thianges, était la sœur de celle qui fut depuis connue sous le nom de duchesse de Montespan.

Page 19, ligne 9 : Celui de Loménie de Brienne.

Les fiançailles de Loménie de Brienne eurent lieu en décembre 1654, et le mariage seulement en janvier 1656. Ces détails, qui nous sont donnés par Loret, ont été ignorés par le spirituel éditeur des *Mémoires de Loménie de Brienne*, qui parle de ce mariage sans en donner la date.

Page 19, ligne 12 : Non-seulement le jeune monarque.

Le roi et son frère furent de toutes les fêtes données par Mazarin, par le duc d'Amville, par le chancelier Seguier. Le roi dansa dans le ballet qui fut donné par le chancelier Seguier. Loret (liv. V, p. 77) fait la description d'une magnifique fête donnée par Hesselin, dans son palais d'Essone. Loret le nomme.

>Goinfre du plus haut étage,
>Rare et galant personnage.

Madame de La Sablière était une demoiselle Hesselin, et cet Hesselin était peut-être son père.

Je remarque que Loret, au milieu de ces descriptions de fêtes et de divertissements, liv. VI, t. II, p. 159, dans la lettre en date du 16 octobre, fait mention d'une attaque de *cholera-morbus* dont fut subitement attaqué un nommé Coquerel, directeur des carmélites, pendant qu'il était à Marseille :

>Et quoique ce mal fût mortel,
>Son bonheur cependant fut tel,

qu'il en réchappa. Ainsi dès cette époque le *cholera-morbus* était connu par son vrai nom et dès cette époque aussi il était considéré comme mortel.

Page 19, ligne 16 : Il y fit jouer trois nouveaux ballets.

Louis XIV représentait dans le ballet des *Plaisirs* le génie de la danse, un berger et un débauché ; mais ce dernier rôle n'était introduit que pour motiver des vers contre la débauche. (Benserade, t. II, p. 117, 131, 137.) En février 1656, lors de la visite de la princesse d'Orange, Mazarin donna à dîner à toute la famille royale, et l'on entendit la fameuse La Barre et la signora Bergerota. Créqui donna à dîner au frère du roi en février (Loret, t. VII, p. 32), et Seguier à toute la famille royale (t. VII, p. 33). Mazarin donna une fête au duc de Mantoue, le 18 septembre. Loret dit qu'il y eut cette année

. . . . . Plus de mille assemblées
En des maisons fort signalées.

Page 21, lignes 7 et 8 : Composèrent dès lors des tragédies latines.

Loret, qui assistait à ces représentations, dit que ces pièces latines furent écoutées par plus de sept mille auditeurs. Le naïf gazetier avoue qu'il n'a jamais su le latin. Les jésuites commencèrent d'abord par composer des pièces chrétiennes. On joua cette année, au collége de Navarre, une tragédie intitulée *Sainte Julienne*. Loret nous apprend que le jeune marquis de Bretoncelle joua admirablement le rôle de l'impératrice, et que les jeunes d'Humières, La Vallière, Colbert, Menardeau, Beauvais, s'attirèrent également les applaudissements de la docte assemblée. Il y eut une autre tragédie latine, jouée au collége de Clermont (aujourd'hui le collége Louis le Grand), sur un plus vaste théâtre ; mais le sujet en était national, et tiré de l'histoire de la maison de Foix.

Page 23, ligne 9 : Le carrousel que le roi.

Le roi avait pris pour devise, dans ce carrousel, un soleil avec ces mots : *Ne più, ne pari* ; c'est en langue italienne la fameuse devise adoptée dans les médailles, un soleil avec ces mots : *Nec pluribus impar*.

Page 28, ligne 7 : Jusqu'à Lésigny.

Lésigny est dans le département de Seine-et-Marne, près Brie-sur-Yères.

CHAPITRE III.

Page 32, ligne 26 : La princesse de Condé, douairière.

La princesse de Condé douairière mourut en 1650 ; le récit de sa mort, dans madame de Motteville, est plein d'intérêt. On n'a pas assez remarqué combien les *Mémoires de Madame de Motteville* font honneur à son talent d'écrivain. Son style offre moins d'imagination que celui de madame de Sévigné ; mais il est plus pur, plus travaillé ; et c'est par cette raison peut-être qu'il a moins de charme. Elle dispose admirablement toutes les parties d'un récit. Ce qui est plus rare que son talent, c'est sa belle âme, son bon cœur, et son amour pour la vérité. C'est ce qui a nui à sa réputation. Comment dans le siècle où nous sommes, et dans celui qui l'a précédé, peut-on se résoudre à admirer une femme qui avec beaucoup d'esprit est pieuse, ennemie de la médisance, et qui se croit tenue de défendre la mémoire de sa maîtresse auprès de la postérité, quoique cette maîtresse fût une reine ?

Page 35, ligne 3 : Qui eussent été servies de tous.

Lenet en servait une : c'était une fort jolie Anglaise, nommée mademoiselle Gerbier. Bourdelot, médecin du prince de Condé, si connu par ses relations avec la reine Christine et tous les beaux esprits de son temps, était alors à Chantilly en même temps que Lenet, ainsi qu'un certain abbé de Massé, aimable et brillant d'esprit.

Page 35, ligne 6 : La marquise de Gouville.

Le nom de la marquise de Gouville était Lucie Cotentin de Tourville, femme de Michel d'Argouges, marquis de Gouville.

CHAPITRE IV.

Page 40, ligne 17 : Ce fut Prudhomme.

Chavagnac arrive à Paris avec le duc de Candale, et dit : « Nous mîmes pied à terre chez Prudhomme, baigneur de réputation, où arriva dans le moment le maréchal d'Albret, qui vint l'embrasser [le duc de Candale], en lui disant qu'en quittant la botte il fallait aussi quitter l'altesse. »

Page 40, ligne 20 : La Vienne devint par la suite...

Le passage des *Mémoires de Saint-Simon*, relatif à La Vienne est tronqué dans les œuvres de Saint-Simon données par Soulavie. Dans les *Mémoires* Saint-Simon dit : « La Vienne avait passé sa vie avec les plus grands seigneurs, et n'avait jamais pu apprendre le moins du monde à vivre. C'était un gros homme noir, frais, de bonne mine, qui gardait encore sa moustache comme le vieux Villars; rustre, très-volontiers brutal; pair et compagnon avec tout le monde; n'ayant d'impertinent que l'écorce; honnête homme, même bon homme et serviable. »

Page 42, ligne 6 : Datée de Paris le 19 juillet.

Il n'y a que cinquante lieues de Paris à Landrecies, où était Bussy; cependant cette lettre de madame de Sévigné, datée du 19 juillet, ne parvint à Bussy que le 7 août, et fut par conséquent dix-sept jours en route, tant le service des postes était alors lent et mal organisé.

Page 43, ligne 2 : Que son cousin s'était distingué à Landrecies.

Monglat indique la prise de Landrecies au 14 juillet. Le même raconte le revers qu'essuya Bussy, et comment il se laissa prendre ses drapeaux. Sur cette déroute, voyez Bussy, *Mém.*, t. II, p. 37. La tranchée devant Landrecies avait été ouverte du 26 au 27 du mois précédent. « Le 29, dit l'auteur de la *Monarchie Françoise*, le sieur de Bussy-Rabutin, mestre de camp général de la cavalerie, releva la tranchée, et au signal de deux coups de canon il commença sur la palissade un logement capable de contenir deux cents hommes, après avoir chassé les ennemis de la contrescarpe. » Bussy se distingua encore au siége de Condé le 10 août : voyez *les Fastes des Rois de la maison d'Orléans et celle de Bourbon* (par le père du Londel), 1697, in-8°, p. 195.

Page 46, ligne 19 : Une petite lettre en galopant.

Les contre-vérités que renferme le commencement de cette lettre sont prises au sérieux par M. G. de St.-G., éditeur des *Lettres de Madame de Sévigné*, quoique le sens ironique fût fort clair, et explicitement annoncé par Bussy lui-même, qui dans sa lettre du 13 août dit : « J'ai bien ri en *lisant vos contre-vérités*. » Bussy, *Mém.*, t. II, p. 32.

CHAPITRE V.

Page 50, ligne 26 : Il séduisit la femme de chambre.

Dans le grand nombre de passages des Mémoires du temps où le nom de Bartet se trouve, il est souvent défiguré, par la faute des imprimeurs ou copistes, qui mettent Barlet ou Baret. Le conseiller au parlement de Navarre chez lequel était la femme de chambre qu'épousa Bartet se nommait Giraud.

Page 53, ligne 7 : Candale avait rendu de grands services.

Certaines aventures du duc de Candale sont d'une nature si extraordinaire et si tragique, qu'elles pourraient fournir la matière de plusieurs romans. Un jour il court à franc étrier de Paris à Bordeaux, pour aller joindre une maîtresse qui l'attendait ; il arrive à sa maison ; il monte précipitamment les escaliers, trouve toutes les portes ouvertes, se précipite dans sa chambre, préoccupé du plaisir qu'il va éprouver en la serrant sur son sein. Là, il est frappé à la vue du cadavre de celle qu'il aimait, posé sur un drap mortuaire, entouré de six cierges, sur lequel se penchaient deux chirurgiens, qui considéraient avec attention les entrailles déjà séparées du corps, tandis que la tête, ensanglantée et défigurée, était d'un autre côté. Deux religieux étaient auprès, et récitaient des prières. (Voyez Chavagnac, *Mém.*, t. I, p. 210.) Le portrait que Saint-Évremond nous a laissé du duc de Candale est un des meilleurs morceaux de ce spirituel écrivain. Sur ses amours avec madame d'Olonne, on peut consulter Bussy. Madame de Saint-Loup avait été sa première maîtresse. Il a terminé sa carrière galante par une intrigue avec la marquise de Gange, objet d'un attentat qui surpasse ce que les romanciers ont inventé de plus atroce.

Page 54, ligne 4 : Bartet n'obtint aucune réparation.

Bartet avait été disgracié, et vécut trente ans exilé ; mais Louis XIV, sollicité par Villeroi, lui permit de reparaître à la cour. Voyez *Dangeau*, sous la date du 16 janvier 1690, t. II, p. 251, édit. de Paul Lacroix, 1830, in-8°. Bartet mourut à Neufville, près de Lyon, en 1707, âgé de plus de cent ans. Voyez CONRART, *Mém.*, p. 270, note de M. Monmerqué, qui cite les *Mémoires de* CHOISY, t. II, p. 205 ; Utrecht, 1727.

Page 55, ligne 7 : Sa femme se fit connaître par des désordres honteux.

La femme de Bautru (Nicolas Ier) se nommait Marie Coulon. Le valet avec lequel fut surprise cette comtesse de Bautru fut condamné à être pendu ; la peine fut commuée. Marie Coulon n'aimait pas qu'on l'appelât Bautru, mais Nogent, parce qu'Anne d'Autriche prononçait le premier nom à la manière espagnole ou italienne. Nicola Bautru mourut à soixante dix-sept ans. Il disait souvent que si les Bautru étaient c...., ils n'étaient pas *sots*, jouant ainsi sur l'ancienne et double signification de ce dernier mot. Il ne faut pas confondre Marie Coulon avec Marthe Bigot, femme de Guillaume Bautru, frère de Nicolas Ier.

Page 55, lig. 21 : Madame de Roquelaure est revenue tellement belle.

MADEMOISELLE, dans ses Mémoires, dit, en parlant des personnes qui vinrent la voir à Juvisy : « J'y vis aussi madame de Roquelaure, dont la beauté faisait grand bruit : assurément c'était une belle créature. »

Page 57, ligne 1 : Qu'il eut avec mademoiselle de Guerchy.

Les noms sont en blanc dans les Mémoires de Chavagnac ; mais nous apprenons par eux que mademoiselle de Guerchy fut piquée avec une épingle empoisonnée ; qu'elle entra en convulsion dans le moment, et mourut dans les douleurs les plus horribles. Au sujet du nom de Montjeu, que portait Jeannin de Castille, je remarque dans Loret, liv. V, p. 22, que dans sa lettre en date du 7 février 1654 il est fait mention d'une certaine madame de Mondejeu qui s'enfuit un jour de chez son mari et se retira au couvent. Mondejeu est-il le même nom que Montjeu, et est-il question dans cette anecdote de Jeannin et de sa femme ? Je le crois.

CHAPITRE VI.

Page 60, ligne dernière : Protégea contre la main scrupuleuse d'un monarque.

La circonstance des pincettes paraît avoir été inventée à plaisir. Elle ne se trouve pas dans le premier passage cité de Sauval, mais dans l'autre du même volume ; et elle est reproduite en outre dans une estampe, aussi ridicule que le conte. L'abbé de Bois-Robert a fait des vers à la louange de la gorge de madame de Schomberg, au sujet d'une perle tombée dans son sein.

Page 61, ligne 7 : La confidente la plus intime.

La pièce de Scarron intitulée *Étrennes* doit dater du temps de la jeunesse de l'auteur, et est de l'époque de l'amour de Louis XIII pour mademoiselle de Hautefort. Elle commence ainsi :

Visible déité d'un monarque amoureux.

Elle est d'un style tout différent de celui qui est ordinaire à l'auteur. Il est probable que ce n'est que plus tard, et pour se distraire de ses infirmités, que Scarron adopta le burlesque, où il eut tant de succès.

Page 61, ligne 20 : Chemerault, autre dame de la reine.

La Porte dit que les lettres de Chemerault au cardinal de Richelieu relatives à son espionnage auprès de mademoiselle de Hautefort sont au nombre de dix-sept, et qu'elles furent imprimées pendant les troubles de la Fronde. Je suis informé qu'il existe une vie manuscrites de madame la maréchale de Schomberg, et des lettres du maréchal à la suite de celles de son père, à la Bibliothèque royale.

Page 63, ligne 27 : Qu'elle ne se fît religieuse.

C'est à cause de sa dévotion que Scarron la nomme souvent dans ses vers sainte Hautefort, et qu'il lui dit Votre Sainteté.

Page 64, lignes 3 : Elle épousa en 1646.

Mademoiselle de Hautefort, qu'on appelait madame de Hautefort parce qu'elle était dame d'atour, avait été exilée avec sa sœur mademoiselle d'Escars en 1644.

Page 64, note 1 : Scarron, *épithalame.*

Scarron dit du maréchal de Schomberg, dans cet épithalame :

> Il a l'âme savante et bonne
> Autant qu'un docteur de Sorbonne,
> L'esprit à son courage égal,
> Adroit à pied comme à cheval,
> Faisant toute chose sans peine,
> Où les autres perdent haleine.

> S'il chante, les plus entendus
> Au métier en sont confondus ;
> S'il danse, c'est la même chose.
>
> . . . .
>
> Mais dans la paix s'il est aimable,
> Dans la guerre il est effroyable. (P. 254.)

Remarquons que le mot *effroyable* est employé ici dans le sens de ce qui cause et produit l'effroi, dans le sens direct et favorable, et non dans le sens réfléchi et défavorable ; et à cet égard je dirai aussi que le mot *pitoyable* appliqué à quelqu'un ne signifiait pas autrefois celui ou celle qui inspire la pitié, mais une personne susceptible de pitié, capable de se laisser fléchir. Jean-Jacques Rousseau, dans sa *Nouvelle Héloïse*, a encore employé ce mot dans ce sens.

> Page 66, ligne 5 : La file des carrosses s'étendait.

On y voyait, dit Loret,

> Plusieurs gens de mérite exquis,
> Des ducs, des comtes, des marquis.

Puis parmi les femmes il cite la duchesse de Liancourt, connue par sa vertu et sa dévotion ; la maréchale de La Mothe, la duchesse de Roquelaure, la duchesse de Choiseul-Praslin, madame Desmarest, accompagnée de sa fille, une des plus jolies personnes de cette époque ; madame de Toussy, madame de Bonnelle. Le maréchal de Schomberg et sa femme allèrent loger à l'hôtel de Liancourt ou de La Rochefoucauld, rue de Seine (détruit de nos jours pour construire la rue des Beaux-Arts). La date de l'arrivée du duc et de la duchesse de Schomberg à Paris n'est pas celle de la lettre de Loret ; car il est dit p. 64 :

> Ledit Schomberg et son épouse,
> Depuis des jours environ douze,
> Sont dans l'hôtel de Liancour.

Ainsi la lettre de Loret étant du 22 avril, il en résulterait que le maréchal de Schomberg et sa femme entrèrent dans Paris le 10 avril, qui est le jour de la mort de madame de La Flotte.

CHAPITRE VII.

Page 69, ligne première : Elle fut donc témoin de toutes les fêtes.

Le duc de Gramont donna cette année une fête splendide. La reine elle-même donna un ballet, à la suite d'un repas, veille des Rois, où la fève échut au duc d'Amville. Les représentations du ballet de *Psyché* se continuèrent. Il y eut chez le cardinal de Mazarin un bal masqué, où les Trivelin et les Scaramouche amusèrent l'assemblée ; puis un concert, où chantèrent Baptiste, La Barre, Saint-Hilaire, la signora Bergerota, le délicieux Sarcamanan. Ce furent les mêmes virtuoses qui chantèrent Ténèbres aux Feuillants, pendant l'interruption de tous les plaisirs. Le chancelier Seguier donna un bal masqué, où le roi dansa.

Page 69, ligne 18 : Le théâtre et les concerts publics.

Une petite comédie intitulée *Intrigue d'amour*, d'un nommé Lambert, qui a échappé aux recherches exactes et minutieuses des auteurs de l'*Histoire du Théâtre françois*, charma aussi le public de cette époque. (Voyez Loret, liv. VII, p. 198, lettre en date du 16 décembre.)

Page 70, ligne 7 : Les mariages.

Parmi les mariages notables que l'on vit cette année furent ceux du marquis de La Luzerne avec la fille d'un fameux financier, nommé Picard ; du prince d'Harcourt avec mademoiselle de Bouillon, nièce de Turenne ; celui de Soyecourt avec la fille du président de Maisons ; du marquis de Rambures avec mademoiselle de Nogent ; du marquis de Vardes avec mademoiselle de Nicolaï (pauvre duchesse de Roquelaure !) ; de Bignon avec mademoiselle de Pontchartrain. Parmi les exilés qui furent rappelés, on remarqua le père George, capucin, ce fameux prédicateur de la Fronde. Mademoiselle de Montpensier (t. XLII, p. 37) fait mention des demoiselles d'Harcourt, privées de leur mère. Alphonse-Henri-Charles de Lorraine, comte d'Harcourt, fut marié, le 2 février 1667, à mademoiselle de Brancas. Voyez *Sévigné* (*Lettre* en date du 23 mai 1667), t. I, p. 163, édit. de G. de S.-G.

Page 72, ligne première : Le marquis de La Trousse.

Le nom du marquis de La Trousse était Philippe-Auguste Le Hardi,

La terre de La Trousse en Brie avait été érigée en marquisat sous son père, par lettres patentes de 1605 (Monmerqué).

Page 72, ligne 14 : Devant Capelle.

La Prise de Capelle eut lieu le 18 août.

Page 73, ligne 14 : Bussy quitta l'armée le 2 novembre.

Bussy, à son passage à Paris, put assister au nouveau ballet royal qui fut donné le 18 novembre.

Page 73, ligne 20 : Après le départ du duc de Modène.

Aidé des troupes françaises commandées par le duc de Mercœur, le duc de Modène s'empara de Valenza le 6 septembre, ce qui contribua à augmenter en Italie la considération de la France. Monglat, t. LI, p. 19.

Page 81, ligne 17 : L'intrigueuse vient là.

On ne dit plus aujourd'hui intrigueur et intrigueuse, mais intrigant et intrigante. A l'époque où Saint-Évremond écrivait on ne disait ni l'un ni l'autre ; c'était un mot forgé ou un mot nouveau, mais non encore adopté, et qui ne le fut de longtemps. Dans le Dictionnaire de Nicot, imprimé en 1606, on ne trouve ni intrigueur ni intrigant ; il en est de même dans le Dictionnaire de Richelet, imprimé en 1680 ; mais on trouve l'un et l'autre de ces mots dans la première édition du Dictionnaire de l'Académie Française, qui remarque qu'intrigueuse est plus souvent employé qu'intrigueur ; et c'est ce féminin, dont la désinence en *gueuse* était désagréable, qui aura déterminé à préférer intrigante et intrigant.

CHAPITRE VIII.

Page 90, ligne 4 du texte : Un mot qui manque à notre langue.

Les mots *infans* et *puer*, que nous ne pouvons traduire que par le seul mot enfant, exprimaient chez les Romains deux âges différents de la vie.

Page 95, note 1, ligne 3 de la note : M. de Bausset n'a pas bien connu.

M. de Bausset, dans sa *Vie de Bossuet*, dit que cet homme illustre n'a commencé ses prédications à Paris que vers la fin de l'année de 1658, par le panégyrique de saint Joseph, ce qui est une erreur. Il y a pareillement erreur de la part du dernier et savant éditeur des œuvres de Bossuet, qui, entraîné peut-être par l'assertion de M. de Bausset, a placé le panégyrique de sainte Thérèse à la date de l'année 1658. Il est antérieur d'un an. Les détails que nous n'avons pu qu'indiquer, sur les premiers débuts de Bossuet dans la chaire évangélique forment une véritable lacune dans l'histoire de M. de Bausset, qui les a ignorés. Cette *Vie de Bossuet* est d'ailleurs un ouvrage d'un grand mérite ; et bien qu'elle n'ait pas eu le même succès que la *Vie de Fénelon*, elle lui est, suivant nous, supérieure : elle offrait plus de difficultés dans son exécution.

Page 100, note 1 : *Dissertation critique*.

Ce livre fut achevé d'imprimer le 3 août 1697. Ainsi sur le titre il faut lire M. DC. XCVIII au lieu de M. DC. XVIII, qui est une faute de l'imprimeur. On a réimprimé à la suite des éditions de *Madame de Sévigné* cette dissertation, ainsi que celles de Dacier et de Dumarsais, sur le même sujet.

Page 103, ligne 4 : Mazarin lui fit une pension de mille livres.

M. Weiss s'est trompé quand il a dit que Richelieu avait accordé une pension de 1,000 francs à Beauchâteau. Cet anachronisme ne peut être qu'une inadvertance du savant auteur. M. Weiss dit que cet enfant célèbre naquit à Beauchâteau, le 8 mai 1645 ; j'ignore sur quelle autorité Loret (liv. IX, p. 25, lettre en date du 16 février) ne lui donne que onze ans lorsqu'en février 1658 il présenta lui-même son recueil imprimé à l'Académie Française. C'est dans la lettre du 1er novembre 1659 (liv. X, p. 170) que Loret nous apprend qu'il était en Espagne.

CHAPITRE IX.

Page 105, ligne 3 : Qui eurent lieu dans l'intervalle de quelques mois.

La mort du duc de Chevreuse et celle du duc de Villars produisirent peu de sensation, parce qu'ils étaient presque octogénaires. On regretta peu la mort du maréchal de La Mothe-Houdancourt, qui s'était montré pendant la Fronde d'une fidélité douteuse. Celle du duc d'Elbœuf ne fut remarquée que par la magnificence de son enterrement. La duchesse de Bouillon était une femme d'un grand mérite, mais dont on n'avait plus rien à espérer ni à craindre. La duchesse de Mercœur se trouvait à l'extrémité dans le moment où le roi dansait un ballet; et le lendemain on vint avertir qu'elle était morte. Elle mourut le 8 février. La duchesse de Montbazon mourut à cinquante ans, encore belle. De tous ces décès, celui qui occasionna le plus de regrets fut celui de Pomponne de Bellièvre, premier président du parlement de Paris; non que sous plusieurs rapports ce fût un magistrat très-recommandable : il était paresseux et voluptueux, adonné aux délices de la table; mais il était en même temps généreux, hospitalier, bienfaisant, et jouissait avec magnificence de sa fortune. Sa probité, son désintéressement, son patriotisme, la fermeté avec laquelle il résistait au premier ministre, et le retard qu'il apportait à l'enregistrement des édits qui créaient de nouveaux impôts, l'avaient rendu cher au peuple et à sa compagnie. Mazarin fut le seul satisfait de sa perte; mais celle de sa nièce la duchesse de Mercœur, enlevée en quelques heures de maladie, lui fut très-sensible.

Page 105, ligne 18 : L'arrivée du duc de Mantoue.

On ne fit pas un aussi bon accueil au duc de Mantoue qu'au duc de Modène, parce que, par les séductions de sa femme, le premier s'était laissé entraîner dans le parti de l'Espagne.

Page 105, lignes 19 et 20 : Le goût... pour les déguisements de femme.

Dans le ballet nouveau de *l'Amour malade*, le jeune duc d'Amville, déguisé en femme, joua le rôle d'une mariée. L'ancien ballet de *Psyche* fut de nouveau représenté. (Loret, liv. VIII, p. 9, du 19 février.) MONSIEUR donna un repas magnifique au roi et à la reine et au cardinal, après lequel on joua la fameuse tragédie de Thomas Corneille, intitulée *Timocrate*; une autre fois on fit jouer les vingt-quatre violons. Le duc de Guise, à l'imitation du roi, fit représenter un ballet, où il dansa avec Beauchamps. (Loret, liv. VIII, p. 29.) Mais le même donna une fête plus magnifique et un repas de 200 couverts, lorsque la princesse de Guise fut nommée abbesse de Montmartre. (Loret, 75.) Pendant la campagne de cette année, le maréchal de La Ferté traita dans son camp le roi et toute sa suite, avec la même magnificence, avec la même recherche de mets qu'il aurait pu faire à Paris. Au retour de cette campagne, Louis XIV parut masqué, avec toute sa cour, dans un bal magnifique, qui fut donné par le maréchal de L'Hôpital, gouverneur de Paris. (Loret, liv. IX, p. 21, 9 février 1658.)

Page 110, ligne 6 : Après une retraite de huit jours.

Madame de Motteville n'indique pas la durée de la retraite du roi à Vincennes ; mais Loret, qui écrivait au moment même des événements, dit qu'elle dura une semaine.

Page 110, note 2 : MONTPENSIER.

Il faut dans cet endroit des *Mémoires de* MONTPENSIER substituer La Mothe d'Argencourt à La Mothe-Houdancourt, qui est une faute de copiste, ou une mauvaise correction d'éditeur. La même faute avait été commise dans les *Mémoires de* LA FARE, et a été rectifiée par M. de Monmerqué, d'après l'autorité des manuscrits.

Page 112, ligne 3 : Mais un jour elle parut.

Puisque Loret nomme encore mademoiselle d'Argencourt au nombre des filles de la reine, dans sa lettre du 26 octobre, la scène de bal dont parle madame de Motteville ne peut être postérieure à ce mois. Le départ subit de la cour en septembre, qui n'était pas ordinaire, annoncé par Loret, tenait peut-être à cette aventure : on comprit qu'il fallait se presser d'aller négocier le mariage du roi.

Page 115, ligne 21 : Bontemps... fut chargé de la marier.

Saint-Simon remarque que dans l'acte du mariage de cette fille de Louis XIV il ne fut fait aucune mention de son père ni de sa mère. Il dit aussi que Laqueue, ce gendre de Louis XIV, ne paraissait presque jamais à la cour ; quand il y paraissait, c'était, dit-il, comme un simple officier, et le moins recueilli de la foule. Bontemps ne laissait pas de lui donner de temps en temps de l'argent. (*Saint-Simon*, t. IV, p. 182.)

CHAPITRE X.

Page 120, ligne 2 : Gaston et MADEMOISELLE.

La lettre de Loret nous apprend que lorsque MADEMOISELLE revint à Paris, en 1658, elle alla loger au Luxembourg.

Page 121, notes 1 et 3 : *Vie de la duchesse de Longueville*, édit. 1739.

On sait que l'édition de Paris est intitulée *De la Vie de la duchesse de Longueville*, et qu'on en a ôté tout ce qui pouvait avoir trait au jansénisme.

Page 121, ligne 18 : Cependant il s'y résolut.

Le duc de Beaufort ne revint en cour qu'en 1658.

Page 122, lignes 24 et 25 : La reine d'Angleterre... eut seule la permission d'y rester.

Encore ne resta-t-elle point à la cour. Elle se rendit cette année aux eaux de Bourbon.

Page 123, ligne 11 : Tandis que des plénipotentiaires français.

Ce furent le duc de Gramont et de Lionne que Mazarin envoya comme négociateurs à la diète de Francfort; mais il tenait lui seul tous les fils de ses négociations, où il employait d'autres personnages que ceux qui étaient accrédités. Ainsi un castrat nommé Atto, qu'il avait fait venir d'Italie pour la musique, fut envoyé en Bavière, parce qu'il le savait bien avec l'électrice. A une autre époque il envoya son secrétaire particulier.

Page 123, ligne 12 : En Hollande.

Ce fut de Thou qu'on envoya en Hollande, avec laquelle alors on était en paix.

CHAPITRE XI.

Page 131, ligne 25 : Puisque j'ose bien juger des ouvrages de Chapelain.

Loret disait alors :

> Le ciel, parmi tant de lumières,
> N'a qu'un soleil qui luise à point ;
> La terre n'a qu'un Chapelain.

Page 136, lignes 23 et 24 : Envoya Corbinelli à sa cousine.

On voit par là que Grouvelle se trompe quand il dit que madame de

Sévigné ne connut Corbinelli qu'en 1661. Leur liaison était bien antérieure. Voyez la première partie de ces Mémoires, chapitre XXXVII, page 503, et Grouvelle, *notice sur* Corbinelli, dans l'édition in-12 des *Lettres de Madame de Sévigné*, t. I, p. cxlvii.

CHAPITRE XII.

Page 146, ligne 15 : Par une nouvelle et délicieuse mélodie.

Lambert, Boisset et Molière (c'est le musicien, et non l'auteur) contribuèrent aussi à cette révolution musicale. On commençait à introduire alors dans les orchestres un plus grand nombre d'instruments ; aux violons on joignit les flûtes, les clavecins, les guitares, les téorbes, les luths. (Loret, liv. IX, p. 26-28.) Les cantatrices en vogue, mesdemoiselles La Barre, Raymond et Hilaire, ajoutaient, par la beauté et la puissance de leur voix, aux charmes de la nouvelle musique.

Page 146, ligne 18 : C'est alors.

Mazarin donna alors un grand repas, qui coûta, dit-on, 300,000 liv. somme qui ne surprendra pas quand on saura qu'il y eut à la suite de ce repas une loterie. Loret a décrit avec beaucoup de prolixité dans sa gazette le bal donné par Mademoiselle à la cour, ainsi que les fêtes données par Fouquet, par Mazarin, par la duchesse de Lesdiguières, par la maréchale de L'Hospital, par madame de La Bazinière.

Page 146, lignes avant-dernière et dernière : Que les promenades au Cours, que la foire Saint-Germain.

La foire Sanit-Germain se tenait à la même place où l'on a construit un marché qui porte aussi le nom du saint, et dans deux halles longues de 130 pas, larges de cent, composées d'une charpente fort exhaussée, divisées régulièrement en neuf rues, et partagées en vingt-quatre îles bordées d'un nombre considérable de loges ou de boutiques, enfermées dans un enclos où l'on entrait par sept portes. Cette charpente fut brûlée en 1763. Il n'y avait pas alors à Paris ce luxe de boutiques et de magasins qui depuis le siècle de Louis XIV, et surtout dans ces dernières années, n'a cessé de s'accroître sans fin et sans mesure ; de sorte que l'ouverture de la foire Saint-Germain fut pendant longtemps un événement pour les Parisiens. Elle avait lieu le 3 février. Cette foire se prolongeait jusqu'à la semaine sainte, et souvent même au delà.

De même, pour se rendre compte de l'attrait que pouvait avoir alors la promenade du Cours, il faut se représenter l'état de Paris à cette époque. Ses magnifiques boulevards n'existaient pas, ou plutôt Paris avait de véritables boulevards, c'est-à-dire des fortifications flanquées de bastions : toute la ville était entourée de remparts et de fossés profonds qui servaient à sa défense, mais point aux promeneurs. Les rues étaient étroites, resserrées ; la place des Victoires, la place Vendôme et la place Louis XV n'existaient pas. Le Luxembourg ou palais d'Orléans, qui plus tard fut renfermé dans l'enceinte de Paris, était hors de ses murs, et ses jardins n'étaient point publics : il en était de même de ceux du palais Cardinal ou Palais-Royal. Les seules promenades publiques qui existassent dans l'intérieur de la ville se réduisaient donc à la place Royale (au Marais), au jardin du Temple, qui n'existe plus aujourd'hui, et aux Tuileries. Mais le jardin des Tuileries, qui fait aujourd'hui l'admiration de l'Europe, n'était pas tel, alors, que Le Nostre et les accroissements successifs de la capitale l'ont fait depuis. Subdivisé en une trentaine de plates-bandes ou de bosquets (dont un formait un labyrinthe) (*), tous égaux, séparés par des allées étroites, il était beaucoup plus resserré qu'aujourd'hui. A l'extrémité du massif d'arbres qui succède au parterre, l'espace découvert où est le grand bassin était l'intérieur d'un bastion dont les terrasses latérales étaient les faces, et dont la pointe se trouvait à l'endroit où est actuellement l'entrée du jardin : là existait avant nos révolutions le petit pont de bois qu'on nommait encore le pont tournant, quoiqu'il ne tournât plus. Au delà, au lieu de cette magnifique place Louis XV, de ces massifs d'arbres, de ces longues allées qu'on nomme les Champs-Élysées, qui font suite au jardin des Tuileries et se prolongent jusqu'à l'Arc de triomphe, on n'apercevait que des terres labourables, nues, sans une seule plantation. Trois routes ou chemins coupaient ces champs, et aboutissaient à deux portes de la ville, l'une à la porte Saint-Honoré, près la place actuelle de la Madeleine ; l'autre à la porte de la Conférence, placée à l'extrémité actuelle de la terrasse des Tuileries du côté de la Seine. (Voyez le plan de Paris de Berey, en quatre feuilles). Après avoir gagné par une de ces deux portes, mais ordinai-

---

(*) Conférez Segrais, *Nouvelles françaises, ou les Divertissements de la princesse Aurélie*, t. I, p. 147 à 155, et les plans de Paris de Gomboust, 1652.

rement par la dernière, le chemin qui bordait la rivière, on arrivait, après un court trajet, à la promenade que l'on nommait le *Cours la Reine*, parce qu'elle avait été faite par Marie de Médicis pendant sa régence. Cette promenade se composait de trois allées d'arbres, longues de six cents toises, entourées de fossés, et ayant au deux extrémités deux grands portails, qui se fermaient par des grilles en fer. L'allée du milieu avait six à sept toises de largeur, et les deux autres la moitié. Un vaste espace rond, de trente-cinq toises de diamètre, coupait ces trois allées par le milieu. C'est dans cette promenade, qui ne fut détruite qu'en 1723, que la cour au temps de madame de Sévigné se rendait dans les beaux jours, en voiture et à cheval; c'était le bois de Boulogne, le Hyde-Park de Londres de cette époque, si toutefois ces deux promenades elles-mêmes, si brillantes au temps de ma jeunesse, ne sont pas passées de mode. Sauval dit qu'au Cours on se rencontrait, on se saluait, on se parlait, et que les hommes y avaient presque toujours le chapeau bas. Il en était ainsi avant nos révolutions, le jeudi, sur les boulevards du nord, où trois files de voitures se promenaient lentement, pour que les dames qui étaient dedans pussent s'entretenir avec les personnes de leur société, qui étaient à pied et à cheval; là on se disait les nouvelles, là on se faisait des invitations. Il n'était d'usage d'aller au bois de Boulogne que le dimanche, et dans l'allée de Longchamps; et là, comme sur les boulevards, les carrosses marchaient lentement ou s'arrêtaient, à cause des nombreuses conversations particulières. Aujourd'hui cette manière serait mortellement ennuyeuse; on a besoin de courir, comme des gens qui s'enfuient et s'évitent.

Page 148, lignes 21, 24, 25 : Anne d'Autriche..... ne chercha point à mettre de digue à ce torrent de dissipation et de licence.

Ce fut surtout au retour du voyage de la cour à Lyon, et dans l'hiver de 1659, que le goût des mascarades se répandit. La reine elle-même avait peine à se défendre du plaisir que causaient alors ces sortes de divertissements. « On se déguise souvent, dit mademoiselle de Montpensier; nous fîmes une mascarade la plus jolie du monde. » Elle rapporte qu'elle et mademoiselle de Villeroi étaient habillées en paysannes de la Bresse. « Mon corps, dit-elle, était lacé de perles et attaché avec des diamants; il y en avait partout. » Le comte de Guiche, le duc de Roquelaure, Puiguilhem (depuis le duc de Lauzun, qui épousa MADEMOISELLE), et le marquis de Villeroi, étaient au nombre des bergers... Le roi et tous ceux qui l'accompagnaient étaient déguisés en vieillards, et toutes les femmes de sa troupe en vieilles. « La reine, ajoute MADEMOISELLE, nous trouva fort à sa fantaisie, ce qui n'est pas peu. Nous allâmes à l'Arsenal, où le maréchal de la Meilleraye donnait une grande assemblée. » Cette même mascarade eut encore lieu un autre jour et de la même manière, parce que la reine, à qui elle avait beaucoup plu, le désira. (Montpensier, *Mém.*, t. XLII, p. 408.) MADEMOISELLE nous donne encore des détails curieux sur la mascarade que firent le chevalier de Sillery, la comtesse d'Olonne et le prince de Marsillac, alors son amant. Toute la troupe alla s'habiller chez Gourville. Ces détails confirment tout ce que Bussy a raconté, dans son *Histoire amoureuse des Gaules*, sur ces personnages. Le chevalier de Gramont, qui courtisait à la même époque la comtesse d'Olonne, était outré que le prince de Marsillac eût mieux réussi que lui; et comme ce dernier ne passait pas pour avoir beaucoup d'esprit, Gramont avait coutume de dire que Marsillac, comme un autre Samson, avait vaincu ses rivaux avec une mâchoire d'âne.

Il y eut encore à cette époque une aventure qui fit rire tout Paris, et qui prouve ce que nous avons avancé dans le texte au sujet des mascarades. Un jeune page de MADEMOISELLE, remarquable par la fraîcheur de son teint, la finesse de ses traits et sa figure féminine, prenait plaisir à se promener déguisé en jeune fille, à écouter les discours et les galanteries de ceux qui se méprenaient sur son sexe; mais un jeune et riche bourgeois en devint sérieusement amoureux : le page poussa les choses au point de se laisser emmener chez le bourgeois; et au moment où celui-ci se croyait au comble de ses vœux, le page se débat, s'échappe d'entre ses bras, s'enfuit, fait une chute, et laisse apercevoir sous ses jupes, au bourgeois étonné, ses vêtements de page. Ces scènes indécentes étaient le prélude de celles, bien autrement coupables, de la jeunesse de l'abbé de Choisy. (Conférez Montpensier, *Mém.*, t. XLII, p. 330; *ibid.*, p. 389; Loret, *Muse historique*, lib. IX, p. 44, 6 juillet; *Vie de l'abbé de Choisy*, l'*Histoire de la comtesse de Barre*, et une note de M. Monmerqué dans son édition des *Lettres de Madame de Sévigné*, qui indique que le manuscrit, beaucoup plus complet, de cette histoire existe à la bibliothèque de l'Arsenal.) En 1658, le premier jour de carême, on vit une troupe de masques déguisés en capucins et en capucines. Les prédicateurs dénoncèrent en chaire cette impiété; la reine se fâcha, et l'on sut que les coupables étaient l'abbé de Villarceaux, Ivry, ce myord anglais amant de la duchesse de Châtillon, le comte d'Odonne et sa femme, Jeannin, trésorier de l'épargne. (Loret, liv. IX., p. 31, 23 février, et p. 43, 16 mars 1658.)

Page 149, ligne 18 : Ses Mémoires nous apprennent.

« Les deux premiers jours, dit MADEMOISELTE (t. XLII, p. 308), après le départ de la cour (en 1658), je m'ennuyai un peu, particulièrement le temps où j'avais accoutumé d'aller au Louvre. J'en fus bientôt désaccoutumée. J'allais tous les jours au Cours, je me promenais deux ou trois fois à cheval. Mademoiselle de Villeroi y vint avec moi, et Bonneuil, qui était retiré à Paris, et madame de Sévigné. Hors elles, tout ce qui était accoutumé de se promener avec moi ne montait pas à cheval. » (Conférez t. I, p. 292 de la collect. de Michaud.)

Ce fut pour désennuyer MADEMOISELLE pendant son exil, que Segrais, qui était son secrétaire, composa cette suite de petits romans intitulée *Nouvelles françaises, ou les Divertissements de la princesse Aurélie*, 1657, in-8°. Dans la première, intitulée *Eugénie* (t. I, p. 41), un amant se déguise en femme de chambre pour s'introduire près de sa maîtresse. C'est dans les Mémoires de MADEMOISELLE que nous trouvons les détails les plus curieux sur l'influence fâcheuse de ces sortes de déguisements relativement aux mœurs de la cour, et surtout sur celles du jeune duc d'Anjou et de ses indignes favoris, Guiche, Villequier, Manicamp, etc. (Voyez l'*Hist. am. des Gaules*, 1754, t. I, p. 49, 52, 56, 62, 132; Montpensier, t. XLII, p. 408.) Toute la vigilance d'Anne d'Autriche n'y put rien : peut-être eût-il mieux valu qu'elle en eût eu moins, et que ce jeune prince eût pu avoir à se défendre contre une séductrice moins âgée que la princesse Palatine. Un tel début, des appas si flétris, n'étaient pas propres à lui donner du goût pour le commerce des femmes.

Page 150, ligne 9 : Plusieurs mariages.

C'est dans cette année que le prince de Marsillac épousa l'héritière de Liancourt (Loret, liv. IX, p. 67, en date du 4 mai), et que la fille de Servien fut mariée au marquis de Rosny (Loret, liv. IX, p. 154, en date du 5 octobre).

Page 155, note 2, *lettre autographe de Mazarin à Colbert*.

Soulavie a imprimé cette lettre dans les *Œuvres de Saint-Simon*, t. I, p. 241, mais mutilée, et avec des fautes d'impression sans nombre :

au lieu d'Hervart, ce financier si connu, il écrivit Hervaut ; au lieu de madame de Venel (gouvernante des nièces de Mazarin), il met Venès ; et ainsi du reste.

Page 157, ligne 25 : Il écrivait tous les jours.

La première séparation de Louis XIV et de Marie de Mancini eut lieu le 22 juin 1659. Dans la correspondance qui s'établit ensuite par lettres entre eux, Vivonne fut l'intermédiaire.

CHAPITRE XIII.

Page 164, ligne 3 : Sa cour donnait le ton à la capitale et aux provinces.

MADEMOISELLE, dans ses Mémoires, parle de deux jeunes femmes qu'elle vit à Lyon, l'une veuve d'un officier, l'autre femme d'un lieutenant général. Elles étaient accomplies sous le double rapport de l'esprit et de la figure. MADEMOISELLE, pour en faire l'éloge, dit : « Elles sont bien faites et spirituelles, pour femmes de province. » (Montpensier, t. XLII, p. 38.) Ceci rappelle ce vers de Gresset, que j'avais à tort attribué à Regnard dans la première édition de cet ouvrage :

Elle a de fort beaux yeux, pour des yeux de province.

Page 164, ligne 15 : Ils furent en cela imités par les auteurs dramatiques.

Les auteurs dramatiques mettaient alors dans la bouche des héros de l'antiquité les discours de galanterie et les raffinements de sentiments à la mode dans les ruelles. Ils travestissaient tous les héros de l'antiquité en seigneurs de la Fronde. Ainsi l'*Amalasonte* de Quinault, donnée en 1657, est une véritable précieuse ; et cette pièce valut à l'auteur une gratification du roi. *Le Mariage de Cambyse*, du même auteur, est une pièce écrite dans ce style. Corneille le jeune, dans sa tragédie de *Bérénice*, se vantait d'avoir imité un roman de Scudéry.

Page 166, ligne 7 : La plus galante personne du monde.

Nous voyons ici le mot *galante* employé dans une signification qui n'a plus cours que pour le genre masculin du même adjectif. C'est dans ce sens qu'on dit un galant homme c'est-à-dire un honnête homme, un homme qui sait vivre, qui a une conduite honorable; mais on ne dit plus une galante femme, bien qu'on dise encore, mais dans un autre sens, une femme galante.

Page 166, ligne 25 : Donna à madame de La Fayette l'idée de tracer le portrait de madame de Sévigné.

On a inséré ce portrait dans toutes les éditions de *Madame de Sévigné*, mais aucun éditeur n'a indiqué où il a été imprimé pour la première fois. Je n'ai pu remonter qu'à l'édition des *Lettre de Madame de Sévigné* de 1734. L'éditeur, le chevalier Perrin, en l'insérant dans sa préface, dit : « J'ai heureusement trouvé le portrait qu'en fit autrefois, sous le nom d'un inconnu, madame de La Fayette... » Ces mots semblent indiquer que ce portrait a été trouvé manuscrit dans les papiers de madame de Simiane, que Perrin a eus à sa disposition pour la publication des lettres de madame de Sévigné, et qu'avant ce portrait n'avait jamais été imprimé.

Page 171, avant-dernière ligne : La troisième édition de ces poésies.

C'est dans cette troisième édition que Ménage fit paraître pour la première fois ses poésies grecques et italiennes; cependant la seconde édition (1656) contenait, p. 117, un sonnet italien à mademoiselle de La Vergne.

Page 172, ligne 4 : Un madrigal allégorique.

La fin du madrigal est jolie, mais elle est de Guarini, et non de Ménage; et il est étonnant que celui-ci ait songé à s'approprier des vers si connus. La muse de Ménage, quoique si souvent gratifiée des dons de sa mémoire, n'en est pas devenue plus riche.

Page 172, lignes avant-dernière et dernière : La septième édition, qui ne fut pas la dernière.

C'est la huitième qui est la dernière et la meilleure, et est accompagnée d'excellentes tables. Toutes ces éditions sont rares. Il est probable qu'elles furent tirées à petit nombre. La plus jolie de toutes, celle imprimée par les Elzeviers, est celle que j'ai le plus souvent rencontrée. J'ai donné une liste de toutes ces éditions à la page 452 de la première partie de ces *Mémoires*.

Page 174, ligne 10 : M. de Noirmoutier.

Louis de La Trémouille, duc de Noirmoutier, mourut en 1666, le 15 octobre, à l'âge de cinquante-quatre ans.

CHAPITRE XIV.

Page 177, avant-dernière ligne : Un aspect de bonheur.

Loret, selon sa coutume, a rempli sa gazette de la description des fêtes données pendant l'hiver qui précéda le départ du roi pour le midi. Voici celles dont nous avons tenu note, comme des plus remarquables. En février (le roi ne revint de Lyon qu'à cette époque), divers bals chez le maréchal de L'Hospital, gouverneur de Paris, chez le duc de Saint-Simon ; ballet royal de *la Raillerie,* plusieurs fois dansé par le roi ; concert de soixante instruments, et des chantres et des chanteuses, les plus remarquables ; mascarade en traîneaux à la place Royale, où tous les jeunes seigneurs étaient masqués : toute la cour y assistait, et était dans l'hôtel des Hameaux ; plus tard, fête donnée par le roi, où il y eut une loterie de 100,000 livres. Le 3 mai, le roi fait des courses à cheval au bois de Vincennes ; le 10 de mai, grand dîner de Monsieur au roi, à Saint-Cloud. Fête superbe donnée au roi par de Lionne, dans son château de Berny : Mazarin en fit les frais. Cette fête était toute diplomatique : Pimentel, le négociateur du roi d'Espagne, s'y trouvait, et il était le véritable but de la fête. A Vincennes, revue de soldats, ballets, danses et parades. On joua une pastorale de Trivelin-Canaille et de Scaramouche, qui amusa fort, et fit beaucoup rire.

Page 178, note 2 : *Journal contenant,* etc.

Toutes ces pièces sont de Colletet ; elles furent publiées comme un journal, au moment même des événements ; la réunion en est rare. J'en donne les titres d'après un exemplaire qui renferme encore un volume in-4° en espagnol, accompagné de plans et de portraits, qui décrit la marche de l'infante jusqu'à la frontière de France. A ces pièces il faut joindre les ouvrages que j'ai cités dans mon édition de *La Fontaine* au sujet de la lettre de notre fabuliste à de Maucroix, sur l'entrée de la reine. Ceux qui désireraient tout connaître sur cette époque célèbre ne doivent pas négliger de consulter les volumes de la collection d'estampes sur l'histoire de France, qui est à la Bibliothèque Royale. Au tome XXVI, ils trouveront une très-belle estampe de l'entrevue des deux rois, de la reine et de l'infante, et une autre, de Charles Le Brun, qui représente le mariage dans l'église de Saint-Jean de Luz. Dans une autre estampe allégorique, un Espagnol dit à un Français :

A voir sur vos habits ces monceaux d'aiguillettes,
Vos poudres, vos galands, vos canons, vos manchettes,
Rien qu'un esprit ne vous peut inspirer.

Page 179, ligne 21 : Pour suivre les représentations théâtrales.

Le goût des spectacles faisait naître le désir de les varier. Ce fut au mois d'avril de l'année 1660 que plusieurs particuliers, par zèle pour l'art théâtral, donnèrent au public, dans la maison d'un sieur de La Haye, à Issy, l'exemple d'une comédie française toute chantée. La musique était de Lambert, les paroles de l'abbé Perrin. Cette pièce, exécutée par les plus belles voix de cette époque, charma les spectateurs. Le 30 du même mois, Mazarin la fit représenter à Vincennes : elle plut tellement à la cour, que Mazarin ordonna a l'abbé Perrin d'en composer une seconde ; il fit *Ariane, ou le Mariage de Bacchus*. Ainsi fut fondé un spectacle qui ne pouvait se maintenir que par la munificence royale, et dont la pompe et la splendeur se sont cependant toujours accrues depuis près de deux siècles, au milieu de toutes les révolutions, de toutes les banqueroutes et des pénuries des finances, et sans que jamais le public s'y soit porté avec assez d'empressement pour subvenir à la dépense qu'il exige.

Page 183, ligne première. En mettant de côté la soutane du séminariste.

J'ai rapporté dans mes notes sur la *Vie de La Fontaine* le passage des Mémoires manuscrits de Tallemant des Réaux qui nous apprend que les parents de Molière l'avaient d'abord fait étudier pour être d'Église ; et ceci se trouve confirmé par ce qui est dit dans la *Vie* de notre grand comique composée par l'éditeur de ses œuvres en 1730 : c'est ce que paraissent avoir ignoré les récents éditeurs de *Molière*, qui, par des arguments nullement concluants, ont rejeté le témoignage contemporain de Tallemant des Réaux, tandis qu'ils n'ont pas fait difficulté d'admettre, sans critique et sans examen, les faits rapportés sur Molière par Grimarest, quoique lorsque cette *Vie* parut Boileau ait déclaré qu'elle fourmillait d'erreurs et de contes absurdes. Je suis revenu sur ce point de critique littéraire dans la quatrième édition que j'ai préparée de l'*Histoire de La Fontaine*, non encore publiée.

Page 184, lignes 5 et 6 : Dont l'intrigue ne lui appartenait pas.

Dans la pièce de Chapuzeau qui fut donnée en 1756, trois ans avant *les Précieuses ridicules*, il y a, comme dans cette dernière pièce, un homme dont la déclaration est fort mal reçue par une femme infatuée de bel esprit, et qui s'en venge en introduisant auprès d'elle son valet, déguisé en marquis magnifique, qui lui plaît beaucoup plus.

Page 185, note 2 : BODEAU DE SOMAIZE.

Somaize ne s'est point nommé dans cette préface des *Véritables Précieuses*. Il accuse Molière d'avoir imité *le Médecin et les Précieuses* de l'abbé de Pure, et plusieurs autres pièces italiennes ; et il cherche à le rendre odieux aux gens de cour. Cependant ce misérable écrivain spécula sur le succès de la pièce de Molière, et la mit en mauvais vers. On voit, par l'avertissement, que les libraires propriétaires de l'édition de la pièce de Molière mirent opposition à la vente de la traduction en vers. La pièce des *Précieuses ridicules*, en vers (1660, in-12), est dédiée à Marie de Mancini, dont Somaize parle souvent dans son *Grand Dictionnaire des Précieuses*. Saumaize composa encore *le Procès des Précieuses*, en vers burlesques (1660, in-12), qu'il dédia à la marquise de Monloy ; c'est probablement cette madame de *Monlouet* dont il est fait mention dans madame de Sévigné.

CHAPITRE XV.

Page 188, ligne première du texte : Mazarin n'était plus.

Mazarin mourut le 9 mars, entre deux et trois heures du matin.

Page 189, ligne 24 : Une jeune reine déjà enceinte.

La grossesse de la reine fut soupçonnée dès le 9 mai.

Page 190, ligne 16 : Donnèrent pendant plusieurs mois à Fontainebleau.

Madame de Motteville avoue, en parlant des fêtes de Fontainebleau, que même dans le beau temps de la régence jamais la cour n'eut cet éclat ; et ce temps de la régence était cependant celui de sa jeunesse.

Page 191, ligne 2 : L'amour du roi pour mademoiselle de La Vallière.

Le roi parut hésiter quelque temps entre sa belle-sœur, mademoiselle de Pons, et La Vallière ; mais l'attrait qu'eut pour lui l'amour le plus sincère et le plus entier, accompagné de la modestie et de la pudeur, l'emportèrent sur les agaceries d'Henriette d'Angleterre, duchesse d'Orléans, et sur les avances de mademoiselle de Pons.

Page 191, ligne 3 : Celui de MADAME pour Buckingham.

Le duc de Buckingham était le fils de celui qui fut soupçonné d'avoir obtenu les bonnes grâces d'Anne d'Autriche.

Page 191, ligne 4 : Et ensuite pour le comte de Guiche.

Madame de La Fayette nous apprend que le comte de Guiche se déguisait en femme pour pénétrer chez MADAME. On se rappelle ce que j'ai dit de ces déguisements dans les ballets du roi.

Page 191, ligne 5 : Celui de la duchesse de Toscane.

La duchesse de Toscane avait eu le désir d'épouser Charles de Lorraine, qu'elle aimait. Elle n'avait pas encore rejoint son mari lorsqu'elle donna à penser qu'elle n'avait rien refusé à son amant. Choisy la compare à un ange pour la beauté, mais non pas pour la conduite.

Page 191, ligne 13 : Soit pour elle-même, soit pour une autre.

Quoique Montalais, dit madame de La Fayette, eût pour amant Malicorne, elle était confidente de beaucoup d'autres liaisons, qu'elle favorisait, et dont elle se mêlait sans aucun intérêt pour elle-même, et par besoin d'intrigues.

Pages 193 et 194, lignes dernière et première : On risqua des sommes énormes sur une seule carte.

Fouquet dans une seule partie avec Gourville perdit 55,000 fr. en une demi-heure. L'abbé de Gordes, en 1660, perdit avec le roi 150,000 fr. en une seule séance. Il faut doubler ces sommes pour avoir le montant de ces pertes en valeur actuelle.

Page 194, ligne 5 : La magnificence des ballets royaux.

Les deux ballets royaux montés dans ces deux années furent ceux de *l'Impatience* et des *Saisons;* le roi dansa dans les deux. Les beautés de la cour qui y figurèrent furent mesdemoiselles de Pons, Argencourt, Villeroi, Montbazon, Châtillon, Noailles, Brancas, Arpajon, La Fayette, Guiche, Fouilloux, Meneville, Chemerault, Bonneuil, La Vallière. Le ballet des *Saisons* fut joué à Fontainebleau, et eut pour décoration les beaux arbres de la forêt. Celui qui disposait alors les théâtres de la cour et était employé aux décorations était un nommé Houdin (Antoine-Léonor), architecte du Louvre. Nous avons de cet artiste une excellente vue en perspective, présentée au roi en 1661, et des plans du Louvre. C'est cet architecte qui probablement a bâti le palais Mazarin, où est actuellement la Bibliothèque Royale, dont une partie, l'hôtel de Nevers, a été réparée, en 1709, par Dulin. (Conférez Germain Brice, *Description de Paris*, 1752, in-12, t. I, p. 362.)

Page 196, ligne 8 : Elle se rendit au Mont Saint-Michel.

L'ouvrage latin que j'ai cité, de Martin Zeiller, *Topographia Galliæ*, 1657, in-folio, *pars* VIII, p. 20, donne une vue bien détaillée et très-exacte du Mont Saint-Michel, tel qu'il se trouvait à l'époque où madame de Sévigné s'y rendit avec sa fille.

CHAPITRE XVI.

Page 201, ligne 15 : Profanaient par de honteux scandales.

On doit lire à ce sujet les curieuses particularités que MADEMOISELLE nous donne sur la vie que menaient les religieuses de Perpignan, dont les désordres étaient publics.

Page 208, ligne 1re : Jamais il ne lui refusait d'audiences particulières.

« Ce qui m'incommodait davantage, dit Louis XIV dans ses Instructions au Dauphin, en parlant de Fouquet, c'est que, pour augmenter la réputation de son crédit, il affectait de me demander des audiences particulières, et que, pour ne pas lui donner de défiance, j'étais contraint de les lui accorder. »

Page 208, ligne 21 : Que le roi, furieux contre lui, voulait sa mort.

La Fontaine, dans la lettre citée, dit, en parlant de cet événement : « Il est arrêté ; le roi est violent contre lui, au point qu'il dit avoir dans les mains des pièces qui le feront pendre (*). » Racine, dans ses *Fragments historiques*, nous apprend qu'on avait entendu dire à Louis XIV que si Fouquet avait été condamné, il l'aurait laissé mourir.

Grouvelle, connu par une édition des *Lettres de Madame de Sévigné*, dit (t. I, p. lxxx), dans la spirituelle notice qu'il a composée sur sa vie, qu'au moment de l'arrestation de Fouquet elle s'était retirée dans sa terre, par crainte des coups d'autorité. Selon Grouvelle, madame de Sévigné, en butte à la haine de Louis XIV, se croyait en sûreté contre sa puissance dans son château des Rochers. C'est avec cette ignorance des faits, avec ce défaut de jugement, que l'histoire se trouve le plus souvent écrite.

CHAPITRE XVII.

Page 212, ligne 3 : Qu'en 1659, après la mort de son collègue.

Servien mourut le 16 février 1659.

Page 218, ligne 27 : Le payement intégral de ces ordonnances.

Gourville avoue (en 1657) qu'il se fit par ce moyen de grandes fortunes ; puis il ajoute naïvement : « Ayant tous ces exemples devant moi, j'en profitai beaucoup. »

Page 224, ligne 10 : Aux femmes de cour intrigantes.

On trouve à l'endroit cité des Défenses de Fouquet un état duquel

(*) L'autographe de cette lettre de La Fontaine est dans ma collection.

il résulte qu'il avait payé 245,528 livres en gratifications, en une seule année, à des dames de la cour, et une somme de 204,498 livres à madame Duplessis-Bellière seule. On sait qu'elle était sa confidente pour les affaires d'amour ; aussi sa fille, la marquise de Créqui, reçut de Fouquet 200,000 livres lorsqu'elle se maria.

Page 224, ligne 12 : Et donnait sans cesse des fêtes et des repas somptueux.

Mazarin lors de son départ pour Saint-Jean de Luz alla loger familièrement chez lui, à Vaux, le 25 juin 1659.

Page 224, ligne 15 : Il avait partout des agents.

Ainsi nous voyons qu'il était instruit de tout ce qui se passait à la cour de Savoie, par une dame d'honneur qu'il pensionnait. Il avait envoyé de Maucroix à Rome, qui sous le faux nom d'abbé de Crécy y était son chargé d'affaires.

Page 226, ligne 4 : Le Tellier allié à sa famille.

Le Tellier avait épousé la sœur de Jean-Baptiste Colbert, seigneur de Saint-Pouange, cousin du Colbert qui fut ministre.

Page 226, ligne 6 : Dans le mémoire où il lui exposait les malversations de Fouquet.

C'est le 28 septembre 1659 que Colbert écrivit son mémoire. La copie qui en fut trouvée dans les papiers de Fouquet a servi à convaincre les juges de l'ancienne haine de Colbert contre Fouquet, et a contribué beaucoup à adoucir la sentence.

Page 228, ligne 15 : Dans une seconde lettre.

Les originaux de ces deux lettres de Colbert, avec les réponses à mi-marge de la main de Mazarin, sont sous nos yeux : en les confrontant avec la publication qu'en a faite Soulavie dans cet incohérent mais curieux recueil d'extraits et de pièces qu'il a intitulé *Œuvres de Saint-Simon*, on s'aperçoit qu'il les a mal lues, et qu'il a laissé passer à l'impression une foule de fautes grossières. Ainsi, au commencement de celle qui est datée du 28 octobre 1659, au lieu de ces mots; « J'ai reçu à désir les dépêches, etc., » on lit dans l'autographe : « J'ai reçu à Decize les dépêches, etc. » Partout où se trouve le nom d'Hervart, on a imprimé *Herveau*, etc.

Page 232, ligne 22 : Toutes les instructions dont il avait besoin.

Deux jours avant sa mort, Mazarin entretint encore longtemps Louis XIV de ces grands objets, et lui renouvela ses dernières recommandations.

Page 233, ligne 24 : Il lui fit donation pleine et entière de tous ses biens.

Si l'on en croit Fouquet dans sa défense, la fortune de Mazarin se montait à 40 ou 50 millions (80 ou 100 millions de notre monnaie actuelle).

Page 236, ligne 5 : Mazarin environna le roi d'une cour brillante.

Ce fut en 1657 que Mazarin acheva d'organiser la maison du roi d'une manière somptueuse. L'état des payements de tous ceux qui se trouvaient gagés et employés au service du jeune roi fut alors dressé, et ensuite imprimé dans un livre curieux, que j'ai souvent cité, mais dont je donnerai ici le titre entier :

Estat général des officiers, domestiques et commensaux de la Maison du Roy. Ensemble l'ordre et règlement qui doit estre tenu et observé en la Maison de Sa Majesté, tiré des mémoires de M. de Saintot, maistre des cérémonies de France. Mis en ordre par le sieur de LA MARINIÈRE; Paris, chez Jean Guignard, 1660, in-8°.

Environ six mille noms de personnes se trouvent inscrits et classés dans ce livre, avec les sommes qu'elles recevaient annuellement. Mais « *le surintendant au gouvernement et à la conduite de la personne du Roy et celle de monseigneur le duc d'Anjou, monsieur le cardinal* MAZARINI, » s'y trouve porté, p. 113, sans désignation d'appointements. Cet ouvrage démontre que près de six mille personnes, appartenant presque toutes à la classe des bourgeois et des industriels, étaient salariées par le roi, et que les gages et les profits qu'elles tiraient de leurs places n'étaient pas le seul motif d'intérêt qui les attachait aux soutiens du trône. En vertu de lettres patentes de Charles IX, d'Henri III, renouvelées et confirmées par Henri IV, Louis XIII et Louis XIV, tous ces salariés formaient, en leurs qualités d'*officiers, domestiques, commensaux et marchands suivant la cour*, une classe privilégiée comme la noblesse sous le rapport des impôts, jouissant, comme disent les lettres patentes, eux et leurs veuves pendant leur viduité, « des exemptions, franchises, libertés, affranchissements de contributions et subventions généralement quelconques faites et à faire. » Toutes ces lettres patentes sont imprimées *in extenso*, et à la suite de *l'ordre et règlement qui doit estre tenu et observé en la Maison du Roy*; Paris, 1657, in-8°. A Paris, chez Marin Leché, imprimeur du Roi.

L'état donné par La Marinière offre de singuliers contrastes relativement aux appointements. Le maître à danser de Sa Majesté a 2,000 livres, son maître d'écriture 300 livres, son maître de dessin 1,500 livres, les *galopins* qui servaient dans la cuisine sous les officiers de bouche, au nombre de trois seulement, ont chacun 300 livres, etc., etc.

Page 237, ligne 20 : Le soupçonneux Mazarin.

La partie des Mémoires de Brienne citée ici en note en est la plus curieuse. Les détails sur les derniers moments de Mazarin sont d'un grand intérêt. C'est une belle leçon de morale que la mort de ce ministre, soupçonnant tout ce qui l'environne, sachant qu'il est condamné par les médecins; semblable à un spectre, promenant ses regards, dans son palais, sur ses beaux tableaux, ses riches ameublements; puis, disant avec amertume : « Il faut quitter tout cela, *Guénaud l'a dit*. »

Page 240, ligne 17 : L'importance des affaires dont il était chargé.

Louis XIV se servit de Fouquet pour les négociations avec le roi d'Angleterre. Louis XIV voulait, malgré la clause du traité des Pyrénées, secourir le Portugal contre l'Espagne. Pour que ses ruses ne fussent pas découvertes, il trompa d'Estrades, son propre ambassadeur en Angleterre. C'était se montrer de bonne heure un vrai disciple de Mazarin.

Page 241, ligne 1 : Le Tellier, son ennemi secret.

Pomponne écrivait à son père, aussitôt après la mort de Mazarin : « M. le procureur général et M. Le Tellier paraissent fort unis; j'espère qu'ils le seront toujours, c'est leur intérêt. »

Page 241, lignes 17-21 : Offrit à la reine d'employer ses bons offices pour l'influence que Mazarin lui avait fait perdre.

Ceci occasionna un refroidissement entre la reine mère et Mazarin,

NOTES ET ÉCLAIRCISSEMENTS.   495

dont on s'aperçoit dans une lettre que la reine mère écrivit à ce ministre ; lettre curieuse, qui donne beaucoup à penser sur la nature de leur ancienne liaison. Nous avons imprimé cette lettre à la fin de la troisième partie de ces *Mémoires*, p. 471.

CHAPITRE XVIII.

Page 248, ligne 3 : Qu'elle était aimée du roi.

Madame de La Fayette dit qu'on a cru que Louis XIV vit La Vallière pour la première fois à Vaux ; mais on se trompait : nous savons actuellement q ,'avant cette époque il la voyait, d'une manière plus efficace, dans l'appartement du comte de Saint-Aignan.

Page 249, lignes 24 et 25 : La duchesse de Chevreuse..... sut lui persuader.

Le voyage de la reine mère à Dampierre, chez la duchesse de Chevreuse, eut lieu dans les derniers jours de mai et le commencement de juin.

Page 250, note 3 : Loménie de Brienne.

Le mot de Mazarin à madame de Tubœuf, rapporté par Brienne dans cet endroit de ses Mémoires, « Puisqu'il faut vous donner, madame, je vous donne le bonjour, » ressemble beaucoup à celui d'un Anglais très-riche et très-avare (Elves), à qui on demandait ce qu'il donnait à son fils en mariage. Il entra d'abord dans une grande colère, puis termina en disant : « Moi, je donne .. je donne mon consentement. »

Page 253, lignes 19 et 20 : Un officier qui n'y était pas appelé par son rang.

Ce fut d'Artagnan (Charles de Baatz) qui arrêta Fouquet.

Page 253, ligne dernière : Qui est un des plus beaux passages de son éloquent plaidoyer.

« . . . . . N'employa-t-il pas pour votre service tout ce qu'il avait reçu du prix de sa charge? Cette fois je ne puis croire que Votre Majesté puisse en rappeler le souvenir sans en être touchée. Que serait-ce si elle voyait cet infortuné, à peine connaissable, moins changé et moins abattu de la longueur de sa prison que du regret d'avoir pu déplaire à Votre Majesté, et qu'il lui dit : Sire, j'ai failli; si Votre Majesté le veut, je mérite toutes sortes de supplices... Je ne me plains point de la colère de Votre majesté; souffrez seulement que je me plaigne de ses bontés. Quand est-ce qu'elles m'ont permis de connaître mes fautes et ma mauvaise conduite? Quand est-ce que Votre Majesté a fait pour moi ce que les maîtres font pour leurs esclaves les plus misérables, ce qu'il est besoin que Dieu fasse pour tous les hommes et pour les rois même, qui est de les menacer avant de les punir ? « (Pellisson, *Premier Discours au Roi*, page 74.)

Page 255, ligne 20 : Dont plusieurs s'étaient enrichies.

Gourville fut obligé de donner 500,000 fr. pour se racheter contre les poursuites de la chambre de justice, et il resta encore fort riche.

Page 256, ligne 7 : Dès lors son règne commença.

Les Instructions de Louis XIV au Dauphin sont ce qui a été écrit de mieux sur l'administration d'un grand royaume. Quelle pitié qu'elles aient si peu profité à ses successeurs!

Page 257, lignes 1 et 2 : N'offre pas un second exemple.

J'ai donné à dessein ici les citations pour l'affaire de Fargues, qu'on pourrait m'objecter si elle était telle que Lemontey la raconte; mais en l'approfondissant on s'aperçoit qu'elle est tout autre. Ce personnage n'avait pas seulement pris parti contre le roi au temps de la Fronde : il avait d'abord été dans le parti du roi; il s'était fait donner le commandement de la place de Hesdin, qu'il vendit aux ennemis. Il fut à la vérité, sous Mazarin, compris dans un traité, et il avait obtenu des lettres d'abolition pour sa trahison (Loret, liv. XI, page 42), mais il négligea d'obtenir sa grâce du roi. Il se tint caché dans une de ses terres, à Courson. S'il y avait été sous son nom, le roi l'aurait su. Louis XIV s'irrita de l'audace de ce traître, jouissant si près de lui de ses grandes richesses ; il lui fit faire son procès. Fargues fut convaincu comme concussionnaire, et pendu. C'est un acte de despotisme d'autant plus blâmable, que Fargues ne fut point jugé par le parlement, mais par une commission. Fargues avait mérité la mort, mais il fallait le juger régulièrement. Toutefois, sa conduite avait été si odieuse, que sa condamnation ne fut point blâmée.

Page 257, lignes 4 et 5 : Lui avait reconnu une audace capable de tout oser.

Madame de La Fayette dit, en parlant de Fouquet : « Homme d'une ambition sans bornes, dont les desseins étaient infinis pour les affaires aussi bien que pour la galanterie. »

CHAPITRE XIX.

Page 265, lignes 17 et 18 : Pomponne resta dix-huit mois à la Ferté-sous-Jouarre.

Les affaires qui appelaient Pomponne à la Ferté-sous-Jouarre concernaient la succession que Nicolas Ladvocat, son beau-père, avait laissée à sa femme. Fouquet avait contribué au mariage de Pomponne avec mademoiselle Ladvocat. La belle-mère de Pomponne se nommait Marguerite de Bouillé.

Page 270, ligne 13 : Dîner à l'hôtel de Nevers ; et note 2 : Cet hôtel.

Ma note et mes nombreuses citations ne peuvent suffire pour redresser toutes les erreurs auxquelles l'hôtel de Nevers a donné lieu. Madame de Sévigné, Pomponne, et plusieurs de leurs contemporains, désignent toujours l'hôtel qu'habitait madame de Guénégaud par le nom d'*hôtel de Nevers*, parce qu'en effet c'était cet hôtel, situé près des fossés de l'ancienne enceinte de la ville et de la porte de Nesle, où est actuellement l'hôtel des Monnaies, que Henri de Guénégaud, ministre et secrétaire d'État, avait acheté, en 1641, de la princesse Marie de Gonzague de Clèves, veuve du duc de Nevers. Guénégaud embellit et rebâtit presque en entier cet hôtel ; il l'agrandit, en y joignant un autre hôtel, plus petit, qui se trouvait voisin. Cependant on continuait toujours à appeler cet hôtel *hôtel de Nevers*, quoique sur les plans gravés de Paris, de l'année 1654, il eût déjà pris le nom d'*hôtel de Guénégaud* (voyez le plan de Berey, celui de Gomboust, et celui de Buîlet). La rue des Deux-Portes, qui longeait les murs de cet hôtel, avait pris le nom de *rue de Nevers*, qu'elle a conservé. Trompé par ce nom d'hôtel de Nevers, appliqué par continuation à l'hôtel Guénégaud, M. Monmerqué a quelquefois cru qu'il était question, dans les écrits du temps, d'Anne de Gonzague ou de la princesse Palatine, quand il s'agissait de madame Duplessis-Guénégaud ; ce qui l'a fait tomber dans quelques erreurs. (Voyez *Lettres de Sévigné*, t. I,

p. 81, note *a* ; *Mémoires de Coulanges*, 1820, in-8°, p. 383 ; *Biographie Universelle*, t. XXXV, p. 321, article POMPONNE.) Ainsi, c'est chez madame de Guénégaud qu'allait madame de Sévigné lorsqu'elle se rendait à l'hôtel de Nevers. C'est chez madame de Guénégaud que Pomponne se rendit lorsqu'il vint à Paris, au retour de son exil. C'est chez madame de Guénégaud, et non chez la princesse Palatine, qui n'habitait plus alors Paris, que Boileau lut ses premières satires, et Racine sa première tragédie (*Alexandre*). M. de Saint-Surin est donc dans l'erreur aussi à cet égard (voyez *Œuvres* de Boileau, édit. de 1821, t. I, p. 41 de la notice biographique).

L'hôtel de Nevers, situé à côté de la tour de Nesle, et près des fossés de la ville et de l'ancienne enceinte, avait remplacé l'hôtel de Nesle. L'hôtel de Guénégaud remplaça l'hôtel de Nevers en 1652. En 1670 le prince de Conti l'acheta, et alors il devint l'hôtel de Conti ; et l'édifice actuel de la Monnaie a remplacé l'hôtel de Conti. Marie de Gonzague, qui épousa successivement Wladislas IV, et Casimir, roi de Pologne, a bien possédé et occupé l'hôtel de Nevers ; mais il est douteux que sa sœur cadette, Anne de Gonzague, qui fut mariée à Édouard, prince palatin de Bavière, et qu'on nommait la princesse Palatine, ait jamais logé dans cet hôtel. Il y a trois vues intéressantes gravées de l'hôtel de Nevers avant qu'il eût été abattu en tout ou en partie pour devenir l'hôtel Guénégaud, dans Martin Zeiler, *Topographia Galliæ* ; *Francofurti*, in-folio, t. I, pages 58, 59 et 60.

Duplessis-Guénégaud acheta non-seulement l'hôtel de Nevers, mais il acquit encore de la ville de Paris tous les terrains vagues laissés par les fossés de la ville, qui se trouvaient derrière. C'est sur ces terrains que l'on construisit depuis le collége des Quatre-Nations (le palais de l'Institut) et la rue Mazarine, tracée exactement dans la direction de ces anciens fossés. Les nouvelles constructions de l'hôtel de Guénégaud paraissent avoir été terminées avant qu'on eût rien bâti sur ces anciens fossés ; car ils sont tracés encore sur le plan de Bercy en quatre feuilles, où le nom d'hôtel Guénégaud a remplacé celui d'hôtel de Nevers. Ce nom d'hôtel Guénégaud est aussi le seul qu'on trouve en cet endroit sur le grand plan de Paris de Gomboust, fait sous la direction de Petit, maître des fortifications de Paris. Il en est de même du plan de Builet, en douze feuilles ; mais on voit que dans l'usage on continuait d'appeler cet hôtel hôtel de Nevers ; car de Joly, dans ses *Mémoires* (t. XLVII, p. 213), en racontant une émeute de la populace qui eut lieu en 1652, et qu'on fut obligé de réprimer par la force, dit : « Son Altesse Royale fut obligée d'envoyer des gardes et de faire armer des bourgeois pour dissiper une troupe de canaille qui voulait piller l'*hôtel de Nevers*, appartenant au sieur de Guénégaud, secrétaire d'État. »

Nous lisons dans les *Mémoires de Gourville* (t. LII, p. 330) qu'il se rendit à Paris, dans une maison que madame Duplessis-Guénégaud lui avait fait bâtir. En effet, dans le *Paris ancien et nouveau* de Le Maire, édition de 1685, t. III, p. 269, il est dit que l'hôtel de Sillery a été bâti, il y a environ trente ans, dans un cul-de-sac de l'hôtel de Conti, c'est-à-dire de l'hôtel de Guénégaud. Gourville était fort lié avec madame Duplessis-Guénégaud ; et ce fut chez elle qu'il déposa ses papiers et son argent quand il partit pour faire le voyage de Nantes. (*Mémoires de Gourville*, t. LII, p. 354.)

Après la mort de Mazarin, il y eut un autre hôtel de Nevers ; ce fut la partie du palais Mazarin qui échut en partage à son neveu le marquis de Mancini, duc de Nevers. C'est celui qu'occupe aujourd'hui la Bibliothèque du Roi, rue de Richelieu. (Voyez *Piganiol de La Force*, t. III, pages 57, 58 et 140.) Je n'ai pas besoin de dire que cet hôtel n'a d'autre rapport que le nom avec celui qui fut occupé par les anciens ducs de Nevers, et dont je viens de tracer les diverses transformations. Madame Duplessis-Guénégaud était sœur de la maréchale d'Étampes, dame d'honneur de la duchesse d'Orléans douairière.

Page 273 ligne 3 : M. de Neuré, fameux astrologue.

Ce Neuré ne pouvait être soupçonné de vouloir favoriser Fouquet. Gourville en parle comme d'un vieux philosophe qui avait pris à ferme un petit domaine du marquis de Vardes. C'est dans ce domaine, et par conséquent chez Neuré, que Vardes mit Gourville, qui y resta quelque temps, caché sous un nom supposé, lorsqu'en 1662 Gourville, poursuivi, par suite de l'affaire de Fouquet, par la chambre de justice, se rendit en secret à Paris, sur l'invitation de Vardes, qui avait besoin de conférer avec lui relativement à la fausse lettre du roi d'Espagne à la reine de France, écrite par Vardes et remise à la Molina, femme de chambre de cette dernière. Gourville raconte plaisamment comment le bonhomme Neuré, de fort mauvaise humeur contre les financiers et les traitants, louait fort la chambre de justice et la rigueur qu'elle mettait dans ses poursuites contre de telle gens. « Parmi ceux, dit Gourville, qui lui blessèrent le plus l'imagination, il me nommait souvent, surtout parce qu'il avait vu chez M. de La

Rochefoucauld une pendule de grand prix, qui allait six mois, laquelle m'appartenait. Je ne manquais pas de l'applaudir, et de renchérir sur tout ce qu'il disait, et même contre moi en particulier. »

Page 274, ligne 11 : A la condamnation à la peine capitale.

« Contre toute espérance, dit Loménie de Brienne, Fouquet eut la vie sauve. »

Page 276, ligne 17 : Ces deux vers du Tasse me reviennent en mémoire.

La fin de l'affaire du procès de Fouquet n'a pas dû être la fin de la correspondance de madame de Sévigné avec Pomponne. Elle aimait à écrire, et sa tendresse pour sa fille n'a pas été le seul motif qui l'ait rendue si active dans sa correspondance épistolaire. Voici ce qu'elle répond aux remercîments que Pomponne lui fit sur son exactitude à l'instruire de tout ce qui avait concerné Fouquet : « Il me semble, par vos beaux remercîments que vous me donnez mon congé; mais je ne le prends pas encore. Je prétends vous écrire quand il me plaira; et dès qu'il y aura des vers du Pont-Neuf ou autres, je vous les enverrai fort bien. » (Lettre en date de janvier 1665.) Et en effet, dans un *post scriptum* de cette même lettre, écrit plusieurs jours après, elle demande à Pomponne son avis sur les stances, les couplets qu'elle lui a envoyés. Il est probable que c'étaient quelques vers des nombreuses chansons que l'on fit alors contre Colbert et autres ennemis du surintendant, et contre les juges qui avaient opiné à mort.

Page 278, ligne 3 : Ce Puiguilhem, ce cadet de Gascogne.

Lauzun était Périgourdin. Puiguilhem (l'orthographe de ce nom est presque toujours défigurée) est une paroisse du Périgord, à trois lieues au sud-ouest de Bergerac. (Conférez le *Nouveau Dénombrement du Royaume*, 1720, in-4°, p. 226; d'Expilly, *Grand Dictionnaire des Gaules et de la France*, in-folio, t. V, p. 1014)

CHAPITRE XX.

Page 284, ligne 3 : Dans cette première année.

Bussy dit « qu'au lieu de ce mic-mac et des faiblesses comme du temps de Mazarin, on vit des hauteurs dignes d'un grand prince. »

Page 284, ligne 4 : Contre tous les embarras d'une disette.

On fit venir des grains, qu'on vendait à bas prix au peuple. On fit à Paris un four ménager, pour donner le pain aux pauvres à meilleur marché. On vendait à Paris un setier de blé 26 livres. Louis XIV réduisit les dépenses des forêts, et gagnait quatre millions en affermant de nouveau les octrois. Il dégreva les provinces d'une partie de leurs tailles.

Page 284, ligne 24 : Sur la Lorraine et le Barrois.

Le duc de Lorraine voulut vendre son duché et en frustrer son héritier, par amour pour la fille d'un apothicaire nommé Pajot. Louis XIV sut profiter de cette disposition.

Page 285, ligne 6 : Imprimèrent un grand respect à son nom.

La lettre écrite par Louis XIV au roi de Pologne en 1663, au sujet de l'affaire de Rome, est un chef-d'œuvre d'adresse, de diction et de dignité.

Page 285, ligne 15 : Des provisions que pour trois ans.

Pour qu'on ne pût pas murmurer de cette innovation, il commença par donner ainsi, pour trois ans seulement, le gouvernement de Paris au duc d'Aumont, l'un de ses quatre capitaines des gardes.

Page 285, ligne 17 : Le cardinal de Retz fut amené à donner sa démission.

Un court billet du roi accuse au cardinal de Retz la démission de son archevêché. Il ne fut pas même permis à Retz de venir en cour. Il avait cependant été consulté sur l'affaire de Rome ; et ce fut lui qui donna l'idée de la pyramide. (Voyez Joly, *Mémoires*, t. XLVII, page 454, 460, 462.) Chandenier, qui avait tout quitté pour suivre le parti de Retz, ne voulut accepter aucun dédommagement pour sa place de capitaine des gardes.

Page 286, ligne 11 : Le jeune roi se montra moins sage que Mazarin.

Entre les catholiques, les jansénistes et les protestants, venait se placer la secte des libertins ou incrédules, que nous avons déjà signalée, mais trop peu nombreuse alors et trop obscure pour que le gouvernement pût deviner qu'elle devînt un jour la plus dangereuse. Elle se moquait de tout, et son opposition au gouvernement et à l'Église se manifestait par des vaudevilles, des épigrammes, et de malignes satires. Ce fut cette année que Saint-Évremond écrivit sa *Conversation du maréchal d'Hocquincourt et du père Canaye* (Saint-Évremond, Œuvres, t. III, p. 54, et *Vie de Saint-Évremond*, par Desmaiseaux). Dans le pays de Gex, Louis XIV fit fermer cette année vingt-deux temples protestants; et dans le mois de juillet de cette même année il fit mettre à la Bastille le libraire Des Prés, pour avoir réimprimé la lettre de Pavillon, évêque d'Ath, où étaient déduites les raisons qui empêchaient cet évêque de signer les cinq propositions. La lettre de Racine à Vitart prouve que les jansénistes étaient déjà menacés dans le midi.

Page 288, ligne 5 : Il fut attaqué par l'abbé d'Aubignac.

Voici un échantillon de la critique de l'abbé d'Aubignac : « Pour moi, qui depuis dix-sept ans me suis retiré dans les ténèbres de mon cabinet sans voir la cour, je pourrais bien en avoir oublié le langage aussi bien que les mystères. Mais M. Corneille, qui depuis tant d'années en fait un Pérou, ne devait pas tant de fois et si souvent donner cette qualité de suivantes aux dames et aux filles qui servent ces princesses, si cela ne s'accorde pas au faste et aux intrigues des belles cours. » Qui eût dit qu'on eût jamais osé reprocher à Corneille d'être homme de cour !

Page 290, lignes 5 et 6 : Il inséra dans ses satires les noms des personnes qu'il voulait livrer à la risée et au mépris public.

Dans les éditions de 1667 et de 1669 des Satires de Boileau on trouve les vers suivants :

> Je ne puis arracher du creux de ma cervelle
> Que des vers plus forcés que ceux de *la Pucelle*.
> . . . .
> Faut-il d'un froid rimeur dépeindre la manie,
> Mes vers comme un torrent coulent sur le papier ;
> Je rencontre à la fois Perrin et Pelletier,
> Bardou, Mauroy, Boursault, Colletet, Titreville ;
> Et pour un que je veux j'en trouve plus de mille.

Bien pour ces vers, qui ne frondaient que l'esprit; mais comment l'auteur ne se faisait-il pas des affaires avec les tribunaux pour les vers suivants, qui concernaient un procureur fameux, un libraire fort connu, un avocat, compilateur estimable et laborieux de l'histoire de Paris, dont il imprimait les noms dans ses satires sans aucun déguisement ?

J'appelle un chat un chat, et Rollet un fripon.
. . . .
Faut-il peindre un fripon fameux en cette ville,
Ma main, sans que j'y rêve, écrira Saumaville;
Faut-il d'un sot parfait montrer l'original,
Ma plume, au bout du vers, d'abord trouve Saufal (Sauval).

Quoi qu'en ait dit M. de Saint-Surin (*Œuvres de Boileau*, t. II, p. 271), il y a Saumaville dans l'édition de 1666 ; dans l'édition de 1667 on trouve Raumaville ; mais ce doit être une faute d'impression, car celle de 1669 porte derechef Saumaville.

Page 290, note 2 : RACINE, *lettres de Vitart*.

Je cite ici l'édition de Racine de Geoffroy, non que ce soit la meilleure, mais parce que c'est dans cette édition que les lettres de Racine à Vitart et à l'abbé Levasseur ont été imprimées en entier, et d'après les originaux manuscrits. Racine le fils, en les publiant le premier, y avait fait des retranchements. On voit par la lettre p. 119 que Racine, sans souvenir du passé, approuve toutes les rigueurs contre le surintendant. On voit aussi (t. VII, p. 22) qu'alors il faisait grand cas de Perrault.

Page 294, ligne 3 : Une cour nombreuse.

Le frère du roi alla habiter le palais Cardinal ou le Palais-Royal. Il y donnait, ainsi qu'à Saint-Cloud, des fêtes et des repas à la famille royale ; il allait souvent à son château de Villers-Cotterets, que Louis XIV lui avait donné pour apanage. Le duc de Beaufort, qui demeurait dans la rue Saint-Honoré, donnait aussi des repas au roi et à la reine, aussi bien que le président de Maisons. MONSIEUR donna au Palais-Royal une fête au roi et à toute sa cour.

Page 294, ligne 12 : Il renouvelle cet éloge.

Dans la *Critique de l'École des Femmes*, Molière fait dire à son Dorante « qu'on peut être habile avec un point de Venise et des plumes, aussi bien qu'avec une perruque courte et un petit rabat uni ; que la grande épreuve de toutes les comédies, c'est le jugement de la cour ; que c'est son goût qu'il faut étudier pour trouver l'art de réussir ; qu'il n'y a point de lieu où les décisions soient si justes... et qu'on s'y fait une manière d'esprit qui sans comparaison juge plus finement des choses que tout le savoir enrouillé des pédants. » Il reproduit les mêmes idées en vers dans *les Femmes Savantes*.

Page 294, lignes 13 et 20.

Voyez la tirade qui commence par ces vers :

Je sais bien que souvent un cœur lâche et perfide, etc.

Alors en fulminant contre les crimes, il ne craignait pas de nommer les criminels.

Et Monleron ne doit qu'à ses crimes divers
Ses superbes lambris, ses jardins toujours verts.

Ce Monleron n'était pas un nom supposé, mais un homme très-riche, et vivant lorsque Boileau imprima sa satire. Tout cela a été retranché dans les éditions subséquentes. Voyez la note de l'édition de Saint-Marc, 1747, in-8°, t. I, p. 32.

Page 295, ligne 11 : Soixante-dix cordons bleus.

Il est dit dans l'*Histoire de France en estampes* que le roi fit soixante-trois chevaliers d'épée, et huit d'Église. Ce serait soixante-onze.

Page 296, ligne 2 : Du titre de *Mémoires de Coligny*.

Depuis que ceci a été écrit, les vrais *Mémoires de Coligny*, dont cette note marginale n'était qu'un fragment, ont été publiés par la Société de l'Histoire de France, et ont eu pour éditeur M. Monmerqué.

Page 297, ligne 19 : Puis vint le célèbre carrousel; et page 298, note 1 : *Description du Carrousel.*

Il y a un exemplaire de cette description officielle du carrousel de 1662, avec toutes les figures, supérieurement peintes en miniature, à la Bibliothèque de Versailles. Dans cette bibliothèque il y a encore deux autres ballets avec tous les personnages et leurs costumes peints en grand. Ce fut Fléchier qui traduisit en latin la description du carrousel de 1662, et le même fit des vers latins sur ce sujet. C'est dans ce carrousel que Louis XIV prit pour la première fois cette devise orgueilleuse qu'il a toujours gardée depuis, et qu'il cherche à justifier dans ses Instructions au Dauphin, contre les critiques nom-

NOTES ET ÉCLAIRCISSEMENTS.

breuses qu'on en a faites. On sait qu'elle avait pour corps un soleil éclairant le globe de ses rayons, et pour âme ces mots latins : *Nec pluribus impar*.

Page 300, lignes 2 et 3 : Aux inclinations qui pouvaient le distraire des soucis de la royauté.

« Le roi, dit naïvement madame de Motteville, avait le cœur rempli de ces misères humaines qui font le faux bonheur de tous honnêtes gens. »

Page 300, lignes 17 et 18 : Dans le couvent des Filles Sainte-Marie de Chaillot.

Cette retraite de La Vallière avait été précédée d'une altercation avec le roi. Elle eut l'esprit comme égaré d'avoir osé dissimuler avec lui.

Page 300, ligne dernière : En faisant remettre à Marie-Thérèse.

La reine connaissait bien avant cette lettre la liaison du roi avec La Vallière. Elle dit en espagnol à madame de Motteville, qui la vint voir pendant ses couches, tandis que La Vallière était présente : « *Esta donzella con las aracades de diamante es esta a que el rey quiere.* »

Page 301, ligne 12 : A faire enfermer dans un couvent mademoiselle de Montalais.

La lettre du roi à l'abbesse de Fontevrault lui recommande de ne laisser communiquer personne avec mademoiselle de Montalais. Celle-ci s'était non-seulement rendue la confidente des amours du comte de Guiche et de MADAME, mais aussi de celles de mademoiselle de Tonnay-Charente (depuis madame de Montespan), qui avait de l'inclination pour le marquis de Marmoutiers, et désirait l'épouser. Le comte de Guiche se déguisa plusieurs fois en femme pour pénétrer près de MADAME (Conrart, *Mém.*, t. XLVIII, p. 280 ; Montpensier, *Mém.*, t. XLIII, p. 43). Gramont avait osé disputer mademoiselle de La Motte-Houdancourt au roi. Il fut exilé, et alla en Angleterre rejoindre Saint-Évremond ; mais ensuite il revint, et rentra en grâce.

Page 302, ligne 14 : Ils y parvinrent ; et note 1 : Louis XIV, *lettre* du 20 décembre 1662.

La lettre de Louis XIV adressée à l'abbesse de Fontevrault est pour donner la liberté à Montalais.

Page 303, ligne 25 : *C'étaient encore des mystères.*

La liaison de Louis XIV avec La Vallière était encore un secret pour la cour lors de la naissance de la fille qui fut le premier fruit de cet amour. Cette enfant mourut peu après sa naissance, en novembre 1662. Voyez Motteville, t. XL, p. 177. Nous voyons dans Loret, liv. XIII, p. 109, que le roi donna un dîner à Versailles; et ce fut le premier. Les dames à Saint-Germain allaient à la chasse avec le roi. Le 4 novembre la chasse de Saint-Hubert eut lieu à Saint-Germain. (Loret, liv. XIII, p. 170.)

Page 304, ligne 2 : *La béatification de saint François de Sales.*

Ce fut l'évêque de Montpellier qui fit l'éloge de saint François de Sales. La canonisation de saint François de Sales eut lieu en 1665; la cérémonie, au mois de mai. (*Histoire de la Monarchie Françoise*, 1697, t. II, p. 235.)

Page 305, ligne 9 : *Quoique Corbinelli fût à Paris membre d'une académie italienne.*

L'ambassadeur de Venise était le protecteur de cette académie italienne. Le chevalier Amalthée et Corbinelli en étaient les chanceliers honoraires.

CHAPITRE XXI.

Page 313, ligne 4 : *Il imprimait au dehors le respect et la crainte.*

Le légat du pape et un cardinal vinrent demander pardon au roi pour ce qui s'était passé à Rome. En même temps Louis XIV se conduisait d'une manière toute chevaleresque envers ses alliés, et rendait à l'empereur d'Allemagne les drapeaux conquis sur les Turcs.

Page 313, ligne 7 : *Il terminait le Louvre et commençait Versailles.*

Loret dès le mois d'octobre 1663 parle déjà du labyrinthe de Versailles et de la ménagerie. Le Vau était l'architecte du Louvre. Les grands travaux de Versailles ne commencèrent qu'en 1664. Ils ont coûté 116 millions ou 180 millions de notre monnaie actuelle, somme que Mirabeau exagérait en la portant à 1,200 millions, et Volney à quatre milliards six cents millions! et cela dans des *Leçons d'His-*

toire (1799, in-8°, p. 141). Conférez la troisième partie de ces *Mémoires*, p. 450.

Page 314, lignes 5 et 6 : Pour les recherches à faire sur toutes les branches d'administration du royaume.

Voici ce que dit au sujet de cette circulaire M. d'Hauterive, un des hommes les plus instruits et les plus habiles en administration du règne de Napoléon : « Je viens dans le moment même de découvrir une minute de la circulaire qui fut adressée par Colbert, par ordre du roi, en 1664, à tous les intendants du royaume. Elle contient un système tout à fait complet de recherches sur tous les objets que j'ai passés trop rapidement en revue dans mes conseils (*Conseils à un jeune Voyageur*). Ce système présente dans de bien minutieux détails les rapports de toutes les administrations du royaume avec toutes les classes des sujets et les individus de toutes les classes. Les objets d'informations y sont classés d'une manière admirable ; rien n'y est omis : produits, échanges, rangs, mœurs et usages ; divisions géographique, administrative, ecclésiastique, militaire ; ordre judiciaire, finances, et toutes les parties de chacune des administrations de l'État y sont proposés à l'examen et à l'étude de l'observateur officiel, pour qu'il y remarque le bien, le mal, le moyen d'améliorer ou le remède, et qu'il rende successivement compte de ses observations. Les actes de l'autorité sont tous nominativement mis en regard des droits et des besoins des peuples, et le ministre exprime sur chaque point la sollicitude du souverain sur des abus qu'il ignore, qu'il veut connaître, et qu'il est dans sa royale intention de prévenir et de réformer. »

Page 314, ligne 16 : Dans le *Discours au Roi*, et note 4. *Suite du Nouveau Recueil.*

Le *Recueil* où le *Discours au Roi*, de Boileau, se trouve imprimé pour la première fois a échappé aux nombreux commentateurs de l'auteur de l'*Art Poétique*, quoiqu'il ait dû être dans le temps fort répandu.

Page 314, lignes 19 et 20 : Les premières satires du jeune poëte ; et note 7 : *Nouveau Recueil.*

Dans la satire à Molière, telle qu'elle est imprimée dans le *Recueil* cité, qui est de 1665, antérieur à la première édition donnée par l'auteur, on lit :

> Si je pense parler d'un galant de notre âge,
> Ma plume pour rimer rencontrera Ménage.

Ainsi les commentateurs de Boileau se sont trompés quand ils ont avancé que ces vers n'avaient jamais été imprimés ainsi, et que cette variante n'avait existé que sur le manuscrit.

Page 317, ligne 7 : Mademoiselle de La Vallière, dont la liaison avec le monarque n'était plus un mystère.

Dans le ballet royal des *Arts,* La Vallière jouait, déguisée en bergère ; et Benserade fait dire à ce sujet :

> Et je ne pense pas que dans tout le village
> Il se rencontre un cœur mieux placé que le sien.

Guéret, dans sa *Carte de la Cour,* qui parut en 1663, fait ainsi le portrait de Clarice : « L'ingénieuse Clarice paraît aussi beaucoup dans ces lieux ; et si je n'ose dire hardiment qu'elle en est l'âme (comme plusieurs personnes disent à sa gloire), du moins j'avancerai avec assurance qu'elle en est un des plus beaux ornements. L'on croit que ses conquêtes s'étendent bien au delà de cette cour. » Et en marge il est écrit : *La Vallière.*

Page 319, ligne 16 : Plus adroitement que toutes ses femmes ; et note 2.

Les médecins prescrivirent le quinquina ; ce qui prouve que ce médicament était connu alors.

CHAPITRE XXII.

Page 322, lignes 9 et 10 : Donnèrent encore plus d'activité aux fêtes.

La foire de Saint-Laurent cette année fut très-brillante (25 août) ; Loret, liv. XIV, p. 136. Il y eut le mariage de mademoiselle de Valois et celui de M. le Duc, fils du prince de Condé (Montpensier, t. XLIIJ, p. 54, 68). On donna un carrousel pour l'arrivée du légat (Loret, liv. XV, p. 123). Il y eut une jolie fête à Vincennes, où le roi figura. On y joua à l'escarpolette (Loret, liv. XIV, p. 189, 191). Il y eut aussi des fêtes en Bretagne pour la tenue des états (Loret, liv. XIV, p. 152).

Page 327, lignes 15 et 18 : Mademoiselle de Mortemart.... s'était mariée à Montespan.

Nous apprenons par Loret que l'hôtel où se firent les noces de mademoiselle de Mortemart se nommait l'hôtel d'Antin. Le fils que madame de Montespan eut de son mari, et dont nous avons les Mémoires, imprimés par la Société des Bibliophiles, portait le titre de duc d'Antin.

Page 327, note 1 : LORET.

Loret nous apprend qu'il y a une relation de ce ballet des *Arts* imprimée chez Ballard, et que la *Gazette* en rapporte « maintes choses » : c'était la *Gazette de France* de Renaudot, la seule qui existât alors. Ce ballet fut joué aussi au Palais-Royal, chez MONSIEUR, à la fin de février (Loret, liv. XIV, p. 35, en date du 1ᵉʳ mars).

Page 329, ligne 9 : *Pour mademoiselle* DE SÉVIGNY.

Loret écrit souvent Cevigny, mais quelquefois mieux Sevigny ; dans Benserade et dans Bussy, c'est toujours Sevigny. Le goût que l'on avait pour la langue italienne faisait affecter les terminaisons italiennes.

Page 330, ligne 19 : Le jeu qu'on appelait *la ramasse*.

Loret parle ainsi du jeu nommé *la ramasse* :

Mercredi le roi notre sire,
A qui de longs jours je désire,
Dans Versailles traita la cour,
Et quoique ce fût un beau jour,
On n'y fit point, dit-on, de chasse ;
Mais le plaisir de *la ramasse*,
Plus rapide que hasardeux,
Les divertit une heure ou deux.

Au mot *ramasse*, par un renvoi, Loret a mis en marge : *Machine de nouvelle invention*.

Page 330, avant-dernière et dernière lignes : Toutes les fêtes de l'hiver furent surpassées par celles que Louis XIV donna au printemps.

La description de ces fêtes se trouve dans toutes les éditions de notre grand comique. Benserade fait commencer ces fêtes le 10 mai ; la lettre de Marigny, mélangée de prose et de vers, où elles sont décrites, est datée du 14 mai 1664.

CHAPITRE XXIII.

Pages 334, ligne 9 : Il n'a plus la faculté de brûler.

> Arde per voi d'Amore.
> Fuor del mio, vaga Filli,
> Ogni più nobil core
> Non accusi però vostra belezza
> Questo cor di rozzezza !
> Che con mille beltà vaghe, leggiadre
> Di mille e mille flamme al mondo note,
> L'arse, et l'incenerì della madre ;
> E cosa incenerita arder non puote.

CHAPITRE XXIV.

Page 342, lignes 11 et 12 : On lui permet d'acheter la charge de mestre de camp de la cavalerie légère.

Bussy, dans son *Discours à ses Enfants*, et la maréchale de Clérambault, au mari duquel Bussy acheta cette charge de mestre de cavalerie, disent qu'elle coûta 90,000 écus ; et Bussy, dans ses *Mémoires*, dit 252,000 livres. C'était environ cinq cent mille francs de notre monnaie actuelle.

Page 350, lignes 4 et 5 : Quelque épigramme comme celle que Loménie de Brienne lui attribue.

Voici cette épigramme, dont la pointe est fondée sur le surnom de Louis Dieudonné, conféré à Louis XIV lors de sa naissance :

> Ce roi si grand, si fortuné,
> Plus sage que César, plus vaillant qu'Alexandre,
> On dit que Dieu nous l'a donné :
> Hélas ! s'il voulait le reprendre !

Page 353, ligne 7 : Elle dit un jour à son cercle ; et note 2.

Cette anecdote a été racontée par Roquette, évêque d'Autun, à Boubier lui-même.

Page 355, lignes 9 et 10 : Les inscriptions et les emblèmes qui se voyaient au château de Bussy.

On sait que Bussy avait réuni dans cette galerie les portraits de toutes les femmes qu'il avait aimées. Il les avait accompagnés d'inscriptions et d'emblèmes. Sous le portrait de la marquise de Monglat on lisait : « Isabelle-Cécile Hurault de Cheverny, marquise de Monglat, « qui par son inconstance a remis en honneur la matrone d'Éphèse « et les femmes d'Astolfe et de Joconde. » Bussy avait fait peindre cette marquise dans le bassin d'une balance. Elle était emportée par le bassin vide, et sur le plateau où elle se trouvait on lisait : *Levior aura*, « plus légère que l'air ». Dans un autre endroit de sa galerie il l'avait encore fait peindre avec les emblèmes et sous les attributs de la Fortune, et on lisait : *Leves ambo, ambo ingratæ*, « toutes deux légères, toutes deux ingrates ».

CHAPITRE XXV.

Page 363, lignes 8 et 9 : Cette réconciliation fut sincère de part et d'autre.

« Vous savez encore, dit-elle, notre voyage de Bourgogne, et avec « quelle franchise je vous redonnai toute la part que vous aviez ja-« mais eue dans mon amitié. »

Page 364, ligne 6 : Ce dernier en eut ensuite ramassé et rejoint les morceaux.

Ce récit de Bussy-Rabutin est invraisemblable, et ne le justifie pas.

Page 367, ligne 14. A sa terre des Rochers, qu'elle s'occupait à agrandir et à embellir.

Elle acheta de nouvelles terres, fit un labyrinthe (à cette époque, à l'imitation de Versailles, on en faisait partout), et elle augmenta son parc.

SUR DIFFÉRENTS PORTRAITS QU'ON A GRAVÉS DE MADAME DE SÉVIGNÉ.

J'ai dit à la page 380 de ce volume, dans la note sur la page 14, lignes 10 et 15 de la première partie de ces *Mémoires*, que le portrait de madame de Sévigné inséré dans les éditions de 1818 et de 1820 était un des moins ressemblants de tous ceux qui ont été gravés. J'ai acquis depuis la certitude que ce portrait est celui d'une autre femme, qui n'avait avec la célèbre madame de Sévigné aucune ressemblance. L'erreur est ancienne : Odieuvre, dans sa collection de portraits, a donné comme portrait de madame de Sévigné la figure d'une femme peinte par Ferdinand et gravée par Schmidt; le cadre de cette peinture avait les armes de Grignan et de Sévigné, et c'est ce qui a produit l'erreur. C'est ce portrait (dont Petitot a fait une miniature) qui, gravé par Masquelier, a été inséré dans les éditions des *Lettres de Sévigné*, de 1818 et de 1820. Le graveur Saint-Aubin, en le transformant pour le mettre de profil, a encore plus fait ressortir les dissemblances entre cette figure et celle de madame de Sévigné, surtout relativement à la longueur du nez. Néanmoins ce portrait a été reproduit un grand nombre de fois par la gravure, comme étant celui de madame de Sévigné.

Sur environ quarante portraits gravés de madame de Sévigné, que nous avons eu occasion d'examiner, il y en a un qui est bien certainement authentique : c'est celui qui a été réduit et gravé par Édelinck, d'après une peinture au pastel de Nanteuil, exécutée d'après nature. Ce portrait, dans la gravure, a environ deux pouces et demi de hauteur ; la tête, un pouce de hauteur. Il a depuis été gravé plus en grand par Delegorgue, d'après le pastel original de Nanteuil, tiré du cabinet de M. Traullé. Dans cette gravure ce portrait a trois pouces et demi de haut; mais les traits sont moins bien modelés que dans celui d'Édelinck, et l'on s'aperçoit qu'il a été fait sur un original en partie effacé par le temps. C'est ce portrait qui a été réduit, et plus ou moins altéré, dans les diverses gravures qu'on a insérées dans les nombreuses éditions de madame de Sévigné, dans les notices que l'on a écrites sur cette femme célèbre, et dans les diverses collections de personnages célèbres. Il a été habilement lithographié pour la collection de madame Delpech.

Il y a une lithographie exécutée à Rennes, qui est un portrait de femme âgée, nullement ressemblant à madame de Sévigné Pourtant au bas de cette lithographie on lit: *Marie-Rabutin Chantal, marquise de Sévigné, née en* 1549, *morte en* 1610, *dessinée et lithographiée d'après le portrait original de Mignard, qui existe au château des Rochers près Vitré.* Serait-ce le portrait de l'aïeule du marquis de Sévigné, retrouvé à Vitré, qui aurait donné lieu à cet exemple curieux d'ignorance dans le pays même où madame de Sévigné habita si longtemps, et où son souvenir vit encore?

Je n'ajouterai que peu de lignes à la note précédente, réimprimée d'après la première édition de ce volume. Je donnerai seulement le résultat des recherches que j'ai faites depuis sur les portraits de madame de Sévigné, me réservant de justifier plus tard mes assertions par une dissertation spéciale sur ces portraits et sur ceux de plusieurs femmes célèbres du temps de Louis XIV. Ce sujet a de l'intérêt, non-seulement pour l'histoire de madame de Sévigné, mais pour celle des mœurs et des habitudes du siècle où elle a vécu.

Nous avons trois portraits authentiques de madame de Sévigné : celui qui a été gravé par Édelinck, et ensuite par Delegorgue, lithographié par Delpech, est le plus certain et le principal. Ce portrait est du temps de la régence d'Anne d'Autriche, et madame de Sévigné avait alors trente et un ans. Le portrait gravé et enluminé ou peint à l'aquarelle, gravé par Gatine et dessiné par Lanté, sous la direction de M. Lamésangère, d'après un original peint par Mignard, et une mignature sur vélin, est en pied; il a été fait à la même époque que le précédent; il est le même pour la tête : c'est le portrait de madame de Sévigné qui nous donne l'idée la plus fidèle de son port et de sa physionomie. Je ne parle pas des tableaux originaux d'après lesquels ces deux portraits ont été gravés; je ne les ai pas vus. C'est sur le tableau de ce portrait gravé en pied, dans lequel madame de Sévigné tient une lettre d'une main et une plume de l'autre, que Ménage a écrit un sonnet en italien inséré dans la troisième édition de ses poésies, en 1658, page 16.

Le portrait qui est dans l'édition des *Lettres de Sévigné* de 1734 diffère des deux précédents; il appartient à un âge différent, lorsque madame de Sévigné avait environ quarante à quarante-cinq ans; il provient d'un tableau qu'avait Bussy-Rabutin, et que son fils l'évêque de Luçon a communiqué au chevalier Perrin, ami de madame de Simiane et éditeur des *Lettres de Madame de Sévigné*.

Le prétendu portrait de madame de Sévigné qui est dans la galerie de Versailles, et qui a été gravé, est la copie d'un tableau de la galerie du château d'Eu. Ce portrait est celui de la belle-fille de madame de Sévigné : c'est celui de Jeanne-Marguerite de Brehant de Mauron, marquise de Sévigné, et non pas celui de Marie de Rabutin-Chantal. Le portrait gravé par Masquelier, d'après une miniature de Petitot, et inséré dans l'édition des lettres de madame de Sévigné par M. Monmerqué, est aussi le portrait de sa belle-fille, et non le sien. Quant aux portraits gravés de madame de Grignan, il n'y a lieu à aucune rectification; ils sont tous dérivés de copies plus ou moins bien faites primitivement, d'après un seul et même original peint par Mignard.

FIN.

TABLE SOMMAIRE

DES CHAPITRES DE CE VOLUME.

CHAPITRE PREMIER. — 1654-1655.

Pages.

De Mazarin et de Retz. — Lettres de Retz à madame de Sévigné. — Lettres de madame de Sévigné à Ménage. — Détails sur Girault. 1

CHAPITRE II. — 1655-1656.

Succès de Turenne. — Carrousel. — Mariage de mademoiselle de La Vergne avec le comte de La Fayette. — Madame de Sévigné va à Saint-Fargeau. 18

CHAPITRE III. — 1655.

De la marquise de Gouville et de Bussy. — Conduite de Bussy à l'égard de madame de Sévigné. 30

CHAPITRE IV. — 1655.

Active correspondance entre Bussy et madame de Sévigné. . . 37

CHAPITRE V. — 1655.

De la marquise de Gouville; aventure de Bartet et du duc de Candale 48

CHAPITRE VI. — 1656.

De madame de Sévigné, et de Marie de Hautefort, maréchale de Schomberg. 59

CHAPITRE VII. — 1656.

De madame de Sévigné, et du roi. — Correspondance de Bussy et de madame de Sévigné. — Détails sur la reine Christine. — Sur les *précieuses* de cette époque. — Publication des *Provinciales*. 68

CHAPITRE VIII. — 1657-1658.

Madame de Sévigné fait l'éducation de ses enfants. — Leurs caractères. — Liaison de madame de Sévigné avec l'abbé Arnauld. — De Bossuet. 90

CHAPITRE IX. — 1657-1658.

De Louis XIV, de sa cour, de la comtesse de Choisy, d'Olympe Mancini, et de mademoiselle de La Mothe d'Argencourt. . . 104

CHAPITRE X. — 1658.

Des partis qui se forment à la cour — Conduite de Mazarin. — Madrigal de La Fontaine pour madame de Sévigné. — Madame de Sévigné reste à sa terre des Rochers avec ses trois oncles. 117

CHAPITRE XI. — 1657-1658.

Correspondance de Bussy avec madame de Sévigné. — Rupture. — Intrigues de Bussy. — Publication de l'*Histoire amoureuse des Gaules*. — Conduite de madame de Sévigné à son égard. 130

CHAPITRE XII. — 1658-1659.

Conduite de madame de Sévigné dans le monde. — De Louis XIV, et de Marie de Mancini. 145

CHAPITRE XIII. — 1658-1659.

Roman de *Clélie*. — Portrait de madame de Sévigné. — Ses liaisons avec la famille de Lavardin, avec Costar. — Vers que Ménage compose pour madame de Sévigné. 162

CHAPITRE XIV. — 1659-1660.

Heureux dénoûments de toutes les guerres et de toutes les intrigues de la Fronde. — Mariage du roi. — Mort de Gaston. — Les théâtres. — Vogue des *Précieuses ridicules*. 176

CHAPITRE XV. — 1661.

Mort de Mazarin. — La cour à Fontainebleau. — Intrigue amoureuse du roi avec La Vallière. — Madame de Sévigné passe l'été à sa terre des Rochers, et fait un voyage au mont Saint-Michel. 188

CHAPITRE XVI. — 1661.

Situation des affaires. — Madame de Sévigné est liée avec les deux fils d'Arnauld de Pomponne. — Ses espérances pour Fouquet. — Fouquet est arrêté. 199

CHAPITRE XVII. — 1661.

Fouquet, surintendant des finances. — Ses malversations, et sa conduite envers Louis XIV. 209

CHAPITRE XVIII. — 1661-1664.

Du procès de Fouquet. 247

CHAPITRE XIX. — 1661-1664.

Des lettres de madame de Sévigné trouvées dans la cassette de Fouquet, et de celles qu'elle écrivit pendant la durée du procès de Fouquet. — Captivité et mort de Fouquet. 260

CHAPITRE XX. — 1662-1663

Louis XIV et son gouvernement. — Prédications de Bossuet. — Représentation de *Sertorius*. — De Boileau, de Racine, de La Fontaine, et de Molière. — Ballets. — Intrigue du roi avec mademoiselle de La Mothe-Houdancourt. — Révolutions de cour. — Correspondance de madame de Sévigné avec madame de La Fayette. — Portraits de madame de Sévigné et de Corbinelli, par Somaize. 282

CHAPITRE XXI. — 1663-1666.

De l'amour de madame de Sévigné pour ses enfants. — De Louis XIV, de Boileau, de Molière, de Lulli, de La Fontaine, et de Racine. — Fêtes. — Anne d'Autriche tombe malade. — Tendres soins de Louis XIV pour sa mère. — Vision de madame de Motteville. 307

CHAPITRE XXII. — 1663-1664.

Fêtes données à la cour, dans lesquelles figure mademoiselle de Sévigné. — Madame de Sévigné se rend à sa terre de Bourbilly, et voit Bussy. 321

CHAPITRE XXIII. — 1665.

Nouveaux ballets, où figure mademoiselle de Sévigné. — Vers que Benserade a composés à sa louange. — Fêtes et plaisirs auxquels madame de Sévigné prend part. Sa liaison avec madame Duplessis-Guénégaud. — Conduite de Bussy avec madame de Sévigné. 332

CHAPITRE XXIV. — 1658-1665.

Des intrigues de Bussy avec madame de Monglat et la marquise de La Baume. — Publication des *Amours des Gaules*. — Bussy est mis à la Bastille. — Il obtient sa liberté, est exilé dans ses terres, et se réconcilie avec madame de Sévigné. 341

CHAPITRE XXV. — 1658-1668.

Longue discussion entre madame de Sévigné et Bussy au sujet de la conduite qu'ils ont tenue l'un envers l'autre. — Renouvellement de leur correspondance et de leur intimité. 356
Conclusion. 375

NOTES ET ÉCLAIRCISSEMENTS.

Première partie. 379
Seconde partie. 463
Table sommaire des chapitres. 515

www.ingramcontent.com/pod-product-compliance
Lightning Source LLC
Chambersburg PA
CBHW071616230426
43669CB00012B/1955